ISBN 978-0-332-50862-7
PIBN 11228713

This book is a reproduction of an important historical work. Forgotten Books uses
state-of-the-art technology to digitally reconstruct the work, preserving the original format
whilst repairing imperfections present in the aged copy. In rare cases, an imperfection in
the original, such as a blemish or missing page, may be replicated in our edition. We do,
however, repair the vast majority of imperfections successfully; any imperfections that
remain are intentionally left to preserve the state of such historical works.

1 MONTH OF
FREE
READING

at

www.ForgottenBooks.com

By purchasing this book you are eligible for one month membership to ForgottenBooks.com, giving you unlimited access to our entire collection of over 1,000,000 titles via our web site and mobile apps.

To claim your free month visit:

www.forgottenbooks.com/free1228713

English
Français
Deutsche
Italiano
Español
Português

www.forgottenbooks.com

Mythology Photography **Fiction**
Fishing Christianity **Art** Cooking
Essays Buddhism Freemasonry
Medicine **Biology** Music **Ancient**
Egypt Evolution Carpentry Physics
Dance Geology **Mathematics** Fitness
Shakespeare **Folklore** Yoga Marketing
Confidence Immortality Biographies
Poetry **Psychology** Witchcraft
Electronics Chemistry History **Law**
Accounting **Philosophy** Anthropology
Alchemy Drama Quantum Mechanics
Atheism Sexual Health **Ancient History**
Entrepreneurship Languages Sport
Paleontology Needlework Islam
Metaphysics Investment Archaeology
Parenting Statistics Criminology
Motivational

PRÆLECTIONES ACADEMICÆ

OXONII HABITÆ

A ROBERTO LOWTH A. M.

COLLEGII NOVI NUPER SOCIO,

ET POETICÆ PUBLICO PRÆLECTORE.

SUBJICITUR

METRICÆ HARIANÆ BREVIS CONFUTATIO:

ET

ORATIO CREWIANA.

OXONII

E TYPOGRAPHEO CLARENDONIANO.

M DCC LIII.

Imprimatur,

J. *B R O W N E,*

VICE-CAN. OXON.

Feb. 1. 1753.

ORATIO INAUGURALIS;

SIVE

PRÆLECTIO PRIMA:

DE POETICÆ FINE ET UTILITATE.

O CCASIONEM hanc, ultro jam, quanquam paulo maturius, se præbentem, libenter tamen amplector, Academici, qua vobis testari possim me ad suscipiendum hoc quicquid est, five impositi oneris, five muneris delati, fi nihil aliud, studium saltem et industriam, et promptissimam voluntatem attulisse. Etenim desiderari in me ingenii celeritatem et facultatem orationis facile patior; ægre ferrem vel minus diligens haberi in eo officio exercendo, quod auctoritate vestra mihi demandatum esset, vel parum gratus in accipiendo beneficio, quod quantumcunque est, cum a Vobis in me confertur, est certe magnum. Nam hujusmodi beneficia hoc modo recte æstimari arbitror, fi cum ipsius muneris, tum illorum qui id conferunt, tum etiam ejus in quem confertur, habeatur ratio. Cum igitur reputo eam mihi provinciam administrandam dari, quam Viri ingenio et doctrina ornatissimi antehac illustrârunt; cum Vos respicio quorum ex favore vel amplissimis dignitas accederet; cum denique meipsum cogito, qui publicam aliquam vestræ voluntatis significationem promereri posse nunquam speraverim; profecto hoc quicquid est officii adeo mihi honorificum contigisse existimo, ut nulla me unquam observantiæ

A   assiduitate

affiduitate aut laboris diligentia parem vobis relaturum gratiam putem. Hanc certe officii mei partem, utcunque exiliter, lubentiffime tamen et nunc exequor, et in pofterum exequi ftudebo : nihil enim animo vere grato poteft effe jucundius, quam vel referre gratiam, vel etiam habere ; nec tam oneri mihi erit, quam ftimulo, beneficii memoria. Cætera autem fane me haud mediocriter follicitum et commotum habent, hæc vehementer perturbat cogitatio ; id mihi munus fufcipiendum effe, quod ftudio veftro et frequentia femper ornaviftis ; eam materiam tractandam, quam cum auribus veftris et hujufce Academiæ luce dignam judicaviftis, tum pro fua dignitate ornatam audîftis : quod fi in pofterum neglectui et folitudini relinquatur, vereor ut diffimulare poffim, id meo, non ipfius difciplinæ aut inftitutionis vitio obtigiffe.

Verum enimvero, utcunque noftri conatus ceciderint, ecquid magis ipfarum literarum interfuit, vel hujus Academiæ inftitutis erat accommodatius, quam ut ea tandem Ars inter cæteras hic locum haberet, cujus opera et auxilio reliquæ omnes femper libentiffime uterentur ? qua ut nulla antiquior, ita nulla jucundior ; cum homini quodammodo infita fit et ingenita, fecumque afferat gratiffimam naturæ ipfius commendationem : quæ apud rudes, doctos, remiffos, graves, gratiam, amorem, admirationem, femper confecuta eft. Quid porro vel homine ingenuo vel erudito dignius, quam ut in ea Arte, cujus recondita quædam eft venuftas, fentiat, quid rectum fit, quid fecus, quid conveniat, quid deceat, et in quo pofitum fit id, quod pulchrum eft et decorum ; quæ denique a vulgari fenfu funt remotiora, ea ut perfpiciat et intelligat ? Neque vero exiftimandum eft, eum qui in bae elegantiarum fubtilitate explicanda judicium fuum aliquando exercitatum habuit et excultum, non inde aliquid adjumenti aut acuminis ad feveriores etiam literas illuftrandas allaturum. Atque hoc quidem vel maxime in animo habuiffe arbitror Virum ornatiffimum, [1] cujus munificentiæ debetur quod in cæterarum Scientiarum chorum hic loci jamdudum recepta fit Poetica. Hic enim cum ipfe animum fuum non modo utiliffimarum

---

[1] Inftituta erat Lectio Poetica ab HENRICO BIRKHEAD L. L. D. Collegii OMNIUM ANIMARUM olim Socio.

rerum cognitione optimifque difciplinis inftruxiffet, fed et artibus elegantiffimis omnique literarum humanitate ornaviffet; atque in iis etiam
Ædibus inftitutus'effet, in quibus maxime femper viguerunt, et etiamnum vigent, graviffimarum rerum et fanctiffimarum ftudia, omni poli-
tioris doctrinæ fuavitate condita et commendata; vidit profecto et expertus eft, quam vim haberet ad illam feveriorem eruditionem vel ad-
juvandam vel illuftrandam harum elegantiarum ratio; quam arcta inter Philofophiam et Poefim cognatio intercederet.

Admonet me igitur, Academici, cum ipfius Auctoris confilium, qui
hanc nobis difciplinæ rationem inftituit, tüm hujufcemodi orationis confuetudo, ut quæ de Poeticæ Fine et Utilitate veriffime dici poffe exiftimo, quanquam vobis notiffima, paucis exponam.

Poeticæ itaque propofitum aut duplex, aut ex duobus alterum, vulgo ftatuitur; nimirum aut Prodeffe, aut Delectare, aut etiam Utrumque.   Mallem equidem Utilitatem folummodo, quafi ultimum ejus finem, ftatuiffent; Delectationem vero, quafi rationem et viam, per quam
ad iftum finem unice perveniret : ita ut judicaretur Prodeffe Delectando.   Hoc enim maxime videtur intereffe inter Philofophum et Poetam,
quod cum utriufque idem fit confilium, alia tamen alii id quod velit
confequendi fit ratio.   Uterque Docentis perfonam fuftinet; quam quidem alter ita optime tueri cenfetur, fi clare doceat, fi fubtiliter, fi enu-
cleate; alter, fi jucunde, ornate, fuaviter, eleganter.   Ille ab Affectibus ad Rationem unice provocat; hic ita Rationem appellat, ut Affectus etiam in fuas partes ftudeat pertrahere.   Ille ad Virtutem et Veritatem proxima et compendiaria femita utitur; hic per itinerum flexiones
quafdam et diverticula, fed amœniore via, eodem ducit.   Illius denique
eft utramque ita exponere et nudare, ut neceffario eas agnofcamus; hujus ita eafdem ornare et veftire, ut amemus ultro et amplectamur.

Poeticam igitur eo præcipue utilem effe ftatuo, quod fit jucunda: et
dabunt mihi veniam, ut fpero, Philofophi, homini fortaffe fuis, ut fit,
nimium tribuenti, fi addidero, tanto nonnunquam utiliora effe Poetæ
quam Philofophi fcripta, quanto jucundiora.   Nam, ut exemplis quibufdam in hac parte notiffimis utar, quis eft, qui exiftimet doctiores

A 2   Romanos,

Romanos, cum difciplinæ Epicureæ impenfe dediti effent, non magis
in deliciis, in manibus etiam, et in quotidiano ufu, habuiffe Lucretii
luculentiffimum poema, quam aut Catium, aut Amâfanium, aut Epi-
curi demum ipfius commentarios? Quis credat vel rudiores etiam homines aut doctiffimi Varronis, aut (ut prifcum illum Catonem omittam) Columellæ fatis elegantis auctoris, fcripta de Rebus Rufticis pari
diligentia et ftudio evolviffe, ac Virgilii pulcherrimum et abfolutiffimum opus? præfertim qui graviffimos fcriptores auctoritatis pondere
æquaret, ¹ cum incredibili carminis fuavitate elegantiffimis longe ante-
celleret. Contra vero fi Manilius, quem fcriptoribus qui fub Augufto
floruerunt, et vere quidem, fi ipfi credendum eft, annumérant, fi is
pulcherrimum de Aftrorum Scientia argumentum adeo exiliter et inor-
nate verfibus tractet, ut Julius Firmicus, fequioris ævi fcriptor, rem
eandem foluta oratione explicans haud multo minorem legentibus afferat delectationem; næ illum, etfi Philofopho et Aftronomo fuas laudes
concederem, Poetam tamen omnino effe negarem. Quid enim quæfo
eft Poeta expers fuavitatis, expers gratiæ, omnibus illecebris, omni vo-
luptatis inftrumento deftitutus? vel quis reliquus eft utilitati vel docu-
mento locus, ex eo fcriptore hauriendis, quem ne legere quidem quifquam omnino fuftineat? Quod itaque ftudeat Poefis lætiori quadam
amœnitate orationem fuam perfundere,

    " Et quafi Mufæo dulci contingere melle,

hoc plane ejus eft confilium, hæc ratio, ut talibus condimentis doctrinæ
fuæ gratiam conciliet: quod etiam medicis ufu venit, qui medicamentis
infuavioribus lenimenta quædam excogitant,

---

1 Elevat Virgilii auctoritatem in Georgicis SENECA: "Virgilius nofter, qui non quid ve-
"riffime, fed quid decentiffime diceretur, afpexit; nec agricolas docere voluit, fed legentes de-
"lectare." EPIST. LXXXVI. Verum longe aliter de eo opere fentire videtur COLUMELLA,
harum rerum multo magis idoneus æftimator; Georgica perpetuo citat, cum reprehenfione ne
femel quidem, fæpiffime multa cum laude: "Hæc autem confequemur, fi veriffimo Vati velut
"oraculo crediderimus, dicenti, *Ventos et varium.*—" Lib. I. 4. "Utamurque fæpius aucto-
"ritate divini carminis.—" Lib. VII. 3. Qua autem in re fola Virgilium reprehendit Seneca,
de tempore fationis Milii, in ea, qui videre velit, quam imperite Philofophus Poetam calumnie-
tur, adeat COLUMELL. II. 9. PLIN. H. N. XVIII. 7. PALLAD. III. 3.

                                                        "Ut

" Ut puerorum ætas improvida ludificetur
" Labrorum.tenus, interea perpotet amarum
" Abfinthî laticem, deceptaque non capiatur;
prout eleganter illuftrat Lucretius non fui magis ipfius, quam univerfæ
Poeticæ inftitutum.

Hoc autem fi patet in iis fcriptoribus, qui fe Docere & Prodeffe palam profitentur, ut qui deleƈtent magis ii melius et efficacius præcipiant, idem multo etiam apparebit manifeftius, in iis, qui diffimulato
monendi confilio deleƈtationis lenocinium unice oftentant; qui cum de
rebus agant graviffimis, omnemque vitæ rationem, omnes virtutum atque officiorum locos traƈtent, depofita tamen magifterii feveritate, omnia fimul elegantiarum ornamenta et jucunditatis illecebras adhibent:
qui hominum aƈtiones, mores, ftudia, affeƈtus, quafi tabula depiƈtos
oculis fubjiciunt; et imitatione et fabula, numerorum dulcedine et imaginum gratia et varietate, leƈtoris animum capiunt, et ad omnem honeftatem vel infcium vel etiam invitum deducunt? Quid enim aliud
agit Poefis Epica? quid nobis ufu venit Homerum legentibus? Quis,
eft tam iners, tam-inhumanus, quem non incredibili voluptate perfundat, quem non moveat et percellat, fuoque veluti afflatum inftinƈtu fecum abripiat divinum illud ingenium? Quis tam excors, qui non videat
atque animadvertat, non percipiat etiam, atque in animo infcribi fibi et
quafi inuri fentiat, vitæ morumque pulcherrima documenta? Poffis a
Philofophia frigida virtutis præcepta petere; poffis in Hiftoria exfanguia ac demortua quædam morum exempla infpicere: vivas hîc Virtutis voces audimus, vivam effigiem cernimus. Præcepta non rationi folum commendat Poefis, fed infundit et admifcet affeƈtibus: exempla
non oftendit modo, fed mentibus imprimit; ceram fuo calore emolliens
fimul, et fingenti facilem et fequacem reddens. Illud itaque veriffimum
ac juftiffimum fane præconium Poetæ tribuit Horatius;
" Qui quid fit pulchrum, quid turpe, quid utile, quid non,.
" Plenius ac melius Chryfippo & Crantore dicit:
Plenius, qui non partitionum ac definitionum formulas jejune explicet,,
fed morum atque affeƈtuum humanorum imaginem, vitæque commu

nis.

nis et civilis univerſam rationem, tot tamque variis in omni genere exemplis tam accurate perfecteque exprimat, ut qui ex Philoſophorum
ſcholis ad illius acroamata ſe conferat, ſentiat ſeſe ex implicàtiſſimis anguſtiis in ampliſſimi cujuſdam et florentiſſimi campi ſpatia delatum:
Melius, qui non monitis ſolum et præceptionibus et nudis ſententiis doceat, ſed ſuavitate carminis, pulchritudine imaginum, ſabulæ artificio,
veritate imitationis, lectoris animum alliciat, penetret, delectet, percellat, ad omnem virtutis habitum formet, atque ipſius honeſti ſpiritu
quodam imbuat.

Quod ſi ab Epopœia ad Tragœdiam tranſeamus, cui primas tribuit
Ariſtoteles 1 propter imitationem veram et præcipue efficacem, adhuc
facilius obtinebimus, Poeſin Philoſophiæ utilitate antecedere, eo quod
jucunditate præſtet. Quid enimvero aliud eſt Tragœdia quam Philoſophia in ſcenam producta, quæ ſua ſunt et propria retinens, nec de gravitate quicquam remittens, ſed alienis inſuper aucta atque ornata adju-
mentis? Quem enim Moralis diſciplinæ locum intactum aut inorna-
tum reliquerunt Tragœdiæ Græcæ ſcriptores? Quod vitæ officium,
quæ pars politici muneris, quæ ratio temperatioque perturbationum,
quæ virtutum commendatio, quam non illi varie, copioſe, erudite trac-
taverunt? Quid Æſchylus, non Poeta modo, ſed et Pythagoreus?
quid Sophocles, quid Euripides, uterque ſapientiæ laude clarus; hic
quidem Anaxagoræ et Socratis auditor, et apud ſuos Philoſophi Sce-
nici cognomento notus? Adeo in his viris acceſſio quædam Philoſophiæ erat Poetica ſacultas: neque ſane quiſquam adhuc Poeſin ad faſtigium ſuum ac culmen evexit, niſi qui prius in intima Philoſophia artis
ſuæ fundamenta jecerit.

Quod ſi quis objiciat, nonnullos in hoc ipſo Poeſeos genere excel-
luiſſe, qui nunquam babiti ſunt Philoſophi, ac ne literis quidem præter
cæteros imbuti; ſciat is, me rem ipſam quærere, non de vulgari opinione, aut de verbo laborare: qui autem tantum ingenio conſecutus eſt,
ut naturas hominum, vimque omnem humanitatis, cauſaſque eas, qui-

1 POET. cap. ult.

bus

bus aut incitatur mentis impetus aut retunditur, penitus perfpectas habeat, ejufque omnes motus oratione non modo explicet, fed effingat
planeque oculis fubjiciat; fed excitet, regat, commoveat, moderetur;
eum, etfi difciplinarum inftrumento minus adjutum, eximie tamen effe
Philofophum arbitrari. · Quo in genere affectum Zelotypiæ, ejufque
caufas, adjuncta, progreffiones, effectus, in una Shakefpeari noftri fabula, copiofius, fubtilius, accuratius etiam veriufque pertractari exiftu-
mo, quam ab omnibus omnium Philofophorum fcholis in fimili argumento eft unquam difputatum.

Quod fi autem Tragœdia fit ipfa φιλοσοφωτατη, et ad omnem fapientiæ vim ac gravitatem fua quædam ornamenta adjiciat, et proprias venuftates conciliet, carminis dulcedinem, fabulæ condimentum, imitationis evidentiam, actionis veritatem; utrum dicemus, Philofophiam
Poefi utilitate·victam concedere, an potius maximo ejus.beneficio obftrictam teneri, cujus opera et commendatione ad propofitum utilitatis
finem confequendum fummo cum fructu fuo utatur?

Si vero tanta fit Imitationis et Fabulæ vis, major videri poffit ipfius
Veritatis auctoritas; adeoque Hiftoria demum potius quam Poefi ma-
giftra ac duce·utendum. · Quod tamen multo aliter fe habet: etenim
nimium anguftis finibus continetur Hiftoria, nimium feveras habet operis fui leges. Res geftas tradit, eventorum veftigiis infiftit; quod con-
tigit, non quod contigiffe potuit aut oportuit, narrandum; nec quo do-
cumenti opportunitas, vel probabilitatis ratio vocat, fed quo facti neceffitas cogit, eundum. Hiftoria res et perfonas certas et conftitutas tractat, infinitas et univerfales Poefis: altera rerum caufas incertis conjecturis confectatur; altera evidenter certeque demonftrat: altera fortuito e-
lucentem Veritatis imaginem captat; altera fimplicem ejus formam intuetur: illa præfcriptum iter certa via conficit; hæc liberis naturæ fpa-
tiis fruitur: illa demum argumento fuo infervit; hæc dominatur. Quocirca Ariftoteles 1 Poefin Hiftoria et gravius quiddam et Philofophiæ
propius effe affirmat: nec aliter fenfit Ariftotele non minor Baconus

---

1 Και ΦΙΛΟΣΟΦΩΤΕΡΟΝ και απυδαιοτιρον ΠΟΙΗΣΙΣ ιτεριας ιτιν. ARIST. POET.
cap. 9.

noſter.

noster. Et res ipfa, & fumma Viri auctoritas, poftulat, ut fententiam
ejus ipfius verbis integram vobis exponam: 1 "Cum mundus fenfibilis
"(inquit ille) fit anima rationali dignitate inferior, videtur Poefis hæc
"humanæ naturæ largiri, quæ Hiftoria denegat; atque animo umbris
"rerum utcunque fatisfacere, cum folida haberi non poffint. Si quis e-
"nim rem acutius introfpiciat, firmum ex Poefi fumitur argumentum,
"magnitudinem rerum magis illuftrem, ordinem magis perfectum, et
"varietatem magis pulchram, animæ humanæ complacere, quam in
"natura ipfa poft lapfum reperire ullo modo poffit. Quapropter cum
"res geftæ et eventus, qui veræ Hiftoriæ fubjiciuntur, non fint ejus am-
"plitudinis in qua anima humana fibi fatisfaciat, præfto eft Poefis, quæ
"facta magis heroica confingat. Cum Hiftoria vera fucceffus rerum
"minime pro meritis virtutum et fcelerum narret, corrigit eam Poefis,
"et exitus et fortunas fecundum merita et ex lege Nemefeos exhibet.
"Cum Hiftoria vera obvia rerum fatietate et fimilitudine animæ huma-
"næ faftidio fit, reficit eam Poefis, inexpectata et varia et viciffitudi-
"num plena canens. Adeo ut Poefis ifta non folum ad delectationem,
"fed etiam ad animi magnitudinem et ad mores, conferat. Quare et
"merito etiam divinitatis cujufpiam particeps videri poffit, quia ani-
"mum erigit et in fublime rapit; rerum fimulachra ad animi defideria
"accommodando, non animum rebus (quod Ratio facit et Hiftoria)
"fubmittendo."

Nec tamen ea fpiritus elatio et quafi participatio divinitatis, néque ea
profecto in moribus conformandis utilitas, ita eft propria Epopœiæ, (de
qua folummodo ifthic agit Vir Magnus) ut cæteræ omnes Poeticæ fpecies harum virtutum expertes effe cenfendæ fint: adfunt aliæ nonnullæ,
quæ in hujus laudis focietatem cupiunt venire. Inftat imprimis Ode,

  "Ingentes animos angufto in pectore verfans;
quæ etfi cætera inferior, vi tamen, impetu, ardore, gravitate etiam interdum et feveritate, nulli profecto cedit. Alia quidem alii agendi eft
ratio; par fortaffe effectus. Epopœia lentius, cautius, confideratius,

ideoque

ideoque forfan et certius, finem fuum confequitur; fenfim fefe infinuat,
penetrat, movet, delectat, nunc impetum faciens, nunc deinde rece-
dens; et per jucundas rerum ambages lectorem circumducens, animo
lenem quandam vim adhibet, et cum pondere fuo, tum potiffimum
mora imprimitur : Ode contra ferit continuo et percellit, ipfamque affectuum arcem protinus expugnat. Altera flammæ fimilis, quæ vento
adjuta undequaque paulatim ferpit, et cuncta demum incendio corripit :
altera inftar fulminis, quod fubito erumpit,

        " magnamque cadens, magnamque revertens
     " Dat ftragem late, fparfofque recolligit ignes.

    Quam autem vim habeat hoc genus Poefeos in vita civili tuenda, et
in formandis moribus; præcipue autem in generofa illa animi ac fenfuum elatione, qua maxime virtus continetur, excitanda atque alenda
quantum valeat, intelligemus, fi Græcorum monumenta revocemus in
memoriam. Ut Pindari carmina fpectemus, quæ etfi neutiquam in hoc
genere prima, tamen nefcio quomodo prope fola jam fuperfunt: quem
Græco homini fæpe ea canenti, paffim cantitata audienti, nam hujufmodi omnia non folum doctis et delicatioribus jucunda erant, fed ufu
populi quotidiano trita et pervulgata; quem, inquam, fenfum fuiffe
credamus? An cum Deos fuos, cum Heroas, cum majores in Deorum numerum relatos, cum loca, regiones, urbes, et cujufque populi
primordia, tantis honoribus tantaque gloria celebrari toties fentiret, non
flagraffe ejus pectus laudis ftudio, virorum excellentium æmulatione,
amore patriæ etiam immodico fortaffe, fed nec inhonefto nec inutili;
adeoque ut fit, utque fieri expedit, ea animi elatione dicam, an fuperbia atque infolentia inflatum fuiffe, ut præ fe fuifque barbaros omnes
nihili putaret, fummeque defpiceret? Quid quod Ludis Sacris, quibus
non minimum Græcorum virtus bellica fuftentabatur, [1] ex poetarum
carminibus haud exigua acceffit dignitas et pretium : neque ampliorem victoriæ mercedem certantibus oftendebat Corona Olympica, quam

---

1 Confule Viri Doctiffimi GILBERTI WEST *Differtationem de Ludis Olympicis.* Sect.
XVII.

Pindari aut Stesichori Encomium? Utinam profecto Stesichorum non invidiffet nobis vetuftas, cujus gravitatem et magnificentiam omnes præ-dicant; quem præ cæteris laudat Dionyfius, 1 quod et argumenta fu-meret grandia imprimis et fplendida, et in iis tractandis mores et perfo-narum dignitatem egregie fervaret. Alcæo autem præcipue *το των πολι-τικων πραγματων ηθος* idem tribuit: 2 at cui viro? quam ftrenuo civi? quam animofo reipublicæ et legum propugnatori? quam acri tyranno-rum infectatori et vindici? qui gladium fuum pariter et lyram Patriæ et Libertati confecraverat; cujus minaces Camœnæ per ora populi vo-litantes et præfenti et perpetuo erant, non modo fuæ civitati, fed et univerfæ Græciæ, contra malorum civium conatus præfidio. Equidem tam vehemens tamque animofum Poefeos genus, a tali ingenio tracta-tum, permultum habuiffe momenti neceffe eft, in hominum mentibus cum ad omnem honeftatem erigendis, tum a fcelere abfterrendis; ma-xime vero in fovendo et fuftentando illo vigore animi, atque generofa *αξιωσι*, quæ Libertatis et alumna eft eadem et cuftos. Num verendum erat ne quis tyrannidem Pififtratidarum Athenis inftaurare auderet, ubi in omnibus conviviis, et æque ab infima plebe in compitis, quotidie cantitaretur *Σκολιον* illud Calliftrati nefcio cujus, fed ingeniofi certe poe-tæ, et valde boni civis? 3

---

1 DION. HALICAR. Tom. II. pag. 123. edit. Hudfon.

2 Ibid.

3 ATHENÆUS. LIB. XV. *Σκολιον* hoc nonnulli Alcæo tribuerunt: quod temporum ratio non fert. Floruit enim Alcæus annis circiter octoginta ante Hipparchi necem. Sed et Auctoris nomen ab interitu vindicavit HESYCHIUS: *Αρμοδιυ μελ@· το επι Αρμοδιω ποιηθεν σκολιον υπο Καλλιστρατυ υτως ελεχθη.* Erat autem hoc *Σκολιον* Athenis ita celebre, ut in omnibus conviviis cantari folitum effet. ARISTOPHANES, AXAPN. 977.

    Ουδεποτ' εγω πολεμον οικαδ' υποδεξομαι,

    Ουδε παρ' εμοι ποτε τον Αρμοδιον αστται,

    Συγκατακλιθεις, οτι παροινιος ανηρ εφυ.

"Nunquam apud me Harmodium canet:" hoc eft, nunquam apud me conviva erit. Ubi SCHOLIASTES: *εν ταις των ποτων συνοδοις ηδον τι μελ@ Αρμοδιυ καλυμενον· η η αρχη, Φιλτατε Αρμοδιε, υτι συ τεθνηκας.* Item ibid. 1092. inter cætera in apparatu cœnæ numerantur,

    Ορχηστριδες, τα φιλταθ' Αρμοδιε, καλαμι.

Huc etiam allufum ΛΥΣΙΣΤ. 633.

Εν μυρτϗ κλαδὶ το ξίφος φορησω,

Ωσπερ Αρμοδιος κ' Αρισογειτων,

Οτε τον τυραννον κτανετϗν,

Ισονομϗς τ' Αθϟνας εποιησατϗν.

Φιλταθ' Αρμοδὶ ϗτι πϗ τεθνηκας,

Νησοις δ\' εν μακαρων σε φασιν ειναι,

Ινα περ ποδωκης Αχιλϗς,

Τυδειδϟ τε φασιν Διομηδεα.

Εν μυρτϗ κλαδὶ το ξιφός φορησω.

Ωσπερ Αρμοδιος κ' Αρισογειτων,

Οτ' Αθϟναιης εν θυσιαις

Ανδρα τυραννον Ιππαρχον εκαινετϟν.

Αει σφων κλεος εσεται κατ' αιαν,

Φιλταθ' Αρμοδὶε κ' Αρισογειτον,

Οτι τον τυραννον κταϗετον,

Ισονομϗς τ' Αθϟνας εποιησατον.

Quod si post Idus illas Martias e Tyrannoctonis quispiam tale aliquod carmen plebi tradidisset, inque Suburram, et sori circulos, et in ora vulgi intulisset, actum profecto fuisset de partibus deque dominatione Cæsarum: plus mehercule valuisset unum Αρμοδϗ μελος, quam Ciceronis Philippicæ omnes.

Και φορησω το ξιφος το λοιπον εν μυρτϗ κλαδὶ,
Αγοϱασω τ' εν τοις οπλοις εξης Αρισογειτονι.

Liquet autem ex ipso Σκϙλιω, conjuratos, cum Hipparchum adorirentur, pugiones suos abdidisse in illis myrti ramis, quos, opinor, solenne erat gestari ab omnibus qui Sacrificio Panathenaico interessent: quod etiam diserte testatur Aristophanis Scholiastes ad locum proxime citatum, ϗτοι γαϱ (Αϱμϙδιος και Αϱισογειτων) απο μυϱσινων κλαδων τα ξιφη κικατασπασιτις τον τυϱαννον κκτιϙαλον. Hinc fortasse ductus est mos, ut qui in convivio Σκϙλιον aliquod cantaret, semper manu teneret myrti ramum, (vide PLUTARCH. I. Symp. Quæst. I.) quod in hoc Σκϙλιϙ ex re initium habuisse videtur. Cæterum Σκϙλιον hoc celeberrimum in versiculos suos distinxi; metroque consului, legendo, Tetrasticho 2do, pro ϗτϙ, ϗτι πϗ, cum Scholiaste Aristophanis, (sunt qui legunt ϗτι πϗ;) pro Αχιλϟϗς, Αχιλϗς; et omittendo otiosum epithetum τον εσθλον ante Διομηδεα. Porro autem suaserunt rationes Grammaticæ legendum, Tetrasticho 4to, Αρισογειτον pro Αϑϟϗγϗταϗν; et κταϗετον, εποιησατον, pro κταϗετϟω, εποιησατϟω.

Sunt

Sunt et aliæ Poefeos fpecies, quæ quanquam nobifcum comiter plerumque et familiariter verfantur, graviorem tamen perfonam nonnunquam induunt.   Talis eft Elegia; non hanc levem dico et amatoriam,
fed antiquam illam, fapientem, fanctam, feveram; ducem vitæ, magiftram morum, civitatum adminiftratricem, virtutis antiftitem.   Ne
plures Auctores nominem, quorum nullæ jam fuperfunt reliquiæ de
quibus judicare poffimus, ecce vobis Solon, vir fanctiffimus, legum lator fapientiffimus, poeta optimus: qui fi quid in reip. adminiftratione
ardui objiceretur, ad poeticam facultatem femper confugiebat. 1   Num
vindicandæ funt leges fuæ, caftiganda civium vel licentia vel fegnities,
concitandi eorum animi et ad libertatis defiderium erigendi?   Continuo
carmen aliquod populo impingitur, acre, feverum, fervidum, et in illa
gravitate cenforia tamen elegans:

Εκ νεφελης τελεται χιονος μ̄ονος, ηδε χαλαζης,

Βροντη δ᾽ εκ λαμπρης γιγνεται αϛεροπης·

Ανδρων δ᾽ εκ μεγαλων πολις ολλυται· εις δε μοναρχϑ

Δημος αϊδρειη δϑλοσωῡην επεσε.

Notum eft Athenienfes Salamina ex hoftibus receptam Solonis carminibus unice debuiffe, etiam invito atque ingratiis: cum multis cladibus
acceptis in fummam defperationem incidiffent, adeo ut capitale effet, fi
quis de bello inftaurando deque vindicanda infula ferret; tantam profecto vim habuit Carmen illud, Ιομεν εις Σαλαμινα --- quafi a vaticinante
fub furoris fpecie pronuntiatum, ut populus veluti aliquo numinis afflatu inftinctus, ad arma concurreret, bellum flagitaret, aciem pofceret,
et impetu facto, cæfis hoftibus, victoriam exoptatiffimam reportaret.
     Habemus etiam aliquas Tyrtæi illius reliquias, qui
          " mares animos in martia bella
     " Verfibus exacuit;
omnes de bellica fortitudine, de amore patriæ, de immortali gloria virorum in acie ftrenue occumbentium; quæ timidis etiam audaciam addere poffent: quibus ipfis hortationibus Lacedæmonios, debilitatos jam-

---

1 Vide PLUTARCH. et DIOG. LAERT. in SOLONE.

dudum et fractos animo, ad certam spem victoriæ erexit. Nota res est, multorumque auctorum testimonio celebrata : quod ni ita esset, nonnullis isthæc omnia fabulosa forsan haberi possent; mihi quidem videntur non magis historiæ fide, quam rei ipsius ratione comprobari. Nonne enim credibile est summo animi ardore, summa firmitate atque pertinaciá virtutis, ab iis hominibus fuisse dimicatum, qui in acie stantes, gradientes, manum jam cum hoste conferentes, perpetuo canebant ad tibiam istiusmodi carmina : ·

Θυμῳ γης ωϵι τησδε μαχωμεθα, κα περι ωαιδων
　Θνησκωμεν, ψυχων μηκετι φειδομϳυοι,
Ω νεοι· αλλα μαχεϑε παρ' αλληλοισι μενοντες,
　Μηδε φυγης αιχρας αρχετε, μηδε φοβϛ.
Αλλα τις ευ διαβας μενετω ποσιν αμφοτεροισι
　Στηριχθεις επι γης, χειλος οδϛσι δακων.
Δεξιτερη δ' ενι χειρι τιναοϛετω οβριμον εγχος,
　Κινειτω δε λοφον δεινον υπερ κεφαλης·
Καη ποδα παρ ποδι θεις, καη επ' ασπιδϛ ασπιδ' ερεισϛς,
　Εν δε λοφον τε λοφῳ, κα κυνε‌ῳ κυνεη,
Καη ϛερνον ϛερνῳ ωεπαλημϳυος ανδρι μαχεϑω,
　Η ξιφεος κωπην, η δορυ μακρον ελων.
Ουδεποτε κλεος εϑλον αποΝΝυται, ϛδ' ονομ' αυτϛ,
　Αλλ', υπο γης περ εων, γιγνεται αϑανατος,
Οντιν' αριϛδϛοντα,· μενονϛατε, μαρναμενοντε
　Γης ωερι κα ωαιδων, θϛρος Αρης ολεση.

Leviores Poeticæ species ne omnino prætermittamus, iis profecto satis superque tribuisse multis videbimur, si illarum utilitatem in ipsa quem afferunt delectatione positam statuamus. Verum ne hanc quidem contèmnendam fortasse judicabitis, Academici, si cogitetis hos lusus, hanc ipsam levitatem, præbere vobis ubi respiret animus operosa veritatis indagatione defessus; unde ingenia a vehementi contentione relaxentur, attrita reparentur, debilitata reficiantur, et vel ipsa studiorum vicissitudine et varietate recreentur. Qua quidem in re uti possitis gravissimorum virorum exemplo atque auctoritate; inter Græcos, Solonis,

Platonis,

Platonis, Ariſtotelis; inter Romanos, Scipionis et Lælii, Julii et Auguſti Cæſarum, M. Varronis, M. Bruti; qui maximis negotiis ſtudiiſque ſeveriſſimis hanc poeticæ facultatis ſuavitatem et hilaritatem crebro ac libenter aſperſerunt. Equidem præclare nobis conſuluiſſe videtur natura, quæ cum nos ad veri cognitionem longe a nobis remotam, nec ſine magnis laboribus aſſequendam, vehementer impelleret, hæc nobis invenit et paravit oblectamenta, ut haberet mens noſtra, quo defatigata identidem confugeret; ubi conquieſceret, omnemque illum languorem et moleſtiam deponeret.

Nec vero illud quoque in his ſtudiis prætereundum eſt, Academici, quod ut veſtrorum laborum ſolatia quædam ibi repoſita habetis, ita ex eiſdem multa literarum ornamenta depromere poſſitis. Primum equidem eſt, res ipſas earumque rationes clare animo concipere et cogitatione complecti; tum huic proximum, animi ſenſus non modo dilucide, ſed et ornate, oratione explicare. In hoc enim omnes aliquantulum delicati ſumus, ut nuda et jejuna etiam graviſſimarum rerum expoſitione parum ſimus contenti: aſſumenda ſunt artis aliqua condimenta, quæ faſtidium illud vincant; adhibendus flos quidam orationis, aliqua ſententiarum lumina; etiam aurium voluptati modis quibuſdam et numeris conſulendum. Quibus omnibus quanquam Poetæ longe aliter ac cæteri ſcriptores utuntur, nihilominus qui in eorum ſcriptis et legendis et imitandis aliquid temporis et operæ collocaverit, id ei uſu venturum arbitror, ut ſentiat, hac quaſi palæſtra excoli et formari ſibi ingenium, vires animi et celeritatem augeri, orationem etiam ſuam hac conſuetudine atque commercio ſimilem quendam habitum et colorem aſſumere. Cujuſmodi quiddam iis accidere videmus, qui ſaltationi aliquando operam dederunt; nam etſi geſtum et inceſſum ad certos motus minime componant, ſubeſt tamen aliquid ex hac exercitatione, unde eos non id agentes decor ille furtim proſequitur. Neque vero incredibile eſt, ad ſummam oratoriæ eloquentiæ laudem perficiendam nonnihil ex poetica facultate adjumenti attuliſſe tum C. Cæſarem, tum M. Tullium; 1 al-

___

1 " Ne carmine quidem ludere contrarium fuerit: — ideoque mihi videtur M. Tullius tan-
" cum

terum Romanorum difertiſſimùm, alterum eloquentiſſimum; utrumque et legendis carminibus deditum, et in ſcribendis exercitatum. Hoc
in Platonis ſcriptis ita apparet, ut non modo de re ipſa male ac perverſe
judicaviſſe, ſed et hominis ingrati crimen in ſe admiſiſſe videatur, cum
Poeſin ex commentitia ſua civitate ejecerit, cui ipſe ingenii ſui nitorem
et cultum deberet, cujus ex fontibus dulcem illam orationis ubertatem
et flumen eloquentiæ derivâſſet.

Sed ut ad majora illa redeamus; hoc certe præcipue inter cæteras
diſciplinas eminet Poetica, quod excelſum quiddam ac pœne divinum
ſapiat; quod animum non modo defeſſum recreet, turbatum leniat, op-
preſſum erigat; ſed ad pulchra, decora, ardua evehat atque accendat;
nec tantum optima vitæ præcepta ita tradat, ut reddat etiam jucundiſſima, ſed ipſum etiam Honeſtum menti quodammodo inſerat atque in-
fundat. Præterea cum ea laudis ac gloriæ cupiditas animis noſtris inna-
ta ſit, quæ nos ad præclara et excelſa acerrime ſtimulet, id ſedulo agit
Poeſis, ut hoc naturæ conſilium plene exequatur, ut hos virtutum ig-
niculos foveat nutriatque. Cumque id imprimis ſui muneris eſſe ſemper duxit, ut res bene, præclare, fortiterque geſtas celebraret; ut egregia maximorum virorum exempla poſteris traderet, eorumque immor-
talem memoriam ſuis conſecraret monumentis: hæ certe Poeſi debentur gratiæ, quod non ſolum animum ad virtutem præceptis informet,
exemplis dirigat, et vi quadam inſita atque ſua concitet atque incèndat,
verum etiam quod ipſi virtuti ampliſſimam et jucundiſſimam ſuorum
laborum mercedem perſolvat.

Verum de Poetica adhuc levius omnino et humilius, quam ejus dignitas poſtulat, exiſtimabimus, niſi eo demum convertamus animos, unde ejus magnitudo maxime elucet; niſi eam in ſacris verſantem, et Religioni miniſtrantem contemplemur. Hoc primum ei negotium datum
eſt; hoc ita feliciter exequitur, ut in cæteris rebus impoſitam quandam
perſonam gerere videatur, hic ſolummodo ſuam; alibi enim ad artis

"tum intuliſſe eloquentiæ lumen, quod in hos quoque ſtudiorum ſeceſſus excurrit." QUINTIL.
Lib. x. 5.

ſubſidia

ſubſidia ſemper confugere, hic propria vi niti, aut potius ſpiritu vere divino ſuſtentari. Quid enim habet univerſa Poeſis, quid concipere poteſt mens humana grandius, excelſius, ardentius; quid etiam venuſtius et elegantius, quam quæ in ſacris Hebræorum Vatum ſcriptis occurrunt? qui magnitudinem rerum ſere ineffabilem verborum pondere et carminis majeſtate exæquant; quorum cum nonnulli vel ipſis Græcorum poetarum fabulis ſunt antiquiores, ita omnes tantum eos ſublimitate exſuperant, quantum vetuſtate antiquiſſimi antecedunt. Quod ſi ipſius Poeſeos ultima origo quæratur, ad Religionem omnino videtur referenda. Nam cum ſit ſacultas a natura profecta, præceptis et legibus non niſi ſero conformata, non ætatis alicujus aut gentis propria, ſed univerſi humani generis; vehementioribus humanæ mentis Affectibus neceſſario tribuenda eſt: quorum ea eſt natura, ut ſeſe efferant vocibus elatis, ardentibus, maximeque a vulgari ſermonis uſu abhorrentibus; nec minus æquabilem illum continuæ locutionis tenorem impetu ſuo dirumpunt et diſtinguunt intervallis; ſententias acres, incitatas, vibrantes, crebris veluti ictibus contorquent; et orationem pro motu et habitu animi varie intercidunt, et quodammodo modulantur. Hoc in Admiratione et Gaudio vel maxime locum habet; et quid erat quod hominis jam tum creati mentem, opinionum vanitate nondum depravatam, adeo vehementer potuit percellere, ac, quæ tum ei plane obverſata eſt, Dei Optimi Maximi bonitas, ſapientia et magnitudo? quid veriſimilius, quam primum inconditi carminis conatum in Creatoris laudes ipſo exardeſcentis animi impetu erupiſſe? Id certe minime dubium eſt, eiſdem in ſacris enutritam ſuiſſe Poeticam, in quibus nata videtur: obire templa, adeſſe altaribus, prima ei et propria quædam occupatio ſuit: et cum religiones in variis gentibus atque ætatibus diverſiſſimæ obtinuerint, in hoc tamen omnes conſenſiſſe accepimus, ut hymnis et carminibus celebrarentur. 1 Hujuſce originis non obſcura indicia etiamnum præ

---

1 Antiquiſſimum ſecundum PLATONEM Muſicæ ſive Poeſeos genus erant ευχαι προς Θεος· ονοματι δε υμνοι επικαλυντο. DE LEG. Lib. III. Rem ipſam eleganter illuſtrat SUETONIUS; in Nominis etymologia infelicior, ut accidit nonnunquam veteribus Grammaticis. "Cum primum homines exuta feritate rationem vitæ habere cæpiſſent, ſeque ac Deos ſuos noſſe, cul-
"tum

se sert Poesis, eo quod sacram et cælestem materiam veluti parentem suam et educatricem ardentissimo affectu semper amplectatur; huc veluti ad germanam patriam amat recurrere, ibique et lubentissime versetur, et maxime vigeat.

Verum isthæc attigisse solummodo et quasi prælibasse jam sufficiat, plenius forsan aliquando discutienda. Quod autem sit in posterum instituti mei consilium, quæ propositæ materiæ forma, veniam mihi ut spero facile concedetis, Academici, si nondum ausim in medium proferre. Esset sane hominis et vestrum de se judicium parum reverentis, et suo plurimum tribuentis, quæ apud animum suum paululum agitata haberet, nec satis ad liquidum cogitatione perducta, coram vobis protinus effutire. Ego vero sic mecum statuo, nihil huc subitum, nihil nisi mea qualicunque industria elaboratum afferri oportere; id mihi sedulo enitendum, ut ingenium, eruditionem, copiam, cæteraque quæ mihi sentio deesse omnia, ea quantum possim cura, diligentia, labore compensem. Hæc si præstem, altera illa ut mihi remittatis et condonetis rogo, Academici; ut quem studio vestro et favore ornavistis, eundem porro humanitate et indulgentia prosequamini.

"tum modicum ac sermonem necessarium commenti sibi, utriusque magnificentiam ad religio-
"nem Deorum suorum excogitaverunt. Igitur ut templa illis domibus pulchriora, et simulachra
"corporibus ampliora faciebant: ita eloquio etiam quasi augustiore honorandos putaverunt, lau-
"desque eorum et verbis illustrioribus et jucundioribus numeris extulerunt. Id genus, quia for-
"ma quædam efficeretur, quæ ποιοτης dicitur, Poema vocitatum est, ejusque fictores Poetæ."
Ex opere deperdito DE POETIS citatum ab ISIDORO, *Orig.* Lib. VIII. cap. 7.

C

DE SACRA POESI HEBRÆORUM.

PRÆLECTIO SECUNDA:

ARGUMENTI PROPOSITIO ET DISTRIBUTIO.

SOCRATES, ut apud Platonem [1] legimus, cum fæpius per infomnium effet admonitus, ut Muficæ operam daret, officio quafi divinitus fibi delato fatisfaciendum ratus, primo quidem carmen in Apollinis laudes compofuit, ac poftea aliquas fumpfit fabellas Æfopi verfibus illuftrandas : id, credo, fecum reputans, primitias Poeticæ, quam ille præcipuam quandam Muficæ partem [2] effe exiftimabat, Diis immortalibus confecrari debere; nec fibi, homini in his ftudiis minime exercitato, nifi ea fe religione prius exfolviffet; ad leviorem materiam fuoque forfan ingenio accommodatiorem licere defcendere. Sequar, Academici, graviffimi Philofophi auctoritatem; et cum hoc mihi ab Academia munus demandatum eft, ut Poeticæ naturam et rationem vobis exponam, id ex ea potiffimum parte ingrediar, unde ille ad ejufdem Artis ftudium et exercitationem accedendum fibi putavit. Statui enim in primis quædam de Sacra Poefi differere, ea nimirum quæ a veteribus Hebræis exculta eft, et in rebus vere divinis unice occupata ; ut fi materiæ arduæ ac difficili parum fatisfecero, ad minora faltem quafi aufpicato poffim tranfire. Ego vero hoc negotium ea mente fufcipio, ut non folum pro ratione officii diligenter, fed et pro mandantis

[1] IN PHÆDONE fub init.

[2] Τις ην η παιδεια; — ισι δε πυ η επι σωμασι, γυμνασικη· η δ' επι ψυχη, μυσικη. PLAT. DE REP. Lib. II.

amplitudine

amplitudine honorifice exequéndum exiftimem; nec mihi videndum
modo effe, quid hujufce inftituti propofitum et ftudiofæ juventutis utilitas, fed et quid hujus Academiæ dignitas requirat. Quandoquidem
autem ipfa etiam Academia, cum hanc nobis difciplinam decreto fuo
confirmaret, Poeticæ ftudium eo præcipue nomine commendavit, "quod
"ad feverioris literaturæ, tam Sacræ quam Humanæ, incrementum con-
"ducat; I" nihil fane occurrebat, quod tractari poffet, vel utilius, vel
ad hujus inftitutionis confilium, et Academiæ noftræ mentem, etiam
accommodatius, quam ea Poeticæ fpecies, quæ cum Sacrarum literarum magnam partem conficit, tum cæteris omnibus et rerum dignitate
et magnificentia fpiritus longe antecellit.

Enimvero quid eft cur Homeri, Pindari, Horatii fcriptis celebrandis
omnique laude cumulandis toties immoramur, Mofem interea, Davidem, Ifaiam, filentio præterimus? An rem ipfam cenfebimus ab his
fcholis abhorrere? in quibus tamen hæ literæ femper primas obtinuerunt: an ab hoc florentiffimorum juvenum cœtu alienam effe? quorum tamen plurimi his ipfis ftudiis operam fuam et labores confecrave-
runt. An id tandem ftatuendum eft, eorum quidem hominum fcripta,
qui tantum modo effecerunt, quantum ingenio et facultate confequi potuerunt, ratione et via tractari oportere, et ad artis præfcriptum et normam exigi: quæ vero altiorem habent originem, et Divini Spiritus afflatui vere tribuuntur, eorum vim quidem et venuftatem fuo lumine
quodammodo elucere; fed nec doctrinæ inftitutis conftare, neque Artis
finibus circumfcribi poffe? Veriffimum quidem eft, Poefin facram, fi
ejus originem fpectamus, humanam et artem et naturam longe fupera-
re: nihilo tamen minus, fi ejus fublimitatem cæterafque virtutes recte
æftimare velimus, hoc eft, quantum in concitandis animi humani affectibus valeat, intelligere; ad utramque eft recurrendum: videndum
enim, quænam fint iftæ mentis affectiones, et quibus potiffimum modis excitandæ. Præterea cum, ut in cæteris difciplinis, ita in Poetica,
Ars omnis fit cognitio quædam ex natura deprompta, rerum obferva-

I STATUTUM DE LECTURA POETICA.

tione percepta, ufu confirmata; cum in iis homines docti deprehende-
rent, quid decorum effet, quid conveniens, et ad inftituti operis finem
confequendum recte comparatum; eaque fparfim notata, lateque diffufa, ratione quadam inter fe conftringerent, et ad certum ordinem cer-
tafque leges revocarent: patet Artem ex ingeniorum excellentium monumentis fuam originem ducere, non excelluiffe ingenià eo quod artis
fubfidiis effent inftructa, recteque adhiberi ejus præcepta in illuftrandis
etiam illorum fcriptis, qui ea vel nefcirent, vel non attenderent. Cumque Poefeos Sacræ confilium fit, mentem humanam ad omnem veræ
virtutis et ·pietatis habitum formare, et vehementiores animi affectus ita
concitare, ut eos ad proprium finem ufumque legitimum dirigere poffit; fi quis inftrumenta illa, et quafi machinas, quibus inftitutum fuum
abfolvit, perfpexerit, is profecto haud exiguum ipfi Arti fubfidium eft
collaturus.   Quamvis igitur ad occultos hujufce veluti Nili cæleftis fontes haud fas fit penetrare, licebit tamen fancti fluminis curfum et flexiones fequi, aquarum auctus et receffus notare, ac rivos etiam quofdam
tanquam in fubjacentes campos deducere.

Primum certe in hac difciplina locum merito fibi vendicant Sacra
Poemata, cum ex iis et ipfius Artis origo repetenda eft, et ejufdem dignitas veriffime æftimanda.   Cæterarum artium initia, utcunque rudia et
imperfecta, et circa res tenues et minutas occupata, juvat tamen plerumque eruere et contemplari: hic Poefin in ipfis primordiis intueri licet, non humano ingenio excogitatam, fed e cœlo delapfam; non par-
vis incrementis paulatim crefcentem, fed ab ipfo ortu plenam quandam
habentem et decoris et roboris maturitatem; non nugis ancillantem et
vanitati fua præbentem lenocinia, fed divinæ veritatis miniftram, ·inter
Deum atque homines quandam internuntiam.   Hoc enim primum et
præcipuum habet munus, ut et hominum vota actionefque gratiarum
Deo commendet, ejufque laudes celebret, utque ex altera parte homi-
·nibus divinorum confiliorum myfteria patefaciat, et prænuntiet futura:
quod quidem officium Poefis imprimis fibi honorificum et illuftre ducit
contigiffe.   Illud enimvero haud perfunctorie attendi velim, quod ex
univerfa facrorum voluminum ferie conftare arbitror; eventuum futu-

rorum

rorum fignificatiònes femper fere verfu et numeris enuntiari; et ejufdem fuiffe Spiritus rerum præfenfionem fuo inflatu impertire, iifque
magnificos poefeos fenfus et carminis ornatum inducere; ut cum rebus
ipfis longe humanos conceptus fuperantibus quædam etiam eloquii divinitas confentiret. Quid autem eft ex iis omnibus, quæ in honorem
Poeticæ fautores ejus ftudiofiffimi vel ediderunt unquam, vel concepe-
runt, vel etiam finxerunt, quod non infra hanc laudem, infraque ejus
merita reique veritatem confiftat? Quid ex omnibus, quæ in eandem
acerrimi ejus obtrectatores unquam conjecerunt, opprobriis, quod non
Hebrææ Poefeos exemplo penitus refutetur atque obruatur? Definant
itaque ex quorundam hominum vitio, qui rebus optimis peffime abutuntur, honeftiffimæ facultati invidiam conflare: definant eam artem,
ut in fe levem futilemque contemnere, ut profanam atque etiam impiam criminari, quam in fanctiffimos ufus Dei ipfius munere hominibus conceffam fuiffe videmus, Deique ipfius auctoritate atque exemplo
auguftiffimis minifteriis confecratam.

Utrum Poefin fuam Græci ex naturæ primum fontibus ipfi hauſe-
rint, an aliunde ex remotiore aliqua origine derivatam acceperint, nec
magni momenti videtur, nec exitum habitura difputatio: hoc certe conftat, eam femper apud Græcos invaluiffe de Poeticæ natura et origine
opinionem, quæ, fi ipforum tantum Poefin fpectamus, effet vaniffima;
cum Hebræorum vero Poefi re et veritate congrueret. Etenim Poefin
fanctum et cælefte quiddam exiftimabant, neque artis aut facultatis effe
humanæ, fed divini omnino muneris: apud eos itaque fancti habiti Vates et deorum interpretes, ut quibus confuetudo et commercium quoddam cum cœlo intercederet; cæremoniæ, et religiones, deorumque laudes carminibus celebratæ; et quod habet eorum Poefis antiquiffimum,
oracula femper verfibus edita, quo et auguftiora et credibiliora populo
viderentur; quippe qui exiftimabat, æque divini cujufdam inftinctus
effe, res et præfentire, et verfibus protinus exprimere. Retinuiffe itaque videntur confignatam quondam in animis hominum antiquæ et veræ Poeticæ notionem aliquam et formam, pofteaquam rem ipfam ami-
fiffent; cum vaniffimis commentis fefe invicem corrupiffent Religio et
Poefis.　　　　　　　　　　　　　　　　　　　　　　　　　　Cum

Cum igitur unicas primævæ et germanæ Poeſeos reliquias nobis Sacri Codices ſervârunt, ipſa vetuſtate venerandas, divinitate etiam adoran-
das, de iis mihi in primis quærendum exiſtimavi; quantum nimirum
patitur hujuſce diſciplinæ ratio : ut meminerim me, non Theologiæ
ſtudioſis divinæ veritatis oracula exponere, ſed juventuti in politiori doctrina et literarum elegantiis exercitatæ commendare lectiſſima Poemata.
Debuit fortaſſe me ab hoc incepto omnino dehortari rei ipſius difficultas; verum hanc, ut ſpero, apud vos, Academici, excuſationem habebit meum audacius forſan conſilium, ut me exiſtimetis eam potiſſimum
materiam tractandam ſuſcepiſſe, quam maxime et per ſe egregiam et
huic inſtituto accommodatam judicarem ; atque id ſaltem vidiſſe, quid
hoc loco dignum eſſet, ſi parum conſiderate expenderim, quid meæ vires poſſent ſuſtinere.

Eam autem in hac diſquiſitione viam inſiſtam, quam ultro videtur
oſtendere rei ipſius ratio.   Tria enim ſunt in omni poemate præcipue
advertenda : primum quidem res ipſa, ejuſque tractandæ ratio; quæ
diſpoſitio, quis ordo, quæ pro vario poematis genere totius forma : tum
elocutio ſive ſtylus; in quo continentur ſenſus elati atque ardentes, ſententiarum lumina, figurarum atque imaginum pulchritudo et varietas,
verborum denique vis, pondus, elegantia : poſtremo carminis ſuavitas,
numerique, non ſolum ad aurium delectationem compoſiti, ſed ad res
ipſas exprimendas, omnemque animi motum concitandum efficaces.
Videndum itaque quid in harum partium ſingulis præſtari poſſit, et
quouſque in Hebraica Poeſi diſcutienda et tuto et cum fructu aliquo
verſari liceat.

Quod ad Verſuum rationem attinet, ut de poſteriore prius dicam;
vereor ne is locus pœne ſit omittendus, cum pateat non modo ex irritis
doctiſſimorum virorum conatibus, ſed ex rei ipſius natura, omnem fere
carminis Hebraici cognitionem intercidiſſe : niſi forte operæ pretium ſit
hac in parte certa, ſi quæ ſunt, ab incertis conjecturis ſecernere, et hoc
ipſum oſtendere, quantillum id ſit, quod ſciamus.   Et profecto, quanquam abjicienda quidem fuerit omnis de Metrorum ratione diſquiſitio,
cum tamen aliqua appareant carminis veſtigia, erunt fortaſſe nonnulla
                                                                              quæ

quæ de universa ejus natura breviter primo animadverti poterunt, et prout occasio fert, particulatim etiam postea notari.

Verum satis uberem disquisitioni nostræ materiam præbebit ea pars quæ de Stylo Hebrææ Poeseos agit; qui cum præcipuas habet virtutes, quæ in Poetica sunt communes ac veluti publici juris, tum multas possidet tanquam proprias et suas.

In altera illa parte, quæ natura et dignitate prior ultimo restabit tractanda, diligenter ut in re perquam difficili erit versandum, et caute simul, ut semper, insistendum; ne si in spatiis Poeticis nimis licenter vagamur, in Theologiæ sacraria imprudentes irruamus; quod ne unquam temere fiat sedulo mihi cavendum statui. Hujus vero loci erit, Poemata Hebræa in certas classes secundum varias eorum Species, quantum commode fieri poterit, distribuere; quid in singulis maxime advertendum sit videre; fortasse etiam cum Græcis ac Latinis comparare, si quæ ejusdem generis esse videantur.

PARS PRIMA,

מזמור

SIVE DE METRIS HEBRÆIS:

PRÆLECTIO TERTIA,

POESIN HEBRÆAM METRICAM ESSE.

Ingredienti mihi propofitam de Sacra Hebræorum Poefi difputationem in ipfo aditu occurrit difficilis ac perobfcura quæftio de Natura Carminis Hebraici; quam fane libenter defugiffem, fi per inftituti rationem licuiffet. Sed cum omni Poefi hæc fit veluti propria quædam lex et neceffaria conditio conftituta, a qua fi difcedat, non folum præcipuam elegantiam defiderabit et fuavitatem, fed ne nomen quidem fuum obtinebit; nimirum ut fit numeris adftricta, atque aliquo conftet metrorum genere; idcirco qui Poefin Hebraicam tractat, ei hujufce difquifitionis quædam impofita eft neceffitas, ut oftendat faltem ifthæc Hebræorum fcripta, fiquidem Poemata funt, effe Metrica; utque porro inquirat, numquid certi de hujufce carminis ratione definiri poffit. Hunc itaque locum ita aggredior, non ut rem ipfam multum illuftraturum me fperem, fed ut quæram potius quatenus omnino poffit illuftrari; atque id ipfum breviter cauteque, ut qui hujus argumenti, veluti freti cujufdam doctorum naufragiis infamis, extremam tantum oram aufim legere.

Ac primum quidem Hebræorum fcripta quædam non modo fpiritu poetico animata effe, fed numeris etiam et metro aliquo adftricta, quanquam in contrariam fententiam abierint eruditorum nonnulli, fatis tamen

men

men clare opinor conſtabit, ſi ea vel paulo attentius advertimus. Nam ubique ſere apparent eæ ſaltem reliquiæ et quaſi veſtigia carminis, quæ vix potuiſſent in ulla alia lingua ſupereſſe, cujus, ita ut nunc Hebrææ, ſonus ac pronuntiatio propter varios caſus, quos tanta ſert vetuſtas, penitus obſoleviſſet.

Erat apud Hebræos Vates in uſu carminis quoddam genus memoriæ præcipue juvandæ cauſa, ut videtur, inventum, quo res aut ſententias, aliquantum diſſipatas plerumque, nec ſatis ipſa naturæ et diſpoſitionis neceſſitate inter ſe connexas, ita exprimerent, ut ſinguli vel verſus vel ſtrophæ literis primoribus Alphabeti ordinem repræſentarent. Cujus rei multa etiamnum inter ſacra Poemata exempla extant. 1 Hic itaque prodeunt, ac veluti ultro ſeſe nobis offerunt verſiculi certis quibuſdam notis ſignati, ſuiſque limitibus circumſcripti; quod in membris tantum orationis omnino ſolutæ fieri unquam potuiſſe plane incredibile eſt: præſertim, ſi hos ipſos verſus animadvertimus, interque ſe comparamus, æqualibus plerumque ſpatiorum intervallis decurrentes, atque ita veluti in quadrum redactos, ut ſæpe vocibus voces adnumeratæ, ac pœne ſyllabis ſyllabæ pares reſpondeant. Quæ cum ita ſe habeant, quamvis aurium judicio in hac re vix uti licet, ipſo tamen prope aſpectu agnoſcemus, omnia non modo numeris poeticis eſſe diſtincta, ſed etiam accuratam aliquam in iis dimetiendis adhibitam fuiſſe diligentiam.

Habet etiam aliud Poeſis Hebræa quod metricæ orationis omnino eſt proprium. Iis enim ſolummodo ſcriptoribus, qui certa quadam numerorum ac pedum moderatione ſunt adſtricti, ea licentia conceditur, ut vocibus utantur a communi loquendi uſu ac lege diſcedentibus, et a linguæ analogia paulum detortis; utque eas nonnunquam vel detractis quibuſdam ſyllabis diminuant, vel adjectis augeant. Quæ res eam vim habet, non tam ut in promptu ſint quædam numerorum complementa, quam ut ſonorum varietas ſatietati occurrat, utque univerſæ elocutioni proprius quidam color inducatur, et ſua conſtet tanquam a plebe ſemota dignitas. Hujuſmodi igitur artificio aliquo pro vario cujuſque lin-

1 P S. XXV. XXXIV. XXXVII. CXI. CXII. CXIX. CXLV. P R O V. XXXI, a Commate decimo ad finem. J E R E M I Æ T H R E N I per totum excepto ultimo Capite.

guæ

guæ ingenio femper utitur Poefis.　Cernitur autem id duobus potiffimum : primo Gloffarum, five peregrini fermonis, ufu ; tum vocum re-
ceptarum Anomaliis quibufdam, five formis infolentioribus. 1　Notum
eft quantum in hoc genere fibi permiferunt Poetæ Græci ; quorum lingua præ cæteris omnibus, propter Dialectorum, quæ in diverfis Græciæ Rebufpublicis obtinuerunt, varietatem et copiam, hujufmodi licen-
tiis erat maxime opportuna.　Secundum illos nulli fortaffe eas liberius
admiferunt quam Hebræi ; qui cum Gloffis, tum vocum Anomaliis,
maximè autem Particulis 2 quibufdam orationi metricæ propriis, et in

---

1 Vide A R I S T O T. P O E T. Cap. 22.

2 Particulæ Poeticæ, quas fere Paragogicas vocant Grammatici :

א Nominibus additum : N U M. XXIV. 3. P S. CXIV. 8. CIV. 11, 20. I S A I. LVI. 9, bis.
Z E P H. II. 14. quanquam in his locis hoviffimis fieri poteft, ut א loco fuo motum fuerit, et pro־
חיתו legendum fit חוית ; quod amiciffime fubmonuit Vir harum literarum peritiffimus, cujus
conjecturæ favent LXX Interpretes.

י additum Nominibus, Adveibiis, Præpofitionibus, in Poeticis paffim : item Participiis Be-
non. Sing. Mafc. et Fœm. G E N. XLIX. 11. P S. CI. 5. P R O V. XXVIII. 16. J E R. XXII. 23.
XLIX. 16. LI. 13. E Z E C H. XXVII. 3. hoc autem Maforetæ aliquoties perperam expunxerunt.

De י addito Verbis fecundæ Perf. Fœm. Sing. Præt. mendum fit necne nonnihil dubito : Maforetæ certe femper expungendum cenfuerunt. Vide J E R. XIII. 21. XXII. 23. XXXI. 21. et
E Z E C H. XVI, ubi decies reperitur.　Non eft verifimile in uno Capite eodem modo toties potuiffe errari.　Poteft etiam effe Gloffa Syriaca, quæ L U D. C A P P E L L I fententia eft ; C R I T.
S A C R. Lib. III. Cap. XIII. 8.　Quanquam eft locus ubi eadem forma effertur eadem Perf.
Mafculina : כי אמרת "Quoniam dixifti" — P S. LXXXIX. 3. ita fane acceperunt Veteres Interpretes omnes præter Paraphraftem Chaldæum ; et recte quidem, fi aut fententiæ, aut locorum
parallelorum habenda eft ratio.　Verum hoc mendum potius effe exiftimo, quanquam Maforetæ
non notarunt.

מו pro כם, vel הם, in Poeticis paffim ; P S. II. 3, 4, 5, quinquies : nonnunquam fingulariter
pro ו. vide I S A I. XLIV. 15. LIII. 8. J O B. XX. 23. XXII. 2. XXVII. 23. P S. XI. 7. Et
Paragogicum fæpe. כמו fimplex videtur omnino Poeticum, (quod occurrit N E H E M. IX. 11.
fumptum eft ex Cantico Mofis E X O D. XV. 5.) cum Affixis non item.

Harum Particularum, quas Poeticas voco, occurrunt in fcriptis Profaicis exempla, fingularum
fingula, in fequentibus locis, ac nefcio an alias ulla : ו, G E N. I. 24. fed abeft litera Paragogica
in Codice Samaritano. י, G E N. XXXI. 39, bis : fed deeft item in Codice Samaritano : quanquam hoc poteft etiam effe Pronomen Affixum. מו denique E X O D. XXIII. 31. fed pro גרשתמו
Codex Samaritanus habet גרשתים ; ita etiam legerunt LXX. I N T T. V U L G A T. C H A L D. &c.
et huic lectioni favet loci fententia.

Huc forte referri poffunt ה et ן Paragogica, et ש Relativum, quæ in Poeticis frequentius quam
alibi occurrunt.

　　　　Hæc

fine vocum identidem additis, ſtylum diſtinxerunt, et Dialectum quandam Poeticam ſibi confecerunt.

Hoc igitur opinor ſatis tuto affirmare poſſumus, Poeſin Hebræam Metricam eſſe. Ipſorum porro verſuum proprietatem unam aut alteram liceat adnotare, quas uti quivis deprehendat in iis carminibus, quorum verſiculi per literas initiales certo definiuntur, ita ad reliqua inde transferri conjectura ſaltem poſſunt. Primum quidem, verſus eo inter ſe diſſimiles eſſe, quod alii aliis multo ſunt productiores; breviſſimos ſex aut ſeptem fere ſyllabis conſtare; longiſſimos ad bis totidem circiter excurrere; ita tamen ut unum atque idem poema verſiculis (ut plurimum) non valde inter ſe imparibus continuetur; ibi denique fere incidere verſiculorum clauſulas, ubi diſtinguuntur ſententiarum membra.

Quod autem ad veros horum verſuum numeros, ad rhythmum et modulationem attinet, id omne et penitus ignotum eſſe, et nulla unquam arte aut induſtria humana inveſtigari poſſe, ex ipſa rei natura ſa-

---

· Hæc ſunt plerarumque ſi non omnium Anomaliarum exempla, quibus præcipue conſtat Dialectus Poetica. Quam libere autem iis utantur Sacri Vates, ut melius appareat, apponam earundem ſpecimen, quod ex uno loco collectum, nimirum ex Cantico Moſis E X O D. XV, exhibet Abarbanel: "Vides, inquit, in iſto Cantico menſuræ cauſa quandoque contrahi *voces*, quan-"doque extendi et protrahi per additionem quarundam literarum, ad juſtam faciendam menſu-"ram et modulationem; prout aliquando etiam una et altera hujus rei cauſa deficit. Literæ quæ "in præſenti Cantico ſunt ſuperadditæ ſunt iſtæ: duo Vau et Jod in voce יכסימו, ſuffeciſſet e-"nim כסם: Jod item in נאדרי: Vau in תאכלמו: Vau in תורישמו: Vau in כסמו: Vau in "תבלעמו: Vau in יאחזמו: Thau in אימתה:" (ſane mihi videtur hæc nominum forma eſſe omnino Poetica; multa ejus exempla profert G L A S S I U S P H I L. S A C R. pag. 269, ex libris autem Poeticis et Propheticis omnia:) "Vau in תביאמו: Vau in תטעמו. Deficientes ſunt Jod "in ימרת יה: ſic in תמלאמו pro תמלא מוהם: Vau in נהלת pro נהלתו: ſic etiam deficit "vox לבב in verſu נמוגו כל יושבי כנען. Non enim exiſtimandum Principem Prophetarum er-"râſſe circa accuratam literarum rationem, et ordinem ſcriptionis illarum: verum Carminis ra-"tio et melodiæ neceſſitas ſic poſtulârunt." A B A R B. in *Mantiſſa Diſſertationum ad Libr.* C O S R I. a B U X T O R F I O edit. B A S I L. 1660. pag. 412. Quibus exemplis addere potuiſſet ex eodem Cantico, מו Paragogicum in כמו bis, נ Epentheticum in ארממנהו, Paragogicum in ירגזון.

De Gloſſis autem, ſive de vocibus peregrinis, quæ in Hebræorum Poeſi occurrunt, in hac linguæ Hebrææ vetuſtate atque anguſtiis, vicinarumque Dialectorum quæ una vigebant pœne ruina, haud licet nimis fidenter pronunciare: cum fieri poſſit, ut quæ pro Chaldaicis (puta) vulgo habentur, fuerint fortaſſe utrique linguæ communes; contra, ex iis quæ rarius uſurpantur, quarumque origo ignoratur, aliquæ a vicinis Dialectis fuerint mutuatæ. Cum vero ſint voces nonnullæ, quæ ſæpius occurrunt in eorum monumentis Poeticis, nec alibi, niſi apud Chaldæos; de his

tis apparet.　Manifeſtum eſt antiquam et veram Hebraica pronuntiandi rationem omnino eſſe ignotam.　Quæ enim de hac re præcepta excogitaverunt recentiores Judæi, multis poſt ſeculis quam majorum ſuorum lingua in deſuetudinem abiiſſet, eis auctoritatem ac fidem jamdudum derogaverunt eruditi : quod ſi revera ex horum hominum decretis conformanda ſit pronuntiatio, fatendum jam erit, non modo, id quod experti ſentimus, Hebræorum carmina nihil reliqui habere, ſed nihil etiam unquam habuiſſe, harmoniæ ac poeticæ ſuavitatis.　Sed nec iis tum integrum erat obſoletæ linguæ ſonos jamdiu elapſos revocare, et veras pronuntiandi leges inſtaurare ; nec cuiquam jam mortalium fas eſt ſperare, ſe vel minimum in re tam tenui, et ab noſtris ſenſibus omnino remota, tamque funditus deperdita, conjectura conſecuturum.　Equidem linguarum omnium hac in parte ſubtiliſſima quædam eſt ratio : poſtquam obſoleverunt, literis quidem conſignatæ vocem aliquam retinent, ſed, ut ore alieno prolatam, abſonam eam omnino ac barbaram : abeſt illa vitalis gratia, defloruit nativa ſuavitas, evanuit primævæ ve-

his probabiliter judicare poſſumus, eas vel a vicinis Dialectis adſcitas fuiſſe in Hebræam, vel ſaltem poſtquam in vulgari ſermone penitus obſoleviſſent, in uſum revocatas : cujuſmodi ſunt, quæ ſequuntur.　בר filius, קשט veritas, קטל occidit, שגא crevit, שבח laudavit, זקף erexit, עיק (quod Hebraice effertur ציק) arctavit : &c.　Ecce autem Moſes ipſe in exordio ſupremæ Benédictionis, D E U T. XXXIII. nonne Chaldaiſmum ſæpius admiſit ?

ואתה מרבבת קדש
מימינו אש דת למו
אף חבב עמים

quid אתה? quod iterum etiam occurrit v. 21. quid חבב? et forma et notione Chaldaicum : quid דת? vocabulum in vulgarem Hebræorum ſermonem vix receptum niſi poſt captivitatem Babylonicam ; præſertim cum ſermo Hebræus abundaret ſynonymis quibus Dei legem exprimere potuiſſet.　Porro forma Chaldaica eleganter utitur I S A I A S, de Babylone loquens, in voce מדהבה, quod Hebraice eſſet מזהבה, Cap. XIV. 4. nec minus appoſite in eodem argumento Pſaltes adhibet vocem תוללינו P s. CXXXVII. 3. quod eſt Chaldaicum pro שוללינו, ut accepit ipſe Paraphraſtes Chaldæus, qui reddit per vocem ſynonymam בזזנא ; nec ſani quidquam huc afferunt cæteri Interpretes.　In Anomaliis item quibuſdam Grammaticis Gloſſarum exempla quædam certo deprehenduntur : qualia ſunt ſequentia, Syriaca vel Chaldaica : כ pro ך, P s. CXVI, ter; CIII, quater occurrens; item C A N T. II. 13. J E R. XI. 5. והי pro ע; P s. CXVI. 12. ק Terminatio Plur. Nom. Maſc. pro ים, J O B. IV. 2. XXIV. 22. XXXI. 10. et alibi ſæpe ; item P R O V. XXXI. 3. T H R E N. IV. 3. I S A I. XLV. 10. E Z E C H. XXVI. 18. M I C H. III. 12.

nuſtatis

nuftatis color. Græca proculdubio et Latina multum jam priftinæ ac patriæ dulcedinis amiferunt, et prout nunc efferuntur, fonum edunt, apud diverfos populos diverfum, fed ubique barbarum, quemque olim Atticæ et Romanæ aures nullo modo ferre potuiffent. Sed in his manet utcunque rhythmus, fui utrifque numeri, fui pedes conftant: Hebræi vero fermonis longe deterior eft conditio, qui fuis vocalibus deftitutus per annos fupra bis mille mutus omnino et, ut ita dicam, elinguis jacuit. Itaque ne numerus quidem fyllabarum, quibus fingulæ ejus voces conftant, plerumque certo definiri poteft; ac multo minus earum Tempora, five, ut vocant, Quantitas, unquam inveftigari. Cum vero in omni lingua metrorum ratio omnis ab his duobus neceffario pendet, Syllabarum dico et Numero et Quantitate, quorum in Hebræa cognitionem intercidiffe, nec revocari poffe, ipfa rei natura clare indicat; profecto qui Metricam Hebræam veram illam et genuinam inftaurare conatur, is ædificium extruit, cui fundamentum in quo nitatur plane deeft. Illorum quidem nonnullis, qui in hoc negotio ftudium fuum atque operam pofuerunt, ea forfan laus debetur; ut judicentur, Poefin Hebræam, dure antea et barbare fonantem, aliquanto jam molliorem et humaniorem effeciffe, et aliquos faltem numeros ei utendos dediffe, cum veros ac fuos quos ei reftituerent invenire non poffent. Ut majus aliquod iis tribuamus, nec rei ratio patitur, nec argumenta, quibus conjecturas fuas munire aggreffi funt, evincunt. [1] Id potius fuadere videntur eorum omnes conatus, ut definamus tandem quærere, quod viri ingenio et doctrina inftructiffimi fruftra quæfiverunt; ut quod videmus periiffe, perditum ducamus.

Verum quanquam de verfuum fingulorum numeris nihil certo definiri poffit, eft tamen aliud pluribus fimul fumptis animadvertendum, quod ad carminis artificium pertinet. Habet Hebræorum Poefis, quod fupra attigi, peculiarem quandam fibique accommodatam fententiarum conformationem; cujus ea ratio eft, ut plena comprehenfio in fuas partes fere æqualiter diftribuatur, utque integra ejus membra integros ver-

---

1 Vide METRICÆ HARIANÆ BREVEM CONFUTATIONEM.

fus-conficiant. Itaque ut poemata in periodos plerumque æquales quafi fua fponte fe difpertiunt, ita periodi ipfæ per fe dividuntur in fuos verficulos; multo frequentius quidem binos, fed fæpe etiam plures. Hoc in iis maxime locis cernitur, qui apud Hebræos vates ubique fere occurrunt, ubi rem unam multis modis verfant, et in eadem fententia commorantur; ubi idem fæpius diverfis verbis exprimunt, aut diverfa eadem verborum forma includunt; cum paria paribus referuntur, adverfis opponuntur contraria: quæ cum efficiant plerumque, ut apte et numerofe cadat etiam foluta oratio, vix dubitari poteft, quin eadem præcipuam quandam bifee numeris venuftatem et gratiam conciliaverint. In hoc igitur, quod in horum poematum longe maxima parte obtinet, fi non legem aliquam, at certe generalem quandam indolem et charactera Hebræorum poefeos deprendimus: adeoque apud eos ipfum Carminis vocabulum מזמור [1] eam vim habet, ut defignet orationem, peculiari quodam modo in breves, crebras, certifque intervallis demenfas, fententias intercifam.

Græcæ pariter ac Latinæ poefeos hac in parte contraria eft ratio; illic diligenter vitatur, quod hic ftudiofe quæritur: utrumque ex linguarum natura atque ingenio. Nam Græca lingua omnium maxime, et proxime illam Latina, multiplex eft, numerofa, volubilis, magnam habens pedum et metrorum varietatem; quorum tam certæ funt impreffiones, tamque notabiles ictus, ut fi vel verfus particulam aliquam man-

---

[1] זמר, "incidit, fecuit, putavit, amputavit;" fuperflua nimirum et luxuriantia ex arboribus: hinc זמורה, "palmes, furculus;" מזמרה, "falx vinitoris." Item, "cecinit, modulatus "eft:" et notat modulationes artificiofas certis numeris et cæfuris incifas. שור fignificat "voce "cantare;" נגן "inftrumenta pulfare:" זמר "pfallere vel voce vel inftrumento:" fic שיר מזמור בנגינות, (vid. p s. LXVII. 1.) opinor denotare "Cantionem, Metricam, chordis focian "dam:" ita ut מזמור metrum, vel numeros, five quem Græci ρυθμον vocant, fignificet. Poteft etiam ad priorem radicis notionem propius referri, ut denotet Carmen in breves fententias concifum, et ab omni verborum luxurie refectum, quæ Hebræorum præcipue carminum eft ratio. Profa oratio eft שלוחה, foluta et libera, fine lege temere diffufa; quafi Arbor fylveftris in ramos et frondes undequaque luxurians: Metrica oratio eft מזורה, præcifa undique et amputata, fententiis, veluti palmitibus, in certum ordinem et formam diftributis; quafi Vitis, quam vinitor luxuriantem falce compefcit, fingitque putando.

cam et imperfectam recites, vel plures fimul verficulos uno fpiritu de-
volvas, numeri nihilominus clare percipiantur: adeoque in his univerfi
carminis varietati fine metrorum fingulorum injuria ac difpendio, pene
ut libet, licebit confulere. In Hebræa vero lingua contraria effe his omnia videntur: nam univerfa ejus conformatio omnium maxime eft fimplex; primæ vocum formæ uniufmodi funt et inter fe fere fimiles; earumque nec multæ nec admodum diverfæ flexiones: ex quibus fatis intelligitur, ejus etiam numeros nec varios nec multiformes fuiffe; fed
potius fimplices, temperatos, graves, non tam ad mobilitatem, quam
ad dignitatem et pondus compofitos: ut forfan neceffe habuerint verficulorum fpatia fententiarum refpirationibus diftinguere, ne implicata et
permixta inter fe carmina penitus obruerentur.

Duo hic occurrunt adnotanda, quæ ex jam dictis quafi confectaria
quædam enafcuntur. Primo quidem, Poema ex Hebræa in aliam lin-
guam converfum, et oratione foluta ad verbum expreffum, cum fententiarum formæ eædem permaneant, multum adhuc, etiam quod ad
numeros attinet, priftinæ dignitatis retinebit, et adumbratam quandam
carminis imaginem. Hoc itaque in vernacula facrorum poematum interpretatione cernitur, ubi plerumque

     " Invenias etiam disjecti membra poetæ:
quod in Græcis aut Latinis eodem modo converfis longe aliter eveni-
ret. 1 Alterum eft, quod poema Hebræum Græcis aut Latinis verfibus
redditum, fententiarum formis ad peregrini fermonis indolem jam ac-
commodatis, id eft, confufis perditifque, nativi ornatus et propriæ venuftatis non exiguam faciet jacturam. Nam in exprimendis alia lingua egregiorum poetarum operibus, multum in eo pofitum eft, ut non
tantum iidem fint intimi fenfus, par in fenfibus explicandis vis et ve-

---

1 "Neque tamen (i. e. quanquam Carmina Sacra non habent modos certarum fyllabarum et
pedum, quæ eft hujus Magiftri fententia:) "diffitemur illa habere proculdubio menfuras alias
"quæ dependent a rebus ipfis. — Nunquid vides, fi quædam illorum transferas in aliam lin-
"guam, quod retineant menfuram fuam fi non totam faltem aliqua ex parte? quod non poffu-
"mus facere in illis carminibus quorum menfuratio conftat certo fyllabarum numero et quantita-
"te. ' R. AZARIAS, in *Mantiff. Differt. ad Libr.* COSRI, pag. 420.

nuftas,

nuftas, fed ut quantum fieri poteft externa etiam oris lineamenta effin-
gantur, ut fuus cuique color atque habitus, fuus etiam motus et inceffus tribuatur. Qui itaque facros Vates Græco vel Latino carmine
exprimere, adeoque eorum veluti perfonam fuftinere conati funt, fieri
non potuit quin toto genere et forma, fi non inferiores, multum certe
ab iis diffimiles effent: an ex altera parte ad eorum vim, majeftatem,
fpiritum propius accefferint, non eft hujus loci quærere.

E

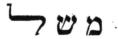

מ ש ל ·

SIVE DE STYLO PARABOLICO.

PRÆLECTIO QUARTA:

STYLI PARABOLICI ORIGO, USUS, CHARACTERES;

AC DE SENTENTIOSO GENERE.

SEQUITUR, ut de Stylo Poeſeos Hebrææ dicendum ſit: quo intelligi velim non nudam ſolum Vatum Sacrorum dictionem, ſed ſenſus etiam, et rationem cogitandi; unde tanquam ex fonte neceſſario derivetur, ſuumque quendam ſaporem ducat oratio. Illud quidem in promptu eſt notare, eam eſſe cum omnis Poeſeos, tum imprimis Hebrææ indolem, ut a vulgari ſermonis uſu maxime abhorreat, utque verborum non ſolum delectu, ſed et conſtructione, proprium quoddam et exquiſitius dicendi genus affectet. Id ex eo ſatis intelligitur quod uſu venit literas Hebræas diſcenti; ut qui in Hiſtoricis jam probe fuerit verſatus, idem tamen in Poeticis ſeſe plane hoſpitem ſentiat. Verum locutiones Vatibus proprias, audaciſſimas Ellipſes, præcipites temporum, generum, perſonarum immutationes, atque ejuſmodi cætera, niſi aliter aliquando occaſio ſuadeat, Grammaticis relinquam tractanda; ſeu potius, quandoquidem illi, quantum video, nullum inter dictionem Poeticam et merum ſermonem diſcrimen agnoſcunt, uſu ac diligenti lectione obſervanda. Nec minus eſſet proclive per omnes

illas

illas Troporum et Figurarum formulas decurrere, quas dicendi magiſtri
ambitioſe, ne dicam inutiliter, congeſſerunt : quis enim eſt, qui non
videt horum omnium exempla, non modo Sacram Poeſin, ſed omnem
ſere cujuſcunque ſit generis orationem abunde præbere ? Iis itaque ute-
mur parcius, quantum neceſſe erit, non quantum licebit. Quærimus
enim, non quæ ſit in univerſum Styli Poetici ratio, ſed quænam Poeſeos Hebrææ in hac parte peculiares notæ et characteres. Videamus
itaque annon ipſæ Hebræorum literæ ejuſmodi ſpeciem aliquam ac formam nobis oſtendant, in quam rem de qua agitur univerſam includere,
adeoque uno ſub conſpectu ponere poſſimus ; quaque etiam in ſuas partes diſtributa, diſquiſitioni noſtræ certum quoddam ac definitum curriculum deſignetur. ·

Carmen Hebræis vocatur מִזְמוֹר, hoc eſt, ut prius obſervatum, oratio brevis, conciſa, certis membrorum intervallis et cæſuris demenſa :
ea Verſus et Numerorum propria eſt appellatio. Idem ratione Dictionis et Senſuum מָשָׁל [1] dicitur, quod ipſum eſſe arbitror Styli Poetici

---

[1] NUM. XXI. 27. XXIII et XXIV ſæpius. MIC. II. 4. ISAI. XIV. 4. PS. XLIX. 5. LXX-
VIII. 2. JOB. XXVII. I. XXIX. I.

מָשַׁל, "aſſimulavit, comparavit, parabolice loquutus eſt ; proverbia, ſententias graves et acu-
"tas, orationem comparationibus et figuris ornatam, edidit :" item "dominatus eſt, eminuit,
"antecelluit, habuit auctoritatem ;" delegatam fortaſſe et vicariam primo et reſtrictiore ſenſu,
unde demum laxius de quovis dominio uſurpatum : Abrahami certe ſervus ſenior, quem familiæ
ſuæ præfecerat, dicitur הַמּשֵׁל בְּכֹל אֲשֶׁר לוֹ GEN. XXIV. 2. Erat nimirum Procurator Domini
vices gerens, ipſumque auctoritate delegata repræſentans ; unde elucet inter duas hujus Radicis
notiones aliqua cognatio, in eo poſita, quod tam imago Parabolica, quam Procurator deputatus,
alterius cujuſdam vice fungatur. מָשָׁל itaque eſt oratio elata et gravis, magna vi et auctoritate
pollens, comparationibus, imaginibus, figuris, multum ornata ; qualis eſt Pſalmorum, Prophetarum, et Jobi ſtylus : eſt dictio, quæ ſub una imagine atque exemplo alia quam plurima includit, et ad cætera omnia ejuſdem generis facile transferri poteſt ; quæ Proverbiorum plerumque
eſt ratio : eſt denique quævis Sententia ſive Axioma ſcite graviterque dictum, paucis concinna-
tum, et ad γνωμων formam compoſitum, uti ex I. SAM. XXIV. 18. et multis exemplis Parabolarum Salomonis conſtat.

Cum מָשָׁל ſæpe conjungitur חִידָה, denotatque "Dictum aliquod ſcitum, acutum, obſcurum ;"
quale ut vel edatur vel intelligatur, multo ingenii acumine opus eſt. Eſt a חוּר, "problema, æ-
"nigma, vel ſcitum aliquod dictum proponere ;" quod convenit cum חָדַד, "acuere, acutum
eſſe."

vocabulum.

vocabulum. Parabolam vocant plerique interpretes; verbo aliqua ex parte non incommodo, fed quod totum Hebrææ voeis ambitum mini-me complectitur; cujus fi vim atque ufum inveftigemus, ea inveniemus Tria potiffimum fignificari; Sententiofum, Figuratum, et Sublime dicendi genus. Ad has itaque tanquam partes fuo generi fubjectas ordine referenda erunt quæcunque de Hebræorum Stylo Parabolico five Poetico occurrent animadvertenda : cujus diftributionis ratio melius forfan intelligetur, fi prius de hujufce Styli origine ufuque primævo breviter quæfiverimus.

Dictionis Poeticæ primus ac præcipuus fons eft vehemens mentis affectus. Quid enim eft aliud ille Poetarum proprius furor, quem Græci divino afflatui tribuentes ενθουσιασμον vocant, quam oratio ex ipfo naturæ habitu deprompta, animique motu aliquo vehementer concitati veram atque expreffam imaginem exhibens ? cum mentis quafi ultimos receffus ac penetralia aperiunt, intimofque oftendunt fenfus turbide confluentes, nec fuo ordine difpofitos, nec fuis inter fe vinculis connexos ? hinc fubitæ exclamationes, interrogationes crebræ, rerum etiam inanimarum compellationes; cum qui valde ipfi commoventur, iis univerfa rerum natura eodem affici motu debere videatur. Omnes autem animi motus non modo fuum orationis genus, fed et fuum quendam habent a natura fonum vocis et geftum corporis : atque ex his affectibus quidam nudo fermone parum contenti cantum ei et faltationem adhibent; quibus forfan, fiquidem iis cum Poetica arcta erat antiquitus neceffitudo, verba debemus certis intervallis accuratius demenfa, numerorum tandem et pedum juftam moderationem; ut cum voeis corporifque motu ac rhythmo orationis modulatio confentiret.

Poeticam, hoc modo, ut videtur, rudi quodam initio ab natura fufam, mature excepit ars, atque ad delectationem et utilitatem tranftulit. Nam quemadmodum ex Affectibus mentis fuam originem duxerat, numerofque etiam fibi adfciverat, ita ad omnem animi motum concitandum, feque ei penitus infigendum egregie erat comparata; cum rerum omnium imagines in animo eminenter expreffas fignaret et effingeret, fenfus percelleret, delectaret aures, efficeretque, ut mens attente

fingula

fingula perciperet, nec percepta facile elabi pateretur. Si quod igitur erat, quod expediret vulgo cognofci percipique, memoriæ hominum mandari, atque omnium fermone paffim celebrari; id viri ob hanc ipfam rem primum habiti dictique Sapientes, [1] jucundiore ftylo ornatum -dabant, variis fplendidifque orationis coloribus illuminabant, fententiis brevibus, argutis, numerofis, concludebant. Hæ itaque erant Poeticæ partes, grandia, pulchra, honefta fignare et depingere; præcepta ad religionem et virtutem fpectantia commendare; res præclare graviterque dictas geftafque, Dei opera, benefacta, laudes, memoriam præteritorum, futurorum prædictiones, pofteris tradere. In quibus omnibus fingularem habuit a principio utilitatem, cum priufquam ulla vocum figna effent inventa, aut faltem vulgo recepta, videatur percrebuiffe, et idem prope minifterium rudi Scientiæ diu præftitiffe quod literæ poftea explebant: fiquidem præconis cujufdam publici munus in fe fufcepit, cujus voce clariffima quædam rerum monumenta per diverfas ætates gentefque tuto tranfmitterentur.

Hanc fuiffe apud exteras nationes Poeticæ originem, hunc ufum, auctorum teftimonio abunde liquet. Conftat Græcos per multas ætates

---

[1] A SIRACHIDE Viris illuftribus et Sapientibus fuperiorum ætatum adnumerantur Vates five Poetæ:

Σοφοι εν λογοις παιδειᾳ αυτων,
Εκζητωντες μελη μοσικων,
Διηγωμῴοι επη εν γραφῃ.   ECCLUS. XLIV. 5.

Vide etiam annon quatuor illi, quorum Sapientia tantopere celebrabatur, 1. REG. IV. 31. בני מחול dicti, fint filii chori, i. e. Mufici five Poetæ: erant enim (non filii Maholis, ut Interpretes reddunt, nomen appellativum pro proprio fumentes, fed) filii Zerachi, ut liquet ex 1. PARALIP. II. 6. Apud Græcos etiam Poetæ Sapientes et Sophiftæ antiquitus appellabantur: ANACREON;

Ῥοδιχρως δε κ᾽ Αφροδιτα
Παρα των Σοφων καλειται.

hoc eft, παρα των ποιητων. Item PINDARUS;

——— μελιπαν δε Σοφιςαις
Διος εκωτι προσσαλλον σοιζομῴοι.   ISTH. V. 36.

ad quem locum Scholiaftes: σοφιςας μεν και σοφως ελεγον τες ποιητας. "Poetæ et priores multo "fuerunt [Philofophis,] et ante natum Philofophiæ nomen pro Sapientibus habebantur," inquit LACTANTIUS, Lib. V. 5.

nulla

nulla alia habuiſſe literarum monumenta præterquam Poetica : primus
enim, qui operæ pretium eſſe duxit profam orationem in vulgus edere,
Pherecydes erat inſula Syro oriundus, Cyri regis ætate, aliquot poſt
Homerum et Heſiodum ſæculis : aliquanto ſerius Hiſtoriam condere
inſtituit Cadmus Mileſius. 1   Ipſæ Leges metricæ erant, et ad modos
quoſdam muſicos compoſitæ : tales erant Charondæ leges, quæ Athenis
inter pocula canebantur : 2 tales, quas pueris ingenuis cum concentu
quodam et melodia perdiſcendas tradebant Cretenſes, 3 ut ex muſica voluptatem caperent, eaſque memoriæ facilius mandarent.   Hinc fiebat,
ut appellarentur Νομοι carmina quædam, ſeu cantionis quoddam genus
in conviviis uſitatum : quod notat Ariſtoteles, 4 aitque eundem leges
ſuas canendi morem apud Agathyrſos ſua etiam ætate adhuc viguiſſe.
Etiam Turdetani, Hiſpaniæ populus, leges metrice conditas habebant,
ſi Straboni 5 credendum.   Germanos autem nullum aliud habuiſſe memoriæ et annalium genus, præterquam carmina quibus majores ſuos et
heroas celebrabant, teſtatur Tacitus. 6   Nimirum id unum præceptionis

---

1 STRABO. GEOGR. Lib. I. PLIN. HIST. NAT. Lib. VII. 56. et V. 29. Hanc rem,
quam perperam intellexerunt docti quidam Viri, bene expreſſit Iſidorus : " Sciendum, inquit,
"tam apud Græcos, quam Latinos, longe antiquiorem curam carminum fuiſſe, quam profæ.
" Omnia enim prius verſibus condebantur : profæ autem ſtudium ſero viguit. Primus apud Græ-
"cos Pherecydes Syrius ſoluta oratione ſcripſit ; apud Romanos autem Appius Cæcus adverſus
"Pyrrhum ſolutam orationem primus exercuit." ISIDOR. HISPAL. ORIG. Lib. I. 27.

2 Ηδοντο δε Αθηνησι και οι Χαρωνδα νομοι παρ' οινον, ως Ερμιππος φησιν. ATHENÆUS Lib. XIV.
3. vid. BENTLEII Diſſert. in Phalarim pag. 373.

3 ÆLIAN. VAR. HIST. Lib. II. 39.

4 Δια τι νομοι καλυνται υς αδυσιν ; η οτι περι επιςαοθαι γραμματα ηδον τυς νομυς, οπως μη επι-
λαθωνται· ωσπερ εν Αγαθυρσοις ετι εωθασι ; PROBL. Sect. 19. Quæſt. 28.

5 GEOGR. Lib. III.

6 DE MOR. GERM. cap. 2. — His de primævo Poeticæ uſu teſtimoniis adjungam inſignem
Plutarchi locum, qui pleraque quæ huc pertinent ſummatim complectitur : Αμφιση γαρ τοικι νο-
μισματG η τυ λογυ χρεια, και δοκιμον μεν αυτη το ſυνηθες εςι και γνωριμον, αλλω εν αλλοις χρονοις
ιχων λαμβανοντG. Ην υν οτι λογυ νομισμασιν εχρωντο μετροις και μελισι και ωδαις, πασιν μεν ιςο-
ριαν και φιλοσοφιαν, παν δε παθG, ως απλως ειπειν, και πραγμα, σεμνοπρεφς φωνης δεομενον, εις
ποιητικλω και μυσικλω αγοντις· α γαρ μονον νυν ολιγοι μολις επαιυσι, τοτε δε παντις ηκρουντο, και ε-
χαιρον αδομένοις, αροται τι, ορνιθολογοι τι, κατα Πινδαρον. Αλλα υπο της περς ποιητικην επιτηδειοτητος,
οι πλειςοι δια λυρας και ωδης ενθετυν, επαρρησιαζοντο, παρεκαλουντο, μυθοις και παροιμιαις ιατραι-
νον· ετι δε υμνυς, θιαν ευχας, παιανας εν μετροις επιτιηντο και μελισιν, οι μεν δι' ευφυιαν, οι δε δια
συνηθειαν.

genus populorum rudium et indoctorum, quibus aut nulla omnino aut minime pervagata erat literarum cognitio, utilitati accommodatum erat, quod aures animosque capturum, et memoriæ firmiter inhæsurum esset; quod non tradendum esset manibus, sed mentibus infundendum.

Eodem modo apud Hebræos etiam se rem habuisse, usumque Poeticæ cum valde antiquum, tum mature fuisse communem et pervagatum, ut ex rei natura verisimile est, ita clare etiam apparet ex reliquiis et vestigiis quibusdam dictionis poeticæ, quæ in scriptis Mosaicis extant. Primum quod ibi occurrit hujus rei exemplum remotissimæ atque intimæ est vetustatis, Lamechi ad Uxores effatum, eo quidem obscurissimum, quod, qua occasione esset editum, omnino reticetur; cætera autem, aptam verborum constructionem, concinnam totius periodi in tria disticha distributionem, sententias in singulis distichis binas parallelas, alteramque alteri quasi recinentes; isthæc, inquam, si spectetis, agnoscetis, credo, primævi carminis clarissimum specimen: [1]

עדה וצלה שמען קולי
נשי למך האזנה אמרתי׃
כי איש הרגתי לפצעי
וילד לחברתי׃
כי שבעתים יקם קין
ולמך שבעים ושבעה׃

" Hadah et Sillah, audite vocem meam;
" Uxores Lamechi, auscultate eloquium meum:
" Quod virum occîdi in vulnus meum,
" Et puerum in livorem meum:
" Quia septempliciter vindicabitur Cain,
" Et Lamech septuagesies septies.

συνηθειαν. Ουκουν ουδε μαντικης κοσμου και χαριτος εφθονει ο θεος, ουδε απηλαυνεν ενθενδε τιμωμενην μουσαν του τριποδος, αλλα επηγετο, μαλλον εγειρων τας ποιητικας ασπαζομενος φυσεις, αυτος τε φαντασιας ενεδιδου, και συνεξωρμα το σοβαρον και λογιον, ως αρμοττον και θαυμαζομενον. PLUTARCH. *Comment. Cur nunc Pythia non reddat oracula carmine.* sub fin.

1 GEN. IV. 23, 24. Cum plane nesciam quæ sit hujus loci sententia, contentus sum subjunxisse Versionem Interlinearem SANTIS PAGNINI.

Alterum

Alterum eft, idque haud dubium, nolo enim conjecturis indulgere, Noachi Chamum execrantis, fratribufque ejus, Shemo præcipue, profi-pera et magna præfagientis, cælefti fpiritu inftinctæ preces : tribus item verficulorum paribus expreffæ, unoque infuper verficulo cum indignatione repetito definentes : 1

אָרוּר כְּנַעַן ·
עֶבֶד עֲבָדִים יִהְיֶה לְאֶחָיו :
בָּרוּךְ יְהוָה אֱלֹהֵי שֵׁם
וִיהִי כְנַעַן עֶבֶד לָמוֹ :
יַפְתְּ אֱלֹהִים לְיֶפֶת
וְיִשְׁכֹּן בְּאָהֳלֵי שֵׁם
וִיהִי כְנַעַן עֶבֶד לָמוֹ :

    " Maledictus Chanaan !

    " Servus fervorum erit fratribus fuis.

    " Benedictus Jehova Deus Shemi !

    " Et fit Chanaan fervus illis.

    " Dilatet Deus Japhetum,

    " Et habitet in tentoriis Shemi ;

    " Et fit Chanaan fervus illis.

Atque ejufdem omnino funt generis Ifaaci et Jacobi Patriarcharum pofteris fuis divinitus editæ Benedictiones. Quæ cum tanti effent momenti, ut in iis pofitæ fuerint, non modo Ifraeliticæ gentis, fed et humani etiam generis fortunæ, credibile prorfus eft, ifthæc omnia et prius apud Hebræos fuiffe pervulgata, eademque fcriptorem divinum fumma fide et religione, quemadmodum a majoribus accepiffet, literis mandaviffe, nec facratiffimis oraculis peregrinum quemvis ornatum, aut fucatos ullos Poeticæ colores, voluiffe inducere.

Quod conftabit etiam certius, fi alia quædam carmina generis paulum diverfi adverterimus, quæ adhibet idem Hiftoricus tanquam vulgo nota paffimque celebrata, quibufque veluti teftimoniis utitur ad faciendum rebus ab fe narratis fidem. Primum enim Ifraelitarum in Amo-

ræos incurfum narrans, quo certius hujufce populi fines notaret, et vic-
torias de Moabitis haud ita pridem reportatas exponeret, duas citat Poematum quorundam particulas; alteram 1 ex Libro Bellorum Jehovæ,
alteram 2 ex dictis των מושלים, "eorum qui Parabolis utuntur," hoc
eft, ut ex re ipfa apparet, ex Amoræorum Carmine quodam επινικιω,
defumptam. Quibus fi addamus, quæ proxime fequuntur, Balaami
Aramæi Vaticinationes, Stylo item Parabolico enuntiatas; hoc eft, fi
compofitionem fpectamus lectiffimam, fententias numerofas et parallelas, dictionis fenfuumque fublimitatem, carmine longe elegantiffimo
editas: ex his omnibus colligere licebit, genus hoc Poeticæ, cui prorfus concinit quicquid jam reftat Hebraici carminis, nec Mofem habuiffe auctorem primum, nec proprium fuiffe Hebrææ gentis; fed eam,
tanquam primitias quafdam humani ingenii, ab ipfis mundi primordiis
ad fe delatam Hebræos accepiffe, et cum cæteris orientis populis communi ftudio coluiffe, cuftodem memoriæ, magiftram vitæ, teftem ante-
actorum, futurorum prænuntiam.

De Poeticæ itaque hac in parte utilitate eadem per omnes Hebrææ
nationis ætates invaluit opinio. Ea maxima femper fcientiæ atque eruditionis laus habebatur, verfari in dictis prudentium, veterum Parabolas
atque Ænigmata callere. 3 Quorum nominum utrovis æque notare videntur duo Carminum genera; quæ quanquam ex aliqua parte multum inter fe diftarent, aliqua tamen haberent communia. Alterum vo-

---

1 NUM. XXI. 14, 15.

2 Ibid. 27, — 30. Confer JER. XLVIII. 45, 46. Οι Αινιγματιςαι, LXX. Intt. "Ænigmatif-
"tæ autem qui funt (inquit AUGUSTINUS) ideo non apparet, quia non funt in confuetudine
"literaturæ noftræ (fc. Latinæ;) nec in ipfis divinis fcripturis (nimirum apud LXX. Intt.) fere
"alio loco reperitur hoc nomen: fed quia videntur quafi Canticum dicere quo cecinerunt bel-
"lum inter Amorræos et Moabitas geftum, in quo Seor Rex Amorræorum Moabitas fuperavit,
"non incredibiliter putantur ifti Ænigmatiftæ fic tunc appellati, quos Poetas nos appellamus,
"eo quod Poetarum fit confuetudo atque licentia mifcere carminibus fuis ænigmata fabularum,
"quibus aliquid fignificare intelligantur: non enim aliter effent ænigmata, nifi illic effet Tropi-
"ca locutio, qua difcuffa perveniretur ad intellectum qui in ænigmate latitârat." QUÆST.
XLV. IN NUM.

3 Vide PROV. I. 6. SAPIENT. VIII. 8. ECOLUS. I. 25. VI. 35. XVIII. 29. XXXIX.
I, 2, 3.

F CO

co Didacticum, verfibus eleganter et acute concinnatis præcepta inclu-
dens, et comparationibus five apertis five occultis fæpe illuftratum;
quales erant Sapientium γνῶμαι atque Adagia: alterum erat vere Poeticum, omnibus grandioris ftyli coloribus ornatum, elatione fenfuum
magnificum, incitatiffimis affectuum motibus animatum, figuris et imaginibus varium; qualia funt cætera fere Vatum monumenta. Erat u-
trumque breve plerumque et fubobfcurum; utrumque femper numerofis conftabat fententiis: quàm præcipue ob caufam videntur dictionem Poeticam, et Proverbialem, five Didacticam, uno atque eodem
nomine defignâffe: atque his duobus generibus omnis rerum humanarum et divinarum cognitio contineri exiftimabatur.

Sententiofum itaque dicendi genus primum ftatuo Hebræorum ftyli
Poetici Charactera, ut qui omnium maxime eft infignis, et latiffime
patet. Nam etfi fpeciem tantum illam Didacticam quafi jure naturæ
poffediffe videatur, in reliquas tamen immigravit, et univerfam Hebræorum
Poefin occupavit. Plurima quidem funt in facris Carminibus
et egregie Figurata, et fupra modum Sublimia; at fententiofe conclufa funt plane omnia. Sunt etiam nonnulla, neque ea fane inelegantia
Poemata, quæ nihil fere aliud habent poeticum præter numeros, atque
eam, ex qua ipfa numerorum fuavitas magna ex parte conftat, fententiarum concinnitatem: hoc in Pfalmis fere omnibus Didacticis cernitur; hoc in aliis nonnullis, in quibus Hiftorica plane eft res, ordo, dictio, conceptus, conformatio fententiarum Poetica. Ea profecto eft numerorum cum fententiarum conformatione conjunctio et neceffitas, ut
ubicunque harum, quod nonnunquam fit, paulo obfcurior et minus
ordinata fit diftributio, ibi etiam de verficulorûm divifione, quæ una
pars ex univerfa Metricæ Hebrææ ratione haud prorfus obfolevit, vix
ullus relinquatur conjecturæ locus. Ideoque neceffe hahui, cum de
Carminis artificio differerem, pleraque etiam quæ ad hunc locum pertinerent, prius annotare.

Hujus autem rei (ut breviffime jam expediam quod ex omni prope
facrorum Poematum pagina haud obfcure elucet) ifthæc fere eft ratio.
Pleraque Hebræi Vates breviter primo ac fimpliciter enuntiant, nullis
adjunctis

adjunctis illuftrata, nullis, quibus rariffime omnino utuntur, exornata
Epithetis: accerfunt poftea ac fubjiciunt ornamenta; idem iterant variant, augent; unaque addita, vel pluribus etiam fententiis, paribus pa-
riterque conftructis, rem vel eandem, vel fimilem, vel contrariam, eadem forma includunt. His faltem tribus omnium frequentiffime utuntur ornandi formulis; unius rei multiplicatione, plurium congerie, et
oppofitione diverfarum : fententias binas fere ordinatim difponunt, aptas
et æqualibus decurrentes intervallis, in quibus res plerumque rebus, verbis verba, invicem refpondent. Hæ figuræ ipfæ variantur pluribus modis; admiratione, comparatione, inficiatione, cæterifque hujufmodi; fed
præcipue interrogatione, unde fæpe fingularis orationi vis et elatio accedit.

Sua cujufque linguæ eft indoles et ingenium, ex quo pendet univerfa
carminis ratio, et magna ex parte etiam ftyli poetici color. In Hebræa
crebra feu potius perpetua fententiarum lumina, claufulæque debitis intervallis accurate cadentes, ad verfus diftinguendos neceffariæ videntur :
ut quod in alia quavis lingua modum forfan omnino excederet, hic fine
difpendio carminis non poffit deeffe. Hoc igitur primum et præcipuum
habet in Poefi Hebræa Sententiofum dicendi genus, ut orationem folutam et diffluentem coerceat, numerifque diftinguat; quod eft ejus rei
confequens: " Formæ enim quædam funt orationis, (uti notavit 1 Cice-
" ro) in quibus ea concinnitas ineft, ut fequatur numerus neceffario.
" Nam cum aut par pari refertur, aut contrarium contrario opponitur,
" aut quæ fimiliter cadunt verba verbis comparantur; quicquid ita con-
" cluditur, plerumque fit ut numerofe cadat." Habet vero et in cæteris
magnam vim, et multas in fe continet eafque infignes virtutes. Nam ut
fæpe ex hoc fonte eximiam elegantiam dulcedinem et nitorem ducunt
facra poemata, ita in multis eidem fuam debent fublimitatem et pondus :
crebræ fibique inftantes fententiæ vel maxime concifam, gravem, et in-
citatam faciunt orationem; nervis eam quibufdam intendit ipfa brevitas,
contractamque in arctiffimum fpatium acrius contorquet.

Horum omnium, quæ dixi, abunde fuppetent exempla ex iis ipfis quæ
alias ob caufas pofthac adducentur: et erit fortaffe cum fufiorem ordina-
tioremque de hac ipfa re difquifitionem inftituti noftri ratio poftulabit. 2

1 ORATOR.   2 Vide infra PRÆL. XIX.   F 2

DE GENERE FIGURATO;

EJUSQUE PARTITIO.

PRÆLECTIONE proxima fententiam meam propofui, Academici, Stylum Poeticum eo apud Hebræos vocabulo appellari, cujus notio, quam ex vi fua atque ufu non unam nec plane fimplicem haberet, in tres partes commode fatis diftribui poffe videbatur; ita ut in ea contineri cenferentur Sententiofum, Figuratum, et Sublime dicendi genus. Ac de Sententiofo quidem genere, quænam effet ejus origo, quæ ratio, quis in Hebræa Poefi effectus, breviter tum, quæ occurrebant, adnotabam. De Genere Figurato jam dicturus, video mihi pœne infinitam rerum materiam fubjici, et immenfum quendam campum patere; in quo ne latius evagetur, aut etiam incerte fluctuet difquifitio noftra, itineris hujufce aditus exitufque, locorum ordo, viarum flexiones et compendia, diligenter mihi in anteceffum funt inquirenda. Atque ut melius etiam intelligantur quæ in hac parte dicenda erunt, ab ufu communi paulum fortaffe abhorrentia, non incommodum erit prius confilii mei rationes, quibus principiis, quo ordine et modo, quem in finem, Figuras Poefeos Hebrææ tractaturus fum, quantum poffum plane et aperte, eoque paulo fufius, exponere.

Vox מָשַׁל fignificatione ufitatiffima notat fimilitudinem; et eatenus dictionem Figuratam proprie denotat, quatenus ratio et natura Figurarum ponitur in Vocum, vel Idearum potius five Imaginum, inter fe fimilium mutatione: quæ in nonnullis Figuris, quales etiam a Rhetoribus conftituuntur, locum habet. Hanc itaque notionem dictionis Figuratæ, ex ipforum Hebræorum literis ac fenfu depromptam, in explicanda eorum Poefi unice fequendam duxi: atque eo quidem libentius, quod

quod difputationem hanc eo modo arctioribus terminis poffim definire. Miffis itaque Græcorum Rhetorum formulis, quas conftituerunt prope innumerabiles, ut quibus nomina fingere femper erat promptiffimum; ac neglectis etiam primariis eorum partitionibus, quibus Tropos a Figuris fecernunt, Figuras deinde alias λέξεως, alias διανοιας ftatuunt; (in quo quidem poffem me tueri exemplo C. Artorii Proculi, qui cum aliis nonnullis auctoribus Tropo Figuræ nomen impofuit, uti nos docet Quinctilianus; 1 aut ipfius Quinctiliani auctoritate faltem excufare, qui utrumque et eundem ufum et multa habere inter fe communia agnofcit :) his autem, utcunque fuo in loco nec veritate nec ufu carent, miffis, cum mihi fit propofitum non Græcorum fed Hebræorum fenfa explicare, per Dictionem Figuratam eam intelligo, qua una plurefve Voces vel Imagines in aliarum locum transferuntur, aut etiam aliis illuftrandis inferviunt, ex aliqua quam cum iis habent Similitudine. Ea Similitudo fi innuitur tantum, idque una atque altera modo voce, fit Metaphora; fi oratione continuata, dicitur Allegoria : fi aperte exprimitur, collatis inter fe utrifque Imaginibus, fit Comparatio : fundatur etiam in ejufmodi Similitudine Profopopœia, cum vel rebus fictis aut fenfu carentibus datur actus et Perfona, (quæ fpecies quædam eft audacioris Metaphoræ,) vel cum veræ Perfonæ probabilis Oratio tribuitur.

De his itaque Figuris eo quo dixi ordine differam : non quafi aut hoc fit unicum Figurarum genus, quod ab Hebræis Vatibus ufurpatur; aut hæ folæ fint ejus generis Figuræ : fed primum quod hæ maxime cadunt fub notionem Parabolicæ Dictionis ; tum quod harum ufus in Sacra Poefi fit et frequentiffimus et longe pulcherrimus, ita ut nufquam fere alias vis earum ac virtus æque appareat. Nec vero fatis erit eas ita illuftrare, ut fingularum exempla quædam folummodo expromantur; quafi res quæreremus ignotas aut reconditas, ac non in promptu pofitas paffimque occurrentes : ulterius fi fieri poteft progrediendum ; quærendus præcipue fi qui fit earum ufus Hebræis proprius ; perfcrutandæ peculiares atque interiores elegantiæ : ad quas ni fallor facilior plerumque

---

1 Vide QUINCTIL. Lib. IX. I.

aditus

aditus concedetur, si eam viam constanter persequamur, quam rei ipsius ratio hac in parte palam ostendit atque aperit.

Etenim Dictionis Figuratæ, in eum quem modo exposui sensum acceptæ, id consilium est, ea vis, ut Imaginibus aliunde translatis res vel
evidentius ac clarius, vel grandius etiam atque elatius exprimantur:
cum igitur quod illustrandæ vel augendæ alterius rei gratia assumitur,
id ipsum oporteat esse quam maxime notum et manifestum vel etiam
insigne et magnificum, earum potissimum rerum in hunc finem necesse
est adducantur Imagines, quæ et ipsi Scriptori, et iis pariter quos in
scribendo quasi alloquitur, in oculis atque animo plurimum versentur,
aut maximi semper visæ sunt ponderis ac dignitatis. Quod si aliæ
Scriptori, aliæ Lectori res in communi vita plurimum occurrant, adeoque aliæ animo obversentur Imagines, fieri non potest quin multa quæ
alter clare atque eleganter illustravit, feliciter etiam ac magnifice ampli-
ficavit, alteri nihilominus obscura fortasse vel humilia, vel dure insolen-
terque dicta videantur. Atque hoc eo magis par est accidere, quo longius alter ab altero disjuncti sunt atque discrepant, tempore, loco, moribus, rebus sacris ac profanis, vitæ denique publicæ ac privatæ institu-
tis et consuetudine. Igitur in omni genere scriptorum id aliqua ex parte legentibus usu veniet; in Poeticis maxime, in quibus omnia distin-
guuntur et illuminantur summa Imaginum copia et varietate; ac in
Poetarum scriptis tum præcipue, si peregrini sunt, si veteres; ex peregrinis autem maxime Orientalium, ut qui a nobis ingenio et moribus
longissime distant; atque ex Orientalibus maxime Hebræorum, ut quos
habemus multo omnium qui extant vetustissimos. Horum itaque Poemata legentibus ex omnibus quas dixi causis incommoda ac difficultates
obveniunt; officit eorum claritati cum multis modis ipsa antiquitas,
tum usus vivendi, loquendi, sentiendi, ab nostra consuetudine omnino
abhorrens; ita ut maximum periculum sit, ne veluti iniquo in loco po-
siti omnia perperam spectemus, ne nostro ut sit modulo aliena metien-
tes male æstimemus.

Ab hoc errore semper cavendum, et incommoda ista quantum licet
diligentia compensanda sunt: nec modo perdiscendus eorum sermo,

mores,

mores, ritus, difciplinæ; fed intimi etiam fenfus perveftigandi, cogita-
tionum modi nexufque eruendi; eorum oculis, ut ita dicam, cernenda
funt omnia, eorum opinionibus æftimanda : id denique enitendum, ut
Hebræa, quantum fieri poteft, tanquam Hebræi legamus.   Idem propemodum hic nobis faciendum eft, quod Aftronomi folent in ea fuæ
difciplinæ parte quam vocant Comparativam : qui ut clariorem in animo forment imaginem et totius mundi et fingularum ejus partium, fingunt fefe Univerfum obire et perluftrare, de alio Planeta in alium mi-
grare, et uniufcujufque paulifper incolas fieri; atque ita clare contem-
plantur et accurate æftimant, quid quifque fibi habet proprium cum ex
loco, celeritate, et fatellitio fuo, tum ex confpectu cæterorum; quale
et quam diverfum cuique Mundi fpectaculum pro diverfo cujufque fitu
exhibetur.   Similiter is quoque qui Poematum Hebræorum proprias et
interiores elegantias percipere velit, ita fe comparet oportet, ut fefe pu-
tet eodem in loco pofitum, quo ii quorum caufa ea fcripta funt, aut
qui ipfi fcripferunt; ut cogitet, non quas rerum Imagines fuo protinus
animo jam offerrent certæ quædam voces, fed quænam Hebræo iis
temporibus in ea regione conftituto eafdem dicenti aut audienti obver-
fari debuiffent.   Quoad id poterit confequi, eatenus vim earum ac venuftatem intelliget : id quidem in multis perquam difficile erit, in nonnullis nullo modo fieri poterit; in omnibus tamen unice erit fpectan-
dum, ac præcipue in iis locis qui maxime Figuris exornantur.

Etenim in Metaphora, (ut de ea dicam quæ ad cæteras fere quas
dixi Figuras referri etiam poffunt, cum omnes communem habeant naturam,) duo præcipue fpectanda funt, ex quibus pendet ejus vis omnis
atque elegantia : primum quidem ea Similitudo, propter quam Imagines invicem commutantur, quæque unicum Parabolicæ dictionis fundamentum eft; quæ fortaffe fatis apparebit ex vulgari et craffa rerum ipfarum cognitione : deinde Imaginis in alterius locum tranflatæ vel venuftas vel dignitas; cujus rei fubtilior quædam eft ratio : nafcitur enim
fæpe opinio decoris et dignitatis, non tam ex ipfis rebus quibus ineffe
exiftimantur, quam ex animo æftimantis, aut ex tenui aliqua et recondita cognatione qua res alias attingunt. Itaque nonnunquam fit, ut ex-

ternæ

ternæ rerum fpecies et craffa quædam lineamenta fatis etiamnum appareant, cum tamen priftinus nitor et flos ille elegantiæ vetuftate penitus
evanuit.

Non igitur inutile fortaffe erit, ita de Metaphoris Sacræ Poefeos differere, ut fimul latiorem ineamus difquifitionem de Imaginibus Poeticis, quatenus Metaphorarum copiam præbent; in eum finem, ut hujus Figuræ ufum apud Hebræos Vates non modo in fe elegantiffimum
plerumque effe videamus, fed fæpiffime etiam peculiarem habere elegantiam, modo cogitemus, quid habuerit momenti apud Hebræorum
animos, quem cum eorum rebus, fenfubus, opinionibus, nexum et neceffitudinem; ut quæ in fe pulchra funt eo modo fpectata multo videantur pulchriora, utque quæ videri folent dura, deformia, humilia,
eorum contra gratia, honeftas, fublimitas appareat.

Omnis natura, immenfa hæc rerum univerfitas, humanæ mentis con-
templationi offertur atque objicitur; fuppetitque infinitam notionum varietatem, confufam quandam materiem atque fylvam, unde Imagines,
veluti quædam Poetica fupellex, colliguntur, et delectu habito, prout
ufus fert, expromuntur. Animus hominis eft illud Platonis [1] Speeu-
lum, quod cum pro libitu undequaque circumfert, protinus folem a-
lium efficit, alias ftellas, terram, plantas, animalia, atque etiam feipfum. In hac fui ipfius umbra atque imagine, quam converfo in fe animi fui fpeculo homo intuetur, aliorum etiam hominum animos quodammodo infpicit: nam ex eo quod ipfe in fe fentit quodque intus percipit, de aliis facit conjecturam, atque alienos mores, affectus, conceptus, ex fuis deprendit et exfcribit. Ex hac autem Imaginum copia,
quàm mens humana ex univerfa undique natura atque ex fe ipfa fuifque
motibus atque operationibus colligit, fubtiliores, et ut par eft minus
claræ et eminentes funt hæ, quæ ratione atque argumentatione conqui-
runtur; evidentiores plerumque et magis expreffæ illæ alteræ, quæ fenfuum impulfu perpetuo ingeruntur; ex his autem maxime omnium
certæ et illuftres, quas oculorum fenfu acerrimo percipimus. Hine eft

quod

quod omnis Poefis plurimum verfatur in iis Imaginibus transferendis,
quæ per fenfus, maximeque per vifum, animo imprimuntur; ut obfcura manifeftioribus, fubtilia craffioribus notis defignet; quantoque eft ipfa fincerior atque fimplicior, tanto libentius eas confeĉtatur, quæ funt
ex eo genere maxime claræ, maxime pervulgatæ, atque omnibus expofitæ: quarum tanta eft copia, ut cum plurimum ad evidentiam, tum
non minus ad varietatem et ornatum conferunt.

Equidem infinitæ plane funt numero rerum externarum Imagines,
- quibus quafi luminibus ornatur et diftinguitur diĉtio Poetica: ut autem
in immenfa materia aliquem fequamur ordinem, neque vagemur incerte, conftituere poffumus Quatuor earum veluti fontes, ad quos fatis
commode omnes referri poffunt. Itaque defumuntur Imagines Poeticæ, Primo, ex Rebus Naturalibus; Secundo ex Moribus, Artificiis, re-
bufque in Communi Vita occurrentibus; Tertio ex Rebus Sacris; Poftremo ex Rebus Geftis quæ in Hiftoria Sacra maxime funt infignes.
Ex horum locorum fingulis paucula delibanda funt, et exemplis illuftranda; quæ etfi de Metaphoris potiffimum fumentur, intelligantur tamen ad reliquas Figuras prius memoratas aliqua ex parte pertinere: de
quibus poftea relinquetur dicendi locus, in quo non folum fpeĉtandæ
erunt Imagines ipfæ, fed eas etiam fubftituendi et adornandi rationes,
formæque diverfæ.

G

PRÆLECTIO SEXTA:

DE IMAGINIBUS POETICIS;

EX REBUS NATURALIBUS.

"ELOCUTIONIS Poeticæ, ut optime ftatuit Ariftoteles, 1 in eo
"pofita eft Virtus, ut fit perfpicua, nec tamen humilis. Dic-
"tionem maxime perfpicuam faciunt ufitata ac propria, fed
"et humilem : grandem quidem reddunt peregrina et arcef-
"fita, fed fæpe etiam obfcuram." Ex iis quæ vocat peregrina, præcipua vis eft Metaphoræ ; fed "ut modicus et opportunus ejus ufus illuf-
"trat orationem, ita frequens obfcurat, continuus etiam in ænigma ex-
"it." 2 Si ad hæc fummi Philofophi et Critici præcepta revocanda fint
et exigenda Hebræorum Poemata, id certe facile concedetur, tranflationum fplendore et copia abunde eos orationis fublimitati confuluiffe ; an
in earum ufu tenuerint modum dubitari magis poterit. Nam, in carminibus faltem, quæ grandius quiddam fpirant et ad majeftatis fpeciem
compofita funt, ubique dominatur perpetua fere ac fibi inftans Metaphora, fæpe audacter illata, fæpe etiam cum periculo irruens ; et quæ
licentius occupavit, iis immoderate nonnunquam et infolenter utitur.
Amant hoc Orientales ; et multa quæ noftræ aures, nimium forfan in
his rebus religiofæ, ferre non poffunt, eorum audaciæ concedenda funt.
Verum fi Sacra Poemata hac in parte intueamur, fimulque cogitemus,
fieri non potuiffe, quin iis magna obfcuritas ex eo induceretur, quod
nonnunquam res ipfæ unde transferuntur Imagines obruantur oblivio-
ne ; cujus rei, ut alias, ita præcipue in Cantico Salomonis multa videntur effe exempla ; erit, credo, quod miremur, in tanta vetuftate, tan-

1 POET. cap. 22.
2 QUINCTIL. VIII. 6.

taque

taque tranflationum copia et libertate, tam puram plerumque et integram etiamnum elucere orationis et fenfuum perfpicuitatem. Hujus rei
ut, caufæ appareant, et Styli etiam Parabolici indoles magis innotefcat,
aliqua adnotabimus de ufu Metaphorarum apud Hebræos Vates, quæ
eos attentius paulo legentibus obvia, ut opinor, erunt, et de univerfo
faltem genere pro veris et fatis exploratis haberi poffunt.

Ac primum quidem Hebræi Vates in dictione Figurata utuntur plerumque Imaginibus de medio fumptis, deque rebus maxime notis, communibus, et pervulgatis ; qua ex re vel maxime pendet ftyli perfpicuitas. Nam ea plerumque de caufa tranflationibus utimur, ut res tacita
quadam comparatione illuftrentur ; quod fi pro notis parum nota ad-
fcifcimus, fi occultis aperta demonftramus, obfcurior certe non clarior
fiet oratio. Hoc itaque ne fiat, cavendum eft, non modo ne nimis dure, ne nimis frequenter et confufe utamur Metaphoris, fed etiam ne obfcura, ne parum obvia longiufque petita arceffamus. Ex his omnibus
caufis, nec minimum ex ultima, oritur inter Latinos Perfii obfcuritas.
Nifi infignis effet in hac parte Sacrorum Vatum accuratio, vix fane
quidquam in eorum carminibus jam intelligeremus.

Deinde vero Hebræi non modo notiffimas adfcifcunt Imagines, fed et
in earundem ufu et accommodatione ad res alias certam fere rationem
et viam fervant, et receptam quandam confuetudinis normam fequuntur. Equidem Stylus Parabolicus pro novo quodam et peculiari fermonis genere haberi poteft, in quo per comparationes vel occultas vel a-
pertas, ex iis rebus fumptas, quæ in fenfum cadunt, rerum moralium,
civilium, divinarumque notiones fignantur et exprimuntur. Ut in fermone communi et proprio certæ voces certas res notant, ita fere in Parabolico certæ Imagines Naturales certas aliquas notiones magis abftru-
fas et reconditas illuftrant. Quod quidem non omnino abfolute intelligendum eft, fed eoufque, ut vere dici poffit, Vates Hebræos in eadem
materia exornanda iifdem Imaginibus multo faltem conftantius uti,
quam cæteri poetæ folent : cujus item rei magna vis eft in confervando
ftyli nitore et perfpicuitate.

Poftremo,

Poſtremo, iis potiſſimum Imaginibus Hebræi audacius et licentius utuntur, in quibus id facilius admitti poſſit, eo quod et res ipſæ unde ſumuntur maxime ſunt obviæ et familiares, et Figurata earum poteſtas uſu conſtanti rata et definita. Hoc ut orationem apertam et dilucidam præſtat in iis etiam locis ubi maximum eſt obſcuritatis periculum, ita Sacris Vatibus facilem plerumque et paratam defenſionem præbebit, ſiquando ut duri, nimii, tumidique reprehendantur.

Ut quæ nude hactenus notavi exemplis illuſtrentur et confirmentur, perpendamus Metaphoras aliquas ex rebus primum Naturalibus deſumptas, maximeque uſitatas; ita ut quæ in una atque altera animadverſa fuerint, in permultas poſſint transferri.

Imago Lucis et Tenebrarum ad exprimendas res Proſperas et Adverſas tranſlata communi omnium linguarum uſu frequentatur, quemadmodum omnium hominum communis eſt rerum ipſarum ſenſus et perceptio. Verum his Metaphoris Hebræi frequentius quam cæteri omnes et conſtantius utuntur; uſque adeo quidem, ut raro ſe iis abſtineant, ubicunque loci argumentum poſtulat aut etiam patitur. Haberi itaque poſſunt, in eo locutionum genere, quarum in Stylo Parabolico maxime nota et rata eſt ſignificatio; cum Imagines exhibeant notiſſimas et maxime familiares, fiatque tranſlatio ex agnita et conceſſa rerum inter ſe ſimilitudine, quæ et natura percipitur, et ſermonis uſu conſtanti comprobatur. In Imaginibus tam notis tamque frequentatis apud Hebræos facile conceditur audaciæ venia. Iiſdem utuntur Latini, ſed rarius, ideoque et cautius:

> 1 " Lucem redde tuæ, Dux bone, patriæ:
> " Inſtar veris enim vultus ubi tuus
> " Affulſit populo, gratior it dies,
> " Et Soles melius nitent.

Vix quidquam habent elegantius, aut in ſimili materia etiam liberius, ſeveriores Muſæ Latinæ. Hebræi vero, ut in argumento longe ſublimiore et in Imagine notiſſima, efferunt ſe atque exultant licentius, et

1 H O R. IV. 5.

audaciæ

audaciæ poeticæ frenos omnes laxant. Exhibent nimirum, non veris, non auroræ, non caliginofæ noctis imaginem, fed folem et Sydera quafi nova Creatione aucto in immenfum fplendore exfurgentia, aut in antiquum Chaos et primævas tenebras iterum demerfa. Promittitne Vates renovatum populo fuo Dei favorem, et omnimodæ felicitatis inftaurationem? quam magnificis id coloribus depingit, quos nulla interpretatio exprimere, fed nec ulla omnino obfcurare poteft! [1]

וְהָיָה אוֹר הַלְּבָנָה כְּאוֹר הַחַמָּה
וְאוֹר הַחַמָּה יִהְיֶה שִׁבְעָתַיִם

" Erit Lux Lunæ inftar Solis meridiani;
" Erunt Solares radii feptemplices."

Sed nec hoc fatis: [2]

לֹא־יִהְיֶה־לָּךְ עוֹד הַשֶּׁמֶשׁ לְאוֹר יוֹמָם
וּלְנֹגַהּ הַיָּרֵחַ לֹא־יָאִיר לָךְ
וְהָיָה־לָךְ יְהוָה לְאוֹר עוֹלָם
וֵאלֹהַיִךְ לְתִפְאַרְתֵּךְ
לֹא־יָבוֹא עוֹד שִׁמְשֵׁךְ
וִירֵחֵךְ לֹא יֵאָסֵף
כִּי יְהוָה יִהְיֶה־לָּךְ לְאוֹר עוֹלָם
וְשָׁלְמוּ יְמֵי אֶבְלֵךְ

" Non diurna Solis luce uteris amplius;
" Neque ad illuftrandam noctem Luna tibi illucebit:
" Sed erit tibi Jehova æterna Lux;
" Et gloria tibi erit Deus tuus.
" Non occidet amplius Sol tuus,
" Nec Luna tua fefe retrahet;
" Nam Jehova erit tibi æterna Lux,
" Et dies mœroris tui definent."

Quod idem alio in loco mirifice variavit: [3]

וְחָפְרָה הַלְּבָנָה וּבוֹשָׁה הַחַמָּה
כִּי־מָלַךְ יְהוָה צְבָאוֹת

1 IS. XXX. 26.
2 IS. LX. 19, 20.
3 IS. XXIV. 23.

בהר

בהר ציון ובירושלם

ונגד זקניו כבוד

" Et pudebit Lunam, et erubefcet Sol meridianus;

" Cum regnat Jehova Exercituum,

" In monte Zione et in Hierofolymis,

" Et coram fenioribus fuis gloriofe."

Contra fuperbo Ægypti Regi cladem minatus; 1

וכסיתי בכבותך שמים

והקדרתי את ככביהם

שמש בענן אכסנו

וירח לא יאיר אורו

כל מאורי אור בשמים אקדירם עליך

ונתתי חשך על ארצך נאם אדני יהוה

" Cum extinguam te, obtegam cœlos,

" Et ftellas eorum atrabo;

" Solem nube involvam,

" Nec fplendorem fuum emittet Luna:

" Omnia cœli lumina fupra te obfcurabo,

" Terramque tuam tenebris operiam; edicit Dominus Jehova."

Periculofa funt hæc et παρατετολμημῥνα; fed notæ funt Imagines, frequens earum ufus, certa fignificatio; ideoque perfpicua, clara, vereque
magnifica.

Porro, aliæ funt Imagines ex rebus Naturalibus defumptæ, quæ etfi
Hebræis cum cæteris hominibus aliqua ex parte fint communes, illis
tamen, ex fitu puta regionis aut natura foli, multo magis funt notæ et
familiares. Nulla in Sacris carminibus frequentior occurrit Metaphora,
quam ea, qua graves fubitoque ingruentes Calamitates fub imagine ex-
undantium Aquarum exprimuntur. Hanc maxime familiarem habuiffe
videntur Hebræi, utpote ex proprio fuæ regionis habitu et natura depromptam. Obverfabatur iis ante oculos Jordanes 2 ripas fuas quotannis inundans, cum Libani montiumque vicinorum nives ineunte æftate

1 EZEK. XXXII. 7, 8.

2 Vide JOSH. III. 15. I. PARALIP. XII. 15. ECCLUS. XXIV. 26.

liquefactæ

liquefactæ effufis fubito torrentibus aquas fluminis augerent.   Erat præterea tota Palæftinæ regio, 1 non multis quidem perennibus fluviis irri-
gua, fed ut maxima ex parte montuofa, ita torrentibus crebris per an-
guftas valles poft ftatas pluviarum tempeftates præcipitantibus obnoxia :
ex qua re Mofes 2 ipfe terram hanc Ifraelitis jam eam invafuris com-
mendabat, ut 'qui nihil hujufmodi in Ægypto prius, aut nuper in Ara-
bicis Defertis experti effent.   Hæc itaque Imago, omnibus quidem poetis nota et ufurpata, Hebræis vero præcipue familiaris et quafi domefti-
ca cenferi debet; adeoque eam et crebrius et liberius adducunt.   Ipfam
profecto naturæ faciem, qualis tum ei præfens obverfabatur, expreffiffe
videtur Vates, et in fe fuafque fortunas tranftuliffe, cum ex terra Jorda-
nica, montibufque ad ortum fluminis fitis, ardentiffimos doloris fui æftus eo verborum impetu et audacia effundit : 3

תהום אל תהום קורא לקול צנוריך
כל משבריך וגליך עלי עברו

"Abyffus abyffum inclamat, circumfonantibus tuis Cataractis ;
"Fluctus tui omnes undæque me obruerunt."

Subit hoc in loco animadvertere, Metaphoram hanc, cæteris quidem
Scriptoribus facris ubicunque occafio ferat adeo frequentatam, Auctorem tamen Jobi per totum poema, in quo eam fæpiffime locum habi-
turam quivis ex argumento facile conjiceret, femel tantum atque iterum, 4 nec nifi leviter, attigiffe.   Alia nimirum naturæ facies nobiliffi-
mi hujus poematis Auctori, quicunque is fuerit, obverfabatur, fi, ut
multis eruditis placuit, in aliqua Arabiæ parte fcriptum effet : quæ fententia ut verifimilior videatur, facit etiam infignis ea Comparatio, 5 qua
Jobus Amicos fuos cum perfido Torrente confert, quæ ex fiticulofis
Arabiæ locis manifefto petita eft, pluribufque imaginibus ejus regionis
propriis exornata.

1 Vide S A N D Y S. I T I N. Lib. III. fub initio.
2 D E U T. VIII. 7. XI. 10, 11.
3 P S. XLII. 8.
4 Vide J O B. XXII. 11. XXVII. 20.
5 J O B. VI. 15, — 20.

Aliæ

Aliæ denique funt Imagines Poeticæ, ex rebus item Naturalibus defumptæ, Hebræorum omnino propriæ. Inter montes Palæftinæ, maxime notabiles, adeoque facris carminibus celebratiffimi funt duo, Libanus et Carmelus. Alter tum fua altitudine, tum Cedrorum in fummis ejus verticibus confurgentium proceritate, magnitudine, et copia,
infignis; veram et eminentem quandam præ fe ferens roboris et majeftatis effigiem: alter opimus et ferax, vitibus, oleis, et arboribus omnis
generis frugiferis confitus, et cum foli ubertate tum cultura florentiffi-
mus; eximiamque exhibens fertilitatis fpeciem et exquifitioris cujufdam
pulchritudinis et gratiæ. Horum quod fit in forma et afpectu inter fe
difcrimen accurate definit Salomo, cum dignitatem virilem Libano, 1
Carmelo muliebrem venuftatem comparat. Ex utroque exfurgit diverfa quædam at generalis Imago, quam varie ufurpant Hebræi Vates, id
per Metaphoram exprimentes, in quo cautiores aperta comparatione u-
terentur. Libanus itaque audaci tranflatione ponitur pro univerfo populi Hebræi aut Ecclefiæ 2 ftatu; pro 3 Hierofolymis; pro Templo 4
Hierofolymitano; pro Rege etiam Affyrio 5 ejufque Exercitu; pro eo
denique quod in re aliqua eximie eft 6 fuperbum, auguftum, et fublime: atque eodem modo quodcunque in fe habet egregiam fertilitatem,
opulentiam, aut decorem, illud Carmelus 7 dicitur. Similiter per Ro-
buftos Bafanis, Arietes, Juvencas, Tauros; 8 per Feram Arundineti, 9

1 CANT V. 15. VII. 5.

2 IS. XXXIII. 9. XXXV. 2.

3 IS. XXXVII. 24. JER. XXII. 6, 23.

4 ZECH. XI. I.

5 IS. X. 34.

6 IS. II. 13. vid. EZEK. XXXI. per totum.

7 Vide fupra citata, et IS. X. 18. MIC. VII. 14. JER. IV. 26.

8 PS. XXII. 13. EZEK. XXXIX. 18. AMOS. IV. I.

9 PS. LXVIII. 30. קְנֵה חַיַּת Fera Arundinis, eft Periphrafis Leonis, eaque minime obfcura
fi ejus rationem attendimus. Leones in Arundinetis maxime luftra habere folent. "Inter Arun-
"dineta Mefopotamiæ fluminum et frutecta Leones vagantur innumeri." AMMIAN. MAR-
CELL. Lib. XVIII. cap. 7. Id adeo familiare erat Arabibus, ut peculiare habeant vocabulum
pro Leonis luftro cum in Arundineto cubat. BOCHART. HIEROZ. par. 1. hb. 3. cap. 2.
Erat autem Jordanes præcipue infeftus Leonibus, qui in denfis riparum Arundinibus latitabant.
Εν ταις τε Ιορδανε ελικοειδεσι και αγγυλοςροφοις βοαις, ως το εικ⊙', της εχομενα τε ποταμου γης μεςη
ΥΛΗ

five Leonem Jordanis; adumbrantur gentium Tyranni infolentes, crudeles, efferi.   In his cæterifque· ejufmodi Imaginibus quanquam id audent Vates Sacri, quod Latinis Græcifque minime conceditur, nemo tamen unquam aut elegantiam aut perfpicuitatem defiderabit; præfertim
qui meminerit, eas Hebræis notiffimas, ac, ut ita dicam, populares, et
veluti indigenas, fuiffe.

Id denique hoc in loco generatim adnotandum eft: Poefin omnem,
ac præcipue Hebraicam, ornamenta fua longe plurima ex rerum Naturalium Imaginibus depromere; has ut quifque in animo fuo format atque exprimit ex eo quod cuique in fenfus incurrit, fieri non poteft,
quin pro locorum diverfitate aliæ fint aliis magis familiares, aliæ etiam
propriæ; et quæ maxime videntur communes tenuem fæpe aliquam et
latentiorem habeant cum proxima fua origine et natali folo neceffitudinem: imprimis itaque tenendus eft, quantum fieri poteft, rerum in
quibus verfatur auctor fitus habitufque, percipienda regionis Hiftoria
Naturalis, et Poematis cujufque veluti fcena ob oculos ponenda.   Huc
nifi perpetuo animos attendamus, vix tuto licebit de fenfuum decore et
venuftate judicare: fugient· nos interdum vel apertiffima, reconditæ certe et interiores·elegantiæ plurimæ latebunt.

τινα ϖαειγρϱϕονται, εν οις μεγα τι καλαμων χϱημϱ εκϕυεϰϑαι πεϕυκεν· εν τετοις λεοντων ϕυλα ειωϑασι
κατοικειν.   JOHAN. PHOCAS. *Defcript. Loc. Sanct.* cap. 23. vide etiam MAUNDRELL.
ITIN.   HIERONYMUS itidem ad hæc verba Zechariæ xi. 3. *Vox rugitus Leonum, quoniam
vaftata eft fuperbia Jordanis:* "Jordani, inquit, fluvio, qui maximus in Judæa eft, juxta quem
"morantur Leones, fremitum junxit Leonum, propter ardorem fitis, et ob deferti viciniam, et
"latitudinem vaftæ folitudinis, et Arundineta et Carecta." Hinc apud Jeremiam iv. 7. Leo
dicitur exire מסבכו "ex luftro fuo perplexo," et xLix. 19. "afcendere inundante Jordane."
Itaque hoc in loco (Ps. LXVIII. 30.)`Fera Arundinis, cœtus Robuftorum, et Juvenci, funt
Leones, Tauri, Pecudefque lafcivientes, five Tyranni feroces infolentefque: de quibus, continuata tranflatione, addit Pfaltes מתרפם ברצי כסף, hoc eft, pro fe quifque de induftria (ea eft
vis numeri fingularis Diftributivi et formæ *Hithpael) conculcantes* et turbantes *rivos argenteos,*
perdentes nimirum et vaftantes vicinorum Judæorum bona. Hæc ipfa Imago apud Ezekielem
ufurpatur cap. XXXII. 2. iterumque cap. XXXIV. 18, 19. in quibus locis ter ponitur in eo fenfu verbum רפש: vid. etiam DAN. VII. 19. verum an רוץ de motu fluminis dicatur, ut apud
Latinos *currere,* (VIRG. GEORG. I.132.) ita ut רץ rivum fignificet, non æque conftat.

H

PRÆLECTIO SEPTIMA:

DE IMAGINIBUS EX COMMUNI VITA.

QUAS tres caufas proxime expofui, quibus apud Hebræos Vates in figurata dictione confervaretur cum fumma fublimitate conjuncta perfpicuitas; (primo quod uterentur plerumque Imaginibus de medio fumptis, deque rebus maxime notis et pervulgatis; tum quod in earundem accommodatione certam fere rationem et viam, feu analogiam quandam fervarent; quod denique iis pótiffimum licentius uterentur, quæ maxime effent familiares et notiffimæ fignificationis:) earum veritatem ulterius confirmatum iri arbitror, fi eas etiam Metaphoras paulum advertamus, quæ ex Artificiis, Moribus, Vitaque Communi defumuntur; quem alterum ftatueram veluti fontem unde poeticæ Imagines derivari folent. Ac fufficient hac in parte quædam de univerfo genere breviter notata, et exemplum unum atque alterum ex innumeris decerptum.

Tota Communis Vitæ ratio apud vetuftiores Hebræos admodum fimplex conftanfque fuit: non erat ea ftudiorum conditionum artium quæftuumque diverfitas, quæ apud alios populos poftmodum obtinuit, qui fefe quafi haud paulo humaniores jactaverunt, ac merito quidem, fi pro humanitate habendus eft luxus, levitas, et fuperbia. Una omnibus libertas, una generis nobilitas ab antiquiffima ftirpe deducta: nulli inanes tituli, aut falfa gloriæ infignia; vix ulli honorum et dignitatis gradus, nifi ut cuique ex virtute, prudentia, provecta ætate, aut bene gefta republica acceffere. Legibus et facris ab cæteris hominibus divifi, nec admodum mercaturæ dediti, fatis habuerunt eas artes colere, quæ ad vitæ ufum fimplicem et incultum, feu incorruptum potius, neceffariæ effent. Itaque præcipua erat omnibus occupatio in colendis terris et curando pecore; agricolarum et paftorum ferme nàtio erant. Prædia

in

in familias principio fortiti, quæ [1] pretio addicere, ita ut omnino alie-
narentur, fas non erat, pofteris fuis poffidenda fuoque labore colenda
tradebant; quos ex fuo quifque agro fructus percipiebat, eæ cujufque
erant divitiæ.   Nemo vel ampliffimus indecorum aut fe indignum pu-
tabat etiam infimis ruftici operis negotiis vacare.   Igitur in Sacra Hiftoria [2] fæpe legimus, Duces, Reges, Prophetas, ad fancta et augufta mu-
nera obeunda ab aratro et ftabulis acceffiffe.

Itaque non mirum eft fi Hebræi fcriptores multi fint in deducendis
Metaphoris ex his potiffimum artibus, in quibus fere nutriti et educati
funt; fi quæ animis oculifque eorum maxime obverfarentur, ea deriva-
rent in Poefin: præfertim quæ fuppeditarent tam variam lautamque rerum fupellectilem, unde depromi poffet quicquid in imaginibus non
modo venuftum eft atque elegans, fed grande etiam et magnificum.
Quod fi cui male delicato fordere nonnunquam videantur hujufmodi rerum fpecies, quafi fcilicet oleant plebeculam et ftercus; id fuæ tribuat
infcitiæ, qui ex fui fenfus modulo antiqua æftimet; non Sacris Vatibus
vitio vertat, qui hifce imaginibus non modo fuam præftant dignitatem,
fed perfæpe etiam ipfa tranflationis vi atque audacia incredibilem inducunt elegantiam et ornatum.

Longum effet fingulatim percenfere, quibus illi verborum luminibus, ex re una levi humilique, ut quibufdam videri poffit, ex Area nimirum et Tritura petitis, rebus tamen maximis fplendorem, graviffimis pondus addiderunt: cum " Jehova ira incenfus impios proterit,
" conculcat, profligat; [3] cum populos Ifraeli veluti dentato tribulo fub-
" jicit frangendos, aut æratis ejus ungulis comminuendos; [4] hoftefque
" fuos, palea montana leviores, difflat fpiritu, et indignationis turbine
" difpergit." [5]

---

1 LEV. XXV. 13, — 16, et 23, 24. confer I. REG. XXI. 3.

2 Vide JUD. III. 31. VI. II. I. SAM. IX. 3. XI. 5. 2. SAM. VII. 8. PS. LXXVIII.
72, 73. .I. REG. XIX. 19, 20., AMOS. I. I. VII. 14, 15.

3 HAB. III. 12. JOEL. III. 14. JER. LI. 33. IS. XXI. 10.

4 MICAH. IV. 13.

5 PS. LXXXIII. 13, 15. IS. XVII. 13.

הנה

הנה שמתיך למורג
חרוץ חדש בעל פיפיות ׃
תדוש הרים ותדק
וגבעות כמץ תשים ׃
תזרם ורוח תשאם
וסערה תפיץ אתם ׃

" Ecce feci Te Traham;

" Tribulum novum, inftructum dentibus:

" Triturabis montes atque comminues,

" Et colles pro paleis habebis:

" Ventilabis eos,· ventufque auferet,

" Et turbo eos diffipabit. 1

Quibus in locis notandum eft primum, hujus metaphoræ rationem et legem a variis facrorum poematum Auctoribus conftanter et religiofe fervari; unde ei audacius quidem, fed intra fuos limites, exultanti fua conftat et verecundia et perfpicuitas: fiquidem unice eam ufurpant ad amplificandam improborum hoftiumque ftragem et difperfionem. Ad hoc promptam facilemque huic audaciæ defenfionem præbebit vel ipfa vis Imaginis ad rem exprimendam accommodatiffima, fi receptum a-pud Hebræos triturandi modum cogitemus. Id fiebat in loco fublimi, ventis obnoxio; inacto fpicis vel jumentorum grege, vel tribulo gravi-bus tabulis conftructo, et lapidibus vel ferro fubtus afperato, vel plof-tello rotis five axibus ferreis et dentatis, quod Varro 2 Pœnicum vocat, utpote a Pœnis Italiæ illatum de Phœnicia Palæftinæ proxima; unde etiam, præterquam quod per omnia conveniunt defcriptiones, conftat Hebræorum ac Romanorum in hac re ufum fimilem et plane eundem fuiffe: nec tamen hi quidquam unquam, quod fciam, ad Poefeos fuæ ornatum inde mutuantur. Non autem prætermittendum eft, Imaginem hanc fuiffe Hebræis, fupra quam a nobis facile concipi poteft, obviam et familiarem; cujus rei fatis indicio eft Araunæ Jebufæi Area, 3 fub

1 ISAI. XLI. 15, 16.
2 DE RE RUST. I. 56.
3 2. PARALIP. III. I.

dio,

dio, ut cæteræ omnes, in ipfis Hierofolymis, et in editiffima urbis parte fita, eo ipfo in loco in quo poftea Templum a Salomone conditum
eft.

Homero, cui vehementer placuit omnis agreftis vitæ imago, adeo 'decora fignificanfque vifa eft hæc ipfa de qua agimus, ut femel iterumque
ex Area petierit Comparationem ; (nam Tranflationis periculum vel ipfe hic reformidavit) unam quidem atque alteram 1 ad illuftrandam rem
leviculam contra quam folent Hebræi; tertiam autem vere magnificam,
qua Achillem fuum exornat: hanc, fiquidem accedat ad effigiem aliquam Hebrææ fublimitatis, libet recitare : 2

Ως δ᾽ οτε τις ζαξῃ βοας αρσενας ευρυμετωπᾳς,
Τρ̳βεμᾳναι κρι λᾳκον εὐτροχαλῳ εν αλωῃ,
Ριμφα τε λεπῇ εγενοντο βοων υπο ποσσ᾽ εριμυκων·
Ως υπ᾽ Αχιλλ̳ηος, μεγαθυμᾳ μωνυχες ιπποι
Στειβον ομᾳ νεκυας τε και ασπιδας. ---

Quæ Comparatio inter pulcherrimas et grandiffimas merito quidem
numeranda, multum tamen abeft ab Hebræorum fublimitate atque audacia.   Hebræus contuliffet potius ipfum Heroa cum Tribulo, non E-
quos ejus cum Bobus ploftello junctis; quod, eft paulo nimis appofitum,
et plus æquo congruens. 3 Verum illam licentiam Græcorum poefi non
dederat confuetudo; non occupaverat hunc locum ea Imago, ficuti a-
pud Hebræos, neque ejus quafi dominium ufucapione acquifiverat.

Religio eft hoc in loco filentio tranfire egregiam et fupra modum
magnificam Ultionis Divinæ imaginem ductam a Torculari, fæpiufque
a facris Vatibus ufurpatam; fed quam nulla alia poefis aufa eft vel attigiffe.   Quibus autem Latini fermonis coloribus ea exprimere poffumus, quæ nifi fuis digne exhiberi omnino nequeunt? quibus lineamentis vel tenuem umbram ejus defcriptionis effingere, qua Ifaias depinxit
Meffiam Vindicem? 4 ---

1 Vide ILIAD. V. 499. et XIII. 588.
2 ILAD. XX. 495.
3 Hoc mox fufius exponetur PRÆL. XII.
4 Vide ISAI. LXIII. 1, — 3.

--- Ille

--- Ille Patris vires indutus et iram,
Dira rubens graditur, per ftragem et fracta potentum
Agmina, prona folo; proftratifque hoftibus ultor
Infultat; ceu præla novo fpumantia mufto
Exercens, falit attritas calcator in uvas,
Congeftamque ftruem fubigit: cæde atra recenti
Crura madent, rorantque infperfæ fanguine veftes.

Porro, innumera plane funt quæ in hanc rem adduci poffunt ex Moribus Vitæque confuetudine tranflata. De his etiam id generatim adnotandum eft, receptam apud Hebræos vivendi rationem, fimplicem, conftantem, gravem, naturæque convenientem efficere, ut Vates Sacri multo minus habeant vel obfcuri, vel humilis ac demiffi, in hujus generis
metaphoris, quam quifquam fperare potuerit, qui reputat, vel quanto
a nobis rerum et temporum intervallo disjuncti funt, quantumque in
tranflationibus audent; vel quantum in rebus communibus et vulgaribus transferendis verfantur. Eam profecto Sacrorum Vatum præ cæteris omnibus veram effe laudem exiftimo, metaphoris audacibus cum
fumma perfpicuitate uti, et vulgaribus cum fumma dignitate et fplendore. Non verebor vobis in hoc genere proponere exemplum, quo
nihil concipi poteft fummiffius et contemptius, nihil planius et inornatius exprimi; quod tamen ipfa Imaginis congruentia atque accommo-
dationis proprietate eam vim habet, ut non dubitem eminentem fublimitatis notam ei apponere. Minatur Deus Hierofolymæ ultimum excidium: [1]

ומחיתי את ירושלם
כאשר ימחה את הצלחת
מחה והפך על פניה

" Et detergam Hierofolymam,
" Ut deterferit quifpiam pateram;
" Detergit eam, et pronam in faciem vertit.

Verum multa hujufmodi necefle eft humilia et obfcura nobis falfo vi-

---

[1] 2. REG. XXI. 13. Vatis alicujus refponfum ab Hiftorico traditum.

deri,

deri, qui vita moribufque tam diverfis utimur: fed in his nec temere reprehendendum, nec cito defperandum; verfandus potius in omnem partem animus, fi forte erui poffit fenfuum atque imaginum nexus, a rebus abftrufis noftramque aciem facile fugientibus tenui perfæpe filo pendens: mos nonnunquam obfoletus opportune notatus, fuoque loco admotus, multis fimul aliis fuam lucem et dignitatem reftituet. An hoc præcipue præftet quod jam, proferam exemplum, non aufim qui-, dem dicere; oftendet forfan Hebræorum in formandis Imaginibus Poe-ticis ufum, et in applicandis accurationem et conftantiam.

Poetis fere omnibus id fæpenumero ufu venit, ut vel occafione in-ducti, vel neceffitate prope coacti, in eum locum incidant, in quo mul-to cum ornatu et amplificatione, utpote in re gravi magnaque, deferi-bendi funt Inferi, five Vita Functorum Status; hoc eft, id clare.expli-candum, quod quale fit, nemini mortalium conceffum eft omnino men-te percipere, aut conjectura confequi. Itaque Græci, prompto fertili-que ingenio, et ad fabulas adornandas nati, pulchram nacti occafionem, Inferos plane poeticos ac fuos commenti funt; eo quidem monftrorum apparatu inftructos, ut nemo vel e populo tam excors effet, cui non ri-fum moverent tot deliramenta. Quid vero Vates Hebræi? quibus non eadem fingendi licentia, et, quanquam perfuafiffimum erat animos non interire et corpora etiam in vitam effe reditura, eadem tamen de præ-fenti mortuorum ftatu et conditione ignoratio? Nimirum idem hoc in loco feciffe videntur quod in cæteris omnibus: nam quæ palam et in aperto effent vulgoque conftarent de mortuis, hoc eft, de mortuorum cadaveribus, ex iis Generalem quandam Imaginem confecerunt, quam in defcribendo vita functorum ftatu unice et conftanter ufurpant; quam-que, fi modo fas fit, appellare poffumus Hebræorum Infernum Poeti-cum. שאול ipfi vocant; Græci ᾅδω; Latini Infernum, five etiam Se-pulchrum; neque fane aliunde fumpta eft Hebræis tota hæc Imago, quam de more rituque Sepulturæ apud ipfos recepti; qui ejufmodi erat, ut materiem præberet ornatui poetico fatis accommodatam. Hebræo-rum enim Sepulchra, faltem honeftiora, quæque familiis principibus

patria

patria erant ac gentilitia, Speluncæ [1] erant amplæ, fub terram, ex nativa rupe, arte manuque excavatæ; laqueare teftudinato; quædam tam
fpatiofæ, ut columnis fuffulcirentur: ad latera circumquaque excide-
bantur cellæ recipiendis Sarcophagis; ii Sculptili opere apte ornati erant,
fingulique fingulis cellis condebantur: nullam omnino lucem admitte-
bat Specus, quippe angufto aditu, quique advoluto faxo obftruebatur.
Multa hujufmodi Conditoria etiamnum in Judæa vifuntur; duo [2] præ
cæteris magnifica, quæ Regum habentur Sepulchra, alterum in ipfis
Hierofolymis cellas habens viginti quatuor; alterum bis totidem continens, in urbis pomœrio.

Quod fi eos locos omnes excutimus quibus Sacri Vates Inferos ornatu poetico defcribunt, liquido nifi valde fallor apparebit, eos mentem
in hujufmodi Sepulchrorum imagine per omnia intentam et defixam
habuiffe. Quæ in fenfus incurrebant, et oculis obverfabantur eorum
omnium effigiem exprimebant oratione: nullam ibi Animorum Im-
mortalium defcriptionem, aut explicate admodum factam mentionem
reperiemus; non eo quod permanere poft mortem animos non crede-

---

[1] Vide GEN. XXIII. 2. REG. XIII. 21. ISAI. XXII. 16. 2. PARALIP. XVI. 14.
JOSH. X. 27. THREN. III. 53. JOHAN. XI. 38. et Evangeliftas de Chrifti Sepulchro.
[2] Horum Sepulchrorum defcriptionem exhibent, SERLIO *Architettura* Lib. III. VILLAL-
PANDUS *Apparat. Urbis* III. 16. MAUNDRELL. *Itin.* pag. 76.
Jofephus fæpius mentionem facit Sepulchri Davidis. Sepulchrum ipfum vocat παφον vel μνη-
μα; cameras, in quarum plures fæpe diftribuebatur, (ut in duas illud Abrahami GEN. XXIII.
9. ideo vocatum מערת המכפלה) οικυς τυς εν τω μνημαπι; cellas, θηκας. ANTIQ. VII. 15.
XVI. 7. BELL. I. 2. Memorantur a Strabone Lib. XVII. Regum Ægyptiorum conditoria,
θηκαι εν απηλαιοις λατομηται σδει πτταρακοντα. Vifuntur adhuc Neapoli Cryptæ Sepulchrales,
quas *Catacumbas* vocant, opus quo nihil extat ufquam in eo genere grandius aut admirabilius.
Mihi quidem videtur effe monumentum ultimæ antiquitatis, quod alios in ufus primo deftina-
tum, ævo demum Chriftiano condendis cadaveribus inferviit. Eft enim ejufdem plane generis
cum cæteris operibus fubterraneis ejus regionis, quorum quidem multa crebris terræ motibus deleta funt, multa tamen plane ftupenda hodie fuperfunt; Cumis, Mifeni, Baiis, ad Averni La-
cum, et in Monte Paufilypi. Non dubito quin hæc omnia haud paulo præcefferint Homeri tempora, qui in his regionibus locat Cimmerios illos in tenebris habitantes, Odyff. IX. fub initio;
uti et Ephorus, apud Strabonem Lib. V, eofque ait, εν κατωγειοις οικιαις οικειν, ας καλυσιν Αργιλ-
λας, και δια τινων ορυγματων παρ' αλληλυς φοιταν: quæ non effe ex omni parte fabulofa hæc ipfa
monumenta fubterranea jam palam teftantur. *Argillæ* autem vocabantur hæ Speluncæ ex natura
foli in quo hujufmodi cavernæ frequentius opinor fodiebantur. Αργιλλος, η σμηκτη γη, η λευκο-
γειος.

rent, quod doctis quibufdam placuit; fed quod nec ullam haberent fatis claram eorum notionem et intelligentiam, unde ubi et quales effent
explicarent, neque eam adepti effent fermonis et argumentationis fubti-
litatem, ut de rebus abftrufis et a fenfu omnino remotis probabilitér
dicere, et eruditam difputationem fuæ ignorantiæ prætendere poffent.
Qualis itaque ab animis a corpore fejunctis vita viveretur, quis eorum
locus, forma, conditio, Hebræi juxta cum cæteris mortalibus in fumma ignoratione verfabantur.   Neque eos hac in parte vel minimum facri Codices adjuvere; haud quia hanc iis cognitionem invideret Divina
Revelatio, fed quia humanæ mentis cónditio eam omnino non recipiat:
quæ cum res a corpore et materia remotas contemplatur, propriarum
notionum inopia cogitur ad improprias confugere, et corporeis incorpo-
rea quadantenus adumbrare.   Cum itaque viderent corpora vita functa
in terram cadere, eoque modo quo dictum eft fepulchro condi, percrebuit apud Hebræos, ut apud cæteros etiam, opinio quædam popula-
ris, fub terra reliquam vitam agi mortuorum; quam ut adfcifcerent
Vates Sacri etiam neceffe erat, fi modo de hac re omnino loqui et intelligi vellent.
    Atque hinc plane eft quod mortui toties dicuntur " defcendere ɪ in

---

γεῷ. H E S Y C H. unde collis in hac regione Leucogæus dictus, inter Puteolos et Neapolim;
P L I N. N. H. XVIII. XI. quanquam hæ omnes, quas dixi, Speluncæ ex folida funt tophi rupe, unde
temporum injuriæ refiftere potuerunt.   Hinc Argiletum, vici nomen Romæ, ex hujufmodi Ar-
gillis quibufdam fumptum, quale erat haud ita longe ab eo vico Caci Specus; quanquam aliter
Virgilius; fed vide Varronem D E L I N G. L A T. Ł I B. I V.   Cæterum ex his Speluncis Cim-
meriis Campaniæ Homerum primo, deinde Virgilium Inferorum fuorum Imaginem duxiffe ma-
nifeftum eft: et Virgilio, cum Caci Speluncam ab Hercule effractam defcriberet, protinus obverfabatur Inferni patefacti Imago :
            " At fpecus, et Caci detecta apparuit ingens
            " Regia, et umbrofæ penitus patuere cavernæ :
            " Non fecus, ac fi qua penitus vi terra dehifcens
            " Infernas referet fedes, et regna recludat
            " Pallida, Dís invifa, fuperque immane barathrum
            " Cernatur, trepidentque immiffo lumine Manes.
                                            Æ N. V I I I. 241.
  ɪ שחת, item בור, five באר, J O B. XXXIII. 18. P s. XXVIII. 1. et paffim. ארץ תחתית,
vel ארץ תחתיות, E Z E K. XXXI. 14. XXXII. 18. et P s. paffim. שערי שאול, I S A I. XXX-

" Foveam,. in Inferiora terræ, ad Portas lethi, ad Saxa, ad Latera, ad
" Repagula Cavernæ: hausit eos ¹ avidis Faucibus Sepulchrum, atque
" Os iis occludit; decumbunt ² in Barathro, in loca vasta, in voragi-
" nem, tenebrasque profundissimas demersi; in terram caliginis, et um-
" bram mortis, immanem, tetram, carentem ordine; et ubi pro luce
" veluti diradiatur Caligo."

Germanam hanc Inferorum Imaginem retinuerunt inter tot sua commenta Poetæ exteri: apposite admodum et præclare vetus Poeta Tragicus ₃ altam Acheruntis viam ait esse

    " Per speluncas saxis structas asperis, pendentibus,
    " Maximis, ubi rigida constat crassa caligo inferûm.

Quam grandis autem et magnifica ab Hebræis Vatibus ex hoc rerum
apparatu ornatur Scena, in quam Heroes et Tyranni defuncti prodeunt!
Ponite vobis ob oculos Cavernam Sepulchralem, ingentem, vastam, ca-
liginosam: ibi decumbunt ₄ in suo quisque pulvinari ₅ Gentium Reges,
armis juxta positis, subjecto cujusque vertici gladio, ₆ circumjacentibus-
que suorum sarcophagis. ₇ Ecce vero inducitur Rex Babylonius! soliis
omnes protinus desurgunt, obviam procedunt, et venientem excipiunt:
" Tene ergo ad Nos deductum conspicimus? Te nostrî similem? Te
" succisum et cassum viribus, O Gentium Debellator?" --- Sed manum

---

VIII. 10. שערי מות‎, J O B. XXXVIII. 17. P S. IX. 14. אבני בור‎, I S A I. XIV. 19. 'ירכת‎
בור‎, I S A I. XIV. 15. E Z E K. XXXII. 23. ברי שאול‎, J O B. XVII. 16.

1 פי שאול‎, P S. CXLI. 7. פי באר‎, P S. LXIX. 16. et vide I S A I. V. 14.

2 מצולה‎, P S. LXIX. 16. LXXXVIII. 7. חרבות‎, J O B. III. 14. I S A I. LIX. 10. E Z E K.
XXVI. 20.

ארץ עפתה כמו אפל
צלמות ולא סדרים
ותפע כמו אפל
    J O B. X, 21, 22.

3 Apud CICERONEM Tusc. Quæst. I.

4 I S A I. XIV. 9, 18. E Z E K. XXXII. 19, 21, &c.

5 משכב‎ I S A I. LVII. 2. E Z E K. XXXII. 25. Ita appellatur אֶשְׁכָּן‎, Cella quæ sarcopha-
gum recipit.

6 E Z E K. XXXII. 27. vide I. M A C C A B. XIII. 29.

7 E Z E K. XXXII. 22, 23, 24.

abstineo:

abſtineo: iſthæc enim, non dico mei, ſed ne humani quidem ingenii
eſſe arbitror pro dignitate exponere.　Libentius meliuſque ipſi videbitis,
Academici, in Iſraelitarum Carmine Triumphali, 1 quod Babylonii Regis funeri præcinuit, omnium qui unquam fuerunt Poetarum elegantia
et ſublimitate longe princeps, Iſaias.　Eandem etiam Scenam cum eodem adjunctorum apparatu egregie inſtruxit Ezekiel, 2 in ultimo Vati-
cinio de Occaſu Pharaonis; inſigni illius δεινωσεως exemplo, quæ hujus
Vatis propria merito habetur.

1 ISAI. XIV. 4, ——— 27.
2 EZEK. XXXII. 18, ——— 32.

DE IMAGINIBUS EX REBUS SACRIS.

D E Imaginibus Poeticis, quæ Hebræis Vatibus maxime fre-
quentantur, eo præcipue confilio, Academici, inftituta nobis eft difputatio, ut facilius ab ifto errore cavere poffemus,
qui eorum fcripta tanto rerum temporumque intervallo legentibus folet illudere; cum quæ apud ipfos Hebræos vel maxime clara
vereque magnifica erant, ea jam nobis vel obfcura vel etiam fordida
nonnunquam videantur.   Quod fi in Rerum Naturalium et Communis
Vitæ Imaginibus, (de quibus proxime differui,) ea adhibenda erat cau-
tio, in eis profecto quæ a Rebus Sacris defumuntur, multo etiam magis erit neceffaria : nam quæ ab univerfæ Naturæ fpecie, vel Communis
Vitæ confuetudine, Hebræi depromferunt, eorum etfi multa effent ipfis
propria, pleraque tamen fibi juxta cum cæteris hominibus familiaria
habuerunt; quæ vero ex patriis Religionibus ac Cæremoniis tranftulerunt, ea plane fua erant, quorum nec ufus, neque etiam cognitio multum cum reliquis mortalibus communicaretur.   Quam ob caufam cum
hic locus, quem jam tractamus, multa et magna præ cæteris hujufmodi incommoda et offenfiones habere videatur, erit ut opinor operæ pretium eum diligenter excutere; ut Poefi Hebrææ fua jam aliquantum
in ea parte conftet majeftas, qua olim vel maxime videtur eminuiffe.

Latiffime patebat Hebræorum Religio; ea continebatur non tantum
Dei cultus, fed reip. etiam adminiftratio, fanctiones legum, judiciorum confuetudines, ac omnis fere vitæ civilis et quotidianæ ratio.   Vix
quidquam apud eos profanum, et ab Sacris omnino remotum : quæ
cæteris hominibus minimo in honore et æftimatione feruntur, apud eos
divinis legibus erant fancita, arctiffimamque habebant cum rebus graviffimis et facratiffimis cæremoniis neceffitudinem.   Hæc funt in caufa,

primum

primum quod in Poefi Hebræa plurimæ occurrunt a Rebus Sacris tra-
ductæ Metaphoræ; deinde quod in earum multis diligenti opus erit ob-
fervatione, ne is ipfe, quem cum Sacris habent, nexus et conjunctio
penitus lateat. Id fi fiat, fi quæ divina funt pro communibus babea-
mus, fi fancta et augufta in vulgaribus fordidifque numeremus; incredibile eft, quantum de verborum pondere deque fenfuum vi et majeftate detrahetur. Etenim nihil in rerum natura æque comparatum eft ad
fublimitatem, ac conceptus ex Adyto deprompti; ita animum humanum fubita percellit admiratio, cum ei obverfatur augufta Religionis fpé-
cies; ita nos in his rebus

    ---- " quædam divina Voluptas
    " Percipit, atque Horror.

Accedit itaque, Hebrææ Poefeos majeftatem ex eo etiam plurimum
jam imminui, non modo quod fæpe nos fugiat Imaginum cum Sacris
connexio, fed quod cum ea vel maxime apparet, apud nos tamen vix
ullam partem obtineat ejus vis atque impetus, quo Hebræorum animos
penitus invafit perculitque. Univerfa rituum Hebraicorum comprehenfio grandis quædam eft et multiplex Allegoria, cujus ad meditationem
et obfervantiam omnis diligentia, omnis animorum attentio iis, quibus
ea Sacra colebantur, dies noctefque erat dirigenda. In eo itaque opere
et ftudio boni omnes et cordati mentem habebant defixam; hoc erat
eorum negotium, hoc otium; in his omnes eorum fpes opefque erant
fitæ; in his omnes curæ cogitationefque evigilabant, fummaque cum
fanctitate et reverentia verfabantur. Magna præterea his rebus acceffit
dignitas ex ipfo facrorum fplendore et magnificentia; cujus incredibilis
vis erat apud eorum animos, quorum oculis perpetuo obverfarentur: in
his inerat tanta majeftatis fpecies, præfertim poft extructum Salomonis
Templum, quantam, etfi omnem eorum rationem in ipforum monumentis accuratiffime defcriptam habemus, minime tamen poffumus cogitando confequi. Quæ itaque in hac parte Hebræi Vates apud fuos
præcipue vim habere fummeque pollere experti funt, ea fæpe apud nos
jacent fordentque; cum quæ illi maximi faciebant quibufque unice ftu-
debant, ex eis nos multa vel parum æftimamus, vel minus intelligimus.

                                                  Horum

Horum quæ dixi exempla quædam fubnectam, vel locos potius quofdam, unde bona exemplorum copia peti poffit.

Plurimum occupantur Hebræorum Leges in rebus mundis immun-
difque difcriminandis; in rebus turpibus, pollutis, nefaftis amovendis
expiandifque; quibus cæremoniis, quafi involucris et velis quibufdam,
fenfus graviffimos fanctiffimofque obtendi, eo ipfo fatis liqueret, fi non
aliunde effet aperte et explicate traditum.   In his locum habent morbi
quidam, atque infirmitates corporis, habitufque etiam in fe quidem plane αδιαφοροι: hæc occurrenti fortaffe levia videntur, exploranti magna
apparent.   Quapropter minime eft mirandum Vates Sacros hafce Imagines in exponendis rebus graviffimis adhibere; cum vel 1 mentis humanæ depravatæ penitus et contaminatæ labem denudant, vel 2 corrup-
tos fuorum mores exprobrant, vel 3 Virginis Sionis filiæ fpoliatæ ac nu-
datæ miferam, abjectam, et contemptiffimam fortem lamentantur; quæ
fi in fe fpectantur, plane deformes atque odiofæ habendæ funt; fi ad
veram originem et ad fua Sacra referuntur, nec pondere carebunt, neque etiam dignitate.   Ex hoc videntur effe genere, vel hujus faltem generis analogiam fervare, ea quæ Vates Regius, qui in divinis carminibus Perfonam fua ipfius longe auguftiorem plerumque fuftinet, mife-
riarum affectuumque ardentiffimorum pleniffima effundit; cum 4 omnibus fe plagis peftibufque profligatum et confectum queritur, graviffi-
moque peccatorum onere penitus depreffum, cui humana natura omnino fit impar ferendo.   Quibus in locis, quæfiverunt nonnulli, He-
bræaæ Poefeos genium vix fatis attente perpendentes, quonam Morbi genere Vates tum laboraret; haud minus abfurde, ut mihi quidem videtur, ac fi quæftionem intuliffent de ejus Fluminis fitu et nomine, in
quo idem effet fubmerfus, cum magnis aquarum fluctibus fe obrutum
diceret.

Porro ut multa funt in hoc genere, in quibus Vates Sacri fimili de-

1 1 S. LXIV. 6.
2 1 S. I. 5, 6, 16. EZEK. XXXVI. 17.
3 THREN. I. 8, 9, 17. et II. 2.
4 Vid. PS. XXXVIII.

fenfione

fenfione egere videntur, ita funt fortaffe plura, quæ etfi in fe fatis pulchra funt et elegantia, multo tamen elatiora apparebunt, fi ex iis facris
unde duxerunt originem illuftrantur, et tanquam tabulæ bene pictæ in
bono lumine collocantur. Quam in rem exempla abunde depromi poffunt ex uno loco, ex pretiofa nimirum et magnifica Veftium Sacerdo-
talium fupellectile. Hebræorum Sacerdotum, ac præfertim Pontificis
Maximi, folennibus veftimentis induti, is erat ornatus, ea magnificentia, ita ad decorem et gloriam, [1] ut Mofes loquitur, compofita fpecies,
ut apud eos, quorum in animis cum tanto fplendore conjuncta erat
Sanctitatis opinio, nihil omnino auguftius cogitari potuerit. Hac itaque
Imagine utuntur Hebræi in fignanda notione eximii decoris, aut perfecta fupremæ majeftatis forma exprimenda. Hanc ipfam egregie imprimis exhibuit, et clariffime illuminavit elegantiffimus Ifaias: [2] Ecclefiæ
inftauratæ exultationem et gloriam fuo more, hoc eft magnificentiffi-
me, defcribens, inducit eám Salutis Veftibus ornatam, et Juftitiæ in-
dutam Chlamyde; cum Sponfo deinde ad nuptias ornato confert, cui
comparationi incredibilem majeftatem intulit, una voce יכהן, metaphora ex Sacerdotis infignibus aperte petita, quam lingua Latina nullo modo exprimi aut adumbrari poffe arbitror. Enimvero nihil aliud fanctius
et auguftius cogitatione adfequi potuerunt Vates Sacri, quo immenfam
Dei ipfius majeftatem, quantum humano conceptui fas erat, digne exprimerent; inducunt itaque Jehovam "indutum gloria, [3] magnificen-
" tia veftitum, accinctum [4] robore;" vocibus utentes in Sacerdotum ornatu et minifterio folennibus.

Atque hæc quidem fatis forfan in aperto et propatulo effe videantur:
funt autem in hoc genere, ni fallor, multa quorum magis recondita eft
elegantia. In Hymno perfectiffimo, quo cum Numinis ubique præfentis Immenfitas, tum divini Opificis in humano corpore fabricando admirabilis folertia celebratur, utitur Vates infigni Metaphora ducta ex
fubtiliffimo Operis Phrygionici artificio:

[1] EXOD. XXVIII. 2.
[2] ISAI. LXI. 10.
[3] PS. XCIII. 1.
[4] PS. LXV. 7.

אשר

אשר עשיתי בסתר
רקמתי בתחתיות ארץ

",Cum formatus eſſem in occulto,

" Acupictus eſſem in penetralibus terræ. 1

Hanc qui animadvertit, (vix autem is omnino videbit, qui tantum con-
ſulit Verſiones,) ſimulque cogitat mirificam humani corporis cõmpoſi-
tionem; venarum, arteriarum, fibrarum, membranarum variam im-
plicationem, totiuſque fabricæ " non enarrabile Textum ;" is aptiſſimæ
quidem tranſlationis pulchritudinem et venuſtatem continuo intelliget:
ejuſdém vero vim omnem et dignitatem parum aſſequetur, ñiſi id quoque attendat,. Acupingendi artificium apud Hebræos dicatum Sanctua-
rio, uſumque hujus Operis proprium et ſingularem ex legis divinæ præ-
ſcripto adhibitum fuiſſe 2 in quadam Veſtis Sacerdotalis parte, et in por-
tarum Tabernaculi aulæis; ita ut exiſtimetur Vates divini Artificis ſo-
lertiam cum eo præcipue humanæ artis ſpecimine contuliſſe, cujus eſſet
ſumma ex Religione dignitas, tamque exquiſita operis elegantia, 3 ut
illud ſacræ etiam Literæ divino inſtinctui tribuere videantur.

Unum præterea locum indicabo, qui multa, ni. fallor, hujus rei in-
ſignia in ſe exempla continet.   Notiſſimum eſt Carmen, omniumque
admiratione celebratum, quo Dei in univerſo hoc mundo adornando
conſilium et ſapientia laudatur; Pſalmorum numeratur Centeſimus quartus: magnificum eſt in primis exordium, quo depingitur Dei majeſtas,
quatenus eam ex rerum naturæ admirabili conſtitutione inveſtigare ani-
moque complecti poſſumus.   Quo in loco cum Imaginibus tranſlatis
uti plerumque neceſſe eſſet, eas potiſſimum adhibuit Vates, quæ Hebræis auguſtiſſimæ tantoque argumento digniſſimæ haberi poſſent: nam
omnes, ut mihi quidem videtur, ex Tabernaculo ſunt deſumptæ.   Locus ipſe ad verbum exprimendus eſt, breviterque explicandus.

Dei magnitudinem primo vocibus propriis exponit; deinde tranſlatis
utitur :

1 PS. CXXXIX. 15.

2 EXOD. XXVIII. 39. XXVI. 36. XXVII. 16. Confer EZEK. XVI. 10, 13, 18.

3 Vid. EXOD. XXXV. 30, ———— 35.

הוד

הוד והדר לבשת

"Majeſtatem et gloriam induiſti:

לבשת, vox in Sacerdotum amictu ſolennis.

עטה אור כשלמה

"Operiens ſe lumine tanquam veſtimento:

Deſignatur ſub eadem notione manifeſtum divinæ præſentiæ Symbolum, Lux in Adyto conſpicua; et ab hoc exemplo ſingulari ad ineffabilem Dei gloriam generatim et univerſe exprimendam Imago educitur.

נוטה שמים כיריעה

"Extendens cœlos tanquam Cortinam:

יריעה, ipſum vocabulum quo Tabernaculi Aulæa illa, quibus ſuperne et circumquaque integebatur, ſemper appellantur. Huc alluſum eſſe viderunt Septuaginta Interpretes, cum reddiderint ωσει δερριν; [1] unde Vulgatus, "ſicut pellem."

המקרה במים עליותיו

"Contignans in aquis ſua cænacula:

Exprimit Vates mirabilem aeris naturam, ex variis fluxiſque elementis in unam continuam ſtabilemque ſeriem apte et ordinate conſtructam, per metaphoram petitam ex ſingulari Tabernaculi compage; quod ex pluribus partibus diverſis, et ubi opus erat facile ſeparandis, conſtans, perpetua omnium inter ſe junctura et contignatione continebatur. Pergit Vates:

השם עבים רכובו
המהלך על כנפי רוח

"Faciens nubes currum ſuum;

"Incedens ſuper alas venti:

Expreſſerat prius Imaginem Divinæ Majeſtatis, qualis in Adyto reſidebat, per involucrum quoddam ſplendidiſſimæ Lucis conſpicienda: eandem nunc deſignat ex eo quod exhibebat ſui ſpectaculo, quum una cum Arca ſe moveret, nubi circumfuſæ inſidens, et ſuperne per aerem

---

1 Confer E X O D. XXVI. 7, &c. apud LXX. I N T T.

K   vecta:

vecta. Illa Divinæ præfentiæ Sedes etiam ab Hiftoricis Sacris quafi proprio nomine המרכבה, ¹ hoc eft, Currus vocatur.

עשה מלאכיו רוחות
משרתיו אש להט

" Faciens, ut venti fint Angeli fui,
" Ut ignis ardens fit fibi Miniftrorum loco :

Defcribuntur elementa in exequendis Dei mandatis prompta et expedita,
quafi Angeli, aut Miniftri Tabernaculo defervientes : משרתיו, vox in
Sacro Minifterio ufitatiffima.

יסר ארץ על מכוניה

" Fundavit terram fuper bafes fuas :

Hoc quoque ex eodem aperte petitum.   Addit Vates,

בל תמוט עולם ועד

" Ne dilabatur in ævum et feculum :

hoc eft, " per tempus occulto Dei confilio conftitutum." Ut erat eadem in hac parte utriufque conditio, ita viciffim Sanctuarii ftabilitas iifdem pœne verbis cum Terræ firmitate alibi ² comparatur.

Subtilius hæc forfan minutiufque expofui, Academici, quam aut hujus loci confuetudo, aut mei confilii ratio fert : verum ita faciendum e-
rat, ut quod vellem fatis intelligeretur ; utque appareret, vix ac ne vix
quidem fieri poffe, ut ulla interpretatio germanos Sacrorum Vatum fenfus plane reprefentet, tenuemque eam quæ plerumque obtinet Imaginum cum Hebræorum rebus connexionem ullo modo exprimat.   Pendet hoc ex ipfis vocabulis, et perfæpe ex confuetudine quadam ac veluti familiaritate quam certæ voces cum certis rebus contraxerunt ; quamque femper tegit, frequenter difcindit Interpretatio.   Hoc itaque non eft
ab ullius vel accuratiffimæ Verfionis fide poftulandum ; multo minus de
Poefi Sacrorum Carminum Interprete, feu potius Imitatrice, fperandum,
quanquam in ea multi non fine laude verfati funt.   Ipfi funt Fontes adeundi, qui proprium etiam ac fuum quendam faporem habent, cum
nullis inde deductis rivulis communicandum.

---

1 I. PARALIP. XXVIII. 18.
2 PS. LXXVIII. 69.

PRÆLECTIO NONA:

DE IMAGINIBUS EX HISTORIA SACRA.

CUM quatuor propofita effent Imaginum genera quæ in Poefin Hebræam per Metaphoram inducerentur, poftremum jam reftat tractandum earum, quæ ex Rebus Geftis in Sacra Hiftoria infignioribus petuntur. Cujus generis ut aliquantum a fuperioribus diffimilis eft ratio, ita de eo paulum diverfa difquifitionis via utendum. Nam quæ de illis hactenus difputata funt, eo fere fpectârunt, ut rerum, confuetudinum, opinionum, fenfuumque Hebraicorum ratione habita, ad intimas earum elegantias faciliorem nobis aditum parare poffemus; perpenfifque adjunctorum omnium momentis, vim cujufque et pondus rectius æftimare; quas eis nebulas offudit vetuftas, quantum licet, difpellere; fuamque obfcuris lucem, faftiditis gratiam, horridis nitorem, humilibus dignitatem afferere. In his vero, de quibus nunc agimus, nihil fere occurret, quod aliquam habeat obfcuritatem aut offenfionem; nihil quod admodum follicita explicatione, aut omnino ulla defenfione egere videatur; perfpicua, clara, atque fublimiá imprimis omnia apparebunt: fuo hæc lumine etiamnum illuftrat Sacra Hiftoria, neque multo minus clare jam nobis, quam ipfis olim Hebræis, confpicienda exhibet. Hoc quidem intereft, quod Hebræis gentiles fere atque domefticæ erant harum rerum Imagines, adeoque in permovendis atque delectandis eorum animis vim fuam eamque longe maximam obtinuerunt; ac permultum fæpe in eo erat momenti, quod locus ipfe, quod eadem veluti Scena, quod certa quædam veftigia, atque expreffa tot miraculorum figna, iis ante oculos obverfabantur: contra vero eadem apud nos, quantumvis celebrata, fummoque in honore habita, ipfa tamen locorum temporumque longinquitate multum jam refrixerunt.

K 2

Harum

Harum autem translationum ratio vel maxime digna est observatio-
ne, atque est quidem hujusmodi. In describendis ornandisque factis
gestisque illustribus, rebusque mirabiliter eventuris, solent Hebræi Vates uti Imaginibus rerum prius gestarum, quæ in suæ gentis Historia
præcipuum aliquem locum habent; atque ita coloribus plane alienis,
sed aliquantum similibus, præteritis futura, antiquis nova, notissimis
minus nota, depingere atque illuminare. Quod cum sibi proprium habeant Sacra Poemata, neque quantum video cum ulla alia Poesi commune, uberiore paulo exemplorum copia partem hanc illustrandam
duxi: igitur communes quidam Sacræ Historiæ loci, præcipui saltem
si non omnes, suo ordine recensendi sunt, unde hujusmodi Imagines
depromuntur; simulque earum Figurata Potestas notanda, eaque ac-
commodationis ratio et constantia, quæ et in cæteris sæpe jam observa-
ta est, et in his clare elucebit.

Primum est in hoc genere Chaos et Creatio, unde ipsa exordium ducit Sacra Historia. Ex his desumptæ Imagines constanter transferuntur
ad insignes Rerumpublicarum in utramque partem mutationes, ad ever-
sionem vel instaurationem regnorum atque nationum. Poesi Prophetí-
cæ hoc maxime familiare est, ac tum præcipue cum audacissime insur-
git. Si regno Judæo inferendum a Chaldæis excidium præcinit, vel e-
tiam hostibus Israelis internecionem minatur, iisdem plane coloribus
omnia depingit, ac si universa rerum natura in pristinum Chaos esset
dilapsura. Ita Jeremias in Visione illa sublimi, et sane plusquam Poetica, in qua ei ante oculos obversabatur Judææ impendens desolatio: ¹

ראיתי את הארץ והנה תהו ובהו
ואל השמים ואין אורם :
ראיתי ההרים והנה רעשים
וכל הגבעות התקלקלו :
ראיתי והנה אין האדם
וכל עוף השמים נדדו :
ראיתי והנה הכרמל המדבר

¹ J E R. IV. 23, ——— 26.

וכל

וכל עריו נתצו

מפני יהוה ומפני חרון אפו :

" Afpexi terram, ecce autem informis eft et vacua;

" Et ad cœlos, nec lucent amplius!

" Afpexi montes, ecce autem intremifcunt,

" Omnefque colles inter fe raptim concutiuntur !

" Afpexi, et ecce nullus eft homo,

" Volucrefque cœli omnes evanuerunt!

" Afpexi, et ecce Carmelum defertum,

" Et omnes ejus urbes dirutas!

" A vultu Jehovæ, et ab æftu iræ ejus flagrantis.

Et in fimili argumento mirifice Ifaias : [1]

ונטה עליה קו תהו ואבני בהו

" Et extendet fuper eam lineam Vaftitatis et perpendiculum
    " Vacui.

Uterque non modo in animo habuit Chaos Mofaicum, fed ipfa etiam
divini Hiftorici verba expreffit. Eadem hæc multis aliis infuper adjunctis Prophetæ augent cumulantque : [2]

שמש וירח קדרו

וכבבים אספו נגהם

ויהוה מציון ישאג

ומירושלם יתן קולו

ורעשו שמים וארץ

" Nigrefcent Sol et Luna;

" Retrahentque fplendorem fuum Stellæ :

" Et ex Sione rugiet Jehova,

" Et ex Hierofolymis edet vocem ;

" Et commovebuntur cœli et tellus.

3 ונמקו כל צבא השמים

ונגלו כספר השמים

וכל צבאם יבול

1 IS AI. XXXIV. 11.
2 JO E L. III. 15, 16.
3 IS A I. XXXIV. 4.

כנבל

כנבל עלה מגפן
וכנבלת מתאנה

"Et contabefcet omnis cœlorum exercitus;

"Cœli etiam ipfi inftar fchedulæ convolventur:

"Et omnis eorum exercitus, decidet,

"Sicut caffa de vite folia,

"Utque marcida ex arbore fua ficus.

Contra autem cum prædicitur rerum Ifraeliticarum inftauratio: 1

ואנכי יהוה אלהיך
רגע הים ויהמו גליו
יהוה צבאות שמו :
ואשים דברי בפיך
ובצל ידי כסיתיך :
לנטע שמים וליסד ארץ
ולאמר לציון עמי אתה :

"At Ego Jehova fum Deus tuus,

"Qui fubito tranquillat mare, cum fremunt fluctus ejus;

"Nomen Illi Jehovæ Exercituum:

"Indidi verba mea ori tuo,

"Et fub umbra manus meæ te protexi:

"Ut plantem cœlos, ut fundem terram,

"Utque dicam Sioni, Meus Tu es populus.

כי נחם יהוה ציון 2
נחם כל חרבתיה :
וישם מדברה כעדן
וערבתה כגן יהוה :
ושמחה ימצא בה
תודה וקול זמרה :

I ISAI. LI. 15, 16. רגע, *fubito tranquillans:* vulgo redditur, *findens, dividens, difrumpent;* cum in hoc loco, tum in parallelis, JER. XXXI. 35. JOB. XXVI. 12. Sed hanc vocem nihil ejufmodi unquam fignificare arbitror Notat *momentaneum* quiddam; et ceffationem etiam motus, five quietem *fubitam;* ut cum volucris fuper arbore *fidit.* Vide ISAI. XXXIV. 14. Et recte LXX. INTT. loco JOBI citato reddiderunt, καπεπαυσε. Confule CONCORDANTIAS.

2 ISAI. LI. 3.

"Nam

" Nam folatur Jehova Sionem,

" Solatur omnes ejus vaftitates :

" Et reddet deferta ejus Edeni fimilia,

" Et folitudinem ejus ut Paradifum Jehovæ :

" Et reperietur in ea Gaudium ;

" Gratiarum actio, et cantionum fonitus.

Priori ex duobus bifce modo memoratis vicina ac finitima eft Imago Diluvii ; atque in iifdem rebus exprimendis fere locum habet. Itaque ut fæpe defcribitur Terræ Sanctæ vaftatio, quafi inftauraretur priftinum Chaos, ita nonnunquam idem eventus exponitur petitis ex univerfali il_ lo Diluvio Metaphoris : [1]

הנה יהוה בוקק הארץ ובולקרה

ועוה פניה והפיץ ישביה :

כי ארבות ממרום נפתחו

וירעשו מוסדי ארץ :

רעה התרעעה הארץ

פור התפוררה ארץ

מוט התמוטטה ארץ :

נוע תנוע ארץ כשכור

והתנודדה כמלונה :

" Ecce Jehova evacuat terram, eamque exhaurit ;

" Et invertit faciem ejus, et difpergit incolas. ---

" Nam aperiuntur ex alto Cataractæ,

" Et fundamenta terræ concutiuntur.

" Confringendo confringit fe tellus ;

" Difrumpendo difrumpit fe tellus ;

" Commovendo penitus commovetur tellus :

" Nutando nutat tellus, ficut ebrius ;

" Et e loco fuo vacillat, ut nocturnum tugurium.

Grandia funt hæc, et quibus mens humana vix concipere poteft majora : nihil tamen eft in hoc genere fublimius, quam quod ex Sodomo_

[1] ISAI. XXIV. 1, 18, 19, 20.

rum

rum excidio, qui locus eſt proximus, deſumitur, et ad exprimendas
pœnas impiis divinitus irrogatas transfertur. 1

יַמְטֵר עַל רְשָׁעִים פַּחִים

אֵשׁ וְגָפְרִית וְרוּחַ זִלְעָפוֹת מְנָת כּוֹסָם

" Depluet ſuper impios prunas ardentes;

" Ignem et ſulphur, et ventum turbinum: hoc iis poculum ex-
" hauriendum eſt.

כִּי יוֹם נָקָם לַיהוָה 2

שְׁנַת שִׁלּוּמִים לְרִיב צִיּוֹן:

וְנֶהֶפְכוּ נְחָלֶיהָ לְזֶפֶת

וַעֲפָרָהּ לְגָפְרִית

וְהָיְתָה אַרְצָהּ לְזֶפֶת בֹּעֵרָה:

לַיְלָה וְיוֹמָם לֹא תִכְבֶּה

לְעוֹלָם יַעֲלֶה עֲשָׁנָהּ:

מִדּוֹר לָדוֹר תֶּחֱרָב

לְנֵצַח נְצָחִים אֵין עֹבֵר בָּהּ:

" Nam agitur dies ultionis Jehovæ;

" Annus pœnarum ſumendarum Sionis Vindici:

" Et vertentur torrentes ejus in picem,

" Et pulvis ejus in ſulphur;

" Et terra ejus in ardentem picem redigetur:

1 PS. XI. 6. פֶּחִים, *prunas ardentes*, ανθρακας, uti reddit VET. INTERP. apud CHRY-
SOST. in loc. Intelligi videntur Globi ignis, vel quas Bolidas vocat Plinius H. N. II. 26. vel
ſimpliciter Fulmina: confer PS. XVIII. 13, 14. JOSEPHUS, de excidio Sodomorum ● ﯴ⊕
ενσκηπτει βιλος εις τἡν πολιν. ANTIQ. I. II. PHILO de eodem: κεραυνοι φυεντες εξ εκεινε. DE
VIT. MOS. II. Hoc certe multo melius congruit cum ſequentibus quam *laquei*: et conſtat A-
nalogia. Radix enim פּוּחַ, quanquam ſæpius ſignificat *illaqueare*, æque tamen notat *ſufflare*, *ex-*
ſufflare, ignem nimirum. EZEK. XXI. 31. בְּאֵשׁ עֶבְרָתִי אָפִיחַ עָלָיִךְ " In igne iracundiæ meæ
"ſuper te insufflabo." De Ammonitis loquitur quaſi in fornacem iræ Divinæ injectis: confer
Cap. XXII. 21. ubi eædem ipſæ occurrunt voces, niſi quod uſurpatur verbum cognatum et in
hoc ſenſu ſynonymum נפח; unde מַפֻּחַ, *Follis fabrilis*: JER. VI. 29. In eodem ſenſu occurrit Verbum פּוּחַ, PROV. XXIX. 8. אַנְשֵׁי לָצוֹן יָפִיחוּ קִרְיָה, " Deriſores *inflammabunt* urbem:"
ita LXX. INTT. SYMMACHUS, SYRUS; et recte, ut liquet ex membro Antitheto: חֲכָמִים
יָשִׁיבוּ אָף, " Sed ſapientes avertent iram." Ex hac notione radicis פּוּחַ recte deducitur פֶּחָ,
Pruna exſufflata; et פִּיחַ (EXOD. IX. 8.) *Favilla*, quæ flatu in ignem excitari poſſit.

2 ISAI. XXXIV. 8, 9, 10.

" Noctes

" Noctes diefque inextincta ardebit;
" Fumus ejus in æternum afcendet:
" In perpetuas ætates jacebit deferta;
" Per infinita fæcula nemo eam peragrabit.

Exitus Ifraelitarum ex Ægypto, ut multis magnificifque defcriptionibus præbet materiam, ita in plures eventus, quorum haud diffimilis eft ratio, per tranflationem folet accommodari. Num promittit Deus populo fuo auxilium, libertatem, falutem, gratiam? ultro fefe offert Vatis animo ἔξοδος, divifum mare, fubmerfi hoftes, deferta tuto peragrata, fontefque ex rupibus erumpentes. ¹

כה אמר־יהוה
הנותן בים דרך
ובמים עזים נתיבה :
המוציא רכב וסוס חיל ועזוז
יחדו ישכבו בל יקומו
דעכו כפשתה כבו :
אל תזכרו ראשנות
וקדמניות אל תתבננו :
הנני עשה חדשה
עתה תצמח הלוא תדעוה :
אף אשים במדבר דרך
בישימון נהרות :

" Ita edicit Jehova;
" Qui præbet per æquor viam,
" Et per aquas validas femitam:
" Qui educit currum et equum, exercitum et robur;
" Simul jacebunt, nunquam confurgent,
" Oppreffi funt, ut ftupa extincti:
" Ne recolite priora,
" Et antiqua ne confiderate:
" Ecce ego novum quiddam fum facturus;

¹ ISAI. XLIII. 16, —— 19.

L

Jamjam

" Jamjam orietur ; nonne illud cognofcetis ?

" Præftabo etiam in folitudine viam ;

" In deferto flumina.

Ecce vobis alterum ejufdem Poetæ Divini Vaticinium, de liberatione a
captivitate item Babylonica fenfu primo etfi non præcipuo accipiendum;
cujus in exordio eadem illa apertius inducuntur, fed infigni Profopopœia, quaque nihil poteft effe fublimius : 1

עורי עורי לבשי עז זרוע יהוה

עורי כימי קדם דרות עולמים :

הלוא את היא המחצבת רהב מחללת תנין

הלוא את היא המחרבת ים מי תהום רבה

השמה מעמקי ים דרך לעבר גאולים :

" Expergifcere, expergifcere, indue robur, O lacerte Jehovæ !

" Expergifcere, ut prifcis diebus, ætatibus antiquis !

" Annon Tu Ille es, qui excidifti Superbum, vulneráfti Cro-
" codilum ?

" Annon Tu Ille es, qui exficcáfti pelagus, aquas Abyffi magnæ ?

" Qui maris profunda reddidifti pervia, ut redempti tranfirent ?

Ejufdem eft cum fuperioribus generis, is quem ex his locis communibus poftremum afferam, Dei in Montem Sinam Defcenfus. Ubi defcribitur Adventus Dei ad exercendum judicium, ad liberandos pios, ad
excidendos hoftes, vel Potentia Divina quocunque modo fefe exhibens ;
ex augufto illo horribilique Sinæ apparatu 2 Scena inftruitur. His nihil
frequentius, nihil grandius ; unum modo alterumque exemplum vobis
proponam : 3

כי הנה יהוה יצא ממקמו

וירד ודרך על במותי ארץ :

ונמסו ההרים תחתיו

והעמקים יתבקעו :

כדונג מפני אש

כמים מגרים במורד :

1 IS AI. LI. 9, 10.
2 Vide EXOD. XIX. 16, 18. DEUT. IV. 11, 12.
3 MICAH. I. 3, 4.

" Ecce

" Ecce autem Jehova e loco fuo prodit;

" Et defcendit, et fuper terræ faftigia graditur.

" Et fubter illum liquefcunt montes,

" Et valles fefe difcindunt :

" Inftar ceræ ante ignem,

" Inftar aquarum per declive præcipitantium.

וַתִּגְעַשׁ וַתִּרְעַשׁ הָאָרֶץ ¹

וּמוֹסְדֵי הָרִים יִרְגָּזוּ

וַיִּתְגָּעֲשׁוּ כִּי חָרָה לוֹ :

עָלָה עָשָׁן בְּאַפּוֹ

וְאֵשׁ מִפִּיו תֹּאכֵל

גֶּחָלִים בָּעֲרוּ מִמֶּנּוּ :

וַיֵּט שָׁמַיִם וַיֵּרַד

וַעֲרָפֶל תַּחַת רַגְלָיו :

וַיִּרְכַּב עַל כְּרוּב וַיָּעֹף

וַיֵּדֶא עַל כַּנְפֵי רוּחַ :

יָשֶׁת חֹשֶׁךְ סִתְרוֹ סְבִיבוֹתָיו .

סֻכָּתוֹ חֶשְׁכַת מַיִם עָבֵי שְׁחָקִים :

מִנֹּגַהּ נֶגְדּוֹ עָבָיו עָבְרוּ

בָּרָד וְגַחֲלֵי אֵשׁ :

וַיַּרְעֵם בַּשָּׁמַיִם יְהוָה

וְעֶלְיוֹן יִתֵּן קֹלוֹ

בָּרָד וְגַחֲלֵי אֵשׁ :

וַיִּשְׁלַח חִצָּיו וַיְפִיצֵם

וּבְרָקִים רָב וַיְהֻמֵּם :

" Tum concuffa eft et intremuit tellus ;

" Et fundamenta montium commoventur,

" Vehementer conquaffantur; nam ira illius exæftuat.

" Afcendit fumus in ejus nares ;

" It e faucibus ejus ignis edax ;

" Exeunt ab eo ardentes prunæ.

        " Inclinat

" Inclinat cœlos, et defcendit;

" Sub pedibus ejus caligo denfa:

" Et inequitat Cherubo, et volat;

" Et fertur fuper alis venti.

" Facit tenebras penetrale fuum circum undique;

" Tabernaculum fibi tenebras aquarum, denfa nubium.

" A fulgore præfentiæ ejus nubes difcutiuntur,

" Emicat grando prunæque candentes.

" Tum intonat e cœlo Jehova,

" Et Altiffimus edit vocem fuam,

" Cum grandine prunifque candentibus:

" Et telis fuis hoftes diffipat,

" Et crebris fulguribus attonitos agit.

Hæc quanquam et foluta oratione et totidem fere verbis expreffa reddidi, fatis tamen vel inde apparere opinor Imaginum ipfarum vim,
magnitudinem, et fublimitatem: quæ in his etiam, in quibus ad aliena
accommodantur, grandius quiddam habent, quam cum proprie fuoque
in loco, quantumvis magnifice, defcribuntur: nam ad ipfam Idearum
magnificentiam accedit etiam in diverfis rebus alicujus inter fe fimilitudinis contemplatio, quæ delectationem parit, et habet admirationem.

Obfervandum autem eft, cum ex his Imaginibus quædam eam inter
fe habeant fimilitudinem, ut ad rem unam eandemque apte accommodari poffint, fæpe fieri, ut earum plures ad augendam eventus alicujus
magnitudinem in unum conferantur, interque fe mifceantur. Cujus rei
exemplum eft in Ode illa Davidis ευχαριϛικη ob devictos hoftes, modo
citata. 1 Nam cum defcriberetur Dei Vindicis Ira et Majeftas fub Imaginibus ex Monte Sina petitis, uti audiftis modo; jam in proxime fequentibus Imago fumitur a Divifione Maris Rubri et fluvii Jordanis: 2

וַיֵּרָאוּ אֲפִיקֵי מַיִם

וַיִּגָּלוּ מוֹסְדוֹת תֵּבֵל

---

1 Vide etiam ISAI. XXXIV, per totum; et quæ de eo loco infra dicentur, PRÆL. XX.
2 PS. XVIII. 16.

מִגַּעֲרָתְךָ

מגערת יהוה-

מנשמת רוח אפך

" Tum apparebant alvei aquarum ;
" Retegebantur orbis fundaménta :
" Ab increpatione tua, O Jehova ;
" Ab halitu fpiritus iræ tuæ.

Liquet vero ad Poefin Propheticam præcipue comparatum effe hoc
tranflationis genus, cum ex modo allatis exemplis, tum ex perfpecta
rei ipfius ratione.   Etenim Vaticinia femper comitatur aliqua obfcuritas ; non quidem ea quæ dictionem conturbatam reddat, et ftylo caliginem offundat ; fed quæ in eo maxime pofita eft, quod confulto pre-
mitur aliqua futuri pars, et tantum oftenditur modo, quantum recludi
fas eft.   Igitur utcunque clare nonnunquam ipfe Eventus fignatur, modus tamen atque adjuncta quibufdam involucris fere integuntur : cui rei
egregie inferviunt Communes hujufmodi Imagines ; quibus acerrime in
animo imprimi et fignari poffunt ea quæ amplificari oportet, univerfæ
nimirum rei vis, fplendor, magnitudo, atrocitas ; fimulque celari ea quæ
celanda funt, ordo, modus, circumftantiæ, fingulæ denique ac minu-
tiores eventus partes.   Nec minus inde apparet, hoc genus Poefi Profanæ haud facile competere ; cujus nimirum nec Hiftoria neque etiam
Fabulæ ullam fatis dignam hujufmodi Imaginum copiam præbent, neque tractationem et ufum materiæ ratio multum poftulat.

Eft quidem ifthæc tranflationis fpecies Propheticæ rationi adeo, uti
dixi, accommodata, ut Poefin exteram, cum hac in parte verfetur, non
omnino fugerit.   Nam in edendis Vaticiniis Virgilium femel iterumque
in hunc morem incidiffe comperimus : 1

" Non Simois tibi, nec Xanthus, nec Dorica caftra
" Defuerint : alius Latio jam partus Achilles,
" Natus et ipfe Dea.

" Alter erit tum Tiphys, et altera quæ vehat Argo
" Delectos Heroas : erunt etiam altera bella,
" Atque iterum ad Trojam magnus mittetur Achilles :

I VIRG. ÆN. VI. 88. ECLOG. IV. 34.

nifi

nisi hunc locum ex Anni Magni completione, et doctrina ἀποκατα-
σεως proprie interpretemur.   Hoc tamen interest, quod apud Vates exteros exemplum aliquando aliquod inveniamus, quod ad hoc genus referri possit, translationis a re aliqua aut persona ad aliam aliquam rem
aut personam singularem factæ: non ut exinde generalis quædam et
communis Imago conficiatur, quæ ad cætera omnia ejusdem generis,
sive etiam ad notionem universalem et infinitam designandam, quasi lege quadam constanter et perpetuo traduci soleat.

Hæc autem omnia habui pro Metaphoris, cum ad Allegoriam verius
pleraque referri possent: verum nihil intererat ad id quod volui expli-
candum.   Multa certe eorum quæ hic protuli ad sublimiorem eam Sacræ Allegoriæ speciem pertinent, quæ in vera etiam minimeque adum-
brata materia longe ultra proximam primoque occurrentem sententiam
prospicit, et vulgaris argumenti veluti cortice interiorem et diviniorem
sensum includit.   Verum de ea mox erit dicendum; nam Sacræ Poeseos Allegoriam tractaturus, necesse habeo eam partem quantumvis difficilem et obscuram attingere, in qua maxime posita est multorum ex
Carminibus Sacris sublimitas.

PRÆLECTIO DECIMA:

DE ALLEGORIA.

ALTERA pars טﬡ מֹשֹל, five Dictionis Figuratæ, eft Allegoria, aliud verbis, aliud fenfu oftendens : cujus in Sacra Poefi notare poffumus Tres Formas. Prima eft ea, quæ a Rhetoribus vulgo tractatur, Continuatio Metaphoræ. " Cum fluxerunt, " inquit Cicero, [1] plures continuæ tranflationes, alia plane fit oratio. " Itaque genus hoc Græci appellant αλληγορικν ; nomine recte, genere " melius ille (Ariftotelem dicit) qui ifta omnia Tranflationes vocat." Vix igitur operæ pretium duco huic Allegoriæ fpeciei multum immorari, cum neque fuperius a fimplici Metaphora omnino fejunxerim ; quæ enim protuli Metaphorarum exempla pleraque fortaffe ex hoc funt genere : una utriufque eft ratio, neque fane facile effet fuis utramque limitibus circumfcribere, et ubi hæc definit, illa incipit, definire.

Non autem alienum erit ab hoc loco paucis notare peculiarem ufum cognatarum Figurarum Metaphoræ, Allegoriæ, et Comparationis, in quo fibi indulgent Vates Hebræi, ac præcipue in Poefi Prophetica. Cum enim, quamcunque materiem adornandam fufcipiant, eam fumma imaginum copia et varietate illuftrent, tum porro ipfas imagines non una ratione formaque inter fe temperant et conciliant. Simplici Tranflatione raro contenti, fæpe in Allegoriam excurrunt, fæpe apertam Comparationem immifcent : Similitudinem nonnunquam fubfequitur Allegoria, nonnunquam prævenit : huc accedit crebra Imaginum, nec minus temporum et perfonarum mutatio ; perque omnia in verbis fenfibufque fua quædam vis atque audacia, nullis mancipata legibus, liberumque Hebrææ Poefeos genium unice fpirans.

[1] ORATOR.

נזור

גור אריה יהודה׃ ¹

" Juda eft Catulus Leonis:

Metaphora hæc protinus in Allegoriam educitur, cum perfonæ mutatione :

מטרף בני עלית

" Ex præda, mi Fili, afcendifti ;

(in montana nimirum luftra :) in proximis perfona iterum mutatur,
gradatim augetur Imago, et Comparationi repetitæ immifcetur Tranſlatio :

כרע רבץ כאריה
וכלביא מי יקימנו

" Incurvat fe, recumbit, ut Leo ;

" Et ut Leæna ; quis eum excitabit ?

Similis ferme eft ratio infignis Vaticinii, quo Evangelii recens editi co-
piofiffima veluti fœtura luculenter prædicitur ; ubi aliquam fane obfcuritatem fecit Metaphora Comparationi admifta, et vocis repetendæ Ellipfis : ²

מרחם משחר לך טל ילדתך

" Præ utero Auroræ tibi ros prolis tuæ :

hoc eft, " Præ rore, qui ex utero Auroræ prodit, ros tibi erit prolis
" tuæ; copiofior nimirum et numerofior." ³   Quo in loco quæ inter-
pretationum portenta peperit Hebræi Idiomatis ignoratio !

---

1 G E N. XLIX. 9.

2 P S. CX. 3.

3 Hunc effe iftius loci fenfum nonnulli ex recentioribus Interpretibus tandem viderunt; nemo autem, quod fciam, rationem Conftructionis plane explicatam hactenus dedit. Conabor itaque efficere, ne de loci graviffimi, atque, ut mihi videtur, clariffimi certiffima interpretatione
pofthac dubitetur. Præcipua difficultas verfatur in voce מרחם, ex ambiguitate Particulæ מ et
Ellipfi vocis טל : quam penitus exemptum iri exiftimo, fi expenfa fuerint quæ fequuntur exempla, quorum plane eadem eft forma et ratio.   P S. IV. 8.

נתתה שמחה בלבי
מעת דגנם ותירושם רבו

" Excitafti gaudium in corde meo,

" Præ tempore quo frumentum et muftum eorum aucta funt :

hoc eft, " Præ gaudio ejus temporis."   I S A I. X. 10.

ופסיליהם

Verum eft quidem hujufce Allegoriæ forma quædam magis perfecta et legitima, quam idcirco prætermittere non licet; cum Metaphora continuatur longius, cum univerfum argumentum, totumque orationis ambitum occupat.* Eximium in hoc genere exemplum præbet notiffima illa Salomonis·Allegoria, 1 qua Senectutis effigiem mirifice adumbravit. Exprimuntur ingravefcentis ætatis incommoda, animi debilitatio, fenfuum torpor, corporis imbecillitas, imaginibus variis a natura et vita communi petitis, docte fane et eleganter, fed valde obfcure: hoc enim ænigmate pro more Sapientium Orientalium lectorum fuorum·acumen explorare voluit Salomo.   Itaque plurimum exercuit doctorum ingenia; quorum multi varie quidem, fed erudite et acute, locum explicaverunt.

Eft autem apud Ifaiam, cum Imaginibus vix minus elegans, tum forma etiam et tractandi ratione, ut fimplicior et conftantior, ita juftior et abfolutior Allegoria: 2 eam idcirco vobis integram exhibebo.   Divinorum judiciorum confilia et modos edocet Propheta: Deum in caftigandis improbis diverfimode, fed fumma cum fapientia agere; "judicium, "uti prius dixerat, 3 exigere ad amuffim, et juftitiam ad perpendicu- "lum;" temporum, hominum, rerum, difcrimina, omnia feveritatis et

---

ופסיליהם מירושלם ומשמרון
"Quamvis fimulachra eorum præ Hierofolymis et Samaria: hoc eft, "Præftent fimulachris Hierofolymorum et Samariæ." JOB. XXXV. 2. צדקי מאל, "Juftitia mea præ Deo:" id eft, "Juftitia mea major eft quam juftitia Dei:" (Confer XXXII. 2. et XL. 8.) Similiter מרחם idem eft ac מטל רחם. Ejufdem vocis טל multo durior eft Ellipfis, PS. CXXXIII. 3. Roris autem Imago fignificat fœcunditatem, multitudinem, copiam fœcundantem; (confer MICH. V. 7.) "numerofa tibi nafcetur foboles, et numerofam tibi fobolem "porro propagabit." ילדותך, "Juventus tua:" id eft, juvenes tui; Abftractum pro Concreto; ut שיבה canities, pro homine cano, LEV. XIX. 32. שבי captivitas, pro captivo, ISAI. XLIX. 24. Atque ita accepit Chaldæus Interpres, יתבון לרוחצן תולדתך, "Sedebunt confi- "denter profapiæ tuæ."

1 ECCLES. XII. 2, —— 6. De hoc loco confule præ cæteris omnibus eruditum Commentarium Doctiffimi Medici JOHANNIS SMITH, fuperiore fæculo editum. Vide etiam quæ de eodem ingeniofe nuper tentavit Vir Clariffimus RICHARDUS MEAD, Medicorum hujus fæculi Princeps, in opere cui Titulus MEDICA SACRA.

2 ISAI. XXVIII. 23, —————— 29.

3 Ibid. 17.

M   lenitatis

lenitatis momenta, exquifitiffime expendere. Hæc involvit Allegoria continua, exemplo ducto ab Agricultura et Tritura; cujus Imaginis ad hoc argumentum illuftrandum veluti confecratæ ufum et rationem ante explicavi, ut ifthæc jam ulterius exponere nihil neceffe fit.

האזינו ושמעו קולי
הקשיבו ושמעו אמרתי :
הכל היום יחרש החרש לזרע
יפתח וישדד אדמתו :
הלא אם שוה פניה
והפיץ קצח וכמן יזרק
ושם חטה · שורה
ושערה נסמן וכסמת גבלתו
ויסרו למשפט אלהיו יורנו :
כי לא בחרוץ יודש קצח
ואופן עגלה על כמן יוסב
כי במטה יחבט קצח
וכמן בשבט לחם יודק : ‎¹
כי לא לנצח אדש ידושנו
והמם גלגל עגלתו
ופרשיו לא ידקנו :
גם זאת מעם יהוה צבאות יצאה
הפלא עצה הגדיל תושיה :

" Aures advertite, atque audite vocem meam;

" Attendite et aufcultate fermoni meo:

" Num omni tempore arat arator ad ferendum;

" Profcindit et offringit terram fuam?

" Nonne cum complanavit ejus fuperficiem,

" Tum fpargit nigellam, aut disjicit cuminum,

" Et mandat far certa menfura,

---

1 לחם] ‎יודק Hæc cum præcedentibus conjunxi, fublata diftinctione Maforetica; in quo fequor LXX. INTT, quanquam illi quidem a fenfu longe abierunt: fufpicor etiam ‎ו excidiffe ante לחם. Rationes meas fatis explicabit Verfio. לחם autem pro Frumento fumitur, ut Ec-
clef. xi. 1. שלח לחמך על פני המים, "Mitte panem tuum juxta aquas," hoc eft, Fac fe-
mentem Tritici tui in locis irriguis: vide etiam ♀s. CIV. 14.

" Et

" Et hordeo fignatum eft et zeæ fpatium fuum?
" Nam perfecte eum inftituit, Deus ejus ipfum erudit.
" Neque vero tribulo trituratur nigella,
" Nec rota ploftelli fuper cuminum circumagitur;
" Sed virga excutitur nigella,
" Et cuminum baculo; far autem tritura exteritur.
" Nec tamen hoc perpetuo perget triturare;
" Aut agitabit rota ploftelli fui;
" Neque ungulis fuis femper exteret.
" Etiam hoc a Jehova Exercituum provenit
" Mirabilem fe præftat confilio, magnificum fapientia.

Alterum genus eft Allegoriæ, quod Parabolam proprie et reftrictiore fenfu appellare poffumus: Similitudinem nimirum, qua continetur narratio rei fictæ, cujus ad aliquam veritatem accommodatio vel apponitur, vel faltem innuitur. Hoc genus αινος vel απολογος vocabant Græci; Latini Fabulas: in quo genere plurimum celebrantur Phrygii illius fapientis fcripta, five quæ in illius imitationem alii literis mandaverunt. Neque hunc docendi morem ufurpare dedignatus eft Salvator nofter; dubium, fapientia et gravitate, an fuavitate, elegantia, et εναργεια majore. Cujus cum in hoc genere fermones nuncupantur Parabolæ, ex latiore fignificatione in hunc fenfum plerumque reductum eft vocabulum. Hanc in Poefi præcipue Prophetica multum frequentant Vates Sacri, ac præ cæteris omnibus Ezekiel. Quo de genere ut certius tutiufque judicare poffimus, exponendæ funt Parabolæ Poeticæ primariæ aliquæ proprietates; fic enim facilius de fingulis ftatuemus, fi prius viderimus quæ effe debeant omnibus communia.

Ea erit Parabolæ prima commendatio, fi fiat ex Imagine nota aptaque, cujufque aperta atque ufu definita eft fignificatio: hoc enim prope neceffario confequetur Perfpicuitas, virtus in omni Allegoria præcipua. Quod fi ad hanc normam Sacrorum Vatum Parabolas exigimus, vix quidquam advertemus, quod in hac parte requiri poffit. Ejufmodi enim Imaginibus plerumque utuntur, quarum in fua Poefi per Metaphoram ac Comparationem frequens eft ufus et fimilis accommodatio.

　　　　　　　　Quid

Quid poteft effe in hoc genere accuratius quam Vinea 1 mendax, quam Vitis 2 inutilis ignique tradita, per quam plus femel adumbratur ingratus Dei Populus? Quid 3 Leænæ Catuli in foveam incidentes, quibus quam appofite defignantur captivi Judææ Principes? Quid 4 Cedrus illa Libani recta, procera, florentiffima, nubibus inferens cacumen, fed excifa tandem et derelicta; Regis Ægyptii gloriam et occafum quafi tabula depictum exhibens? Unum præterea adjiciam exemplum, (vix autem ulla eft quæ non merito hic adduci poffet) ejus nimirum, qua Dei in populum fuum amor, atque hujus contra in Deum pietas, petitis ex fancto Conjugii fœdere coloribus exprimitur. Quam Imaginem binis Parabolis multa cum libertate profecutus eft 5 Ezekiel, neque fere quifquam eft ex Vatibus Sacris, qui non eandem fæpius attigerit: adeo ut nullius fit notior vel ufu magis recepta fignificatio, neque cuiquam mirum videri debeat, Salomonem in elegantiffimo fuo Cantico Argumentum longe fanctiffimum iis potiffimum lineamentis defignâffe, atque iifdem coloribus pinxiffe.

Nec vero fatis eft notam aptamque effe Imaginem; elegans etiam, et in fe venufta fit, oportet; cum fit Parabolæ Poeticæ finis, non modo rem aliquam propofitam efficacius explicare, fed et ornatiorem interdum et fplendidiorem efficere. Quæ a rebus Naturalibus ducuntur Imagines cæteris omnibus in hoc genere præftant; fuam enim venuftatem habebit omnis fere accurate expreffa Naturæ effigies. In his itaque

---

1 ISAI. V. I, ———— 7.

2 EZEK. XV. et XIX. 10, ———— 14.

3 EZEK. XIX. I, ———— 9.

4 Ezek. XXXI. Multum debet hæc Parabola Meibomio, qui primus exterminavit *Affyrium* illum omnes ejus rationes valde turbantem. Nam אשור non eft vertendum *Affyrius*, qui locum hic habere nullo modo poteft; fed *recta, procera*, eftque epithetum Cedri: ea eft enim hujus vocis notio, ut apud ISAI. I. 17. חמוץ אשרו, *erigite* oppreffum. Vid. MEIBOM. *Specim. Nov. Interp. Bibl.* III. 9. Eft autem אשור, et תאשור fpecies etiam Arboris, fic dicta, ut videtur, a rectitudine et proceritate; eamque Cedri fpeciem effe, ait KIMCHI; (uti etiam reddunt LXX INTT. ISAI. LX. 13.) et Cedrorum præftantiffimam, TALMUD. Itaque hic forfan cum Cedro jungitur quafi definitivum attributum, quo notatur Cedri fpecies celfiffima et pulcherrima. Nota etiam, LXX. INTT. recte reddidiffe בי' עבתים, per εις μεσον των νεφελων.

5 EZEK. XVI. et XXIII.

ut

ut maxime verfantur Sacrorum Vatum Parabolæ, ita eas plérumque commendat materiæ elegantia. Si quæ funt diverfi generis, quæque minus forfan honeftæ et decoræ haberi poterint, videndum, annon ejuf-modi fint, quarum jam apud nos periit ea dignitas et gratia, qua apud fuos minime caruiffe cenfendæ funt. Igitur fi cui minus placebit apud Ezekielem Aheni [1] ferventis fuamque in fe fpumam verfantis fpecies, meminerit Vatem Sacerdotem hoc ex fuis facris duxiffe, minime veritum, ne id deforme aut humile unquam haberi poffet, quod cum facro-fancto. Templi minifterio effet conjunctum.

Pertinet etiam vel plurimum ad elegantiam Parabolæ non modo ut apta et venufta fit ipfa quæ adhibetur Imago, fed ut omnes ejus partes quoque et adjuncta perfpicua fint et propofito conducant. Minime qui-dem eft neceffarium, ut in omni Parabola per omnia accurate conftet fimilitudinis ratio; hoc interdum concinnitatis cujufdam nimis minutæ potius effet: verum cum pleniorem expofitionem rei propofitæ natura patitur vel etiam poftulat, cumque per omnia adjuncta recte procedit, ultro occurrens, non ex abdito eruta, fimilitudo; quin exinde præcipua oriatur venuftas, dubitari non poteft. Cujus generis perfecta exempla non defiderabit, qui Parabolas fupra laudatas attente perpenderit: quo etiam nomine imprimis laudanda eft notiffima Nathanis [2] Parabola, pro-faice quidem fcripta; uti et illa [3] Jothami omnium antiquiffima, ad for-mam poeticam propius accedens.

His denique fubjicienda eft quafi lex quædam Parabolæ; nimirum, ut per omnia fibi conftet neque arceffitis propria admifta habeat. In quo multum differt a prima Allegoriæ fpecie; quæ a fimplici Metapho-ra paulatim progrediens non femper continue excludit proprium. Pro-pofito in utroque genere exemplo, et res ipfa, et hujufce difcriminis ra-tio, clarius apparebit.

Populum Ifraeliticum fub imagine Vitis defcribens, quifquis is fuerit, Pfaltes, [4] Metaphoram prolixe continuavit, et per plura adjuncta feli-

1 Cap. XXIV. 3, &c.
2 2. SAM. XII. I, ——— 4.
3 JUD. IX. 7, ——— 15.
4 PS. LXXX. 8, ——— 17.

ciffime

ciſſime deduxit. Inter plurimas autem elegantias quibus abundat hæc
Allegoria, non minimam habet gratiam ea verecundia, qua cum in ingreſſu tum in exitu utitur; a propriis in tranſlata paulatim illapſa, nec
-minus leniter ex tranſlatis in propria per gradus quoſdam ſe recipiens.

גפן ממצרים תסיע
תגרש גוים ותטעה :
פנית לפניה

"Ex Ægypto eduxiſti Vitem;

"Ejeciſti Gentes eamque plantâſti:

"Ante faciem ejus præparâſti locum ---

Tum quæ ſequuntur minus caute arceſſita: quibus quum indulſit paulum, quam eleganter recedit!

אלהים צבאות שוב נא
הבט משמים וראה
ופקד גפן זאת :
וכנה אשר נטעה ימינך
ועל בן אמצתה לך :
שרפה באש כסוחה
מגערת פניך יאבדו :
תהי ידך על איש ימינך
על בן אדם אמצת לך :

"Revertere, O Deus Exercituum;

"De cœlo deſpice et intuere,

"Et Vitis hujus curam ſuſcipe:

"Et germinis quod tua plantavit dextera,

"Et ſobolis quam tibi confirmâſti.

"Igni comburitur penituſque ſucciditur;

"Per vultus tui increpationem pereunt.

"Sit manus tua ſuper virum dextræ tuæ,

"Super ſobolem illam hominis quam tibi confirmâſti.

Videtis, Academici, quantum in hac prima Allegoriæ ſpecie immiſ-
cere liceat tranſlatis propria, quantumque id quod licet deceat; cum
hoc modo facilior gratiorque fit ab alteris ad altera deflexio, ſimulque

oblique

oblique, nec nimis aperta explicatione, lux jucundius infertur. Verum plane aliter fe res habet cum eadem Imago alterius generis Allegoriæ, five Parabolæ, formam induit; qualem eam exornavit Ifaias. [1] Nullus hic propriis vel etiam ambiguis locus; omnes verborum colores arceffi-ti, omnia pigmenta ex eadem ληκυθῳ petita. Itaque quæ prior Ille pro-prie expreffit, ("ejectionem dico gentium, præparationem loci, tum "exitium ab increpatione Dei,") ea apud hunc per tranflationem fo-lummodo efferuntur: "Vineam fuam Deus collectis lapidibus expur-" gat; fallenti autem fidem ei fepem diruit, vaftamque eam reddit, e-" dicitque nubibus ne in eam demittant imbres." Quod illic fuam ha-buit gratiam, hic abfurdum plane effet et incongruum. Enimvero alius Continuatæ Metaphoræ, alius Parabolæ plerumque eft finis: illius eft, rem aliquam magnificentius exornare, clarius illuminare, et eminentius exprimere, ut vel primum oculorum obtutum feriat et percellat; hu-jus autem, veritatem ab afpectu paulum retrahere, idque quod in ea perfæpe eft nimis feverum velare, ut clam fe infinuet, et vim fuam quafi furtim obtineat. Quanquam eft quidem genus Parabolæ, cui unice propofita eft rei fubjectæ exornatio; qualis eft infignis illa priufque lau-data apud Ezekielem [2] Cedrus Libani; qua nulla eft, fi ipfam Imagi-nem fpectemus, aptior aut venuftior; fi lineamenta et colores, nulla e-legantior, nulla ornatior; in quam tamen Vates propria [3] quædam ad-mifit mediis tranflatis permifta; an quod hujufce Parabolæ ratio ita fe-rat, an ex ipfius fervido ingenio, ftyli accuratioris leges minus inter-dum attendente, vix aufim ftatuere.

1 Cap. v, 1, ——— 7.
2 Cap. xxxi.
3 Vid. v. 11, 14, 15, 16, 17.

PRÆLECTIO UNDECIMA:

DE ALLEGORIA MYSTICA.

TERTIUM eft genus Allegoriæ, quod item in Poefi Prophetica multum obtinet, cum iifdem verbis duplex fententia fubjicitur; five cum una eademque oratio, difpari fenfu accepta, plures fimul eventus, disjunctos tempore, natura diffimiles, defignat. Senfum Literalem et Myfticum vocant. Locus in Théologia graviffimus, cum Sacra Poetica arcte conjunctus, et eatenus nobis, fed breviter, exponendus.

In Hebræorum Sacris Res, Loca, Tempora, Officia, cæteraque hujufmodi, duplicem quafi Perfonam fuftinent, unam Propriam, alteram Allegoricam; adeoque in eorum fcriptis ita tractari poffunt, ut vel hujus, vel illius folummodo, vel etiam ut fimul utriufque ratio habeatur. Exempli gratia; de Davide, de Salomone, de Hierofolymis, ita poteft inftitui fermo, ut fimpliciter intelligantur vel Urbs ipfa ejufque Reges, vel ea quæ in Sacra Judaicæ Religionis Allegoria per Urbem Regefque illos fignificantur; vel etiam ut utramque partem fimul refpiciat et complectatur Scriptoris animus, ita ut quæ alteram exprimunt fenfu aperto, proprio, hiftorico accepta, alteram fenfu recondito, interiore ac prophetico adumbrent.

Ex his Judaicæ Religionis Elementis hujufce generis Allegoriæ, quam Myfticam libet appellare, origo unice petenda videtur; ex his ejufdem explicatio quærenda. Quænam autem fit ejus ratio, quæ præcipuæ proprietates, ita fortaffe commodius explicabitur, fi oftendero, quas habeat a proxime tractatis duabus Allegoriæ formis diffimilitudines.

Primum hoc intereft, quod in illis prioribus Allegoriæ formis liberum eft quovis uti genere Imaginum: nihil eft in univerfa rerum natura, nihil quod animus vel fenfu percipit, vel cogitatione comminifcitur, quin

quin per Continuatam Metaphoram, aut etiam Parabolam, ad res alias illustrandas aliquo modo accommodari possit. Contra vero Tertium hoc Genus in Hebræorum solummodo Sacris aptam et convenientem sibi materiem invenit; neque locum habet, nisi in iis, quæ cum Judaicis Religionibus arcte conjuncta sunt, quæque iisdem sunt contraria atque ex adverso opposita. Nimirum, Ifraeli, Sioni, Hierosolymis, in sensu Allegorico pariter ac Proprio opponitur Assyrius, Babylon, Ægyptus, Idumæa: et similiter in cæteris ejusdem generis. Ita illa communem habent cum cæteris Figuris naturam, et in Poetica sunt publici juris; hoc Fundamentum habet in ipsa Judaicæ Religionis natura positum, adeoque in nullam omnino præterquam Sacram Hebræorum Poesin competit. Huc etiam accedit, quod hanc Allegoriæ rationem quasi sibi propriam vendicat Spiritus ille vere Divinus, qui Poesi Interprete uti non dedignatur; utpote enuntiandis rerum futurarum significationibus, et sacratissimis Mysteriis adumbrandis, præcipue accommodatam. Ita ut siquidem posset aliquo modo in argumento vulgari ac profano adhiberi, a proprio tamen fine detorta, ac veluti a sua natura divulsa, vim suam atque elegantiam plane desideraret.

Est etiam illud discrimen vel præcipuum, quod in illis alteris Allegoriæ formis Imago Proxima nullam habet per se veritatem; ea solum in Imagine Remotiore inest, quæ eo veluti integumento, tenui quidem et pellucente, obtenditur: in hoc autem genere de quo nunc agimus, utrique æque competit veritas, utraque suum eventum sortitur; quæ Proxima offertur Imago est quidem Remotioris alicujus, non fucata adumbratio, sed solida et expressa quædam effigies; et quanquam alienam Personam sustinet, non tamen deponit suam. Nimirum in Metaphora et Parabola Leo, Aquila, Cedrus, in se solum spectata vita omni et spiritu plane carent; sed quæ de Davide, aut Salomone, aut Hierosolymis, per sublimiorem Allegoriam eduntur, ea sive proprie sumas, sive ex Analogia Sacrorum Hebræorum mystice interpreteris, utrique parti et seorsum et pariter sua constabit veritas.

N   Tantum

Tantum a fuperioribus hoc genus Allegoriæ differt Materia, five ratione Imaginum quas inducit: habet etiam in Tractatione, ac modo in-
ducendi, aliquam differentiam. Expofui fupra, quæ Continuatæ Metaphoræ concederetur licentia, cum tranflatis propria, hoc eft, Imaginem
Remotiorem cum Proxima, admifcendi, cujus tamen ufu penitus in-
terdictum effet Parabolæ. Verum Allegoriæ Myfticæ leges ullas hac in
parte-conftituere et perquam difficile effet, et fortaffe etiam temerarium.
Etenim plane diverfe, atque alias alio modo, fua impertit confilia Cæleftis ille Spiritus, Vatum animos, prout ipfi lubet, inftinctu fuo mo-
vens incitanfque; nunc clariora rerum futurarum indicia liberius ac
prolixius aperit, nunc obfcuras quafdam fignificationes identidem, ac
parce aliquando, injicit. Itaque magna eft varietas in ufu ac tractatione Allegoriæ Myfticæ; in modis quibus difponuntur Imagines inter fe
mutuo congruentes, quibufque earum altera alteri fubfternitur. Interdum fic apparet atque eminet Imago Proxima, tantumque in vocibus
et dictione dominatur; ut ægre patiatur interlucere Remotiorem: contra interdum, idque multo frequentius, tam perfpicue tantoque verborum fplendore effulget Remotior, ut Proximam fuo lumine pene ob-
ruat et extinguat. Alias perpetua et æquabili quadam luce, et fatis a-
perte, intento quidem oculo, fefe confpiciendam exhibet Imago Præcipua; alias nec opinantem præftringit, et fubitis atque improvifis quibufdam corufcationibus, quafi e nubibus fulgur, erumpit. Is certe
modus ex omnibus quotquot funt maximam habet elegantiam et pulchritudinem, quam nos in præfenti difputatione potiffimum quærimus,
cum per totum poema geminæ Imagines, pariter confpicuæ, ac quafi
parallelæ confociantur, fibi invicem aperte refpondentes, fefeque mutuo
illuftrantes. Cujus Virtutis, cum fit in fe magna, et hujus etiam generis propria, non verebor, quanquam in materia fubobfcura, unum atque alterum exemplum, quod nullam poteft habere dubitationem, vobis commendare; quodque fimul. univerfam Allegoriæ Myfticæ naturam jam traditam, adhuc clarius, nifi fallor, explicabit.

Pfalmi

Pſalmi Secundi Argumentum eſt, David fruſtra adverſantibus inimicis Dei decreto in Regno confirmatus. Duplex eſt Perſona Davidis,
Propria et Allegorica. Si Carmen hoc perlegentes primo in Propria
Davidis Perſona oculos defigimus, ſententia apparet ſatis et per ſe perſpicua, et Sacræ Hiſtoriæ luce abunde illuſtrata: per totum quidem
verbis ardentior, figuris elatior, et ſemel atque iterum ita exaggerata
eſt dictio, ac ſi conſulto nos moneret majus quiddam ac ſublimius intus incluſum latere, atque ultro etiam in Argumenti penetralia aditum
aperiret. Quod ſi ea ſecuti indicia ad interiorem jam partem animum
intendimus, et ad Perſonam Davidis Allegoricam eadem accommoda-
mus, major rerum ordo protinus exſurgit, nec modo ſublimior et au-
guſtior, ſed clarior etiam emergit ſenſus. Si quæ prius audaciora videbantur, - ſi quæ paullo elatiora quam Proximæ Materiæ conditio ferret;
ea jam apparent imprimis apta, expreſſa, dilucida, et ad Potioris Argumenti dignitatem præclare comparata. Poſtquam hoc modo duas
haſce Argumenti partes ſeorſum et ſingulas attente perpendimus, eaſ-
dem intueamur tandem conjunctas. Hóc in ſitu jam elucebit elegantiſſimi Carminis venuſtas omnis et ſublimitas: licebit perſpicere duarum Imaginum, et magnam inter ſe diſtantiam, et perpetuam tamen
conſpirationem et conſenſum, et quaſi inter cognatas oris ac lineamento-
rum omnium miram ſimilitudinem; utriuſque analogiam accurate ſervari; utrique ſuam veritatem competere, ita ut quæ ex altera expreſſa
eſt, ipſa tamen archetypa videri poſſit; dictioni novam lucem pariter
inferri, ac ſenſibus elationem et pondus accedere, dum ab humilioribus
ad ſublimiora, ab humanis ad divina ſacili gradatione aſcendunt, donec
præcipua argumenti pars et in clariſſimo lumine collocetur, et ſummum
altitudinis gradum obtineat.

Quæ de hoc Pſalmo hactenus obſervata ſunt, transferri poſſunt omnia in Pſalmum etiam Septuageſimum Secundum, qui in ſimili Argumento eodem modo verſatur. Inſcribi poteſt, Inauguratio Salomonis.
Eadem plane eſt Allegoriæ ratio; Stylus aliquantum diſpar pro ratione
materiæ, cum in illo Victoriæ ſplendor illuſtretur, in hoc Pacis et Felicitatis placida exprimatur effigies: hic itaque lenior ac temperatior

paulo adhibetur elocutio, sententiis ornatior, crebrior imaginibus, non
quidem illis audacibus Personarum fictionibus frequentata, sed lætis potius ac jucundis coloribus, et ex rerum Naturalium amœnitate petitis,
depicta. Quo exemplo intelligi potest, Styli Parabolici naturam, eo
quod hujusmodi Imaginum magnam varietatem amat, hujusce Allegoriæ tractationi egregie esse accommodatam: ut enim hæ Imagines ad
rerum divinarum seu spiritualium pariter atque humanarum notiones
signandas, servata in utrisque certa quadam analogia, adhiberi solent,
ita facile præbent locum isti ambiguitati, quæ in hoc genere aliquatenus
est necessaria; ut quasi versicolor et simul translucida fiat oratio, in u-
tramque partem anceps, in neutra obscura; utramque Allegoriæ sententiam suo complexu comprehendens, et distincte clareque ad alterutram referenda.

Verum de hoc genere non est fas sperare, quin in nonnullis magna
subsit obscuritas, quæ non solum ipsam rei naturam consequitur, sed et
suam etiam habet utilitatem. Etenim Allegoria Mystica, eo ipso quod
sit aliquantum obscura, ita congruit cum Prophetica ratione, ut propriam et quasi legitimam formam præbere videatur, qua rerum futurarum prædictiones commodissime enuntiari possint. Nimirum eventus
sic describit plane ut convenit Vaticinationibus, recondite, involute, ac
latenter; universam eorum naturam, et generales habitus, et extrema
solummodo lineamenta adumbrans; ad singulas partes, et minuta rerum adjuncta, parce ac raro descendens. Quod si nonnunquam cir-
cumstantiam aliquam notabilem signate exprimat, 1 id videtur facere
duas ob causas; primo, ut, quod ejus rei fere consequens est, subitam
atque insignem quandam caliginem Proximæ Imagini inducendo, excitet Lectorem, et ad Remotiorem Sensum investigandum remittat:
deinde, ut appareant atque extent expressæ atque eminentes quædam
notæ, quæ post eventum de fide oraculi omnem dubitationem tollant,
ejusque veritatem ac divinitatem clare afferant, planeque confirment.

<hr>

1 Vide P s. XXII. 16, 17, 18. et LXIX. 21.

Equidem

Equidem in Vaticiniis contra fit ac in cæteris omnibus Sacræ Poefeos partibus; illa tum funt maxime obfcura, cum primum funt edita; quæque aliis tenebras inducit, illis infert lucem, vetuftas. Adeoque ifta obfcuritas, quæ in hoc genere ab initio infederat, aliqua ex parte jam tollitur: multa funt, quæ explicavit ipfe rei eventus, certiffimus oraculorum interpres; multa, quibus Divinus ille Spiritus, ea quæ primum induxerat involucra, dignatus eft detrahere; plerifque aliquam lucem intulit ejufdem facratiffimis Inftitutionibus clarius illuftrata Religionum Judaicarum ratio. Ita fit, ut, quæ pars Sacræ Poefeos et fingularem quandam naturam et maximam in fe difficultatem habet, ad eam tamen cognofcendam et perfpiciendam meliore jam conditione accedamus, iis fubfidiis et adminiculis inftructi, quibus plane caruerunt veteres Hebræi, quæque ne ipfis quidem Vatibus Dei internuntiis conceffa funt.

PRÆLECTIO DUODECIMA:

DE COMPARATIONE.

D E Comparatione, quam ex præcipuis Poeseos Hebrææ Figuris Tertiam posui, eo differam consilio, ut et universa ejus
natura, et propria apud Hebræos vis et ratio, aliquatenus il-
lustretur.

Tres potissimum ob causas utimur Comparationibus : etenim aut il-
lustrandis, aut amplificandis rebus inserviunt, aut ad varietatem et delectationem referuntur.

Primum sane repertæ sunt Comparationes ad inferendam rebus lucem, earumque imagines clarius et eminentius exprimendas : quod ita
fiet maxime, si res, quæ similitudinis gratia aliunde assumitur, sit nota,
perspicua, familiaris, cumque ea re cui componitur accurate congruat.
Quo in genere minime est necesse, ut sit excelsa, grandis, venusta,
splendida : satis eam commendabit ipsa proprietas, et similitudinis species aperta, et in oculos incurrens, et ad rem clare explicandam nata.
Itaque licuit Homero Achivorum Exercitus multitudinem, ardorem,
aviditatemque pugnandi, Comparatione 1 ducta a Muscis circum mul-
ctra volitantibus depingere ; Virgilio 2 Tyriorum in urbe condenda varie occupatorum diligentiam cum Apum laboribus conferre, sine ulla
Epicæ dignitatis imminutione.

Cum multa sunt, quæ in hanc rem adduci possunt ex Sacris Vatibus, unum tamen atque alterum tantum exemplum proferam, quibus
nihil vel sensu, vel verbis, demissius et vulgarius, nihil tamen ad rem
exprimendam fortius et significantius, concipi potest. Assyriæ Regem
inducit Isaias de victoriis suis insolenter gloriantem : 3

1 IL. II. 469.
2 ÆN. I. 432.
3 ISAI. X. 14.

וחמצא

ותמצא כקן ידי לחיל העמים

וכאסף ביצים עזבות

כל הארץ אני אספתי

ולא היה נדד כנף

ופצה פה ומצפצף

" Nacta eſt manus hæc tanquam nidum populorum copias :

" Et ut colliguntur ova derelicta,

" Ita omnes ego terras collegi ;

" Neque erat qui alam motitaret,

" Aut qui aperto ore pipiret.

Et in argumento ſimili Nahumus : [1]

כל מבצריך תאנים עם בכורים

אם ינועו ונפלו על פי אוכל

" Omnes munitiones tuæ erunt ut ficus præmaturis fructibus ;

" Si concutientur, cadent illico in os devorantis.

Alterius generis Comparatio, cujus finis præcipuus eſt materiæ ſubjec-
tæ amplificatio, contrariam plane rationem habet ; etenim poſtulat imprimis ejus natura, ut Imago quæ rei alicujus augendæ et tollendæ cauſa inducitur, ſit excelſa, grandis, venuſta, ſplendida, eamque ob cauſam non nimium trita et vulgaris ; neque vero neceſſe eſt ut per omnia
accurate conſtet ſimilitudinis ratio. Ita Virgilius mirifice extulit A-
pum ſuarum labores ducta Comparatione a Cyclopum officina ſulmina
fabricantium ; Æneæ ſui decorem, majeſtatem, et robur egregie expreſſit, nunc eum [2] Apollini in Cynthi jugis choros inſtauranti confe-
rens, nunc [3] Atho, Eryci, Appennino, montibus exæquans. Ita Homerus, [4] in quo eum ſecutus eſt [5] Virgilius, Heroas duos in bellum ir-
ruentes Marti filioque ejus Terrori, e Thracia ad Ephyros Phlegyaſque

---

1 NAHUM. III. 12.

2 ÆN. IV. 143.

3 ÆN. XII. 701. Hæc autem vide accurate et ſcienter explicata a Viro Doctiſſimo JOSE-
PHO SPENCE in Opere erudito juxta atque eleganti cui Titulus POLYMETIS, pag. 87. et
248.

4 IL. XIII. 298.

5 ÆN. XII. 331.

accedentibus,

accedentibus, comparat. Quod si quisquam queratur, priora illa dignitate carere, posteriora hæc obscuritatem potius quam lucem rebus in-
ferre, cum res in se satis notæ cum minus notis, vel cum valde etiam
discrepantibus, comparentur; reputet is modo secum, poetas in diversis
hisce Comparationibus plane diversa habuisse consilia; illic evidentiæ
studuisse, ut rem ipsam mens clare conciperet, totamque sub uno a-
spectu complecteretur; hic granditati, ut intelligeret ejus magnitudinem vix concipi posse: ac fatebitur protinus utrique Comparationis generi, suo in loco suam non deesse vel proprietatem vel elegantiam.

    Nihil habent Hebræi quod respondet fictis istiusmodi fabulis, in quas
perpetuo se recipiunt poetæ Græci et Latini ubi amplificatione opus est;
nec immerito, cum uberem aptamque huic rei materiem præberent, ita
vetustate aut religione consecratæ, ut dignitate non carerent, usu ac consuetudine adeo pervulgatæ, ut omnium cognitioni facile paterent. Itaque Vates Sacri hoc in genere utuntur Imaginibus a natura plurimum
ductis; ac tam eleganter quidem tantaque cum audacia, ut exterorum
commenta minime desideremus. Ad exprimendam rerum prosperarum
ac status florentissimi imaginem, a palma [1] aut cedro Comparatio peti-
tur; si majestatis aut decoris forma exornanda est, [2] Libanus ipse aut
Carmelus ante oculos proponitur. Nonnunquam a suis Sacris depro-
munt Imaginem, sancta et augusta quadam venustate spectabilem. U-
troque modo Psaltes [3] egregie extulit jucunditatem felicitatemque fra-
ternæ concordiæ; quem locum eleganter expressit Buchananus:

    Ut aura suavis Balsami, quum funditur
      Aronis in sacrum caput,
    Et imbre læto proluens barbam et sinus
      Limbum pererrat aureum:
    Ut Ros, tenella gemmulis argenteis
      Pingens Sionis gramina;

1 PS. XCII. 12. NUM. XXIV. 6. HOSEA. XIV, 5, 6, 7. AMOS. II. 9.
2 Vid. supra citata PRÆLECT. VI.
3 PS. CXXXIII. 2, 3.

Aut

Áut verna dulci inebrians uligine
    Hermonis intonſi juga.

Audiamus autem Iſaiam, quem ut in rebus explicandis proprietate, ita in augendis ſublimitate, nemo ſuperaverit : 1

הוי המון עמים רבים
כהמות ימים יהמיון
ושאון לאמים
כשאון מים כבירים ישאון:
לאמים כשאון מים רבים ישאון
וגער בו ונס ממרחק
ורדף כמץ הרים לפני רוח
וכגלגל לפני סופה:

" O tumultum populorum multorum !

" Inſtar tumultus marium tumultuantur :

" O fremitum nationum !

" Inſtar fremitus aquarum immanium confremunt.

" Populi inſtar fremitus aquarum multarum confremunt :

" Sed Illo increpante procul fugient ;

" Et agentur, ut ſtipula montium vento correpta,

" Utque gluma rotata turbine.

Mediam quandam inter duo hæc priora naturam habet tertium Comparationis genus, cui ſolummodo propoſitum eſt, novas variaſque imagines præcipuæ materiæ admiſcendo, faſtidio occurrere ac quærere delectationem. Nam neque ad humiliora illa multum deſcendit, neque horum altitudinem unice ſectatur ; ſed amœna potius amat, florida, elegantia, et in omni naturæ varietate et copia verſatur. In materia tam late diffuſa infinitum plane eſſet omnia congerere, quæ particulatim animadverti poſſent ; unum tantum in genere adnotabo, quod etſi in prioribus duabus aliquando locum habere poſſit, intelligendum tamen eſt ad ultimam hanc Comparationis ſpeciem explicandam præcipue pertinere.

I ISAI. XVII. 12, 13.

O   Duæ

Duæ funt operationes plane inter fe contrariæ, quibus multum occupatur mens humana; nimirum in rerum imaginibus tum conjungendis inter fe, tum diftinguendis. Nam in contemplandis innumeris illis rerum-formis, quæ ei obverfantur, illud primum occurrit, alias effe quæ inter fe multum congruunt, alias quam plurimas quæ plane difcrepant. Quæ in univerfa fua natura funt fimiles inter fe, eas ita contemplatur, ut quærat, num in aliqua parte fint diverfæ, qua eas quafi nota quadam fecernat et internofcat; contra quæ funt in fumma diverfæ, de iis quærit an in adjunctis aliquid habeant commune, quo veluti vinculo connectantur: illud, ut melius caveat ab errore; hoc, ut cum magnam habeat in fe repofitam rerum copiam, facilius ea depromere poffit, quæ opus funt, cum ad ufum tum ad delectationem: quorum alterum eft judicii, alterum ingenii. 1 Porro ut in eo fpectatur judicii fubtilitas, fi in rebus quoad fummam valde fimilibus particularis aliqua difcrepantia clare demonftretur; ita ea eft ingenii et acuminis laus, fi quæ in univerfo genere multum differunt, eorum tamen in adjunctis notabilis aliqua expromatur fimilitudo. 2 Igitur in his Comparationibus quæ ad ornatum et delectationem referuntur, id vere ftatui poffe videtur, eas fuum finem tum maxime adfequi, cum Imago inducitur non modo elegans et jucunda, fed ejufmodi etiam, quæ a re cui componitur toto quidem genere fit plane diverfa et diffimilis, in uno autem vel pluribus adjunctis cum eadem apte conveniat.

Quid velim melius fortaffe intelligetur exemplo propofito. Eft apud Virgilium Comparatio 3 Aheni ebullientis ex Homero defumpta: ponamus fane in utroque poeta æque elegantes effe verfus ipfos et rei defcriptionem; Comparationum vero, ut difpar eft ratio, ita minime par eft pulchritudo et gratia. Confert Homerus aquas Xanthi amnis, Vulcano ignem fuum immittente, in ipfo alveo penitus effervefcentes; Vir-

---

1 Vid. LOCK. DE INTELL. HUMANO. LIB. II. C. II. §. 2.

2 Τοις δ' ονομασιν [αςειον κγινεται] εαν εχη μεταφοραν' και ταυτω μητ' αλλοτριαν' χαλεπον γαρ συνιδειν' μηδ' επιπολαιον' εδεν γαρ ποιει παχειν. ARIST. RHET. III. 10. Δει δε μεταφερειν, καθαπερ ειρηται προτερον, απο οικειων και μη φανερων' οιον και εν φιλοσοφιᾳ, το ομοιον και εν πολυ διχυον θεωρειν, ευτεχυ. Ibid. c. 11.

3 ÆN. III. 462. 1 L. XXI. 362.

gilius

gilius Turni animum, injecta ei Alectus furiali tæda, vehementi affectu concitatum; cum aquis igne suppofito in abeno ebullientibus. Alter componit inter fe res naturæ plane fimilis, feu potius ejufdem, in adjunctis tantum diverfas; alter contra res genere quidem valde diverfas, in adjunctis autem apte congruentes: adeoque Latini poetæ Comparatio nova eft, varia, jucunda, admirabilis; contra Græci, quanquam forfan in ejus loci argumento clarius explicando vim fuam habeat, omni certe varietatis gratia et ornatus fplendore penitus caret.

Idem illud quod jam dixi in caufa eft, cur ex omnibus omnium poetarum Comparationibus nihil fortaffe reperiri poffit æque ingeniofum, aut pulchrum, atque in fuo genere abfolutum, ac ejufdem Virgilii Comparatio quæ fequitur : 1

"Quæ Laomedontius heros
"Cuncta videns, magno curarum fluctuat æftu;
"Atque animum nunc huc celerem, nunc dividit illuc,
"In partefque rapit varias, perque omnia verfat:
"Sicut aquæ tremulum labris ubi lumen aënis
"Sole repercuffum, aut radiantis imagine Lunæ,
"Omnia pervolitat late loca, jamque fub auras
"Erigitur, fummique ferit laquearia tecti.

Hanc fumpfit ex Apollonio Rhodio : 2

Πυκνα δε οι κραδιη ςηθεων εντοσθεν εθυεν.
Ηελιυ ως τις τε δομοις ενιπαλλεται αυγλη
Υδατος εξανιυσα, το δη νεον ηε λεβητι
Ηε πυ εν γαυλω κεχυται· η δ' ενθα και ενθα
Ωκειη ςροφαλιγγι τιναοσεται αïσσυσα.
Ως δε και εν ςηθεσσι κεαρ ελελιζετο κυρης.

Eft quidem illud νεον ad rem exprimendam prope neceffarium, vel valde certe opportunum: hoc uno excepto, cætera omnia Virgilius, ut folet, multo reddidit meliora multoque elegantiora; quod autem ma-

____

1 ÆNID. VIII. 18.
2 ARGON. III. 754.

　　　　ximum

ximum eft, qua in parte ipfa fimilitudinis ratio, et Comparationis veluti cardo vertitur, in ea auctorem fuum longe fuperavit.

Hanc igitur quod attinet Comparationis fpeciem, cujus finis eft ornatus et varietas, quæque in Poefi potiffimum dominatur, in eo fita eft
virtus ejus præcipua, ut inferatur Imago toto genere diverfa, in adjunctis apte conveniens. Eidem adjacent duo imprimis vitia, in quæ nonnunquam incurritur : unum, cum res comparantur inter fe nimium
diffimiles, idque maxime in adjunctis ; alterum nec levius fortaffe, nec
minus frequens, etfi non tam fæpe notatum, cum nimis arcta cognatione et fimilitudine in generali rerum inter fe collatarum natura pec-
catur. Illic abfurda eft et portentofa, hic jacet frigetque Comparatio.

Poffet hic locus multis e Sacra Poefi exemplis illuftrari : unum alterumque proferam ex Ifaia ; primum ex Hiftorica narratione conjura-
tionis Syrorum et Ifraelitarum in regnum Judæ : 1 " Eo (inquit) nun-
" tio audito, commovebatur cor regis et cor populi, ut commoventur
" fylvæ arbores vento increbrefcente." Alterum præbebit exemplum
Comparatio poetica, eaque plenior fufiorque quam Hebræorum confuetudo plerumque fert ; quæque valde accuratam etiam αντιπποδοσιν habet. Confertur Divina Gratia ejufque effectus cum imbribus fœcun-
dantibus terram, cujus Imaginis in ea fignificatione conftans eft u-
fus : 2

כי כאשר ירד הגשם
והשלג מן השמים
ושמה לא ישוב
כי אם הרוה את הארץ
והולידה והצמיחה
ונתן זרע לזרע ולחם לאכל :
כן יהיה דברי אשר יצא מפי
לא ישוב אלי ריקם
כי אם עשה את אשר חפצתי
והצליח אשר שלחתיו :

1 ISAI. VII. 2.
2 ISAI. LV. 10, 11.

" Nam

" Nam ficut defcendit pluvia,

" Et pix de cœlo ;

" Atque illuc non revertitur,

" Donec irrigaverit tellurem,

" Eamque fœcundaverit, et fecerit germinare ;

" Ut det femen ferenti et panem comedenti :

" Tale erit Verbum quod ex ore meo prodit ;

" Non ad me revertetur irritum,

" Quin effecerit quodcunque volui,

" Et feliciter tranfegerit quod ei mandavi.

Plura atque etiam venuftiora qui volet, petat ex Cantico Salomonis, in quo multa funt in hoc genere valde 1 elegantia : non tamen eft diffimulandum alia ibidem nec pauciora effe, quæ 2 ob vitium diffimilitudinis modo memoratum in graves reprehenfiones inciderunt. Videndum autem, ne id noftro vitio fiat, non Vatis, cum res ipfæ unde petuntur Comparationes fint vetuftate jam admodum obfcuræ, vel etiam penitus ignotæ ; nec temere vituperanda funt quæ parum intelligimus.

Verum tria hæc Comparationum genera, quæ perfpicuitatis tantum caufa fecundum præcipuos earum fines diftribuere libuit, non funt ita inter fe diverfa, quin fimul ftare poffint, varieque inter fe mifceri. Atque id fortaffe ex omnibus abfolutiffimum eft Comparationis genus, in quo trium permifta eft virtus ; quod cum rem explicat fimul et auget, tum ipfius Imaginis diverfitate, adjunctorum vero fimilitudine et varietate, diftinguit orationem ; habetque evidentiam et elationem quadam fuavitate et jucunditate conditam. Cujus exemplum vix alibi perfectius inveniri poteft, quam in eo Jobi 3 loco, ubi is amicos malæ fidei infimulans, quod ea mifericordiæ et caritatis folatia fibi in adverfis petenti denegarent, quæ in rebus ejus fecundis minimeque indigenti adeo prolixe venditaverant, confert eos cum Torrentibus, qui hibernis imbribus aucti ac tumentes magnam et perpetuam aquarum copiam paulifper of-

1 Vide CANT. IV. I, ——— 5. quæ pofthac exponentur P,RÆL. XXXI.

2 Vide CANT. VII. 2, 4.

3 JOB. VI. 15, ——— 20.

tentant ;

tentant; fed primo æftivi folis ardore icti fubito exarefcunt, et viatores
per Arabiæ deferta errantes fitique confectos perfide deftituunt.

Hactenus de Comparationibus in genere, deque earum fine et materia : reftat ut modus et forma fingularis, qua eas Hebræi plerumque
adornant, paucis indicetur.

Vates Hebræi multo omnium frequentiffime Comparationibus utuntur; fed copiam earum brevitate compenfant. In uno aliquo adjuncto
plerumque vertitur Similitudo; id fimpliciter explicant, cætera quæ funt
a propofito aliena, rarius inferentes. Itaque prope fingularis eft exempli hæc quæ fequitur Comparatio, cui præter neceffaria accedit adjunctorum auctarium quoddam ac veluti παρεργον : [1]

יהיו כחציר גגות
שקדמת שלף יבש :
שלא מלא כפו קוצר
וחצני מעמר :
ולא אמרו העברים
ברכת יהוה אליכם
ברכנו אתכם בשם יהוה :

   " Erunt ficut herba tectorum,

   " Quæ priufquam efflorefcet exaruit :

   " Qua non implet manum fuam meffor,

   " Neque finum fuum qui manipulos colligit :

   " Nec dicunt tranfeuntes,

   " Benedictio [2] Jehovæ vobis adfit;

   " Benedicimus vobis in nomine Jehovæ.

Longe, inquam, diverfus eft plerumque in hac re Hebræorum ufus :
nonnunquam una voce, fæpiffime una brevi fententia five enuntiatione,
integra abfolvitur Comparatio. Hoc oritur ex natura Styli fententiofi,
qui in Poefi Hebræa perpetuo dominatur : ejus, ut fupra expofui, ea
ratio eft, ut orationem folutam et profluentem coerceat et conftringat,
crebramque preffam et acutam reddat. Quibus itaque in locis cæteri

---

1 P s. cxxix. 6, — 8. vide etiam P s. cxxxiii. 3.

2 Formula folennis in hoc negotio ufitata. vid. R u t h. ii. 4.

poetæ funt fere copiofi, fufi, uberes; in iis Hebræi funt potius breves, denfi, incitati; non æquabili tractu ducentes orationem, fed veluti geminatis ictibus contorquentes. Adeoque Comparationes etiam peculiari quodam modo plerumque adornant; etenim non tam folent fingulas feorfum per plura adjuncta plene varieque deducere, quam plures parallelas aut cognatas, unamquamque breviter fimpliciterque enuntiantes, fimul congerere. Confert Mofes vim cæleftem divini Carminis, quod Dei juffu pronuntiat, cum pluviis herbas irrigantibus. Quæ poeta aliquis e Græcis aut Latinis in unam Comparationem, paulo fortaffe latius diffufam et aliqua varietate diftinctam, conclufiffet, ille concîdit diftribuitque in duo Comparationum paria. [1]

יערף כמטר לקחי

תזל כטל אמרתי :

כשערים עלי דשא

וכרביבים עלי עשב :

" Deftillabit, ut pluvia, doctrina mea;

" Fluet, ut ros, mea oratio:

" Ut imbres tenuiffimi in herbas;

" Ut denfæ guttulæ in gramina.

Eadem forma utitur Pfaltes in fequentibus : [2]

אלהי שיתמו כגלגל

כקש לפני רוח :

כאש תבער יער

וכלהבה תלהט הרים :

כן תרדפם בסערך

ובסופתך תבהלם :

[1] DEUT. XXXII. 2.

[2] PS. LXXXIII. 14, — 16. Inter hæc duo Comparationum paria ea intercedit cognatio connexioque, ut efficeretur una fimplexque Comparatio, nifi fententiofa Verfuum diftributio rem alio ordine formaque difpofuiffet. In editis locis extruebantur areæ, ut tritico excuffo jactato-que ventus glumam paleamque auferret: has ita ablatas igne comburebant. Vide ISAI. V. 24. MATTH. III. 12. et HAMMOND. in loc. יער autem pro quovis loco edito et inculto fumitur, ut liquet ex MIC. III. 12.

" Fac

" Fac, Deus mi, ut fint inftar glumæ rotatæ,
" Inftar ftipulæ correptæ vento :
" Ut faltum comburit ignis,
" Ut montes incendit flamma;
" Sic Tu illos tua tempeftate perfequere,
" Tuoque turbine confternatos age.

Multo quidem ufitatiffima eft apud Hebræos hæc Comparationis forma, non tamen fola: eft enim ubi Comparationem latius explicant; ac
tum fententiarum diftributioni æque confulunt, non ipfam Imaginem,
fed adjuncta geminantes, et fingula binis fententiis parallelis exponentes: quod fecit Mofes in Comparatione fuperiorem illam proxime fequente, qua Dei follicitam de populo fuo curam, et paterni amoris affectum, cum Aquilæ φιλοςοργια pulcherrime confert : 1

כנשר יעיר קנו
על גוזליו ירחף :
יפרש כנפיו יקחהו
ישאהו על אברתו :

" Ut Aquila excitat identidem nidum fuum;
" Super pullos fuos fefe motitat:
" Expandit pennas, affùmit eos;
" Geftat eos fuper alam fuam.

Et hac quoque in parte elegantiffime Jobus in Comparatione Torrentis
fupra laudata, quam idcirco integram corollarii loco adjiciam : 2

אחי בגדו כמו נחל
כאפיק נחלים יעברו :
הקדרים מני קרח
עלימו יתעלם שלג :
בעת יזרבו נצמתו
בחמו נדעכו ממקומם :
ילפתו ארחות דרכם
יעלו בתהו ויאבדו :

1 DEUT. XXXII. II.
2 JOB. VI. 15, ———— 20.

הביטו

הביטו ארחות תמא
הליכות שבא קוו למו :
בשו כי בטח
באו עדיה ויחפרו :

" Fratres mei perfide egerunt ficut torrens,
" Ut decurfus torrentium illico tranfierunt:
" Qui turbidi ruunt a glacie;
" In qùos refoluta abfconditur nix:
" Quo tempore æftu afficiuntur, pereunt;
" Cum calefcit, exfcinduntur e loco fuo:
" Declinant catervæ de via fua;
" Afcendunt in deferta et intereunt:
" Refpectant eos catervæ Themææ;
" Turmæ Sabææ fpem in eos intendunt:
" Pudet illas fiduciæ fuæ;
" Perveniunt illuc, et erubefcunt.

P

DE PROSOPOPOEIA.

Ex iis Dictionis Figuratæ partibus, quas, ut ad notionem τᴕ משל maxime accommodatas, tractandas propofui, ultima jam reftat Profopopœia. Ejus figuræ duo funt genera : unum, cum rebus vel fictis, vel ratione ac fenfu carentibus, actio ac Perfona datur ; alterum, cum veræ perfonæ probabilis Oratio tribuitur. Prius illud plane eft fpecies quædam metaphoræ, eaque omnium longe audaciffima, ac periculo quidem proxima. Opportune itaque illata recteque ufurpata vim habet multo maximam ; nufquam autem majorem quam plerumque apud Hebræos Vates, quibus tamen nulli eam frequentius aut liberius ufurpant.

Ac primum quidem, ut de Perfonis fictis agamus, hoc habent cum cæteris fcriptoribus commune, ut Notionem generalem et abftractam fæpe Perfona induant, atque agentem et loquentem etiam veluti in fcenam producant : qua in re ut cultiffimos elegantia et decore facile exæquant, ita graviffimos fublimitate longe antecedunt. Quid aptius atque venuftius, quid grandius etiam et excelfius fingi poteft, quam ea Sapientiæ Perfona, quæ a Salomone toties inducitur ? non modo humanæ vitæ dux, artium indagatrix, honorum, divitiarum, veræque felicitatis largitrix, fed æterna, immortalis, Creatoris Omnipotentis alumna, et divinorum confiliorum particeps. [1]

בהכינו שמים שם אני
בחקו חוג על פני תהום:
באמצו שחקים ממעל
בעזוז עינות תהום:

I P R O V. VIII. 27, ——— 31.

בשומו

בשומו לים חקו
ומים לא יעברו פיו
בחוקו מוסרי ארץ :
ואהיה אצלו אמון
ואהיה שעשעים יום יום
משחקת לפניו בכל עת :
משחקת בתבל ארצו
ושעשעי את בני אדם :

" Cum Jehova cœlos ornaret, Ego adfui ;
" Cum fuper faciem abyffi circulum defcriberet :
" Cum fuperne firmaret æthera ;
" Cum ftabiliret abyffi fontes :
" Cum mari decretum fuum ederet,
" Ne aquæ tranfirent præfcriptum limitem ;
" Cum defignaret telluris fundamenta :
" Tum aderam Illi alumna,
" Et eram quotidianæ deliciæ ;
" Coram Illo ludebam jugiter :
" Ludebam in orbe terrarum ejus,
" Et deliciæ meæ cum filiis hominum.

Quid illa apud Pfaltem divinorum Attributorum Profopopœia ? jufta quidem, elegans, fplendida, fi ex proprio tantum atque apertiore Pfal-mi argumento interpretemur, de reftitutione populi Judæi a captivitate Babylonica : quod fi ad diviniorem illum fenfum referamus, qui fub ea imagine non obfcure adumbratur, fupra modum grandis atque excelfa, pleniffima myfterii et fublimitatis : [1]

חסר ואמת נפגשו
צדק ושלום נשקו :

" Mifericordia et Veritas fibi invicem occurrunt ;
" Juftitia et Pax fe mutuo ofculantur.

Multæ funt præterea hujufmodi Imagines præclare formatæ, ipfaque

[1] PS. LXXXV. II.

fictionis

fictionis audacia magnam vim habentes. Talis eft apud Habaccucum 1 Peftis Jehovam Vindicem præcedens: apud Jobum 2 Mors et Perditio de Sapientia affirmantes, Illam ad aures fuas tantum fando perveniffe: apud Ifaiam denique, ne plura proferam, illa horrenda 3 Orci effigies, ingluviem fuam dilatantis, atque os avidum in immenfum diducentis.

Eft etiam-in hoc genere alia quædam claffis Perfonarum, in fe qui- dem elegantiffima, quam item nobis commendat, et quodammodo fa- miliarem reddit, notiffimum linguæ Hebrææ idioma, cui videtur debe- re originem; quo rei locive fubjectum, adjunctum, accidens, effectus, et fi quid fimile eft, ejufdem Filius appellatur. Hinc apud Vates He- bræos Gentes, Regiones, Populi, muliebri habitu induti toties in fce- nam prodeunt. 4 " Defcendit fedetque in pulvere mollis illa et delicata " Virgo, illa gentium Domina, Filia Babylonis."

    5 " Luget, fedetque fola humi, Virgo Sionis Filia:

    " Flet nocte femper inquies, femper genis madentibus;

    " Manufque tendit fupplices, nec invenit folatia.

Nifi illuc refpiciamus, duriora videri poffint " Filii 6 Arcus, Filii 7 Pha- " retræ," pro fagittis; et infignis illa apud Jobum Perfona, acerbiffi- mum lethi genus exhibens, 8 " Mortis Primogenitus."

Nec minus eleganter rebus Inanimis, quam abftractis notionibus, Perfonam tribuit dictio Parabolica. Vates Sacri, jufta indignatione con- tra ingratum Dei populum commoti, 9 " Cœlos ac Terram obteftantur, " totique rerum Naturæ filentium indicunt: 10 apud montes caufam " orant, et audiunt colles eorum vocem." Omnia apud illos vita, fpi- ritu, affectibus animantur.

1 HAB. III. 5.
2 JOB. XXVIII. 22.
3 ISAI. V. 14.
4 ISAI. XLVII. I, &c.
5 THREN. I, I, &c.
6 JOB. XLI. 19.
7 THREN. III. 13.
8 JOB. XVIII. 13.
9 DEUT. XXXII. I. ISAI. I. 2.

ישמחו השמים ותגל הארץ ו
ויאמרו בגוים יהוה מלך :
ירעם הים ומלואו
תבל וישבי בה :
נהרות ימחאו כף
יחד הרים ירננו :
לפני יהוה כי בא
כי בא לשפט הארץ :

" Lætentur Cœli, et exultet Terra,
" Et edicant per gentes, Jehova regnat.
" Fremitum edat Mare, et quod eo continetur;
" Orbis, et ejus incolæ:
" Palmas suas complodant Fluvii;
" Certatim Montes in cantum prorumpant:
" Coram Jehova, nam advenit,
" Nam advenit judicatum terram.

ראוך מים אלהים ²
ראוך מים יחילו :
נתן תהום קולו
רום ידיהו נשא :

" Viderunt Te Aquæ, O Deus;
" Viderunt Te Aquæ, dolore correptæ sunt:
" Vocem suam edidit Abyssus;
" Manus suas sublime extulit. ·

Quod etiam audent feliciter, quanquam periculosius, in iis quoque quæ
in ordine et œconomia rerum Naturalium, quibus vitam et sensum
quendam facilius concedimus, locum non habent. In quo admirabilis
est ex multis ille Jeremiæ Dialogismus: 3

הוי חרב· ליהוה עד אנה לא תשקטי
האספי אל תערך הרגעי ודמי :

1 I.PARAL. XVI. 31. PS. XCVIII. 7, 8. XCVI. 13.
2 PS. LXXVII. 17. HABAC. III. 10.
3 JER. XLVII. 6, 7.

אֵיךְ תֵּשְׁקְטִי וַיהוָה צִוָּה לָהּ

אֶל אַשְׁקְלוֹן וְאֶל חוֹף הַיָּם שָׁם יְעָרָהּ :

"Eheu! O Enfis Jehovæ, quoufque non quiefces?

"Recipe te in vaginam, fubfifte, et file.

"Quomodo quiefceret, cum Jehova ei mandata dederit,

"Ad Afcalonem et ad oram maritimam, illuc ei condixit?

Alterum eft genus Profopopœiæ, cum veræ perfonæ probabilis Ora_
tio tribuitur. Ut prius illud novitate, varietate, audacia ad gratiam et
admirationem comparatum eft; ita hoc ipfa veritatis fpecie fummam
habet evidentiam, auctoritatem, et pondus.

Plane infinitus effem, fi omnia vellem percenfere, quæ hic occurrunt
in facris carminibus notanda: crebros, elegantes, faciles, acres, impro-
vifos, præcipites in perfonam tranfitus; perfonarum vim, gravitatem,
atrocitatem; in primis Dei ipfius orationes diviniffimas, tantaque majeftate digniffimas; fermones idoneos et perfonæ congruentes; fictionis
credibilitatem, imitationis evidentiam, ac rei ipfius claram repræfenta-
tionem. Itaque unum in hoc genere ultimo fufficiat exemplum, quo
nullum ufquam inveniri poteft perfectius, Matris Siferæ ἀποκαραδοκια ex
nobiliffimo Deboræ Cantico. [1]

Primo maternæ follicitudinis, animique inter fpem metumque dubii,
clariffimam imaginem et geftus ejus et verba exprimunt:

בְּעַד הַחַלּוֹן נִשְׁקְפָה וַתְּיַבֵּב

אֵם סִיסְרָא בְּעַד הָאֶשְׁנָב

מַדּוּעַ בֹּשֵׁשׁ רִכְבּוֹ לָבוֹא

מַדּוּעַ אֶחֱרוּ פַּעֲמֵי מַרְכְּבוֹתָיו :

"Per feneftram profpexit, et clamavit;

"Mater Siferæ, per cancellos;

"Cur pudet currum ejus venire?

"Cur morantur quadrigarum ejus inceffus?

Protinus moræ impatiens comitum fuarum folatia prævenit, animo jam
elatior, et in muliebrem levitatem et jactantiam cito effufa;

"quidlibet

" quidlibet impotens
" Sperare, fortunaque dulci
   " Ebria:

חכמות שרותיה תעניננה
אף היא תשיב אמריה לה :
הלא ימצאו יחלקו שלל

" Sapientes primariæ ejus fœminæ certatim ei refpondent;
" Imo ipfa fibi fuos fermones illico reddit:
" Annon jam affequentur, divident prædam? ---

Videamus autem quam confoni funt perfonæ loquentis finguli conceptus, fingulæ voces. Non ftragem hoftium recenfet, non numerum cap-
torum, non virtutem et facta victoris; fed, ut quæ

   " Fœmineo prædæ et fpoliorum arderet amore,

ea potius omnia, quæ levem vaniffimæ mulierculæ animum capere poffent, ancillas, aurum, veftem: nec recenfet modo, fed omnia iterat,
accumulat, auget; fpolia ipfa manibus fuis jam videtur verfare, ita fingulis eorum partibus contemplandis hæret et immoratur.

הלא ימצאו יחלקו שלל
רחם רחמתים לראש גבר :
שלל צבעים לסיסרא
שלל צבעים רקמה
צבע רקמתים ז לצוארי שלל :

" Annon jam affequentur, divident prædam?
" Ancillam, imo duas unicuique ancillas?
" Prædam verficolorem Siferæ?
" Prædam verficolorem, acupictam;
" Coloratam, utrinque acupictam, collo exuvium?

Accedit ad cumulandam hujufce loci pulchritudinem, in fententiarum
poetica conformatione mira concinnitas; in dictione magna vis, nitor,
accuratio; in repetitionibus fumma elegantia; in ipfa repetitionum re-

1 לצוארי שלל, "Spolium ornandis cervicibus;" eft forma Conftructa pro Abfoluta. Vide
MIC. VI 16. THREN. III. 14, et 66. quæ eodem modo expedienda funt. Qui plura velit
adeat BUXTORF. Thef. Gram. 11. 4. qui tamen ibidem hanc phrafin aliter accepit.

                                       dundantia

dundantia fumma brevitas: poftremo fpei muliebris graviffima fruftra-
tio, per fubitam atque infperatam illam Apoftróphen,

כן יֹאבדו כל אויביך יהוה

        " Sic pereant omnes inimici tui, O Jehova!
tacite infinuata, eo ipfo filentio plenius fortiufquo exprimitur, quam
ullis verborum coloribus depingi potuit.

   Verum qui hujufce Figuræ univerfam vim et virtutem, ac præcipuum in Oda Hebræa fplendorem intelligere velit, adeat is fcriptorem
longe diviniffimum Ifaiam. Ibi inveniet in breve Carmen conclufa omnia Perfonarum exempla, omnes fublimitatis fontes derivatos. Locum
ipfum præcipuafque ejus virtutes non pigebit brevi enarratione indicare. [1]

   Vates, poftquam Judæis liberationem a dura illa fervitute Babylonica et reditum in patriam prædixit, protinus ipfos inducit canentes Carmen quoddam Triumphale in occafum Regis Babylonii, refertum fplendidiffimis imaginibus, et perpetuis Profopopœiis, iifque pulcherrimis,
continuatum. Carmini exordium facit fubita Judæorum exclamatio;
gaudium ipforum et admirationem ob infperatas rerum vices et interitum Tyranni exprimens. Ipfa Tellus cum incolis fuis triumphat; A-
bietes et Cedri Libani, quibus Imaginibus ftylus Parabolicus fæpe ad-
umbrat Reges et Principes gentium, exultant gaudio, et fractam im-
maniffimi hoftis potentiam convitiis infectantur:

נחה שקטה כל הארץ פצחו רנה
גם ברושים שמחו לך ארזי לבנון
מאז שכבת לא יעלה הכרת עלינו:

   " Quiefcit, tranquilla eft tota tellus, erumpunt in cantum:
   " Etiam Abietes lætantur propter te, Cedri Libani;
   " Ex quo jacuifti, non afcendit in nos vaftator.
Sequitur Orci, five infernæ regionis, audaciffima Profopopœia: exci-
tat ille incolas fuos, Principum Manes et defunctorum Regum Um-
bras: protinus omnes de foliis furgunt, et Regi Babylonio venienti ob-

        [1] ISAI. XIV. 4, ——— 27.

                                                        viam

viam procedunt; infultant ei et illudunt, et ex ejus calamitate fuæ forti
quærunt folatia:

גם אתה חלית כמונו אלינו נמשלת
הורד שאול גאונך המית נבליך
תחתיך יצע רמה ומכסיך תולעה:

" Tune etiam debilitatus es, ut nos ? noftri fimilis factus es ?

" Demiffa eft ad Orcum fuperbia tua, ftrepitus cithararum tua-
" rum ?

" Subter te fternitur vermis, tegumentum tuum lumbricus ?

Iterum Judæis fermo tribuitur: exclamatione ad morem funebrium Lamentorum conformata, quam fere rationem univerfa hujus carminis
conftructio fequitur, infignem ejus occafum pulcherrime exaggerant:

איך נפלת משמים הילל בן שחר
נגדעת לארץ חולש על גוים:

" Quomodo decidifti de cœlo, O Lucifer, fili Auroræ!

" Deturbatus es in terram, qui fubegifti gentes!

Ipfum deinde fingunt loquentem, et infana potentiæ fuæ jactatione fupra modum gloriantem, unde mirifice amplificatur ruinæ ejus atrocitas.
Nec hoc fatis; nova protinus efficitur Perfona: inducuntur, qui ejec-
tum Regis Babylonii cadaver inveniunt; attentius eum propiufque con-
templantur, ac vix demum agnofcunt:

הזה האיש מרגיז הארץ מרעיש ממלכות
שם תבל כמדבר ועריו הרס:

" Hiccine vir ille, qui tremefecit terram, commovit regna?

" Qui orbem redegit in folitudinem, urbefque ejus diruit?

Exprobrant ei communem fepulturæ ufum ob fævitiam et crudelitatem
merito denegatum, et nomen ejus, ftirpem et pofteros execrantur. Scenam claudit Dei ipfius graviffima Oratio, Regi Babylonio, pofterifque
ejus, urbique ipfi perpetuam excifionem interminantis, et confiliorum
fuorum immutabilitatem folennis jurisjurandi facramento confirman-
tis.

Quæ Imagines, quam variæ, quam denfæ, quam fublimes, quanta
vi, quibus verbis, figuris, fententiis, elatæ, in unum locum coacervan-

Q   tur!

tur! Judæos, Cedros Libani, defunctorum Regum Umbras, Regem Babylonium, eofque qui in cadaver ejus incidunt, ipfum poftremo Jehovam, loquentes audimus, et partes fuas pene quafi in Dramate agentes intuemur. Continuatur Actio quædam perpetua, feu potius diverfarum actionum varia ac multiplex feries contexitur: virtus in Oda fublimiori vel præcipua, quæque, uno ex omnibus vetuftatis monumentis pulcherrimo ac plane fingulari exemplo, in hoc Ifaiæ poemate perfecte exhibetur. Crebræ funt Perfonæ, nec tamen confufæ; audaces, nec tamen duræ: viget per totum fpiritus liber, excelfus, vereque divinus; neque deeft quidquam ad fummam hujufce Odæ fublimitatem abfoluta pulchritudine cumulandam: cui, ut plane dicam quod fentio, nihil habet Græca aut Romana poëfis fimile aut fecundum.

PRÆLECTIO DECIMA QUARTA:

DE SUBLIMI GENERE;

AC DE SUBLIMITATE DICTIONIS.

C U M in Figurato dicendi genere quæ maxime obſervatu digna, et ad notandum peculiarem uſum et propriam Hebrææ Poeſeos indolem præcipue idonea videbantur, ſuperioribus Prælectionibus ſatis fuſe mihi videor expoſuiſſe; cæteris quæ in poetica vel in oratione ſoluta fere communia ſunt omiſſis, tranſeo ad Sublimitatem Sacrorum Vatum, multis quidem exemplis, prout res tulit, jam antea illuſtratam, ſuo nunc loco diſtinctius tractandam: hunc enim ſtatui Tértium Hebræorum Styli Poetici Charactera. Is continetur in altera illa notione משל זו, qua Poteſtatem denotat ac Principatum, quaque nonnunquam, cum de ſtylo agitur, id præcipue videtur ſignificare, quod eminet atque excellit, quod pollet ac dominatur in oratione. Ea ſane vis huic voci ſubjicitur iis in locis, ubi dicitur aliquis שאת משלו, "extollere Parabolam ſuam," hoc eſt, Sententiam grandem et elatam edere. Exemplo ſit nobis is ipſe locus, ubi primum occurrit iſthæc loquendi formula. Hoc itaque modo Balaamus Parabolam ſuam effert: [1]

מן ארם ינחני בלק
מלך מואב מהררי קדם :
לכה ארה לי יעקב
ולכה זעמה ישראל :
מה אקב לא קבה אל
ומה אזעם לא זעם יהוה :

[1] NUM. XXIII. 7, ——— 10.

כ'

כי מראש צרים אראנו :
ומגבעות אשורנו :
הן עם לבדד ישכן
ובגוים לא יתחשב :
מי מנה עפר יעקב
ומספר את רבע ישראל :
תמות נפשי מות ישרים
ותהי אחריתי כמהו :

" Ex Aramæa me arcessivit Balacus ;
" Rex Moabitarum ex montibus Orientis :
" Veni, execrare mihi Jacobum ;
" Et veni, detestare Israelem.
" Quomodo maledicam, cui non maledixit Deus ?
" Aut quomodo detestabor, quem non detestatus est Jehova ?
" Nam e vertice rupium eum aspiciam,
" Et ex collibus eum contemplabor ;
" En populum qui seorsum habitabit,
" Neque sese gentibus annumerabit !
" Quis percensuit pulverem Jacobi ?
" Aut numerum vel quartæ partis Israelis ?
" Moriatur anima mea morte Justorum ;
" Et sit exitus meus illius instar !

Quanam igitur de causa fieri dicamus, quod hæc Vatis oratio משל appelletur ? Est quidem parallelis Sententiis, paribusque membrorum intervallis accuratissime demensa ; neque hujusce distributionis elegantiam multum obruit aut obscuravit interpretatio : quod genus inter Proverbia et Gnomas, quæ משלים vocantur, numerari, ob eandem periodorum conformationem, cum forte nihil habeat adagii aut præcepti simile, supra statuimus. Verum qui hunc ipsum locum, vel cæteros qui eadem inducuntur loquendi formula, attente considerabit, quorum omnium eximia quædam est vel figurarum atque imaginum varietas, vel dictionis ac sensuum elatio, vel etiam utrumque ; is facile sibi persuadebit majus quiddam oportere intelligi, quam sententiosæ concinnitatis
commendationem.

commendationem. Quod fi eundem ex altera parte fpectamus, nihil ibi inveniemus Figuratum, in noftro quidem fenfu, ac quatenus משל id denotat: nihil plane fubeft myfticum, nihil allegoricum, nullæ imagines, nulla comparatio, in verficulis quatuordecim una tantum metaphora: adeoque ita non poteft accipi, quafi oftenderetur hic locus ex genere effe Parabolico proprie dicto. Reftat itaque ut intelligamus ea voce hic præcipue denotari egregios illos fenfus, excelfum fpiritum, illud denique εναργες και ενθυσιαςικον, quo Vatis refponfum animatur. Quo exemplo exponere volui quibus inductus rationibus crederem, voci משל, cum ex vi tum etiam ex ufu fuo, fubeffe notionem Sublimitatis; ftylumque poeticum apud Hebræos id ipfum fuo nomine ac titulo profiteri, quo aliarum gentium poefi re et veritate longe antecellit.

Sublimitatem autem hic intelligo fenfu latiffimo fumptam; non eam modo quæ res grandes magnifico imaginum et verborum apparatu effert; fed illam quæcunque fit orationis vim, quæ mentem ferit et percellit, quæ movet affectus, quæ rerum imagines clare et eminenter exprimit; nihil penfi habens, fimplici an ornata, exquifita an vulgari dictione utatur: in quo Longinum fequor, graviffimum in hoc argumento et intelligendi et dicendi auctorem.

Sublimitas vel in Dictione vel in Senfibus pofita eft. Oritur quidem plerumque ex utraque parte fimul fumpta, cum altera alteri auxilio eft, et inter utramque intercedit vis et ponderis amica quædam communicatio et focietas: quod tamen non impedit, quo minus alterutram fcorfum commode fatis tractare poffimus. Primum itaque videamus, quid habeat Dictio Poetica apud Hebræos, tum in fe fpectata, tum cum foluta oratione collata, quo mereatur nomen ex Sublimitate impofitum.

Habet Poefis, quacunque utatur lingua, proprium quoddam ac fuum dictionis genus, acre, grandiloquum, fonans, verbis amplum et exaggeratum, compofitione exquifitum factumque, toto denique habitu et colore a vulgari confuetudine abhorrens, et perfæpe etiam veluti cum libera quadam indignatione perrumpens clauftra, quibus communis fermo continetur. Loquitur Ratio remiffe, temperate, leniter; res ordinate difponit, aperte fignat, diftincte explicat; ftudet imprimis perfpicuitati,

cuitati, ne quid confufum, ne quid obfcurum, ne quid involutum re_
linquatur. Affectionibus vero nihil horum admodum curæ eft: turbi_
de confluunt, intus luctantur, conceptus; ex iis vehementiores temere,
qua licet, erumpunt; quod vividum, ardens, incitatum, non quærunt,
fed arripiunt: ut verbo dicam, mero fermone utitur Ratio, Affectus
loquuntur poetice. Animus, quocunque concitetur affectu, in eo, un_
de concitatur, penitus inhæret defixus; id laborat eloqui: nec fatis ha_
bet rem nude, ac plane qualis eft, exprimere; fed ita qualem ipfe con_
cepit, fplendide puta, vel luctuofe, vel exfultanter, vel atrociter. Et_
enim affectiones fua vi ac natura feruntur in amplificationem; omnia
in animo mirabiliter augent et exaggerant, eaque fublate, magnifice,
atque eminenter geftiunt exprimere: quod duobus potiffimum modis
affequuntur; partim fplendidis imaginibus aliunde arceffitis rem ipfam
illuftrando; partim in elocutionem novas atque mirabiles quafdam di_
cendi formas inducendo, quæ magnam vim habent, eo unice quod præ_
fentem animi habitum et figuram aliquo modo imitentur atque effin_
gant. Hinc illa Schemata de quibus tam multa Rhetores, id arti tri_
buentes, quod unum omnium vel maxime eft naturæ:

1 " Format enim natura prius nos intus ad omnem
" Fortunarum habitum: juvat, aut impellit ad iram,
" Aut ad humum mœrore gravi deducit et angit;
" Poft effert animi motus interprete lingua.

Quod in univerfa poefeos natura obtinet, id in Hebræorum poefi vel
præcipue locum habere facile conftabit. Ac primum quidem, quantum
in transferendis atque accommodandis Imaginibus valeat, quantumque
exinde nitorem, majeftatem, elationem, derivârit, jam antea vidimus.
In dictione etiam, quam vim habeat ad ornatum et dignitatem Dialec_
tus poetica, qua frequenter utitur, nec non artificiofa fententiarum dif_
tributio, quæ cum metrica ratione, quanquam penitus jam deperdita,
apparet tamen arcta quadam neceffitudine fuiffe conjuncta, prius obfer_
vatum eft. Videndum itaque fi quæ reftant alia, quæ in Hebræorum

1 HOR. ART. POET. V. 108, &c.

elocutione

elocutione poetica multum pollent, eamque a foluta oratione fecernunt et difcriminant.

Nihil vulgari Hebræorum fermone fimplicius et inornatius concipi poteft: nuda, recta, fana, atque fincera funt omnia; voces nec exqui-fitæ, nec lectæ; periodorum nulla cura, ac ne cogitatio quidem: ipfe vocum ordo plerumque conftans eft, et fui fimilis; præit verbum, fub-jicitur nomen agentem denotans, fequuntur cætera: res ipfæ fingulis e-nunciationibus fingulæ exponuntur, adjuncta feorfum fubjunguntur, fi-ne ulla inter fe partium implicatione aut impedimento; et quod vel præcipuum eft, unius fere particulæ ope ab initio ad finem perpetua quadam ferie aliud ex alio nectitur, ita ut nihil diffipatum, aut abrup-tum, aut turbatum appareat. Tota denique oratio cernitur eo ordine difpofita, eaque partium continuatione colligata, ut plane æquabilem ipfius fcriptoris habitum demonftret, animique fedati et tranquilli ima-ginem quandam exhibeat. In poefi vero Hebræa, plerumque ex ali-qua parte, in omnibus nonnunquam, plane aliter fe res habet. Præci-pitatur liber fpiritus, cui nec vacat nec lubet tam minutis ac frigidis cu-ris invigilare: fæpe non tam veftit oratione et exornat conceptus, quam plane detegit ac nudat; ut quafi velo detracto omnes animi ftatus mo-tufque, fubitos impulfus, celerefque impetus, et multiplices flexiones, palam intueri videamur.

Qui de his certior fieri velit, non dubito quin fibi ipfe facile probatu-rus fit ita rem habere, modo faciat periculum. Sumat in manus Li-brum Jobi; Prooemium Hiftoricum perlegat; tum procedat ad Metri-ca, et primam Jobi orationem diligenter evolvat. Fatebitur jam credo id fibi accidiffe, ut, cum ventum effet ad carmina, in aliam pene lin-guam fe repente delatum putaret; et multo fibi majorem vifam effe ftyli utriufque inter fe diffimilitudinem, quam fi a Livii lectione ad Virgilium accederet, aut etiam ab Herodoto ad Homerum tranfiret, aut denique Xenophonte depofito in Chorum aliquem Sophoclis aut Æfchyli fubito incideret. Neque fane immerito; nam cum hic locus imitetur vehementiffimum πάθος, quo nihil ardentius atque incitatius quifquam poetarum unquam tentavit, non modo fenfuum atque imagi-

num

num admirabilis est vis, pulchritudo, sublimitas, sed et is etiam est
universæ dictionis character, tam vividi verborum colores, tam crebra
rerum coacervatio, tam densa continensque frequentatio sententiarum,
tam animosa et affectibus plena tota constructionis forma, ut nihil habeat Poesis ipsa magis poeticum.   Horum pleraque apertiora sunt quam
ut diligentem lectorem possint fallere: sunt quidem nonnulla, ad structuræ formam præcipue spectantia, quorum subtilior quædam est ratio;
fit etiam interdum, ut quæ magnam vim habent, et facile animo concipi possunt, eadem tamen difficiles habeant explicatus; dum contem-
plaris, satis clare forsan apparent, si manibus contractes, sæpe videntur
evanescere.   Cum vero ad rem nostram præcipue pertinet, vestra, Academici, fretus indulgentia, tentabo si quod harum elegantiarum specimen possim exhibere.

Primum itaque advertat Lector, quam violenter erumpit jamdudum
inæstuans præcordiis diuque compressus Jobi dolor:

יאבד יום אולד בו

והלילה אמר הרה גבר :

" Pereat dies, nasciturus eram in eo; [i. e. quo nasciturus eram]

" Et Nox [quæ] dixit, Conceptus est vir.

Attendat primi versiculi concisam et præcipitem structuram; tum vero
in sequente audacem illam Figuram et constructionem adhuc prærup-
tiorem.   Reputet modo secum, an tam acris et contorta locutio in ulla
soluta oratione aliquo modo ferri potuisset; aut etiam in versu, nisi
subesset eamque sustentaret παθος gravissimum.   Et tamen agnoscet,
credo, valde perspicuam esse hujusce periodi sententiam; imo vero tantam habere evidentiam, ut si plenior et explicatior efficeretur, eo minus apte clareque mentem atque affectum loquentis exprimeret.   Opportune accidit, ut id experiri possimus; est enim apud Jeremiam locus huic similis ac plane geminus, ita ut videri possit ex hoc ipso ex-
scriptus.   Idem est sensus, nec voces multum dissimiles; sed Jeremias
structuræ ellipses supplevit, locutionem Jobi præfractiorem complana-

I J O B. III. 3.

vit,

vit, et breve diftichon dilatavit in duo paria verfuum longiufculorum, quibus ille multum utitur. 1

ארור היום אשר ילדתי בו
יום אשר ילדתני אמי אל יהי ברוך :
ארור האיש אשר בשר את אבי
לאמר ילד לך בן זכר שמח שמחהו :

"Maledictus fit dies ille in quo natus fum!

"Dies quo peperit me mater mea fit nefaftus!

"Maledictus fit vir ille qui nuntiavit patri meo,

"Dicens, Natus eft tibi filius mas, magno eum gaudio affecit.

Ita fit ut Jeremiæ imprecatio plus habeat querimoniæ quam indignationis; lenior eft, remiffior, flebilior, ad miferationem concitandam præcipue comparata, in quo affectu Vates ille plurimum pollet: cum Jobus non tam mifericordiam moveat, quam incutiat terrorem.

Sed progrediamur paulum; et ut omittamus, quæ fatis manifefta funt, fententias denfas, parum inter fe connexas, vi atque impetu quodam ex ardenti pectore erumpentes; verba grandia et magnifica quæ præcipiti facundia devolvit indignatio; quorum hic habemus quatuor 2 intra bis totidem verficulorum fpatium, quæ videntur omnino effe Poetica; fane ex his vocibus duæ in Poeticis paffim extant et alibi nufquam, reliquæ funt adhuc infolentiores: his, inquam, ne immoremur, quid fibi vult ea non jam ut prius decurtata brevitas, fed redundantia orationis? 3

הלילה ההוא יקחהו אפל

"Nox illa --- occupet illam caligo.

In hoc etiam vehementis affectus animique perturbati indicium eft. Erat ei nimirum in animo primum fententiam tali forma efferre, 4

הלילה ההוא יהי אפל

"Nox illa fit Caligo!

fed cum jam ingreffus effet, id fubito arripuit quod animofius et inten-

1 JER. XX. 14, 15.
2 Verf. 4, 5, 7. תופע ,צלמות ,כמרירי ,גלמוד.
3 Verf. 6.
4 Vide v. 4.

　　　　　　　　R　　　　　　　fius

fius videbatur. Quod nefcio an poffim melius illuftrare, quam fi adducam Horatii locum, ubi poetæ indignanti plane fimilis excidit *ανα-*
κολυθια. I

> " Ille et ---- nefafto Te pofuit die
> " Quicunque primum et facrilega manu
> > " Produxit, Arbos, in nepotum
> > > " Perniciem opprobriumque pagi ---
> " Illum et parentis crediderim fui
> " Fregiffe cervicem, et penetralia
> > " Sparfiffe nocturno cruore
> > > " Hofpitis; ille venena Cholcha,
> " Et quicquid ufquam concipitur nefas
> " Tractavit.

Nam proculdubio ita exorfus eft poeta ac fi fententiam fuam hac forma
effet explicaturus: " Ille et parentis fui fregit cervicem, et fparfit pene-
" tralia cruore hofpitis; ille venena tractavit, quicunque Te pofuit, Ar-
" bos!" --- fed verborum ordinem et rationem conftructionis penitus ei
ex animo excuffit iracundia et ftomachus. Quod fi hic nobis præfto
effet officiofus aliquis Grammaticus, ut eft genus hominum diligens, et
interdum plus fatis curiofum; et poetæ etiam, laboranti et impedito,
fubfidio veniens, loco fuam integritatem fcilicet et nitorem reftitutum
iret; periret protinus exordii pulcherrimi decor, omnis ille impetus atque ardor plane frigefceret et reftingueretur.

Sed ad Jobum redeamus: ²

הנה הלילה ההוא יהי גלמוד

" Ecce! Nox ifta fit defolata!

videtur formam quandam atque imaginem iftius Noctis ante oculos pofitam coram intueri, eamque quafi digito demonftrare. דלתי בטני, 3
" oftia ventris mei," pro דלתי בטן אמי, " oftia ventris matris meæ,"
eft quidem ellipfis facile fupplenda, fed quam nemo animo tranquillo

ac fui compos hoc modo periclitari vellet. Ne longior fim, unum præterea proferam locum, fub finem hujufce orationis. ¹

למה יתן לעמל אור
וחיים למרי נפש :
המחכים למות ואיננו
ויחפרהו ממטמונים :
השמחים אלי גיל
ישישו כי ימצאו קבר :
לגבר אשר דרכו נסתרה
ויסך אלוה בעדו :
כי לפני לחמי אנחתי תבא
ויתכו כמים שאגתי :

" Quianam dabit ærumnofo lucem,

" Et vitam amaris animæ ?

" Qui avide expectant mortem, et nulla eft;

" Eamque effoderent præ thefauris abditis:

" Qui lætantur ufque ad exultationem,

" Triumpharent gaudio fi invenirent fepulchrum: ---

" Viro, cujus via e confpectu Dei remota eft,

" Et cui aditum ad fe præclufit Deus?

" Nam cibum meum perpetuo præveniunt mea fufpiria,

" Et pariter cum potu effunduntur rugitus mei.

Admirabilis eft tota hujufce loci compofitio: fingula attingamus breviter. " Quianam dabit ærumnofo lucem?" --- Quis autem dabit? nimirum Deus, quem in animo habuit, fed haud advertit, nullam de illo in præcedentibus factam effe mentionem. De miferis generatim atque univerfe videtur loqui; fed ea præcipiti quadam argumentatione ad fe fubito transfert, " Nam cibum meum præveniunt mea fufpiria;" unde patet omnia hactenus dicta fpeciatim de feipfo effe intelligenda. De fingularibus tranfit ad pluralia, et contra iterum; interpofita tamen prius infigni amplificatione, qua defiderium mortis exprimit, cujus eft

I v. 20, ——— 24.

R 2   vis

vis et audacia plane fingularis; tum denique fententiam priorem, quam abfolviffe videbatur, ex improvifo arreptam refumit et continuat. Ex quibus omnibus fatis, opinor, patet, æftum et perturbationem loquentis non magis felici quadam fenfuum atque imaginum audacia, ac verborum etiam pondere, quam ipfo totius orationis habitu geftuque exprimi.

Quod in hoc loco infigni demonftrare hactenus conatus fum, id in univerfa Hebræorum poefi, habita rerum et materiæ ratione, præcipue obtinere exiftimo; nimirum, illam uti charactere quodam dictionis admodum actuofo atque ardenti, et ad notandos animorum motus nato. Hinc eft quod plurimis fcateat dicendi formis, quas ipforum profa oratio plane reformidat, quæque nonnunquam videntur dure atque infolenter, ne dicam barbare, fonare; quas tamen fuam habere vim et rationem, cum id nos vel maxime latet, et licet et æquum eft fufpicari. Porro autem erit fortaffe operæ pretium in hujufmodi aliis nonnullis periculum faltem facere, fi quid expediri poterit.

PRÆLECTIO DECIMA QUINTA:

DE SUBLIMITATE DICTIONIS.

UT in lingua Hebræa poetici characteris fublimitas cum folutæ orationis fimplicitate collata evidentius appareret, ad Jobum lectorem remifi, facile animadverfurum in procemio
hiftorico et metris proxime fequentibus, ut rerum ita etiam
Dictionis magnam difcrepantiam. Quod fi eo in loco plane inique inftituta videatur comparatio, ubi etfi pars utraque pariter vel metrice vel
mero fermone fuiffet fcripta, tamen magnam ftyli diverfitatem neceffario poftulaviffet diverfa materiæ ratio, age alicubi idem experiamur,
ubi eadem materia et foluta oratione tractatur et poetice infuper exorna-
tur. Cujus rei egregium exemplum præbebit Liber Deuteronomii, in
quo Mofes et Oratoris et Poetæ munus fuftinet. Primo quidem graviffima Oratione [1] Ifraelitas ad pacti fœderis obfervantiam prœmiis ampliffimis propofitis hortatur, et ab ejufdem violatione pœnarum maximarum interminatione deterret: quæ ut altius infiderent penitufque infixa
inhærerent in eorum animis, idem deinde argumentum, ex Dei ipfius
mandato, Carmine [2] plane divino exornat. Quibus in locis omnino cernitur, fi quid ufquam habent Hebræi in diverfis generibus vehemens,
grande, magnificum; quantumque vel in profa eloquentia vel in poefi
pollent: atque ita quidem, ut fimul videre poffimus, quid inter utramque interfit, in fenfibus, in imaginibus, in materiæ difpofitione, in habitu denique et colore Dictionis. Qui itaque propriam indolem ac genium elocutionis poeticæ apud Hebræos penitus perfpectam habere velit, hos locos diligenter inter fe conferat; videat quantum intereft inter
genus illud orationis grande quidem, vehemens, exaggeratum, fed fi-

1 DEUT. Cap. XXVIII. XXIX. XXX. XXXI. XXXII.
2 DEUT. XXXII.

mul

mul ordinatum, fufum, tractumque, et in illo impetu et violentia æ-
quabiliter tamen profluens; et has poefeos acres, incitatas, et vibrantes
fententias, fenfibus elatas, verbis ardentes, compofitione novas, conftructione varias; dum Vatis animus huc illuc identidem fefe proripit,
neque ufquam in uno loco fituque confiftit. Quorum pleraque ejufmodi funt, ut multo facilius meliufque diligens lector ufu et obferva-
tione percipere et notare poffit, quam quifquam aut explicata intelligere, aut intellecta explicare. Eft quidem unum atque alterum in hoc
infigni Carmine animadvertendum, quod, cum ex eo fit genere, cujus
in poefi Hebræa frequens eft ufus, magna fæpe vis, ac nonnunquam
perdifficilis ratio, attentiorem paulo difquifitionem poftulare videtur.

Ac primum quidem quod, fumpto ex hoc Poemate exemplo, in u-
niverfum notari velim, eft fubita ac frequens Perfonarum Mutatio, idque in allocutionibus; nam de variis perfonarum inductionibus jam antea fatis tractatum eft. Sub ipfo carminis exordio Mofes veritatem et
juftitiam in omnibus Dei confiliis factifque fanctiffime fervatam prædicat; unde arrepta occafione in Populi ingrati perfidiam et flagitia ex
improvifo invehitur; primum quafi in abfentes, [1]

שחת לו לא בניו מומם

" Corrupit illi filios, non jam fuos, ipforum pravitas;
tum ipfos ftatim alloquitur;

דור עקש ופתלתל :
הליהוה תגמלו זאת
עם נבל ולא חכם :
הלוא הוא אביך קנך
הוא עשך ויכננך :

" Genus perverfum et diftortum!
" Hoccine ergo Jehovæ rependetis,
" Natio ftulta atque infipiens?
" Nonne ipfe pater eft tuus et redemptor tuus,
" Ipfe te fecit et formavit?

1 Verf. 5, 6.

Poftea

Poftea defervefcente paulum indignatione, et re altius repetita, Dei erga
Ifraelitas indulgentiam et affectum plufquam paternum, ex quo eos in
propriam fibi gentem elegerat, perpetuo teftatum pulcherrime amplificat; atque hæc omnia iterum averfo ab Ifraelitis fermone: exinde mi-
rabiliter.exaggerat ingrati atque impii populi, feu potius pecudis, ftu-
porem et immanitatem; et quo impetu jam iterum erumpit Vatis indignatio, quæfo, advertite: [1]

וישמן ישרון ויבעט
שמנת עבית כשית
ויתש אלוה עשהו
וינבל צור ישעתו :

    " At faginatus eft Jefhurun et recalcitravit;
    " Saginatus fuifti, incraffatus, adipe obducto coopertus!
    " Et deferuit Deum Creatorem fuum,
    " Et Rupem falutis fuæ vilipendit.

In una brevi fententia ex abrupto ad Ifraelitas converfa, et ab iifdem
denuo averfa oratio, admirabilem vim habet; fervida eft, vehemens,
aculeata, pleniffima odii et indignationis. Digna fane eft, quæ cum
hoc Mofis loco conferatur illa Virgilii, quanquam minus ardens, imprimis tamen ingeniofa Apoftrophe, qua Proditori fuum crimen exprobrat,
fimulque a Rege crudelitatis invidiam amovet: [2]

    " Haud procul inde citæ Metium in diverfa quadrigæ
    " Diftulerant: at tu dictis, Albane, maneres:
    " Raptabatque viri mendacis vifcera Tullus
    " Per fylvam, et fparfi rorabant fanguine vepres.

Poffem ulterius procedere, et ejufdem rei exempla, plura quidem
ex hoc ipfo carmine proferre, aliunde innumera congerere, quorum
varia eft vis et ratio: verum hæc fufficiunt ad demonftrandum magnam fæpe in hoc genere vim ineffe, in vehementioribus affectibus exprimendis, et in notandis fubitis illis motibus et incitatiffimis animi
converfionibus, fefe huc illuc paulo momento impellentis, et in varias

1 Verf. 15.
2 ÆN. VIII. 642.

partes rapientis. Qui autem in Hebræis carminibus diligenter verſabi-
tur, is facile animadvertet, multo plura hujuſmodi, ac perpetuo ſere,
occurrere, quam quæ ullo modo ferre poſſet vel Græca, vel Romana,
vel noſtra denique poeſis: ex his multa eſſe quorum difficilior eſt ratio, quorum conſilium et vis, ſi ſingulatim ea expendimùs, ægre explicari aut etiam percipi poteſt. Quod etſi omnino verum eſt, non tamen
idcirco exiſtimandum eſt protinus, ea ipſa, quæ maxime obſcura ſunt,
abſurda eſſe, nullamque in univerſo genere vim et effectum obtinere,
in diſtinguenda dictione, in ſuſtentando ſpiritu poetico, in formando illo Charactere, qui quantumcunque a noſtra conſuetudine abhorret, eſt
tamen in ſuo genere probandus. Attendenda eſt poeſeos Hebraæ propria indoles; libera eſt, animoſa, plena fervoris et audaciæ: poeticam
quaſi proprium quendam ſermonem eſſe quo affectus loquuntur, exiſtimant Orientales; adeoque in eo ſermone ſi omnia recte et ordinate exprimantur, ſi ad certas regulas anxie et ſubtiliter omnia expendantur,
id demum ſore longe ineptiſſimum, omnique Solœciſmo multo abſur-
dius.

Alterum eſt, quod ut in hoc Poemate ita in omni ſere Hebræorum
poeſi obſervari poteſt: Temporum nimirum ratio a vulgari conſuetudine ſæpius mutata. Hujus rei plerumque finis eſt Evidentia, ſive in
narrationibus vel deſcriptionibus illuſtrior rerum repræſentatio. Itaque
omnibus linguis, cum in poeſi tum etiam in oratione ſoluta, familiaris
eſt eventuum ſive Præteritorum ſive Futurorum in Præſenti tempore
enunciatio: quo fit ut quæ verbis explicantur ea quodammodo cernere
videamur; nec tam retro reſpicere, aut in futurum providere, quam
ante oculos poſita coram intueri. Sed in hoc genere linguæ Hebrææ
peculiaris quædam eſt ratio. Nam Hebræorum Verba nullam habent
formam qua Tempus Præſens Imperfectum, ſive Actio jam inſtans,
proprie exponi poteſt; id fit per Participium ſolummodo, vel per Verbum Subſtantivum ſubintellectum, quorum neutrum in hujuſmodi locis uſu multum obtinuit, aut ſemper commòde admitti poteſt. Alio itaque modo eundem finem conſequuntur; nam Evidentiæ gratia Futura
ſæpe exponunt in Temporis Præteriti, ſeu potius Præſentis Perfecti,

forma,

forma, quafi jam peracta fint et eventum fuum habuerint; contra Præterita in Futuro enunciant, quafi jam agenda inftarent et ad eventum
feftinarent.   Ac prioris quidem conftructionis, nimirum ubi Futura in
Præteriti Temporis forma exponuntur, et ratio et effectus exemplo propofito facile fentietur.

Mofes cœlefti mentis inftinctu profpiciens nefariam illam divini cultus derelictionem, in quam mox conjuratura erat perfida Ifraelitarum
natio, ita eorum crimina infectatur, quafi fe præfente et infpectante jam
antea commiffa:

שחת לו לא בניו מומם

"Corrupit illi filios, non jam fuos, ipforum pravitas:
ita loquitur quafi ipfe teftis effet eorum impietatis, et nefandis illis facris, quibus religionem a fe divinitus inftitutam aliquando violaturi e-
rant, interfuiffet.   Qua anticipatione nihil poteft effe efficacius ad res
clare et evidenter demonftrandas, et pene fub afpectum fubjicendas: adeoque in Poefi Prophetica fæpiffime locum habet.   In hoc ut in cæteris
admirabilis eft Ifaias: attendite modo quam clare expofuit iter Sena-
charibi adverfus Hierofolymam, variafque exercitus ftationes; utque
rerum gerendarum prædictioni eam evidentiam et lucem intulit Vates,
quam in geftarum narratione vix confequi potuiffet Hiftoricus. 1

בא על עית עבר במגרון
למכמש יפקיד כליו:
עברו מעברה גבע מלון לנו
חרדה הרמה גבעת שאול נסה:

---

1 ISAI. X. 28, ——— 32. Commate 29. pro לנו legendum exiftimo למו cum PARAPH.
CHALD. Quomodò cæteri plerique legerint, haud fatis liquet: perinde eft ad fenfum; ad phra-
feos elegantiam haud parum, opinor, intereft.   Commate 30, עניה ענתור, alludit Epithetum
ad fignificationem nominis; tanquam fi diceret,

"Ah! nimis ex vero nunc tibi nomen erit.
Quod ea de caufa noto, ut fi quis intelligere velit, quantum ament Prophetæ, et in primis Ifaias,
hujufmodi elegantias, confulat locos fequentes: ISAI. V. 7. XIII. 6. XXIV. 17. XXVII. 7.
XXXIII. I. LVII. 6. LXI. 3. LXV. II, I2. JER. LI. 2. EZEK. VII. 6. HOS. IX. 15.
AMOS. V. 5. MIC. I. IO, ———I5. ZEPH. II. 4. vid. etiam GEN. IX. 27. XLIX. 8,
16, 19.

צהלי

צהלי קולך בת גלים

הקשיבי לישה עניה ענתות :

נדרה מדמנה ישבי הגבים העיזו :

עוד היום בנב לעמד

ינפף ידו הר בית ציון גבעת ירושלם :

" Venit Aiatham ; tranſiit per Migronem ;
" Michmaſæ commiſit impedimenta ſua :
" Superârunt tranſitum ; Geba illis manſio ;
" Trepidavit Rama ; Gibea Sauli fugit :
" Ede ejulatum, O Filia Gallimorum ;
" Attende Laiſam verſus, O afflicta Anathotha !
" Migravit Madmena ; Gebimenſes confugerunt.
" Adhuc hodie Nobæ ei ſubſiſtendum eſt ;
" Agitabit manum in. montem Filiæ Sionis, collem Hieroſo-
    " lymæ.

Ita denuntiatur a Joele, et quaſi jam immiſſa deſcribitur Peſtis Lo-
cuſtarum : ¹

כי גוי עלה על ארצי

עצום ואין מספר :

שם גפני לשמה

ותאנתי לקצפה :

חשף חשפה והשליך

הלבינו שריגיה :

שדד שדה אבלה אדמה

" Nam invaſit terram meam natio ;
" Robuſta atque innumerabilis :
" Vitem meam deſolatam reddidit,
" Et ficum meam decorticavit :
" Penitus nudavit eam, et abjicit ;
" Dealbati ſunt ejus palmites.
" Vaſtatus eſt ager, luxit terra : ---

¹ JOEL. I. 6, 7, 10, &c.

De

De eventu futuro loquitur: nam eandem devaſtationem, quam hic depinxit Vates evidentiæ cauſa quaſi jam illatam, in ſequentibus 1 ſub alia
imagine quaſi poſtmodum inferendam, niſi populum flagitiorum pœni-
teret, interminatur. Hac itaque ex parte Hebrææ linguæ idem fere eſt
uſus ac cæterarum: quæ alii ſcriptores evidentiæ gratiæ, quanquam futura, in tempore Præſenti Imperfecto exponunt, ea Hebræi in Præſenti Perfecto efferunt: quod ad claram rei repræſentationem pariter valet.

Ex altera autem parte multum ſane ab aliorum conſuetudine videntur abhorrere; nimirum cum Præterita in Temporis Futuri forma e-
nunciant: atque ea res magnam habet difficultatem. Si adeamus Interpretes, ii nodum non modo non expediunt, verum etiam diſſimulant;
Temporum rationem quantum poſſunt ad rem de qua agitur accom-
modantes, et ex ſuo ſenſu potius quam ex Grammaticæ legibus, aut
ex ullis certis principiis, expromentes. Si Grammaticos conſulamus,
nihilo proficimus magis: rem quidem notant, ſed nec explicant, neque tamen ſuam ignorantiam profitentur; Græco enim vocabulo nobis
fucum faciunt, neſcio quam Temporum Enallagen ſemper in promptu
habentes, qua, ne nihil dicant, occurrant quærentibus; quaſi ſcilicet
temere et ſine ulla ratione aut cauſa fieret Mutatio; quo nihil abſur-
dius aut inſulſius concipi poteſt. Quin hujuſmodi omnia ſuam vim habeant et proprietatem, dubitari omnino nequit; quod ex his multa obſcura jam ſint et impedita, in tanta linguæ Hebrææ vetuſtate minime
eſt mirandum: quibus tamen ipſis aliqua fortaſſe lux nonnunquam induceretur, ſi diligenter attenderemus, quonam eſſet Scriptor mentis habitu ſituque cum ea ederet, quas apud animum ſuum rerum imagines
tum conciperet. Eſt apud Moſen in eadem illa Ode hujuſce conſtruc-
tionis inſigne exemplum. Poſtquam mentionem fecit divini decreti
quo Iſraelitæ in proprium Dei populum electi ſunt, pergit exponere
quo eos amore et caritate, inde ab eo tempore, cum ab Ægypto eos li-
beraret, amplexus eſſet Deus, in ſolitudine paſceret, per deſerta manu

duceret, ac veluti in finu portaret; quæ omnia quamquam manifefte Præterita, tamen in Futuri Temporis forma efferuntur. ¹

ימצאהו בארץ מדבר
ובתהו ילל ישמן :
יסבבנהו יבוננהו
יצרנהו כאישון עינו :

" Inveniet eum in terra deferta,
" Et in vafta ejulanti folitudine:
" Circumdabit eum, edocebit eum ;
" Cuftodiet eum tanquam pupillam oculi fui.

Quòd anne ex eo explicari poffit, quod Mofes fefe fingit in re præfenti intereffe, cum Deus Populum fuum a reliquis gentibus jam fegregaret, atque inde tanquam ex fpecula quadam contemplari, quid ex eo confilio tum effet continuo confecuturum ? Ita fane nonnullis in locis fe res habere videtur; ut in Pfalmo illo Hiftorico Afaphi nomine infcripto plus femel. Poftquam Populi perfidiam et delicta in ipfo penè egreffu ex Ægyptiaca Servitute commiffa expofuit Vates, clementiam Dei et Ifraelitarum denuo repetita flagitia animo quafi prævenit, et veluti mox futura prædicit. ²

והוא רחום יכפר עון ולא ישחית
והרבה להשיב אפו
ולא יעיר כל חמתו :
כמה ימרוהו במדבר
יעציבוהו בישימון :

" Ille tamen mifericors condonabit iniquitatem, nec perdet;
" Sæpius avertet iram fuam,
" Neque excitabit omnem fuam indignationem. ---
" Quomodo jam irritabunt eum in deferto,
" Difcruciabunt in folitudine !

Hujus etiam conftructionis admodum elegans exemplum præbet Pfalmi Centefimi quarti tota difpofitio : Vates enim Dei magnitudinem et fa-

---

1 DEUT. XXXII. 10.
2 PS. LXXVIII. 38, 40.

pientiam

pientiam praedicans ex rerum naturae conftitutione ac confervatione, o-
pera creatoris, facta ipfa ac decreta, quafi illi jam primum omnia ordi-
nanti ipfe adeffet, in praefenti tempore enunciat; eorundem autem con-
fequentia, variofque ufus, et caufas quas vocant finales, veluti ea inde a
principio profpiciens in pofterum, in Futuro exponit.

Quanquam autem haec atque hujufmodi alia eo modo quo dixi fatis
commode explicari poffe videantur; reftant tamen adhuc quam plurima quae eodem referri nequeunt, et in quibus non tam refpiciendus eft
fitus ille atque habitus animi quem fibi nonnunquam inducit Scriptor,
quam linguae ipfius propria quaedam natura atque indoles.   Nam He-
braei videntur faepenumero ita ufurpare Futuri Temporis formam, ut
non tam ipfius loquentis habeat rationem, quam rei de qua is proxime
loquutus eft: quae itaque actio alteri actioni connexa eft et confequens,
vel quae feipfam confequitur, iterata nimirum aut continuata; quod
quis facit et pergit facere; quod frequenter, affidue, certatim, fedulo
facit; id efferunt quafi Futurum.   Quam ob caufam Formam hanc
Grammatici עָתִיד appellant; quafi dicas, promptam, expeditam, imminentem.   Cujus rei exempla poffem proferre haud pauca ex locis alias
ob caufas antehac laudatis: ut 1 ex elegantiffima Profopopoeia Matris
Siferae; ex 2 Allegoria Vitis ex Ægypto eductae; ex 3 Comparatione
petita ab Aquilae paterna pietate et follicitudine in hoc ipfo Mofis Cantico: quorum omnium vim fentiet credo attentus lector, fed haud facile exprimet diligentiffimus interpres.

Quod fi ita uti dixi fe res habet; fi hujufmodi infolentior conftructio, vel ex fubito aliquo motu loquentis, novoque animi fitu inducto
provenit, vel aliam aliquam vim peculiarem habeat fecum conjunctam,
ex rei ratione aut ex linguae ingenio quaerendam; vix fieri poteft quin
multo frequentius in poetica dictione quam in vulgari fermone occurrat, cum fit ad poefeos naturam, ad mobilitatem, et varietatem, et ad
impetum exprimendum valde accommodata; a temperatione et lenitate

1 JUD. V. 29.
2 PS. LXXX. 9, 12, 14.
3 DEUT. XXXII. II.

                                                        folutae

folutæ orationis, uno atque eodem tenore.plerumque profluentis, paulo alienior. Adeoque qui in Hebræorum poefi diligenter verfabitur, fefeque exercebit in percipiendo ac diftinguendo ftyli charactere, vix quicquam inveniet, fi fententiarum conformationem excipiamus, quod eum
a mero fermone evidentius difcriminat. Quanquam enim hoc genus
non ita abhorret a profa oratione, ut non unum atque alterum inde exemplum aliquando liceat depromere, tamen ejufdem frequentior ac li-
berior ufus pro certa Poeticæ Dictionis nota merito ni fallor haberi poteft.

Hæc autem atque alia hujufmodi quantam vim habeant in diftin-
guenda Hebræorum Dictione Poetica, et in confervanda elocutionis fublimitate et fplendore, ex pauculis exemplis prorfus demonftrari aut percipi poffe minime eft exiftimandum; neque vero id ut efficeretur in
me fufcepi: erat folummodo confilium, unum atque alterum ex iis notare, quæ hoc curriculum ineuntibus occurfura erant, quæque aliquam
cogitationem et curam viderentur poftulatura. Univerfæ formæ comprehenfio, et coloris poetici perfecta cognitio, nec præceptiunculis contineri, nec via et arte tradi poteft: ufum et exercitationem cum aliqua
judicandi folertia conjunctam defiderat.

PRÆLECTIO DECIMA SEXTA:

DE SUBLIMITATE CONCEPTUUM.

Quæ in Senfibus unice pofita eft Sublimitas, nulla Dictionis habita ratione, (ea enim fpecies quam ad Dictionem retulimus, utpote cum qua arctiori quadam neceffitudine conjuncta eft, ultimo quidem ad Senfus etiam plerumque referri poffet; quæ autem Sublimitas proprie eft Senfuum,) ea oritur, vel ex infita quadam animi elatione, et felici audacia in formandis conceptibus; vel ex violento impetu mentis vehementioribus Affectibus commotæ: quorum alterum vocat Longinus το περι τας νοησεις αδρεπηβολον; alterum το σφοδρον και ενθουσιαστικον παθος appellat. Utrumque ita in hoc argumento ufurpamus, atque ita Sacris Vatibus tribuimus, ut nihil derogemus Divini Spiritus afflatui: etfi fuam interea vim propriæ cujufque fcriptoris naturæ atque ingenio concedamus. Neque enim inftinctu divino ita concitatur Vatis animus, ut protinus obruatur Hominis indoles: attolluntur et eriguntur, non extinguuntur aut occultantur naturalis ingenii facultates; et quanquam Mofis, Davidis, et Ifaiæ fcripta femper fpirent quiddam tam excelfum tamque cælefte, ut plane videantur divinitus edita, nihilo tamen minus in iis Mofem, Davidem, et Ifaiam femper agnofcimus.

Quæ ex priore illo genere oritur Sublimitas, nimirum ex audaci fpiritu et animi elatione five ingenita five etiam divinitus infufa, ea tribus in rebus præcipue cernitur: primo in excelfis magnifque Rebus concipiendis; tum in delectu Adjunctorum, quorum pondere et magnitudine earum defcriptionibus vis et elatio accedit; poftremo in Imaginum fplendore et magnificentia, quibus eædem cum fuis adjunctis illuftrantur. Quibus omnibus Vates Hebræi unice eminent et excellunt. Rerum ipfarum et Conceptuum magnitudinem quod attinet, non modo

cæteros

cæteros omnes scriptores post se relinquunt, sed et cancellos etiam humano ingenio circumscriptos longe transcendunt. Dei magnitudo, potentia, justitia, immensitas; divinorum factorum et consiliorum infinita
sapientia, argumenta sunt, in quibus et perpetuo et semper digne versatur, in quibus plane triumphat Hebræorum Poesis. Reputemus modo
quanto intervallo ab iis distant, cum in his rebus versantur Poetæ exteri; quam longe infra materiæ dignitatem cadunt excelsissima quidem,
sed humana, ingenia; et Hebrææ Poeseos non modo singularem Sublimitatem agnoscemus, verum etiam adorabimus Divinitatem. Neque
vero solum in rebus et Conceptibus, in quibus versatur Poesis Sacra, ea
inest magnitudo, quæ quomodocunque explicata suam haberet vim et
dignitatem; sed et valde admirabilis est etiam modus, quo conceptus
menti ingeruntur, rerumque descriptiones adornantur; sive Adjunctorum delectum spectemus, ex quibus ad rerum magnitudinem cumulus
quidam accedit; sive Imaginum amplitudinem, quibus ea quæ ab sensibus nostris sunt remotissima ita explicantur, ut quanquam humanitus
adumbratæ, suam tamen divinitatem retineant. Et quoniam Vatum
sacrorum Sublimitas satis magna copia exemplorum diversi generis antehac illustrata est, sufficiat in illorum accessionem pauca hic apponere,
quæ pertinent ad ea quæ jam dixi illustranda; ex eis nimirum locis petita, in quibus Divina Majestas exprimitur.

Ac primum quidem Dei Creatoris Potentia in rerum universitate condenda qua magnificentia exponitur! Quo sane in loco religio est præterire toties laudatum illud Sacri Historici, in quo rei et Conceptus
magnitudinem (nihil autem majus mens humana potest concipere)
commendat brevitas et simplicitas Dictionis: ¹ ויאמר אלהים יהי אור
ויהי אור " Dixit Deus, Esto lux, et fuit lux." Quantum addideris
verbis, tantum de sublimitate detraxeris: nam potentiam divinam non
aperte declaratam animus protinus colligit et melius ex effectu; rei
magnitudine multo magis perculsus eo quod ex se ipse eam concepisse
videatur. Id ipsum poetice exprimunt Vates, nec minori cum vi et

¹ GEN. I. 3.

magnificentia.

magnificentia.   Excitantur res omnes creatæ ad celebrandas Dei laudes : 1

יהללו את שם יהוה
כי הוא צוה ונבראו :

" Laudent nomen Jehovæ ;
" Nam Ille juffit, et creatæ funt,

Et alio in loco : 2

כי הוא אמר ויהי
הוא צוה ויעמד :

" Nam Ille dixit, et fuit ;
" Ille juffit, et conftitit.

Idem argumentum fæpe explicant latius, additis compluribus Adjunctis, variifque Imaginibus inductis, ad illuftrandam defcriptionem : quæ an faciant pro rei magnitudine et dignitate, et fine imminutione fublimitatis, ex uno alteroque exemplo de pluribus aliis facite conjecturam. 3

איפה היית ביסדי ארץ
הגד אם ידעת בינה :
מי שם ממדיה כי תדע
או מי נטה עליה קו :
על מה אדניה הטבעו
או מי ירה אבן פנתה :
ברן יחד כוכבי בקר
ויריעו כל בני אלהים :
ויסך בדלתים ים
בגיחו מרחם יצא :
בשומי ענן לבשו
וערפל חתלתו :
ואשבר עליו חקי
ואשים בריח ודלתים :
ואמר עד פה תבוא ולא תסיף
ופא ישית בגאון גליך :

1 PS. CXLVIII. 5.
2 PS. XXXIII. 9.
3 JOB. XXXVIII. 4, ———— 11.

T.   " Ubinam

" Ubinam fuifti cum fundarem terram ?

" Indica, fi intelligentia polles.

" Quis difpofuit menfuras ejus, quandoquidem nôfti ;

" Aut quis fuper eam extendit lineam ?

" Quonam demerfæ incumbunt bafes ejus ;

" Aut quis pofuit lapidem ejus angularem ?

" Quum fimul ovarent ftellæ matutinæ ;

" Unaque clangerent omnes filii Dei.

" Et foribus occlufit mare ?

" Cum erumperet, ex utero exiret :

" Cum involverem illud indumento nubis,

" Et fafcia denfæ caliginis :

" Et diffringerem illi decretum alveum,

" Poneremque repagula et valvas :

" Diceremque, huc ufque veni, nec progreditor ;

" Et hic obftaculum efto tuorum fluctuum fuperbiæ.

מי מדד בשעלו מים ¹

ושמים בזרת תכן

וכל בשלש עפר הארץ :

ושקל בפלס הרים

וגבעות במאזנים :

שאו מרום עיניכם

וראו מי ברא אלה :

המוציא במספר צבאם

וכלם בשם יקרא

מרב אונים ואמיץ כח איש לא נעדר :

" Quis menfus eft pugillo fuo aquas ;

" Et cœlos palmo aptavit ;

" Et comprehendit triente pulverem terræ ?

" Et ponderavit trutina montes,

" Et colles bilance ?

¹ I S A I. XL. 12, et 26.

" Attollite

" Attollite in fublime veſtros oculos,

" Et contemplamini quis creavit iſta :

" Qui educit numero exercitum eorum,

" Eaque omnia nominatim appellat ;

· " Præ magnitudine virium et robore potentiæ, ne unum deeſt.

Videtis, Academici, potentiam ac fapientiam Divinam in rerum naturæ conſtitutione et gubernatione teſtatam, opera ipſa ac faɗta Creatoris, magnam præbere Adjunɗtorum et Imaginum copiam, quæ valde
grandia ſunt nec argumento indigna.   Verum aliter ſe res habet, quan-
do agitur de Attributis Dei in ſe ſpeɗtatis, generatim et abſtraɗte, ſine
ulla particulari induɗtione aut amplificatione operationum et effeɗtuum
exinde profluentium.   Hic penitus abſorbetur mens humana, planeque
obruitur, veluti in profundam quandam voraginem demerſa, et fruſtra
conatur aliquid apprehendere, quo ſeſe expedire et extrahere poſſit.
Sed ex rei difficultate æſtimamus ejus magnitudinem ; dumque animus
laborat id compleɗti quod ejus anguſtiæ non capiunt, is ipſe labor atque irriti conatus incredibilem quandam granditatem exprimunt.   Quam
ob cauſam valde ſublimis eſt ſequens locus, cum ad immenſam rei magnitudinem ſummo niſu contendere videatur, quanquam eam aſſequi non
poſſit ; iis Imaginibus utens, quæ minime quidem ſunt ei adæquatæ,
quibus tamen majus nihil univerſa natura ſuppeditavit : 1

יהוה בשמים חסדך
אמונתך עד שחקים :
צדקתך כהררי אל
משפטיך תהום רבה :

" O Jehova, ad cœlos pertingit Benignitas tua ;

" Veritas tua, uſque ad nubes :

" Juſtitia tua inſtar montium validorum ;

" Judicia tua Abyſſus magna !

Verum in hoc genere nihil eſt majus, quam cum per continuam nega-
tionem deſcriptio inſtituitur ; cum fit congeries maximarum altiſſima-

1 PS. XXXVI. 6, 7.

rumque

rumque Imaginum, quæ cum re, de qua agitur, comparatæ, valde im_
pares longeque inferiores reperiuntur: hoc modo quaquaverfum exten_
duntur, tandemque omnino tolluntur limites; animus deducitur paula_
tim in Infinitudinem, atque ingenti admiratione et jucundo quodam
horrore percellitur, cum primum fefe in illa immenfitate expatiari per-
fenferit. Multa funt in facris carminibus hujus rei exempla, quorum
unum atque alterum cætera etiam vobis in mentem reducent. 1

החקר אלוה תמצא
אם עד תכלית שדי תמצא :
גבהי שמים מה תפעל
עמקה משאול מה תדע :
ארכה מארץ מדה
ורחבה מני ים :

" Numquid Dei intima perveftigabis?
" An invenies etiam perfectionem Omnipotentis?
" Altitudines cœlorum! quid ages?
" Orco profundior; quid cognofces?
" Menfura ejus terra longior,
" Et latior eft mari.

אנה אלך מרוחך
ואנה מפניך אברח :
אם אסק שמים שם אתה
ואציעה שאול הנך :
אשא כנפי שחר
אשכנה באחרית ים :

1 JOB. XI. 7, —— 9.

2 PS. CXXXIX. 7, —— 10. Mihi non fatisfacit Commatis noni vulgo jam recepta interpretatio; quafi exprimeretur motus continuus ab oriente in occidentem, ejufque motus velocitas
cum radiorum folis velocitate compararetur. Videntur mihi hujufce Diftichi, plane ficut prioris, duo membra inter fe opponi, non effe alterum alteri confequens; tranfitum duplicem exprimi, unum ad orientem, ad occidentem alterum; fugæ denique longinquitatem, non celeritatem
motus, amplificari. Ita THEODORET. in loc. Ορθρον τας ανατολας εκαλεσε, δυσμας δε της θα-
λατ1ης τα εχατα· τω γαρ υψει και τω βαθει το μηκος και το πλατος απεσ1ηκε, διδασκων το της θειας
φυσεως απεριγραφον. In voce כנפי eft ' Pronomen Affixum: fic LXX. SYR. VULG.

נם

גם שם ידך תנחני
ותאחזני ימינך :

" Quo difcedam a fpiritu tuo ;
" Et quo a facie tua fugiam ?
" Si afcendam cœlos, ibi Tu ;
" Et in orco cubem, ecce Te !
" Attollam alas meas auroram verfus ;
" Habitem in extremitate maris occidui :
" Etiam illic manus tua ducet me ;
" Et apprehendet me dextera tua.

Exprimitur, uti videtis, notio Infinitatis; quæ tamen haud facile in animo confignatur: fi fimpliciter et abftracte nullaque re adjuncta exponitur, fugit intelligentiæ noftræ vim, ac pene elabitur. Confugiunt itaque Sacri Scriptores ad Adjuncta quædam et Imagines, quarum ope rei tam tenui et fubtili quandam inducant foliditatem, et notionem lubricam ab intellectu ad fenfus revocent. Deducunt nos per omnes fpatii dimenfiones; per longitudinem, latitudinem, altitudinemque; has ipfas non generalibus et confufis vocabulis defignant, fed evidenti quadam menfura, eaque maxima, quam aut natura præbet, aut mens noftra recipit. Cum ultra hos limites provehitur animus, non habet quo poffit confiftere; in omnes partes evagatur, et rerum metas fruftra conatus attingere, devenit tandem in Infinitatem: ejus fpecies vafta atque informis, cum in animo evidenter imprimitur, quod hoc modo confequuntur Sacri Scriptores, femper magnam vim habet, et cum horrore quodam conjunctam admirationem.

Convenit etiam vel maxime ad imprimendam imaginem Divinæ Majeftatis et Potentiæ acrior illa et vehementior Negatio vel Affirmatio, quæ fit per confidentiam Interrogationis; in quo eam fæpius ufurpant Sacri Vates: 1

זאת העצה היעוצה על כל הארץ
וזאת היד הנטויה על כל הגוים :

1 IS. XIV. 26, 27.

כי

כי יהוה צבאות יעץ ומי יפר

וידו הנטויה ומי ישיבנה:

" Hoc eſt decretum de omni terra conſilium,

" Et hæc eſt manus extenſa in omnes gentes:

" Nam Jehova Exercituum decrevit, et quis irritum faciet?

" Et ipſius eſt manus quæ extenditur, et quis eam avertet?

ההוא אמר ולא יעשה ¹

ודבר ולא יקימנה:

" An Ille dixit, et non faciet?

" An locutus eſt, et non effectum dabit?

Nec minorem vim habet ſimulata conceſſio et Ironia ipſi Deo attribu‑ta; in quo admirabilis eſt ille Jobi locus: ²

עדה נא גאון וגבה

והוד והדר תלבש:

הפץ עברות אפך

וראה כל גאה והשפילהו:

ראה כל גאה הכניעהו

והדך רשעים תחתם:

טמנם בעפר יחד

פניהם חבוש בטמון:

וגם אני אודך

כי תושיע לך ימינך:

" Orna te, age, magnificentia et celſitudine;

" Et indue majeſtatem et gloriam:

" Effunde quaquaverſum æſtus iræ tuæ;

" Et aſpectu tuo omnem elatum deprime,

" Aſpice omnem elatum, proſterne eum;

" Et contere impios in veſtigio ſuo:

" Obrue eos in pulvere pariter;

" Involve eorum vultus et in obſcurum demerge.

" Tum etiam Ego tibi confitebor;

" Cum tibi ſalutem præſtiterit dextera tua.

Divina

Divina omnipotentia et humana infirmitas, inter fe collatæ invicem augentur: portentofa illa abfurditas, quæ in rerum maxime inæqualium comparatione apparet, clariffime demonftrat illam inæqualitatem, eafque plane infinito intervallo disjungit.

Cum vero Vates Sacri femper de Deo humanitus loquuntur; humanas actiones, humanos affectus, humana etiam membra illi tribuentes; qui fieri poteft, ut omnino exiftimentur Divinam Majeftatem unquam digne expreffiffe, ac non potius, quantum in ipfis fuit imminuiffe ac violâffe videantur? Nonne id de illis etiam verum erit, quod Homero merito vitio vertit Longinus; nimirum illum Deos fuos homines fecif-fe, vel etiam infra humanam fortem depreffiffe? --- Verum longe aliter fe res habet. Homerus cæterique vaniffimis opinionibus ducti ea de Diis fuis prodiderunt, quæ utcunque abfurda atque impia in fenfu proprio accepta, vix tamen, ac ne vix quidem, poffunt Allegorice intelligi: contra Vates Sacri Naturam Divinam fub humanis imaginibus adumbrant, eo quod illud neceffario poftulet humanæ mentis imbecillitas; eoque modo, ut quæ a rebus humanis ad Deum transferuntur, nunquam proprie accipi poffint. Semper remittitur intellectus ab umbra ad veritatem; neque in nuda hæret imagine, fed protinus quærit et inveftigat id quod in Divina natura ei imagini eft Analogum; grandius quiddam et excelfius quam quod poffit plane concipere aut apprehendere, fed quod animum metu quodam et admiratione percellit. Atque hoc, ni fallor, rei cujufdam fatis notabilis rationem aliquantum reconditam explicabit; nimirum, cur ex iis rerum Imaginibus, quæ ad Deum transferuntur, illæ potiffimum, quæ in fenfu proprio acceptæ ab ejus natura alieniffimæ ejufque majeftate indigniffimæ viderentur, tamen in Metaphora aut Comparatione longe maximam habent Sublimitatem. Verbi gratia, quæ a Corpore et Membris humanis ducuntur, plerumque grandius quiddam habent et magnificentius, quam quæ transferuntur ab Affectibus aut Intellectu; quæque a brutis Animalibus fumuntur, fæpe fublimitate exfuperant ea quæ petuntur ab Hominis natura. Ea enim eft mentis noftræ ignorantia et cæcitas in Divinæ naturæ contemplatione, ut ejus notionem fimplicem et puram nullo modo poffimus attin-

gere:

gere : femper admifcemus humani aliquid ; craffiora quidem corporis
adjuncta facile fecernimus, fed ægre feparamus Animæ Rationalis, aut
aliquas etiam fenfitivæ, facultates.   Hine fit, ut fæpe in iis imaginibus,
quæ a præftantiori hominis parte ad Deum transferuntur, acquiefca-
mus, quafi ei proprie tribuerentur ; contra eas, quæ remotius petitæ et
alienius attributæ videntur, ultro afpernatur ac refpuit cogitatio noftra,
et dum continuo confectatur το αναλογον, femper ad aliquid admodum
grande et magnificum, quanquam obfcurum, confurgit. Videamus annon ita fe res habeat in fequentibus : cum Pfaltes Hominis ob injuriam
infperato acceptam commoti perturbationem ad Deum transfert, ea I-
mago nihil in fe habere videtur infigniter admirabile aut excelfum : 1

שמע אלהים ויתעבר
וימאס מאד בישראל :

" Audivit Deus, et ira exarfit ;
" Et Ifraelem cum fummo faftidio rejecit.

Sed cum paulo poft eadem res Imaginibus multo craffioribus et audacius tranflatis adumbratur, nihil facile poteft effe fublimius : 2

ויקץ כישן אדני
כגבור מתרונן מיין :

" Tum expergefactus eft Dominus veluti ex fomno ;
" Tanquam Athleta præ vino in clamorem erumpens.

Eadem in fequentibus etiam videtur effe ratio, ubi ex leonis rugitu, ex
rufticarum operarum clamore, et ex ferarum immaniffimarum rabie,
Imago ducitur : 3

יהוה ממרום ישאג
וממעון קדשו יתן קולו :
שאג ישאג על נוהו
הידד כדרכים יענה :

" Ex alto rugiet Jehova ;
" Et ex facrofancto habitaculo edet vocem :

1 PS. LXXVIII. 59.
2 PS. LXXVIII. 65.
2 JER. XXV. 30.

" Horrendum

" Horrendum rugiet adverfus fedem fuam;

" Edet celeufma ficut calcantes uvas.

וָאֱהִי לָהֶם כְּמוֹ שָׁחַל ¹
כְּנָמֵר עַל דֶּרֶךְ אָשׁוּר:
אֶפְגְּשֵׁם כְּדֹב שַׁכּוּל
וְאֶקְרַע סְגוֹר לִבָּם:

" Et ero illis inftar Leonis;

" Sicut pardus juxta viam infidiabor:

" Occurram illis ut urfa orbata,

" Et difcerpam eorum præcordia.

Cum Imagines in fe fpectatæ craffum quiddam et plane abfonum fpirent, tantaque materia quam maxime indignum, eo citius inde abripitur animus, et ad rei ipfius magnitudinem contemplandam fubito tranfit.

¹ HOS. XIII. 7, 8.

U

DE SUBLIMITATE AFFECTUUM.

ALTERUM Sublimitatis fontem cum Longino ftatuimus, commotæ mentis vehementiam, et Affectuum impetum : vocat is το σφοδρον και ενθυσιαςικον παθ©. Videamus paulum quid fit ille ενθυσιασμος; quam vim habeat in poefi Affectuum cum concitatio, tum imitatio; quænam inter Affectus et Sublimitatem cognatio intercedat.,

Dictionem poeticam germanum effe incitatæ mentis effectum, plus femel jam obfervatum eft; ipfam etiam Poefin fuam habuiffe originem, habitum fuum, colorem, fonum, geftumque traxiffe, ex eo quod patitur animus corpufque, imaginatio, fenfus, fermo, vox, fpiritus; cum Affectus vehementius concitantur. Omnis animæ humanæ Affectio, ubi imperiofius dominatur, eft brevis quidam furor : cum poeta ita ingenio vel potius imaginatione valet, (ευφαντασιωτον vocant Græci [1]) ut facile quemvis animæ motum induere, ut alienos affectus in fe transferre, eofque apte, vivide, fortiterque pro rei natura exprimere poffit, eum Furore poetico concitari vulgo dicimus ; et cum Ariftotele μανικον, cum Platone εκφρονα, ενθεον, και ενθυσιαζοντα, cum Latinis divino fpiritu afflatum Deoque plenum, appellare poffumus: non quafi "Di ardo-"rem hunc mentibus addant," fed quod "fua cuique Deus fit dira "cupido." Hanc igitur fpeciem ενθυσιασμυ appellarem Naturalem, nifi viderer plane inter fe repugnantia conjungere: eft certe longe diverfus, et altioris quidem originis, verus ille et germanus ενθυσιασμος, eoque nomine unice dignus, quo folummodo Hebræorum Poefis fublimior, ac maxime Prophetica, incitatur.

1 QUINTIL. Lib. VI. 2.

Porro

Porro ut vehementioribus animæ Affectibus originem fuam debet poefis, ita in Affectibus exprimendis vim fuam præcipue exerit, et Affectus concitando finem fuum optime confequitur.

Imitatione conftare dicitur Poefis : quicquid humana mens cogitatione complectitur, id omne imitatur; res, loca, imagines vel naturæ vel artis, actiones, mores, affectus : et cum omni imitatione magnopere delectatur mens humana, fieri vix poteft, quin illam et delectet maxime et percellat ea imitatio, quæ ei fuam ipfius imaginem exhibet, omnefque eos impulfus, flexiones, perturbationes, motufque fecretos exprimit, quos in fe agnofcit fentitque. Commendat imprimis hanc imitationem ipfius rei fubtilitas et difficultas : habet magnam admirationem, cum cernimus id effectum dari, quod omnino vix effici poffe judicamus. Cæterarum rerum defcriptiones accuratas effe et naturæ congruere, memoriæ fubfidio ac veluti per medium quoddam, mens tardius intelligit: cum exprimitur Affectus aliquis, rem ipfam quafi nude intuetur; ipfa per fe confcia eft et fui et fuorum motuum, nec rem perfpicit folum, fed et vel idem vel fimile quiddam ftatim patitur. Hinc fit, quod ea Sublimitatis fpecies, quæ ex vehementi Affectuum impulfu eorumque imitatione oritur, apud animum humanum multo maximam vim habet: quicquid ei extrinfecus exhibetur, utcunque grande et magnificum, minus eum ut par eft commovet, quam quod intus percipit, cujus magnitudinem et impetum et vehementiam ipfe apud fe perfentit.

Utque Imitatio Affectuum poefeos perfectiffimum eft opus, ita per eorundem Concitationem maxime ad finem fuum et effectum perducitur. Poetices finis eft, Prodeffe Delectando : Concitatio autem Affectuum, per imitationem facta, eft fumme et utilis, et jucunda.

Utilis eft in primis hujufmodi Concitatio Affectuum, fi recte legitimeque fiat; nimirum fi ita moveantur Affectus, ut ad fuum finem dirigantur, ut naturæ confilium et rerum veritatem fervent; hoc eft, fi excitetur mali averfatio, boni amor : quod fi aliqui poetæ contra faciunt, ii fua arte peffime abutuntur. Affectiones enim principia funt atque elementa humanarum actionum; omnes in fe funt bonæ, utiles,

honeftæ;

honeftæ; et cum debite exercentur, non modo recta ducunt, fed ftimulant etiam et incendunt ad Virtutem. Poeticæ partes funt, eas incitare, dirigere, moderari, minime autem extinguere: Affectuum exercitationem, emendationem, difciplinam profitetur; id quod Ariftoteles per παθημάτων καθαρσιν unice intelligere videtur, quanquam Interpretes quidam alio fenfum ejus detorferunt.

Ad hoc, eo utilior eft iftiufmodi Affectuum Concitatio, quod valde delectet: omnem enim Affectuum commotionem, etiam eorum qui cum dolore primitus cognationem habent, cum per imitationem fiat, fumma eaque exquifita quædam voluptas femper comitatur: partim ex ipfius imitationis contemplatione orta; partim ex noftræ felicitatis cum aliorum miferiis comparatæ confcientia; præcipue vero ex Senfu Morali. Homini enim generofum quendam fpiritum natura indidit, juffitque non fe folum refpicere, fed aliorum etiam curam et rationem habere, nihil humani a fe alienum ducere. Gaudere itaque in aliorum felicitate, dolere etiam in aliorum miferiis, pietatem et benevolentiam amore amplecti, immanitatem et injuftitiam odio et indignatione profequi, id eft, naturæ fuæ obtemperare, rectum eft, honeftum, pulchrum, jucundum.

Multum quidem genere differunt Sublime et Patheticum, et tamen aliqua neceffitudine inter fe conjunguntur. Patheticum continet in fe Affectus quos patimur, et quos concitamus. Exprimuntur aliqui Affectus fine Sublimitate; eft item Sublimitas, ubi nulli Affectus exprimuntur: fed id neutiquam poteft effe Sublime, quod nullum Affectum concitat. Quæ ex ipfa Conceptuum atque Imaginum magnitudine oritur Sublimitas femper habet Admirationem, eamque vel cum gaudio, vel amore, vel odio, vel metu, plerumque conjunctam: id quod fatis liquet ex exemplis in eo genere proxime allatis.

Quantum vero in Affectibus commovendis et ad fuum finem rite dirigendis præftat facra Hebræorum Poefis; quomodo eos in debitis objectis exercet, et veluti in fuo quemlibet centro et cardine convertit; Admiratione per Divinæ Majeftatis contemplationem animum percellit et incendit; Gaudium, Spem, Amorem, a rerum terrenarum et abjectarum

jectarum amplexu revulfum, ad Summum Bonum traducit; Odium,
Metum, Dolorem, in levioribus vitæ miferiis nimis fedulo occupatum,
ad Summi Mali averfationem excitat: hæc omnia neque hic loci egent
explicatione, nec, quamquam cum fumma Sublimitate plerumque conjuncta, et ad finem fuum egregie perducta, proprie ad rem præfentem
faciunt. Non enim agitur de Sublimitate quatenus concitat Affectus;
fed de ea ejufdem fpecie quæ oritur ex vehementi impulfu, ex Imitatione five repræfentatione Affectuum.

Atque hic campus plane immenfus nobis oftenditur. Quid enim eft
aliud pars longe maxima Poematum Sacrorum, quam perpetua diver-
forum Affectuum Imitatio? quæ alia materia et argumentum tot Carminum, quam Admiratio ex Divinæ potentiæ et majeftatis contemplatione orta; Gaudium ex fenfu Divini favoris profperoque rerum exitu;
Iracundia et Indignatio contra impios Deique ofores; Dolor ex peccati
confcientia, et pœna delictorum divinitus irrogata; ex interminatione
Divinorum judiciorum Terror? Neque horum omnium, aut fi qui his
finitimi funt animorum motus, exempla defiderare quifquam poteft,
qui in Libro Jobi, in Pfalmis, in Canticis aut Vaticiniis Prophetarum,
velit periculum facere, vel etiam in aliquam eorum partem, nullo confilio aut delectu habito, forte inciderit. Quocirca exhibenti mihi vobis,
Academici, in horum fingulis breve aliquod fpecimen, multo minus
erit laborandum, ut idonea atque eximia feligam, quam ut quæ ultro
occurrunt, non dico pro rei dignitate, fed fine graviffima fublimitatis
imminutione, poffim exponere.

Admiratio, ut eft effectus femper confequens Sublimitatem, ita fæpe
etiam Sublimitatis eft caufa efficiens. Concipit fenfus magnificos, dictione utitur elata et audaci, fententiis brevibus, concifis, interruptis. I

יהוה מלך ירגזו עמים
ישב כרובים תנוט הארץ :

" Jehova regnat; contremifcant populi:
" Cherubis infidet; commoveatur tellus.

I P S. XCIX. I.

יקול

קוֹל יְהוָה עַל הַמַּיִם ‎1
אֵל הַכָּבוֹד הִרְעִים
יְהוָה עַל מַיִם רַבִּים :
קוֹל יְהוָה בַּכֹּחַ
קוֹל יְהוָה בֶּהָדָר :

" Vox Jehovæ fuper aquas ;

" Deus gloriæ intonat ;

" Jehova fuper aquas ingentes.

" Vox Jehovæ potens ;

" Vox Jehovæ plena majeftatis.

מִי כָמֹכָה בָּאֵלִים יְהוָה ‎2
מִי כָּמֹכָה נֶאְדָּר בַּקֹּדֶשׁ
נוֹרָא תְהִלֹּת עֹשֵׂה פֶלֶא
נָטִיתָ יְמִינְךָ תִּבְלָעֵמוֹ אָרֶץ :

" Quis Tui fimilis inter Deos Jehova !

" Quis Tui fimilis, verendus fanctitate !

" Terribilis laudum, faciens mirabilia !

" Extendifti dextram, abforbet eos tellus.

Effert fe Gaudium atque exultat audacius : grandes habet conceptus, fplendidas imagines arripit, verba injicit ardentia ; nec veretur figuras maxime præcipites et infolentes periclitari. In Mofis, in Deboræ Carmine εὐχαριστικῷ, quæ fenfuum, quæ dictionis et compofitionis Sublimitas ? Quid illa in Pfalmis toties celebrata univerfæ naturæ jubilatio, quum res omnes creatæ, cum animalibus inanimæ, Creatoris laudes certatim efferunt? nonne ipfa Poefis triumphare gaudio, lætitia infolefcere, et prope bacchari videtur ? 3

Dicite, Regnat Deus Omnipotens ;

Dicite populis, Ipfe Jehova

Pofuit ftabilis mœnia mundi,

Rerum validas torquet habenas.

1 PS. XXIX. 3, 4,

2 EXOD. XV. 11, 12.

3 PS. XCVI. 10, —— 13. et XCVIII. 7, —— 9.

Cœli

Cœli exultent; concinat Æther;
Refonet cantu confcia Tellus;
Refonent Sylvæ; refonent Montes;
Geminent palmis Flumina plaufum;
Fremitu læto reboet ·Pontus:
Pfallite, clangite, quæque patentes
Colitis terras, quæque profundum.
Advenit, advenit ipfe Jehova,
Regat ut populos legibus æquis;
Totum numine temperet orbem.

Nihil autem poteft effe magnificentius et grandius quam Iracundiæ
et Indignationis præfertim Divinæ repræfentatio; cujus rei infigne exemplum præbet tota Mofis Ode Prophetica, quæ perpetuo æftu iracundiæ exardefcit et inflammatur. Nonnulla antehac in genere paulum diverfo exinde protuli; nec omitti debent fequentia: [1]

כי אשא אל שמים ידי
ואמרתי חי אנכי לעלם:
אם שנותי ברק חרבי
ותאחז במשפט ידי:
אשיב נקם לצרי
ולמשנאי אשלם:
אשכיר חצי מדם
וחרבי תאכל בשר
מדם חלל ושביה
מראש פרעות אויב:

" Nam manum meam ad cœlos attollo,
" Et dico, Ut Ego in æternum vivo,
" Ita acuam gladii mei fulgur,
" Et manus mea arripiet arma judicii;
" Hoftibus meis ultionem reddam,
" Eifque qui me oderunt rependam:

[1] DEUT. XXXII. 40, —— 42.

" Inebriabo

" Inebriabo fagittas meas fanguine,

" Et gladius meus devorabit carnes;

" Sanguine confofforum captorumque,

" De capite capillato inimicorum.

Nec in fimili materia cautior aut remiffior Ifaias: ¹

כי יום נקם בלבי
ושנת גאולי באה :
ואביט ואין עזר
ואשתומם ואין סומך :
ותושע לי זרעי
וחמתי היא סמכתני :
ואבוס עמים באפי
ואשכרם בחמתי
ואוריד לארץ נצחם :

" Nam dies ultionis in corde meo eft,

" Et annus quo meos redimam venit:

" Et circumfpexi, neque erat adjutor;

" Et obftupui, neque enim erat fuftentator :

" Tum mihi falutem præftitit brachium meum,

" Et indignatio mea ipfa me fuftentavit:

" Et conculcavi populos in ira mea,

" Et in æftu meo ebrios et attonitos reddidi,

" Et cædem eorum derivavi in terram.

Et valde fublimis eft illa apud Mofem hoftici furoris et minarum Imitatio, qua mirifice amplificatur imperata cladis atrocitas. ²

אמר אויב ארדף אשיג
אחלק שלל תמלאמו נפשי
אריק חרבי תורישמו ידי
נשפת ברוחך כסמו ים :

" Dixerat hoftis, perfequar, adfequar;

" Dividam fpolia, exfaturabitur anima mea;

¹ ISAI. LXIII. 4, — 6.
² EXOD. XV. 9, 10.

" Stringam

" Stringam gladium, exfcindet eos manus mea:

" Spiritu tuo flavifti; operuit eos mare.

Humilis plerumque et abjectus, et a Sublimitate paulo alienior eft
Dolor; fed cum exceffit modum et in animo penitus dominatur, infurgit audacius, et in rabiem quandam et furorem excandefcit. Num fe
cohibet et comprimit Jeremias, dum Sionis miferias exaggerat? ¹

דרך קשתו כאויב נצב ימינו כצר
באהל בת ציון שפך כאש חמתו:

" Arcum fuum hoftili more intendit; dextram firmavit velut
    " inimicus;

" In tentoria filiæ Sionis iram fuam inftar ignis effudit.

Sed nihil in hoc genere æquat Jobi dolorem, acrem, vehementem, fervidum, in graviffimis miferiis femper animofum quiddam et excelfum
fpirantem; nimirum

            " æftuat ingens

" Uno in corde Pudor, Luctufque; et confcia Virtus.

אפו טרף וישטמני ²
חרק עלי בשניו
צרי ילטוש עיניו לי:
פערו עלי בפיהם
בחרפה הכו לחיי
יחד עלי יתמלאון:
יסגירני אל אל עויל
ועל ידי רשעים ירטני:
שלו הייתי ויפרפרני
ואחז בערפי ויפצפצני
ויקימני לו למטרה:
יסבו עלי רביו
יפלח כליותי ולא יחמל
ישפך לארץ מררתי:
יפרצני פרץ על פני פרץ
ירץ עלי כגבור:

" Ira ejus difcerpit me, et hoftili odio profequitur;

" Dentibus fuis in me infrendit,

" Hoftis meus acuit contra me oculos fuos.

" Fauces fuas contra me diftendunt;

" Maxillas meas contumeliofe percutiunt;

" Pariter fuper me fefe exfaturant.

" Conftrictum me Deus iniquo tradidit,

" Et in manus impiorum me præcipitavit.

" Tranquillus eram, et me penitus contrivit;

" Et cervice prehenfum minutatim diffregit;

" Ac me fibi pro fcopo conftituit.

" Corona facta invadunt me jaculatores ejus;

" Sulcat renes meos, nec parcit;

" Effundit in terram fel meum.

" Aliis fuper alias plagis continuo me profligat;

" Impetum facit in me ficut bellator.

Apud eundem quâ magnificentia et fublimitate exprimitur Mœror et Defperatio!

1 O fi bilance mea libretur calamitas,

   Juftaque trutina moles cumulati mali!

   Superat iniquo pondere arenas æquoris;

   Nec temere inæftuat gemitu erumpens dolor.

   Stant penitus imo tela infenfi Numinis

   Defixa latere; morfu lacerant vifcera,

   Ægrumque lenta tabe fpiritum hauriunt;

   Deique terrores acie inftructa ingruunt.

   O cedat utinam fupplicis precibus Deus!

   Effundat iræ fræna tandem vindici;

   Manu foluta, liberoque brachio,

   Adigat trifulci vim corufcam fulminis,

   Miferumque plaga fuhito interimat fimplici.

1 JOB VI. 2, 3, 4, 8, 9.

Nec

Nec minus in Terrore vel incutiendo vel exprimendo totum Jobi Poema excellit; quod fatis intelligi poteft vel exemplo jam allato. Hunc vero Affectum quafi fuum opus propriamque provinciam fibi vindicat Poefis Prophetica, maximam nempe partem in denunciandis Dei judiciis occupata. Totus fere eft in-eo παθει Ezekiel: excellit e- tiam Ifaias, quanquam rerum lætarum et falutis plerumque nuntius; fed Judæorum hoftibus hi intentantur terrores. [1]

הילילו כי קרוב יום יהוה

כשד משדי יבוא :

על כן כל ידים תרפינה

וכל לבב אנוש ימס :

ונבהלו צירים וחבלים יאחזון

כיולדה יחילון

איש אל רעהו יתמהו

פני להבים פניהם :

הנה יום יהוה בא

אכזרי ועברה וחרון אף

לשום הארץ לשמה

וחטאיה ישמיד ממנה :

כי כוכבי השמים וכסיליהם

לא יהלו אורם

חשך השמש בצאתו

וירח לא יגיה אורו :

ופקדתי על תבל רעה

ועל רשעים עונם

והשבתי גאון זדים

וגאות עריצים אשפיל :

אוקיר אנוש מפז

וארם מכתם אופיר :

על כן שמים ארגיז

ותרעש הארץ ממקומה

בעברת

בעברת יהוה צבאות
וביום חרון אפו :

" Ejulate, nam propinquat dies Jehovæ;
" Adveniet, ut ab Omnipotente vaftitas!
" Idcirco omnes manus folventur,
" Et omne cor hominis liquefcet ;
" Et confternati anguftiis, et cruciatibus correpti,
" Inftar parturientis dolebunt :
" Alter alterum attoniti refpicient ;
" Inftar flammarum vultu ardente.
" Ecce dies Jehovæ advenit ;
" Atrocitas, et excandefcentia, et æftus iræ:
" Ut redigat terram in defolationem,
" Et peccatores ejus ex ea exfcindat.
" Nam ftellæ cœlorum, et eorum fidera,
" Non emittent lucem fuam ;
" Caligabit Sol in ortu fuo,
" Nec fplendorem fuum effundet Luna.
" Et animadvertam in orbis malitiam,
" Et in impiorum crimina ;
" Et comprimam arrogantium faftus,
" Et fuperbiam tyrannorum dejiciam.
" Mortalem reddam obryzo pretiofiorem,
" Et hominem auro Ophirino.
" Propterea cœlos faciam contremifcere,
" Et commovebitur tellus e loco fuo ;
" In excandefcentia Jehovæ Exercituum ;
" Et in die iræ ejus exardefcentis.

Nec in hoc minus eminet Jeremias, etfi lenioribus affectibus magis fortaffe idoneus.   Exemplo fit Vifio imminentem Judææ cladem cum mira evidentia et veriffimo ενθυσιασμω exhibens : 1

ι JER. iv. 19, &c.

מעי

מעי מעי אוחילה קירות לבי
הומה לי לבי לא אחריש
כי קול שופר שמעתי נפשי תרועת מלחמה :
שבר על שבר נקרא כי שדדה כל הארץ
פתאום שדדו אהלי רגע יריעתי :
עד מתי אראה נס אשמעה קול שופר :
ראיתי את הארץ והנה תהו ובהו
ואל השמים ואין אורם :

" Viſcera mea! viſcera mea! præcordia mihi dolent!

" Tumultuatur intus cor meum; ſilere non poſſum;

" Nam vocem buccinæ audiviſti, O anima mea; clangorem
    " belli!

" Clades ſuper cladem proclamatur, nam devaſtata eſt omnis
    " hæc terra:

" Subito vaſtantur tentoria mea, momento mea vela.

" Quouſque vĭdebo vexillum, audiam clangorem buccinæ!---

" Aſpexi terram, ecce autem informis eſt et vacua!

" Cœloſque, nec lucent amplius! ---

et quæ ſequuntur reliqua. Infinitum eſſet omnia quæ huc faciunt recenſere: et erit fortaſſe locus de his et ſimilibus plus ſemel differendi in
ea operis inſtituti parte, quæ de variis Poematum Hebræorum Generibus agit; quam, veſtra, Academici, indulgentia in incœpto arduo et
difficili prius implorata, proxime ſum ingreſſurus.

נבואה,

SIVE POESIS PROPHETICA.

PRÆLECTIO DECIMA OCTAVA:

PROPHETARUM SCRIPTA PLERAQUE ESSE POETICA.

D E Poefeos Hebrææ generali natura, deque attributis ejus communibus, hactenus difputatum: fatis quidem fufe, fi differ-
tationum numerus fpectetur; fi argumenti et copia et dignitas, vereor ne breviter nimis, et plus nimio exiliter. Verum
non erat confilium nifi locos infigniores, et qui ad peculiarem Hebræorum rationem præcipue facerent, attingere; eofque ipfos delibare potius
quam pertractare; nec tam docere, quam ad hæc ftudia adhortari auditores meos: qui non erunt monendi, ne rei ipfius magnitudinem ex
hujufce operæ et tractationis tenuitate metiantur; ac fpeciatim exempla
quod attinet ex facris Vatibus fæpius prolata, ne in ullius interpretatione, nedum in noftra, velint acquiefcere: quanquam in hac parte non
minimam pofitam fuiffe diligentiam libenter profiteor. Quod jam re-
-ftat, univerfum Genus Poefeos Hebrææ in fuas Species tribuendum eft,
et quid in fingulis maxime notatu dignum fit, videndum. Qua in diftributione non eft a nobis exigendum, ut ipfos Hebræos femper cite-
mus teftes, utque cujufque Speciei defcriptionem legitime effe conftitutam

tam illorum auctoritate confirmemus; qui in fubtilibus ejufmodi rerum partitionibus non multum verfati funt: fatis erit ad rem noftram, hoc eft, ad accuratiorem Sacræ Poeticæ tractationem, fi fingularum proprie-tates in rei natura pofitas effe, cernique vel in argumenti materia, vel in rerum difpofitione, vel in ftyli diverfitate, vel in totius denique Poe-matis forma, demonftremus.

Poefi Propheticæ primum locum tribuo: quod genus cernitur in Prophetarum Vaticiniis, eorum nimirum plerifque quibus conftant Li-bri Prophetici, atque aliis nonnullis quæ in Hiftoricis fparfim occur-runt. Ea quin fint Stylo vere Poetico et in fuo genere excellenti, ne-mo opinor dubitat; quam in rem a nobis etiam jam antea allata funt multa exempla: numeris autem et metris conftare non minus quam Libros illos Poeticos dictos, id quidem non tam facile conceffum iri vi-deo. Negant Judæi; 1 negat Hieronymus, 2 Judæorum diligens audi-tor: poft quos nihil attinet recentiores memorare, qui partim omnibus Hebræorum fcriptis metra abjudicant, partim iis folum tribuunt, quæ vulgo Poetica appellantur, paucifque infuper Canticis hinc inde difper-fis. Horum autem auctoritate nemo fe protinus obrui patiatur, priuf-quam videat, num idonei fint hujufce argumenti judices, quidve in hac quæftione fit eorum teftimonio tribuendum.

Judæi, ipfis etiam confitentibus, antiquæ Metricæ artem, ejufque om-nem memoriam, a multis retro fæculis amiferunt; nimirum inde ab iis temporibus quibus Lingua Hebræa defiit effe vernacula, et in oblivio-

---

1 ABARBANEL Tres ftatuit Species Canticorum. Prima eft Rhythmica, five ομοιοτελdΤοις conftans; in ufu apud recentiores Hebræos, qui ab Arabibus eam didicerunt, fed Sacris Scrip-toribus plane ignota. Secunda, ad melodiam Muficam accommodata; ut modulata voce, vel cum inftrumentis etiam Muficis, cantetur: qualia funt Cantica Mofis, Deboræ, Davidis. Ter-tiam Speciem conftituunt Parabolæ; quod genus (inquit ille, valde abfurde ut folent Magiftri,) proprie vocatur שיר. Ex hac autem claffe excludit Parabolas Prophetarum, cum Maimonidis diftinctione inter Prophetiam et Spiritum Sanctum: (vid. MORE NEBOC. II. 45.) ait eos non effe Cantica, quia non funt ex operatione ipfius Prophetæ, fed ex abfoluta Prophetia. Mantif-fa Differt. ad Libr. COSRI pag. 413.

2 Vide HIERON. Præfat. in Ifaiam.

nem

nem abiit. [1] Id fane vero videtur fimile, Maforetas illas, quicunque
tandem fuerint, qui poftea facra Volumina Accentibus et Vocalibus,
prout ea nunc habemus, diftinxerunt, adeo tenuem et imperfectam habuiffe in hac re cognitionem, ut metrum a foluta oratione non potuerint liquido internofcere: quippe qui, cum libros alios, Pfalmorum nimirum, Proverbiorum, et Jobi, ut metricos peculiari quadam ratione
accentibus fuis notaverint, alios tamen non minus certo metris conftan-
tes, cujufmodi funt Canticum Salomonis et Jeremiæ Threni, pro me-
ris fermonibus habuerint, et proinde in his vulgarem et profaicam folummodo Accentuationem adhibuerint: quorum judicio ftant omnes
Judæi, hofque idcirco metricos effe, et in eodem cenfu cum tribus iftis
fuperioribus ponendos, negant. [2]   Neque vero in hac parte difcipulus
fuis præceptoribus peritior fuiffe exiftimandus eft. Quanquam enim
Hieronymus de Metris Hebraicis multa difputat, multa de Tetrame-
tris et Hexametris, de Iambicis et Sapphicis memorat, ea tamen omnia
non nimium urgenda effe res ipfa oftendit: etenim plane pingui, quod
aiunt, Minerva agit, in Hebraicis remotam quandam fimilitudinem
Græcorum metrorum quærens, et craffis quibufdam imaginibus rem a
fe ipfo non fatis intellectam explicans; in quibus etiam ipfe fibi parum

1 "Non eft dubium quin [Cantica Sacra Secundæ Speciei] habuerint melodias certas, quæ
"longitudine temporis et captivitatum in oblivionem venerunt." ABARBANEL. ibid. p.410.
  2 Canticum Salomonis Poema quidem effe agnofcunt Judæi, non autem vel ftructuræ ratione
vel metri, fed eo quod fit Parabola: adeoque ad Tertiam Canticorum Speciem refert ABAR-
BANEL. ibid. Qua item de caufa fit, quod cum in nonnullis Codd. MSS. Tres Libri Metrici
στιχηρως fcribantur, eodem tamen modo minime exarentur Threni et Canticum Canticorum. Hoc
fane animadverti in Cod. MS. Bibliothecæ Vaticanæ inter antiquiffimos merito numerando; eft
enim Anni Æræ Chrift. DCCCLXXIII. Hoc cernitur in Tribus Codd. MSS. Bibliothecæ Bodleianæ, uti me certiorem facit Vir in his literis exercitatiffimus BENJAMINUS KENNICOTT,
cujus eruditum Opus Criticum propediem expectamus, in quo etiam omnes Codd. MSS. Bibl.
Hebr. qui in Academiis noftris adfervantur accurate recenfebit. Equidem exiftimare quifpiam
poffet, Judæos, cum Cantica quædam, et fæpe etiam in Codd. MSS. integros Libros Metricos,
στιχηρως exaratos exhibuerint, vel fervaffe, vel fervare faltem videri voluiffe, rationem carminis,
et veram verfuum diftributionem. Sed eorum in hac re infcitiam arguit ipforum inter fe difcor-
dia; parum enim confentiunt in linearum terminis figendis, neque ullam certam rationem aut legem in hoc negotio fequuntur. Canticorum diftributio in στχυς in variis Libris Impreffis varia
eft, ut cuivis liquebit Editiones inter fe conferenti. In Cantico Mofis DEUT. XXXII. in quo
                                                                    diftribuendo

conſtare deprenditur. Nam Deuteronomii Canticum Hexametris et Pentametris verſibus compoſitum eſſe ait, 1 Joſephum et Origenem ſecutus; alibi 2 vero idem Carmen Iambico Tetrametro ſcriptum eſſe affirmat: ad comprobandam denique ſententiæ ſuæ veritatem eorum teſtimoniis utitur, Philonis nimirum, Joſephi, Origenis, Euſebii, 3 quibus Metrice Hebræa æque atque ipſi ſuit ignota.   Pace itaque et Judæorum et Hieronymi liceat nonnulla proponere in contrariam partem, quibus forſan perſpectis non omnino incredibile videri poterit, Prophetarum pleraque Vaticinia, perinde atque cætera Poeſeos Hebrææ monumenta, verſibus eſſe edita numeriſque adſtricta.

Jam vero ad probandum Prophetarum Vaticinia eſſe Metrica, iiſdem profecto argumentis utendum eſt nobis, quibus conati ſumus evincere Poeſin Hebræam in univerſum aliquo Metri genere conſtare: quæ quidem omnia hic locum habent, eo duntaxat excepto quod ex Carminibus Alphabeticis petebatur.   Ejus vero artificii exempla in Poeſi Prophetica minime eſſe quærenda, res ipſa docet; cum ſit ab ejus natura vel maxime alienum: eſt enim magis ſtudii et diligentiæ, quam incitationis et motus; ad ſubſidium memoriæ, non ad affectuum impulſus comparatum.   Reliqua autem imprimis hic obſervanda occurrunt:

diſtribuendo Libri Impreſſi magis conſentiunt quam in cæteris, vix autem diverſitati aut inconſtantiæ locus fuiſſet, modo membrorum ſententiæ ſemper habuiſſent rationem, ipſi tamen Judæorum Magiſtri inter ſe diffident, aliis verſus ſive lineas ſexaginta ſeptem, aliis ſeptuaginta numerantibus. Vide Annot. ad Bib. Hebr. Edit. MICHAELIS Halæ 1720. In Libris metricis ſimilis eſt trium MSS. Bodl. modo memoratorum diſcordia; quod meo rogatu amiciſſime facta collatione deprehendit idem Vir Doctiſſimus. Codex MS. inſignis, quem in Bibliotheca Regia Dreſdenſi vidi, habet quod in hac parte notari meretur, quodque Judæorum in hac re tota ignorantiam et futilitatem palam facit. Paraphraſis Chaldaica Textui per totum immiſcetur, ita ut ſingula legantur Commata, primo Hebræum, deinde Chaldæum, et ſic perpetuo alternatim: in Libris Metricis, qui στιχηρως ſcribuntur, ita confunduntur Textus et Verſio, ut, cum in στιχων diſtributione nihil aliud ſpectaverit ſcriptor quam linearum æqualitatem, paſſim in una eademque linea occurrant; utque idem στιχος ab Hebræo incipiat, in Chaldæum definat; et contra. Codex hic eſt elegantiſſimus; annorum fortaſſe quingentorum. Puncta ſunt a manu recentiore; ut in Vaticano ſupradicto, aliiſque omnibus paulo antiquioribus.

1 Præfat. in Chron. Euſebii.
2 Epiſt. CLV. ad Paulam Urbicam.
3 Vide HIERON. Præfat. in Job.

Y   Dialectus

Dialectus Poetica, [1] Dictio et Conftructio a pedeftri fermone abhorrens, cæteraque ejufmodi, quæ lectori diligenti abunde fefe offerent, uno alteroque exemplo explicari non poffunt; parvi enim momenti fortaffe videbuntur fingula, quæ univerfa magnam vim habent. Huc accedit poetica Sententiarum Conformatio; quæ cum metrici artificii femper, ut mihi quidem vidétur, pars quædam præcipua effet, nunc certe quæ clare apparet fola fit, eam poftea uberius explicare conabor, Scriptorum Propheticorum fpeciatim habita ratione: alia quædam jam præmiffurus, quæ ad opinionem noftram comprobandam viam munire videntur.

Erant Prophetæ a Deo quidem ipfo et electi et ad munus fuum obeundum abunde inftructi; ex eorum tamen numero plerumque, qui ab ineunte ætate in convenientem difciplinam traditi, et ad facra minifteria prius inftituti fuiffent. Conftat ex multis facræ Hiftoriæ locis, inde a prifcis Reipublicæ Hebrææ temporibus fuiffe quædam Prophetarum Collegia, in quibus femoti ab hominum frequentia Prophetici muneris candidati ftudiis et exercitationibus facris vacabant: horum fingulis præerat Vates aliquis fumma auctoritate, et Sancti Spiritus inftinctu eximie præditus, univerfi cœtus moderator et præceptor. Quanquam de eorum inftitutis et difciplina paucis tantummodo atque obiter mentionem fecit Sacra Hiftoria; nihilominus in eo fæpe multumque occupatos fuiffe intelligimus, ut hymnis et carminibus, cum fidium et tibiarum cantu et fymphonia, Dei laudes celebrarent. Infignis eft locus qui in hoc genere primum occurrit: [2] Saulo jam regi defignato, et folenni unctione juffu Dei confecrato, obviam fit, quemadmodum ei prædixerat Samuel, cœtus Prophetarum defcendentium a Monte Dei (id loci nomen, in quo fitum erat facrum Collegium) et præcedentibus nabliis, tympanis, tibiis, citharifque, vaticinantium: quibus auditis ipfe protinus, cœlefti etiam fpiritu inftinctus, una vaticinatur. Idem illi evenit, ejufque etiam nuntiis Naiotham miffis ad capiendum Davidem; [3] qui

---

1 Vide fupra Annotata P R Æ L. III.

2 I. S A M. X. 5, ———— 10.

3 I. S A M. XIX. 20, ———— 24.

cum Prophetas viderent vaticinantes, et præfidentem choro Samuelem,
afflatu divino pariter correpti una vaticinati funt. De hujufce Vaticina-
tionis ratione inter Auctores quantum video nulla eft diffenfio : omnes
hic intelligunt, Dei laudes Sancti Spiritus inftinctu carmine cantuque
celebratas ; Chaldæi Interpretis auctoritatem fecuti, vel potius rei ipfius
evidentia inducti : quandoquidem etiam eodem plane modo Afaphus,
Heman, Iduthun, in Templi minifterio rei muficæ præfecti, dicuntur
" vaticinati effe in citharis, nabliis et cymbalis, cum gratiæ laudefque Je-
" hovæ tribuerentur." [1] Quibus exemplis fatis patet, voeis נביא ufum
apud Hebræos eo quidem ufque ambiguum fuiffe, ut æque defignaret
Prophetam, vel Poetam five Muficum, divinitus incitatum. His addi
etiam poffunt Prophetides, Maria foror Aharonis, et Debora, eo titulo, ut videtur, infignitæ, non folum quod per illas Jehova locutus effet, fed ob Poeticam etiam et Muficam facultatem ; quæ duæ apud an-
tiquos, cum Hebræos tum exteros, femper erant conjunctæ. Quid
quod Salomo, vel faltem Parabolarum ejus concinnator atque editor.
quidam, vocabulum, quod in Prophetiæ proprie dictæ fignificatione fo-
lenne eft, bis ufurpavit ad dictionem Poeticam defignandam ? Verba e-
nim Aguri et Lemuelis vocat משא, [2] quod Hieronymus Vifionem reddit, Seniores Χρηματισμον, Chaldæus נבואת : cum tamen is locus nihil
in fe habeat Prophetiæ proprie dictæ fimile, fed fit Sententiarum quædam rhapfodia, conftans verficulis ad omnem Poeticum ornatum compofitis, et in eo genere imprimis elegantibus. Nimirum Hebræi res
duas natura inter fe finitimas, ut ipfi arbitrabantur, unius vocabuli
communione connectebant : eademque ambiguitas nominis utravis facultate pollentem exprimentis, ob fimilem quandam opinionem antiquitus acceptam, in linguis [3], Arabica, Græca et Latina obtinuit.

    Neque vero exiftimandum eft Poeticam five Muficam in focietatem
folummodo nominis a Prophetia benigne receptam fuiffe : quinetiam

---

1 I. PARAL. XXV. I, — 3.

2 PROV. XXX. I. XXXI. I.

3 *Muttenabbi*, Προφητης, Vates. Vid. JOSEPHI MEDI Oper. p. 58. TIT. I. II. LUC.
I. 67, et HAMMOND. in loc.

accepimus Prophetiam ipfam non dedignatam effe cum Mufica re vera habere commercium, ejufque opem et auxilium petere. Infigne eft E-lifæi exemplum; qui duobus regibus Judæ et Ifraelis de rerum exitu fcifcitantibus Dei refponfum editurus [1] Fidicinem fibi adduci poftulat; eoque citharam pulfante afflatu divino protinus [2] agitatur. Quod fane plerique ita interpretantur, ut exiftiment Prophetam ad fedandam animi fui perturbationem Muficam adhibuiffe: in quo fequuntur opinionem quandam Judæorum recentiorum, [3] quæ ipfa non fatis extra controverfiam pofita eft; quafi nimirum omnis vehementiorum affectuum motus Sancto Spiritui aditum præcluderet, et cum Prophetia conftare non poffet: cujus tamen operationem cum incitatiffima animi commotione graviffimifque perturbationibus perfæpe conjunctam fuiffe, multis ipforum Prophetarum [4] teftimoniis comperimus. Verum utcunque ea fe res habeat, haud feio an verius ftatui poffit, iis quæ modo allata funt, et hoc ipfo loco, perfpectis, Prophetam ipfum voce ceciniffe ad fidicinem, et vel hymnum aliquem, vel potius oraculum ipfum ad citharæ cantum pronuntiaffe: a quo fane non prorfus abhorret hujus refponfi ftylus et compofitio.

. Ex quibus omnibus fatis liquet, veterum Hebræorum fententia cum Poetica Prophetiam arcta quadam focietate et cognatione conjunctam fuiffe. Utriufque facultatis idem erat nomen; eadem quippe origo, idem auctor, Spiritus Sanctus. Ii potiffimum ad Prophetiæ munus exequendum evocabantur, qui prius in facra Poefi multum fuerant verfati. Eorundem erat in ufum Ecclefiæ et carmina condere, et edere oracula: neque id quidem dubium eft, quin magna pars Hymnorum facrorum Vaticinia fint proprie dicta; nec quin ex Vaticiniis nonnulla re vera fint Hymni. Cum autem is effet ab initio præcipuus Poe-

---

[1] 2. REG. III. 15.

[2] והיה כנגן המנגן ותהי עליו יד יהוה

[3] Vide MAIMON. More Nebor. II. 36. et plures alios citatos a JOH. SMITH. in *Differt. De Prophetia,* Cap. VIII.

[4] Vide JER. XXIII. 9. EZEK. III. 14, 15. DAN. VII. 28. X. 8. HABAC. III. 2, et 16.

ticæ

ticæ finis, uti prius vidimus, ea fingularis utilitas, ut dicta fapientium, ad mores vel ad fidem pertinentia, in animis hominum alte imprimeret, et ad pofteritatis memoriam commendaret; nemini mirum id videri debet, fi Prophetia, quæ in eo genere principem locum obtinet maximique eft momenti, ejus operam noluerit repudiare, et minifterium ad ufus fuos præcipue accommodatum afpernari. Cujus etiam rei illuftre præbet exemplum Mofis Ode Prophetica, 1 quam Dei juffu et inftinctu fcripfit, Ifraelitis difcendam et memoriæ mandandam : " Ut " fit," inquit Deus ipfe, 2 " Carmen hoc mihi pro tefte adverfum Ifrae- " litarum populum, cum a me defecerit; hoc in os ejus teftimonium " dicet, neque enim oblivioni mandabitur, aut ex pofterorum ejus ore " excidet."

Porro autem, ut hoc ipfum Mofis Carmen in primis clarum eft èt infigne in Prophetico genere monumentum, ita ex altera parte multa funt Vaticinia, quæ in genere Poetico præcipue eminent. Supereft ut in hanc rem exempla quædam ex fcriptis Propheticis deprompta vobis proponam. Ac Vaticiniorum quidem antiquiffimorum, quæ in Mofis Hiftoria extant, pleraque jam antea citavi, 3 uti quæ clariffimum Hebræi carminis fpecimen exhiberent : Noachi nimirum Vaticinium, Jacobi Patriarchæ Benedictiones, Balaami Oracula. Quibus omnibus, ac præfertim illis Balaami, haud fcio an clariora exempla ex univerfo facrorum Codicum penu depromi poffint; ita funt omnibus poetici characteris notis eminenter fignata : ut qui metra aliqua in Hebræorum poefi agnofcunt, cum iis autem folis in hac quæftione nobis res eft, ifta cogantur in metricis numerare, fiquidem pro fententia fua argumentis propugnare velint. Illis autem Balaami Vaticiniis adnumerandum, exiftimo Carmen elegantiffimum, a Micha Propheta ab interitu vindicatum : 4 mire congruit cum cæteris ejus monumentis res, dictio, conftructio, forma ipfa et character compofitionis; plane autem citari vi-

ξ
1 DEUT. XXXII.
2 Vide DEUT. XXXI. 19, — 21.
3 Vide fupra PRÆL. IV.
4 MICH. VI. 6, — 8.

detur,

detur, 1 ut Regi Moabitarum confulenti factum a Balaamo refponfum :

במה אקדם יהוה
אכף לאלהי מרום :
האקדמנו בעולות
בעגלים בני שנה :
הירצה יהוה באלפי אילים
ברבבות נחלי שמן :
האתן בכורי פשעי
פרי בטני חטאת נפשי :
הגיד לך אדם מה טוב
ומה יהוה דורש ממך :
כי אם עשות משפט ואהבת חסד
והצנע לכת עם אלהיך :

"Quanam re inftructus comparebo coram Jehova;
"Inclinabo me fupplex coram Deo altiffimo?
"Num comparebo coram eo cum holocauftis;
"Cum vitulis anniculis?
"Num accepta erunt Jehovæ millia arietum;
"Dena millia fluentorum olei?
"An dabo primogenitum meum hoftiam pro peccato meo;
"Ventris mei fructum piaculum animæ meæ?
"Indicavit tibi, O homo, quid fit bonum,
"Et quid Jehova a te exigit?
"Nifi ut æquum facias, et pietatem colas,
"Et fubmiffe te geras erga Deum tuum.

Quod fi ad reliquas facræ Hiftoriæ partes pergamus, exempla non de-
erunt. Sed prius etiam appellanda nobis eft ipfius Mofis Cycnea Cantio; non dico Oden illam Propheticam quæ fæpius id nomen invenit,
fed Viri Divini extremam morientis Benedictionem, qua Ifraeliticarum
tribuum fata fignificantur : 2

---

1 Vide MICH. VI. 5. et Viri Cl. JOSEPHI BUTLER, nuper EPISCOPI DUNEL-
MENSIS, Concionem De Balaamo.　　　　2 DEUT. XXXIII.

יהוה

יהוה מסיני בא
וזרח משעיר למו :

" Jehova ex Sina prodiit;

" Et ex Sehire illis exortus eft : ---

Vaticinium ejufdem plane generis cum illo Jacobi; in exordio et fine valde fublime; ex omni autem parte Prophetici Carminis fpecimen eximium. Porro in eundem cum his cenfum refero Samuelis ad Saulum refponfum, quo ei contumaciam exprobrat, eumque divino decreto regno privari denunciat, quatuor conftans verficulorum paribus eleganter compofitis : 1

החפץ ליהוה בעלות וזבחים ·
כשמע בקול יהוה :
הנה שמע מזבח טוב
להקשיב מחלב אילים :
כי חטאת קסם מרי
ואון ותרפים הפצר :
יען מאסת את דבר יהוה
וימאסך ממלך :

" Num delectatur Jehova holocauftis et facrificiis,

" Æque ac obfequio voci ejus præftito ?

" Scito, obfequium melius effe facrificio,

" Et obedientiam adipe arietum.

" Profecto ut crimen divinationis eft rebellio,

" Et quafi fcelus idololatriæ contumacia.

" Quoniam repudiafti mandatum Jehovæ,

" Et ipfe te repudiavit, ne rex fis.

Aliud ejufdem rei evidens et illuftre exemplum præbent Davidis verba noviffima, 2 utcunque difficilis et impedita fit ejus Vaticinii, quod dictionem attinet, interpretatio. Satis jam credo erit exemplorum ex Li-

---

1 1. S A M. XV. 22, 23. V E T T. I N T T. omnes legiffe videntur והקשיב pro להקשיב, et תרפים fine ו præfixo.

2 2. S A M. XXIII. 1, ———— 7.

bris Hiftoricis, fi addam Ifaiæ de Senacheribo Oraculum, Regum Hiftoriæ infertum : [1]

בזה לך לעגה לך בתולת בת ציון
אחריך ראש הניעה בת ירושלם :

  " Contempfit te, fubfannavit te, Virgo Filia Sionis ;
  " Poft te caput movit Filia Hierofolymorum : ---

quod iterum occurrit inter illius Prophetæ Vaticinia ; admonetque ut
ab Hiftoricis ad ipfa Prophetarum Volumina tranfeam, quæ magnam
fuppeditabunt exemplorum copiam, quibus oftendi poffit vere poeticam effe Vaticiniorum compofitionem, unoque opere ipfa poeticæ compofitionis ratio plenius illuftrari.

I 2. R E G. XIX. 21, ——— 34. IS A I. XXXVII. 22, ——— 35.

PRÆLECTIO DECIMA NONA:

POËSIN PROPHETICAM ESSE SENTENTIOSAM.

POESIN Hebræam in Religionis famulatu natam et enutritam fuiffe fatis conftat, cum a principio id præcipue munus illi demandatum effet, ut Dei laudes Hymnis celebraret; utque cum Mufica conjuncta rem divinam fanctiorem quodammodo et auguftiorem faceret, piifque colentium affectibus vim quandam efficacem adderet, et ardorem cæleftia fpirantem. Primævum hunc Hymnorum in Sacris ufum haud parum momenti attuliffe credibile eft, ad formandum univerfum hujufce poefeos charactera, eumque habitum ei inducendum, quem, etfi ifti quidem negotio præcipue accommodatum, in cæteris tamen fervat. Quod ut luculentius explicari poffit, de veterum Hebræorum Hymnodia paucula adnotanda funt.

Quanquam equidem de more rituque carmina canendi apud eos recepto haud multa liquido conftent, et de Mufica facra ex omni parte valde impedita et obfcura fit quæftio, hoc tamen multis exemplis clare confirmatur, ufu obtinuiffe, ut facros Hymnos fæpe alternis choris invicem cantarent. 1 Id nonnunquam hoc modo fiebat; nimirum alter chorus Hymnum ipfum canebat, altero diftichon intercalare, five id προασμα effet five επωδη, certis in locis fubinde intercinente. Ita Mofem cum Ifraelitis Oden ad Mare Rubrum cecinisse accipimus; 2 "Maria "enim Prophetis tympanum manu ferebat, eamque fequebantur Fœ- "minæ omnes cum tympanis choreas agentes; et Maria refpondebat "illis," hoc eft, ipfa cum mulieribus virorum choro identidem fucci- nebat,

---

1 Vide NEHEM. XII. 31, 38, 40. et Titulum PS. LXXXVIII.
2 EXOD. XV. 20, 21. Vide PHILONEM περι χωρηας, pag. 199. item περι βιυ θεωρητ- κυ, pag. 902. Edit. Paris. 1640.

שירו

שירו ליהוה כי גאה גאה׃

סוס ורכבו רמה בים׃

"Cantate Jehovæ, quia magnifice fefe extulit;

" Equum equitemque in mare dejecit.

Quod cernitur etiam in Pfalmis nonnullis ad hanc formam compofitis. Alias vero ita erat inftituta cantio, ut ex duobus choris, altero fingulis verficulis præcinente, alter perpetuo fubjungeret verficulum priori aliquo modo refpondentem. Cujus rei exemplum eft in noto illo difticho,

הודו ליהוה כי טוב

כי לעולם חסדו׃

" Celebrate Jehovam, quia bonus;

" Quia æterna eft ejus benignitas:

quod Sacerdotes et Levitas ad præfcriptum Davidis alternis choris ceci-niffe nos docet Ezra; [1] ficuti etiam colligere licet ex illo Pfalmo, [2] in quo pofterior verficulus ab altero choro cantatus perpetuam ἐπῳδὴν fa-cit. Eadem eft ratio muliebris cantiunculæ de Saulo et Davide: [3] " lu-" dentes enim refpondebant," hoc. eft, alternis choris carmen amœ-bæum canebant; alteris enim præcinentibus,

הכה שאול באלפו

" Percuffit Saulus millia fua,

alteræ fubjiciebant,

ודוד ברבבתיו

" Et David fuas myriadas.

Quomodo Ifaias defcribit ipfos etiam Seraphos canentes τὸ τρισάγιον: nempe [4] " alter alteri inclamabant," five canebant alternis,

קדוש קדוש קדוש יהוה צבאות

מלא כל הארץ כבודו׃

" Sanctus, Sanctus, Sanctus, Jehova Exercituum!

" Plena eft gloria ejus univerfa tellus.

---

1 EZR. III. II.

2 PS. CXXXVI.

3 I. SAM. XVIII. 7.

4 IS. VI. 3. Vide quæ de origine ἀντιφώνων ὑμνων tradit SOCRAT. Hift. Eccl. VI. 8.

Ex

Ex Judaica Ecclefia in Chriftianam inde a primis fæculis derivatus eft
mos. ifte alternis canendi: 1 *αντιφωνον υμνωδιαν*, five Refponforia, vocabant, cum in duos choros divifi Pfalmum per fingulas ftrophas invicem
canebant: cum autem id fiebat per fingulos verficulos, altero nempe
choro pofteriorem diftichi partem fuccinente, id fpeciatim appellabant
τα ακροςιχια, five *τα ακροτελδλια*, *υποψαλλειν*. 2

Quod fi is primævus effet Hymnos canendi ufus, uti fane fuiffe credibile eft, in eo caufam cernimus proximam, cur ejufmodi carmina per
ftrophas æquales, et quidem plerumque difticha, ornate difponerentur;
et cur difticha verficulis aliquo modo parallelis conftarent. Id cum accommodatum effet ad modulationem muficam in ea poefeos fpecie, quæ
a principio maxime exculta eft, fimulque cum linguæ indole et ratione
numerorum valde congrueret; facile tranfiit in cæteras fpecies, quæ
non erant ad eundem cantionis ufum deftinatæ; adeoque in univerfa
Hebræorum poefi fere obtinuit: ut id verius de Mufis Hebræis quam
de aliis quibufcunque dici poffit, -- "Amant alterna Camœnæ." Quam
in rem adnotari etiam poteft, verbum ענה, quod proprie fignificat refpondere, ufurpari latius de quavis cantione; 3 vel a præcipua fpecie ad
reliquas tranflato vocabulo, vel quod apud Hebræos omne fere carmen
Refponforii quodammodo formam haberet.

Hanc originem, hos progreffus habuiffe videtur apud Hebræos Poetica fententiarum Compofitio: in Poefi Prophetica eam obtinere, pariter
atque in Ode vel Didactica, ad quas natura fua maxime eft accommodata, cerni poteft in iis exemplis Vaticiniorum Poeticorum antiquiffimis, quæ proxime citavi; nec minus in illis reliquis locum habere, quæ
in Prophetarum Voluminibus continentur, fupereft ut oftendam. Quod
ut fiat evidentius, totum hoc genus in fuas fpecies diftributum exemplis illuftrare conabor, primum ex iis Libris qui ab univerfis habentur
Poetici, deinde e Propheticis confimilia depromens.

---

1 PLIN. Lib. x. Epift. 97. — "quod effent foliti carmen Chrifto, quafi Deo, dicere fe.
"cum invicem."

2 Vide BINGHAM. *Antiq. Eccl. Chriftianæ* xiv. I.

3 EXOD. XXXII. 18. NUM. XXI. 17. HOS. II. 15. PS. CXLVII. 7.

Poëtica fententiarum Compofitio maximam partem conftat in æqualitate, ac fimilitudine quadam, five parallelifmo, membrórum cujufque
periodi, ita ut in duobus plerumque membris res rebus, verbis verba,
quafi demenfa et paria refpondeant. Quæ res multos quidem gradus
habet, multam varietatem; ut alias accuratior et apertior, alias folutior
et obfcurior fit: ejus autem Tres omnino videntur effe Species.

Primam conftituunt fpeciem Parallela Synonyma: cum propofita
quacunque fententia, eadem denuo exprimitur aliis verbis idem fere
fignificantibus. Quæ exornatio omnium fortaffe frequentiffima eft, et
perfæpe magnam habet accurationem et concinnitatem: exempla paffim obvia funt, neque anxio delectu opus eft; quocirca eos potiffimum locos adducam, qui alias etiam ob caufas funt omnibus notif-
fimi. ᴵ

בצאת ישראל ממצרים
בית יעקב מעם לעז :
היתה יהודה לקדשו
ישראל ממשלותיו :
הים ראה וינס
הירדן יסב לאחור :
ההרים רקדו כאילים
גבעות כבני צאן :
מה לך הים כי תנוס
הירדן תסב לאחור :
ההרים תרקדו כאילים
גבעות כבני צאן :
מלפני אדון חולי ארץ
מלפני אלוה יעקב :
ההפכי הצור אגם מים
חלמיש למעינו מים :

" Cum exiret Ifrael ex Ægypto;

" Domus Jacobi e populo barbaro:

ᴵ PS. CXIV.

" Erat

" Erat illi Juda in fanctam ditionem;

" Ifrael illius imperium.

" Vidit mare, et fugit;

" Jordanes converfus eft retro:

" Montes fubfiluerunt, ut arietes;

" Colles, ut filii ovium.

" Quid tibi, O Mare, quod fugeris;

" Jordanes, converfus fueris retro:

" Montes, fubfilueritis ut arietes;

" Colles, ut filii ovium?

" A confpectu Domini contremifce, Tellus;

" A confpectu Dei Jacobi!

" Qui vertit rupem in ftagnum aquarum;

" Petram in fontem aquarum.

Nec minus accurate compofitus eft Propheticæ Poefeos inceffus: 1

קומי אורי כי בא אורך

וכבוד יהוה עליך זרח :

כי הנה החשך יכסה ארץ

וערפל לאמים :

ועליך יזרח יהוה

וכבודו עליך יראה :

והלכו גוים לאורך

ומלכים לנגה זרחך :

" Surge, effulge, nam venit lux tua;

" Et gloria Jehovæ fuper te oritur.

" Ecce enim tenebræ operient terram;

" Et denfa caligo populos:

" Super te autem exorietur Jehova;

" Et gloria ejus fuper te confpicua erit.

" Et incedent gentes in luce tua;

" Et reges in fplendore ortus tui.

1 ISAI. LX. I, — 3.

Et

Et illuftre illud Vaticinium de Meffiæ humilitate et pœnis piaculari-
bus : 1

מי האמין לשמעתנו
וזרוע יהוה על מי נגלתה :
ויעל כיונק לפניו
וכשרש מארץ ציה :
לא תאר לו ולא הדר ונראהו
ולא מראה ונחמדהו :
נבזה וחדל אישים
איש מכאבות וידוע חלי :
וכמסתר פנים ממנו
נבזה ולא חשבנהו :
אכן חלינו הוא נשא
ומכאבינו 2 סבלם :
ואנחנו חשבנהו נגוע
מכה אלהים ומענה :
והוא מחלל מפשעינו
מדכא מעונתינו :
מוסר שלומנו עליו
ובחברתו נרפא לנו :

" Quis credidit prædicationi noftræ;
" Et brachium Jehovæ cuinam patefactum eft ?
" Afcendit enim coram eo ut furculus;
" Et ut ftirps e terra fiticulofa :
" Nulla illi forma, nullus decor, ut afpiceremus eum;
" Neque erat afpectus ejus, ut eum cuperemus.
" Contemptus, neque amplius inter viros habitus;
" Vir dolorum, et ægritudinem expertus :
" Et veluti qui faciem a nobis abfconderet,
" Contemptus, neque eum æftimavimus.

---

1 ISAI. LIII. I, —— 5.

2 Quidam Codd. in margine notant, inferendum הוא : id certe exprimunt s y r. et v u l g.
ejufque vocis repetitio vim habet et elegantiam haud mediocrem.

　　　　　　　　　　　　　　　　　　　　　　　　　　　　" Certe

" Certe infirmitates noſtras ipſe pertulit;

" Et dolores noſtros ipſe ſuſtinuit:

" Nos tamen eum æſtimavimus plaga affeᶜtum;

" Percuſſum divinitus, et afflictum.

- " Ille autem vulneratus eſt propter peccata noſtra;

" Contuſus ob noſtras iniquitates:

" Pœna nobis ſalutaris ei imponitur;   ·

" Et per ejus livorem fit noſtra curatio.

Eſt quidem eximius in hoc genere Iſaias, ſed neutiquam ſingularis: a‑
pud cæteros etiam exempla abundant; unum tantum adponam ex Ho‑
ſea, quod habet etiam longe pulcherrimum παϑος. ¹

אֵיךְ אֶתֶּנְךָ אֶפְרַיִם

אֲמַגֶּנְךָ יִשְׂרָאֵל :

אֵיךְ אֶתֶּנְךָ כְאַדְמָה

אֲשִׂימְךָ כִּצְבֹאִים :

נֶהְפַּךְ עָלַי לִבִּי

יַחַד נִכְמְרוּ נִחוּמָי :

לֹא אֶעֱשֶׂה חֲרוֹן אַפִּי

לֹא אָשׁוּב לְשַׁחֵת אֶפְרָיִם :

כִּי אֵל אָנֹכִי וְלֹא אִישׁ

בְּקִרְבְּךָ קָדוֹשׁ ² וְלֹא אָבוֹא בְּעִיר :

" Quomodo dedam te, O Ephraim!

" Addicam te, O Iſrael!

" Quomodo reddam te Admæ ſimilem;

---

1 HOS. XI. 8, 9.

2 Vix eſt, in quo magis diſſentiunt Interpretes, quam in hoc verſiculo explicando; præſertim
ubi voces ipſæ adeo ſunt notæ, et periodi ratio tam manifeſta. Prope ſolus hic vidit aliquid
HIERONYMUS, qui in *Comm in loc.* ita exponit: " Non ſum unus ex his qui in urbibus ha‑
" bitant; qui humanis legibus vivunt; qui crudelitatem arbitrantur juſtitiam." Hieronymum ſe‑
quitur CASTELLIO. Eſt nimirum in poſteriore membro τῳ לֹא אָבוֹא בְּעִיר Parallelum et
Synonymum τῳ לֹא אִישׁ in priore. Futurum אָבוֹא habet vim frequentativam, (vide PS. XXII.
3, et 8.) " non ſoleo urbem intrare; non ſum urbicola." Eſt etiam in ſingulis membris pul‑
chra inter ſe oppoſitio partium; " Sum Deus, et non Homo:" eſt Auxeſis in ſequenti, et pau‑
lum variatur ratio oppoſitionis; " Sum Deus Tuus, tecum habitans, ſed peculiari modo, extra‑
" ordinem, nec more hominum." Nihil, opinor, clarius, nihil elegantius.

" Faciam

" Faciam te inſtar Zeboimorum!

" Intus convertitur cor meum;

" Simul æſtuant viſcera mea pœnitentia.

" Non exequar iræ meæ fervorem;

" Non iterum perdam Ephraimum:

" Quia Deus ego ſum, et non homo;

" In medio tui Sanctus, quanquam urbes non habito.

Magna eſt in his Parallelis Synonymis formarum varietas, quarum nonnullas non pigebit adnotare. Fit nonnunquam Paralleliſmus per iterationem partis alicujus prioris membri: 1

אל נקמות יהוה

אל נקמות הופיע :

עד מתי רשעים יהוה

עד מתי רשעים יעלזו :

" Deus ultionum, Jehova;

" Deus ultionum, effulge.

" Quouſque impii, O Jehova,

" Quouſque impii triumphabunt.

בלחי החמור חמור חמרתים 2

בלחי החמור הכיתי אלף איש :

" Maxilla aſini, acervum, acervos duos;

" Maxilla aſini, percuſſi mille viros.

Ita etiam Nahumus in ipſo ingreſſu ſublimis Vaticinii: 3

אל קנוא ונקם יהוה

נקם יהוה ובעל חמה :

נקם יהוה לצריו

ונוטר הוא לאיביו :

" Deus zelotes, et ultor Jehova;

" Ultor Jehova, et irritabilis:

" Ultor Jehova inimicorum ſuorum;

" Et injuriæ memor ille in hoſtes ſuos.

1 P S. XCIV. I, et 3.

2 JUD. XV. 16.

3 NAH. I. 2.

Sæpe

Sæpe deeſt aliquid in poſteriore membro, e priore repetendum ad ex-
plendam ſententiam : 1

שלח מלך ויתירהו
משל עמים ויפתחהו :

" Miſit rex, et ſolvit eum ;
" Dominator populorum, et eum liberavit.

Similiter Iſaias : 2

מלכים יראו וקמו
שרים וישתחוו :
למען יהוה אשר נאמן
קדש ישראל ויבחרך :

" Reges videbunt, et aſſurgent ;
" Principes, et adorabunt :
" Propter Jehovam, qui fidelis eſt ;
" Sanctum Iſraelis, et te elegit.

Frequenter totum membrum poſterius parti duntaxat alicui prioris reſpondet : 3

יהוה מלך תגל הארץ
ישמחו איים רבים :

" Jehova regnat, exultet tellus ;
" Lætentur inſulæ plurimæ.

קומי אורי כי בא אורך 4
וכבוד יהוה עליך זרח :

" Surge, effulge, nam venit lux tua ;
" Et gloria Jehovæ ſuper te oritur.

Tricola raro habent ultra duo Parallela Synonyma : impar membrum
vel inchoat periodum, vel plene concludit, et ad reliquorum utrumque
ſæpe referri poteſt : 5

נשאו נהרות יהוה
נשאו נהרות קולם :

---

1 PS. CV. 20.
2 ISAI. XLIX. 7.
3 PS. XCVII. I.
4 ISAI. LX. I.
5 PS. XCIII. 3, 4.

A a

יִשְׂאוּ נְהָרוֹת דָּכְיָם:

מִקֹּלוֹת מַיִם רַבִּים

אַדִּירִים מִשְׁבְּרֵי יָם

אַדִּיר בַּמָּרוֹם יְהֹוָה:

" Suftulerunt fluctus, O Jehova,

" Suftulerunt fluctus vocem fuam;

" Ufque fuftulerunt fluctus fremitus fuos.

" Vocibus aquarum multarum,

" Magnificis maris fragoribus,

" Magnificentior in excelfo Jehova.

לְכוּ וְנָשׁוּבָה אֶל יְהֹוָה [1]

כִּי הוּא טָרָף וְיִרְפָּאֵנוּ

יַךְ וְיַחְבְּשֵׁנוּ:

יְחַיֵּנוּ מִיֹּמָיִם

בַּיּוֹם הַשְּׁלִישִׁי יְקִמֵנוּ

וְנִחְיֶה לְפָנָיו:

" Agite, redeamus ad Jehovam;

" Nam ipfe laceravit, et fanabit nos,

" Sauciavit, et nos curabit:

" Vitæ nos reftituet 'poft biduum,

" Die tertio nos fufcitabit,

" Et in confpectu ejus vivemus.

In Pentacolis, quorum fimilis fere eft ratio, medium nonnunquam locum habet membrum impar inter duo difticha: [2]

כַּאֲשֶׁר יֶהְגֶּה הָאַרְיֵה

וְהַכְּפִיר עַל טַרְפּוֹ

אֲשֶׁר יִקָּרֵא עָלָיו מְלֹא רֹעִים

מִקּוֹלָם לֹא יֵחָת

וּמֵהֲמוֹנָם לֹא יַעֲנֶה:

" Quemadmodum rugit Leo,

" Et catulus leonis fuper prædam fuam,

[1] HOS. VI. 1, 2.
[2] ISAI. XXXI. 4.

                                                    " In

" In quem cogitur paftorum turba ;

" Ad vocem eorum non pavebit,

" Neque ad tumultum eorum animum dejiciet.

תרא אשקלון ותירא ׳
ועזה ותחיל מאד
ועקרון כי הוביש מבטה
ואבד מלך מעזה
ואשקלון לא תשב :

" Videbit Afcalon, et timebit ;

" Et Gaza, et vehementer dolebit ;

" Et Accaron, quoniam puduit expectationis fuæ :

" Et peribit rex de Gaza,

" Et Afcalon non habitabitur.

Tetracola fere conftant duobus diftichis ; fed eft ubi in his peculiare quoddam artificium cernitur in fententiarum diftributione : ²

משמים הביט יהוה
ראה את כל בני האדם
ממכון שבתו השגיח
אל כל ישבי הארץ :

" De cœlo profpicit Jehova,

" Cernit omnes filios hominis ;

" De fede domicilii fui contemplatur,

" Omnes incolas telluris.

אשכיר חצי מדם ₃
וחרבי תאכל בשר
מדם חלל ושביה
מראש פרעות אויב :

" Inebriabo fagittas meas fanguine,

" Et gladius meus devorabit carnem ;

" Sanguine confofforum captorumque,

" De capite capillato inimici.

1 ZACH. IX. 5.
2 PS. XXXIII. 13, 14.
3 DEUT. XXXII. 42.

In

In quibus utrifque locis pofteriora membra ad priora referenda funt alternatim.   Eleganter etiam Ifaias : ¹

כי בעליך עשיך
יהוה צבאות שמו
וגאלך קדוש ישראל
אלהי כל הארץ יקרא :

" Nam maritus tibi erit Creator tuus ;
" Nomen illi Jehova Exercituum :
" Et redemptor tuus Sanctus Ifraelis ;
" Deus univerfæ terræ vocabitur.

in quibus alternant fenfus : in fequentibus alternat conftructionis forma : ²

ותמלא ארצו כסף וזהב
ואין קצה לאצרתיו
ותמלא ארצו סוסים
ואין קצה למרכבתיו :

" Et plena eft terra ejus argento et auro,
" Et nullus eft modus ejus thefauris ;
" Et plena eft terra ejus equis,
" Et nullus eft modus ejus curribus.

Eft fortaffe fingularis exempli hoc Tetracolon : 3

מי כיהוה· אלהינו
המגביהי לשבת
המשפילי לראות
בשמים ובארץ :

" Quis ficut Jehova Deus nofter ?
" Qui altiffime habitat,
" Qui humillime refpicit,
" In cœlis et in terra.

ubi pofterius membrum ad duo priora divifim tribuendum eft, ut fit,
" Qui altiffime habitat in cœlis, et humillime refpicit quæ funt in terra."

I ISAI. LIV. 5.
2 ISAI. II. 7.
3 PS. CXIII. 5, 6.

Alteram

Alteram fpeciem faciunt Parallela Antitheta ; cum oppofito contrario res illuftratur. Hoc non uno modo fit : nam et fententiæ fententiis,
et verba verbis, et fingula fingulis, et bina binis, et unum uni opponitur : quorum omnium exempla funt in fequentibus. ¹

נאמנים פצעי אוהב
ונעתרות נשיקות שונא :
נפש שבעה תבוס נפת
ונפש רעבה כל מר מתוק :
יש מתעשר ואין כל
מתרושש והון רב :
חכם בעיניו איש עשיר
ודל מבין יחקרנו :

" Fideles funt plagæ amantis ;
" Sed importuna ofcula oforis.
" Anima fatura proculcabit favum ;
" Sed animæ efurienti omne amarum dulce eft.
" Eft, qui divitem fe fimulat, cum ei defint omnia ;
" Qui pauperem fe fingit, cum ei divitiæ fint multæ.
" Sapiens fibi videtur vir dives ;
" Sed pauper prudens eum explorabit.

Fit nonnunquam contrapofitio partium inter fe in eadem fententia, qualis femel in fuperioribus occurrit ; ut in proxime fequente : ²

שחורה אני ונאוה בנות ירושלם
כאהלי קדר כיריעות שלמה :

" Nigra fum, fed tamen pulchra, O Hierofolymitides ;
" Sicut tentoria Kedarenfium, ficut aulæa Salomonis.

Quod etiam divifim fumendum eft : " nigra, ut tentoria Kedaren-
" fium ; pulchra, ut aulæa Salomonis." Ut denique in Samfonis Æ-
nigmate : ³

מהאכל יצא מאכל
ומעז יצא מתוק :

1 PROV. XXVII. 6, 7. XIII. 7. XXVIII. 11.
2 CANT. I. 5.
3 JUD. XIV. 14.

" Ex

" Ex edaci prodiit edulium ;

" Atque ex acri prodiit dulcedo.

Equidem totum hoc genus potiffimum convenit adagiis et dictis acutis ;
adeoque in Parabolis Salomonis præcipue cernitur, quarum vis omnis
et elegantia fæpenumero vertitur in hac partium contrapofitione.   Non
tamen omnino abhorret a cæteris Hebrææ poefeos partibus : nec reformidavit hanc exornationem Hanna in Oda ευχαϱιϛικη ; cujus ut formam univerfam adumbravit, ita hunc etiam locum attigit in Hymno
fuo Sanctiffima Virgo Maria : [1]

קשת גברים חתים
ונכשלים אזרו חיל :
שבעים בלחם נשכרו
ורעבים חדלו :
עד עקרה ילדה שבעה
ורבת בנים אמללה :
יהוה ממית ומחיה
מוריד שאול ויעל :
יהוה מוריש ומעשיר
משפיל אף מרומם :

" Arcus fortium conteruntur ;

" Et qui lapfi funt, accinguntur robore :

" Saturi ob victum operam fuam locant ;

" Et famelici efurire definunt :

" Etiam fterilis fepties peperit ;

" Et quæ abundarat liberis orba eft.

" Jehova neci dat, et vitæ reftituit ;

" Dejicit in orcum, et educit.

" Jehova depauperat, et ditat ;

" Deprimit, idemque evehit.

Parcius quidem ifthac utitur fublimior Poefis : fed in hac ipfa fuavitate
minime decedit a fua dignitate Ifaias : [2]

_____

1 I. S A M. II. 4, —— 7. confer L U C. I. 52, 53.
2 I S A I. LIV. 7, 8.

ברגע

ברגע קטן עזבתיך
וברחמים גדולים אקבצך :
בשצף קצף הסתרתי פני רגע ממך
ובחסד עולם רחמתיך אמר גאלך יהוה :

"Pufillo momento dereliqui te;

"At miferationibus magnis te colligam:

"Momentanea iracundia vultum a te paulifper abdidi;

"At fempiterna clementia tui miferebor, ait Jehova Redemp-
"tor tuus.

Tertia fpecies eft Parallelorum, cum Sententiæ invicem refpondent, non ejufdem rei iteratione, aut oppofitione diverfarum, fed fola Conftructionis forma; in quam itaque referri poffunt cætera, quæ in duas priores fpecies non cadunt: Parallela Synthetica libet appellare. Horum exempla quædam infigniora proferam. ¹

תורת יהוה תמימה משיבת נפש
עדות יהוה נאמנה מחכימת פתי :
פקודי יהוה ישרים משמחי לב
מצות יהוה ברה מאירת עינים :
יראת יהוה טהורה עומדת לעד
משפטי יהוה אמת צדקו יהדו :
הנחמדים מזהב ומפז רב
ומתוקים מדבש ונפת צופים :

"Lex Jehovæ integra eft, reftituens animam;

"Teftimonium Jehovæ verax, fapientiam præftans imperito:

"Præcepta Jehovæ recta funt, cor exhilarantia;

"Difciplina Jehovæ pura, oculos illuminans:

"Reverentia Jehovæ cafta eft, perpetuo perftans;

"Judicia Jehovæ ipfa veritas; jufta funt pariter.

"Defiderabiliora funt auro, et obryzo plurimo;

"Et dulciora melle, et favis ftillantibus.

I PS. XIX. 8, —— II.

Longiufculorum

Longiufculorum fane verfuum genus hoc effe, videtur, quorum non defunt multa exempla apud Prophetas : [1]

אֵיךְ שָׁבַת נֹגֵשׂ שָׁבְתָה מַדְהֵבָה
שָׁבַר יְהוָה מַטֵּה רְשָׁעִים שֵׁבֶט מֹשְׁלִים :
מַכֶּה עַמִּים בְּעֶבְרָה מַכַּת בִּלְתִּי סָרָה
רֹדֶה בָאַף גּוֹיִם מֻרְדָּף בְּלִי חָשָׂךְ :
נָחָה שָׁקְטָה כָּל הָאָרֶץ פָּצְחוּ רִנָּה
גַּם בְּרוֹשִׁים שָׂמְחוּ לְךָ אַרְזֵי לְבָנוֹן
מֵאָז שָׁכַבְתָּ לֹא יַעֲלֶה הַכֹּרֵת עָלֵינוּ :
שְׁאוֹל מִתַּחַת רָגְזָה לְךָ לִקְרַאת בּוֹאֶךָ
עוֹרֵר לְךָ רְפָאִים כָּל עַתּוּדֵי אָרֶץ
הֵקִים מִכִּסְאוֹתָם כָּל מַלְכֵי גוֹיִם :

" Quomodo ceffavit oppreffor, ceffavit auri exactrix!
" Fregit Jehova virgam impiorum, fceptrum dominantium!
" Qui cædebat populos atrociter, plaga nunquam remiffa;
" Qui irate dominabatur gentibus, profligatur nullo prohibente.
" Quiefcit, tranquilla eft tota tellus; erumpunt in cantum;
" Etiam Abietes lætantur de te, Cedri Libani;
" Ex quo jacuifti, non afcendit in nos excifor.
" Orcus propter te commovetur fubtus, ut venienti eat obviam;
" Excitat tibi defunctos, omnes primores terræ;
" Surgere facit de foliis fuis omnes reges gentium.

Porro ex hoc genere Parallelorum multa funt Tricola : [2]

זֹרְמוּ מַיִם עָבוֹת
קוֹל נָתְנוּ שְׁחָקִים
אַף חֲצָצֶיךָ יִתְהַלָּכוּ :
קוֹל רַעַמְךָ בַּגַּלְגַּל
הֵאִירוּ בְרָקִים תֵּבֵל
רָגְזָה וַתִּרְעַשׁ הָאָרֶץ :

" Exundaverunt aquis nubes;
" Fragorem edidit æther;

I ISAI. XIV. 4, ——— 9.
2 PS. LXXVII. 18, 19.

" Tum

" Tum fagittæ tuæ difcurrerunt:
" Vox tonitrus tui in turbine;
" Illuxerunt orbi fulgura;
" Commota eft et intremuit tellus.

אהיה כטל לישראל ¹

יפרח כשושנה

ויך שרשיו כלבנון:

ילכו יונקותיו

ויהי כזית הודו

וריח לו כלבנון:

" Ero ficut ros Ifraeli;
" Germinabit in morem lilii;
" Et radices aget inftar Libani.
" Procedent ejus furculi;
" Eritque decus ejus inftar oleæ;
" Et odor ei, qualis Libano.

Una eft figura quam fæpe ufurpant in hoc genere, quæque videtur effe omnino Poetica: nimirum cum numerum definitum pro indefinitò ponunt, Parallelifmi præcipue, ut videtur, caufa; fit enim nonnunquam ut his numeris minus accurate refpondeant res deinceps enumeratæ. ²

בשש צרות יצילך

ובשבע לא ינע בך רע:

" In fex periculis te liberabit;
" Et in feptem non attinget te malum.

אחת דבר אלהים ³

שתים זו שמעתי:

" Semel locutus eft Deus;
" Bis etiam illud audivi.

Notum eft illud Amofi aliquoties repetitum: ⁴

---

1 HOS. XIV. 6, 7.
2 JOB. V. 19.
3 PS. LXII. 12.
4 AMOS. I. 3, &c.

B b

על

עַל שְׁלֹשָׁה פִּשְׁעֵי דַמֶּשֶׂק
וְעַל אַרְבָּעָה לֹא־אֲשִׁיבֶנּוּ :

" Propter tria peccata Damafci,

" Et propter quatuor, eam non reftituam.

Magna eft in his Parallelis Syntheticis formarum varietas, et prope
infiniti fimilitudinis gradus: adeo ut nonnunquam admodum fubtilis fit
Parallelifmi ratio, magifque pendeat ab arte quadam et folertia fententiæ membra difpertiendi, et incifa faciendi, et fupplendi infuper ab una
parte quod alteri deeft, quam ex obvia conftructionis forma appareat.
Hoc quam late pateat, quamque exilem et fimul difficilem habeat explicationem, uno exemplo intelligi poteft. Monocolon hoc effe videtur, et fane eft, fi nudam fententiam fimpliciter fpectes: 1

וַאֲנִי נָסַכְתִּי מַלְכִּי עַל צִיּוֹן הַר קָדְשִׁי :

" Ego vero inunxi regem meum in Sione monte meæ fancti-
" tatis.

Cæterum in medio diftinguendum effe, unumque enuntiatum in duo
diftribuendum, monet univerfa hujufce Pfalmi compofitio ; quafi effet;

וַאֲנִי נָסַכְתִּי מַלְכִּי
נְסַכְתִּיו עַל צִיּוֹן הַר קָדְשִׁי :

" Ego vero inunxi regem meum ;

" Inunxi eum in Sione monte meæ fanctitatis.

Quod et hoc in loco, et fæpe alias vidiffe Maforetæ 2 videntur.

In hac peculiari conformatione, five Parallelifmo Sententiarum, Metricæ Hebrææ artificium magna ex parte conducere exiftimo: cui infuper accefliffe credibile eft, numerorum vel etiam pedum aliquorum obfervationem: ejus vero rei adeo jam obfcura eft ratio, ut utrum aurium
folummodo menfura, ac fpatiorum fimiliter decurrentium fono regere-
tur ; an certa aliqua dimenfione, ac legibus accuratius definitis confta-

---

1 PS. II. 6.

2 Nam vocem מַלְכִּי notant Accentu diftinctivo *Athnac*, quo plerumque Diftichorum membra interpungunt. Vide porro, fi libet, PS. XVII. 7. XXXII. 3. XXXIII. 14. CII. 8. CXXX-
VII. 2.

ret,

ret, fruftra omnino jam difquireremus. Cum autem et hoc, et reliqua
etiam metricæ artis figna et quafi veftigia in plerifque Prophetarum
fcriptis, pariter atque in Libris Poeticis, extant, id fatis effe caufæ arbitror, cur in borum cenfum illos etiam referam.

Ne autem ifti Sententiarum Compofitioni tantum tribuere videar,
quantum hactenus nemo, et opinionem nulla fatis idonea auctoritate
commendatam temere amplecti; proponam vobis Azariæ Judæi, non
quidem antiqui, fed valde probati auctoris, de hac re fententiam. Ait
ille, 1 " Sine dubio effe menfuras et proportiones certas Canticorum fa-
" crorum, fed illas non confiftere in numero motionum, (hoc eft, fyl-
" labarum) vel pedum perfectorum aut imperfectorum, juxta formam
" carminum hodiernorum; fed in numero Rerum, et illarum (rerum)
" partium, Subjecti fcilicet et Prædicati, et quod illa inter fe copulat in
" unaquaque fentencia et enuntiatione:" (quæ tamen Azariæ verba funt
cum aliquo temperamento intelligenda, nec ex Dialecticorum formulis
reftrictius interpretanda; pergit enim,) " fic eft verfus duabus menfu-
" ris, feu propofitionis partibus, conftans; quibus fi accedat fecundus,
" fiunt quatuor: alius qui conftat ex tribus, quibus fi alter accedat,
" fiunt fex: --- non enim tibi funt numerandæ vel fyllabæ vel dictiones,
" fed fenfus." Exempli gratia: יְמִינְךָ יְהֹוָה " Dextra tua, O Jeho-
" va!" 2 ex mente Azariæ funt duæ menfuræ, five integræ propofitionis
partes; item duæ, נֶאְדָּרִי בַכֹּחַ " Magnifica eft virtute;" quæ conjunctæ faciunt Tetrametrum: fimilis eft ratio fequentis;

יְמִינְךָ יְהֹוָה תִּרְעַץ אוֹיֵב

" Dextra tua, O Jehova, confregit hoftem.
Ita in harum propofitionum utraque tres funt menfuræ, 3

יַעֲרֹף כַּמָּטָר לִקְחִי תִּזַּל כַּטַּל אִמְרָתִי

" Deftillabit, ut pluvia, doctrina mea; fluet, ut ros, mea ora-
" tio:
adeoque conjunctæ faciunt Hexametrum. Equidem nec nihil, neque

<hr>

1 *Mantiffa Differt.* ad Librum C O S R I. pag. 418.
2 E X O D. X V. 6.
3 D E U T. X X X I I. 2.

omnia hæc funt, quæ hic dicit: nam et multis in locis alio eft confugiendum, ubi valde inæqualis eft fententiarum diftributio, et parum inter fe refpondent propofitionum partes, ut fæpe fit etiam in Pfalmis; et
ubi vel maxime ordinatæ et compofitæ funt fententiæ, haud facile femper ad illius formulas reduci poffunt. Verum etfi non fit illud folum
atque unicum in quo tota res vertitur, tamen in eo haud parum ineffe
momenti ad diftinguendos carminum numeros, nemo opinor dubitabit,
qui in libris Poeticis legendis, atque in his magna Propheticorum parte, ad hanc rem paulo diligentius animum attenderit.

Quod fi quis totam hanc membrorum atque inciforum obfervationem, tenuem, ac nugatoriam, operæque plane inutilis effe exiftimet;
reputet is fecum, nihil cuiquam majori effe ufui ac præfidio ad invefti-
gandos fcriptoris alicujus fenfus, quam ut ejus ftyli et generalem charactera et peculiares notas imprimis intelligat, femperque eo fedulo animum advertat: porro etiam fciat, nulla alia de caufa fæpius in errorem incidiffe omnes interpretes, quam ex hujus ipfius rei incuria; vix
quidquam uberiores in critica facra verfanti fructus etiamnum polliceri,
quam pofitam in eadem curiofam et folicitam diligentiam.

PRÆLECTIO VICESIMA:

POESEOS PROPHETICÆ GENERALIS CHARACTER.

QUIBUS inductus rationibus Prophetarum vaticinia poeticis Hebræorum monumentis adnumerarem, proxime expofui. De majori parte loquor, non de omnibus Prophetarum fcriptis : funt enim in his nonnulla, quæ non funt Vaticinia; funt alia, quæ cum jufta fint Vaticinia, non tamen funt Poetica. Primum itaque ex eo numero eximo narrationes plane hiftoricas rerum geftarum quæ Vaticiniis occafionem, dederunt, et quarum expofitio eifdem inducendis, illuftrandis, explicandifque infervit : ejufmodi aliqua habet Ifaias, multa Jeremias. Totum quod dicitur Jonæ Vaticinium eft rei geftæ nuda explicatio, nihil habens Poeticum præter Vatis precationem, eaque eft Ode. Deinde excipiendæ funt etiam Vaticinationes, graves forfan et elatæ, fed ftylo et fententiis Poeticis minime compofitæ : cujus generis multa habet Ezekiel, oratoribus fortaffe quàm poetis fæpius adnumerandus. Utramque ob caufam, nimirum quod fit rerum partim geftarum, partim gerendarum, mero fermone expofita narratio, totum Danielis Librum e Poeticorum cenfu excludo. Is quidem Parabolicis Imaginibus multum utitur ; fed ut Propheta, per vifiones, et umbras allegoriarum, res et eventa fignificans, fine ullo ftyli Poetici colore. Danielem Judæi etiam Prophetam effe negant ; verum argumentis valde futilibus fententiam fuam confirmatum eunt : nam quæ de dotis Propheticæ conditionibus, de diverfis ejufdem gradibus, deque difcrimine inter veram Prophetiam et Spiritum Sanctum, ftatuunt,[1] ea omnia funt vaniffima, nec in rei natura pofita, neque ulla facrorum fcriptorum auctoritate comprobata. Addunt, eundem nec

[1] Vide MAIMON. *More Nebot.* II. 45.

difciplinæ.

difciplinæ propheticæ ufu et præceptis primo imbutum fuiffe, neque poftea more prophetico vitam inftituiffe: quod ad cæleftis inftinctus et divinæ facultatis opinionem minuendam quid faciat, non video; caufam forfan oftendit, cur Danielis ftylus tantam habeat a reliquis diffimilitudinem, tantumque abhorreat a Poetico charactere, quem cæteri fere communem habent, quemque, ut fupra expofui, e difciplina et fcholis aliqua ex parte hauferunt.

Porro, occurrunt in Prophetarum fcriptis alia nonnulla, quæ Poetica quidem funt, fed ad hanc Speciem non pertinent; integra nimirum Poemata diverfi generis, Odæ, Elegiæ, apud Ifaiam, Habbaccucum, Ezekielem. His demum exceptis, reliqua Prophetarum Vaticinia, quorum nonnulla in libris hiftoricis extant fingulatim fere a me antehac commemorata, fummam quandam conficiunt, quæ eam Poefeos fpeciem, quam Propheticam appello, conftituit. Hujus fpeciei defcriptionem aliquam, per quam a cæteris difcriminari poffit, primum vobis conabor proponere: de fingulis Prophetis, de eorum ftylo et charactere, quantum ad Poeticam pertinet, difceptationem deinceps aggreffurus.

Poefeos Propheticæ ingenium ex ipfius Prophetiæ natura et fine inveftigandum eft. Omnis Prophetiæ finis proximus fpectat ad eorum utilitatem, qui eventum præfignificatum ætate antecedunt; eftque vel Terror, vel Confolatio. Ad incutiendum Terrorem, vel Confolationem adhibendam, neceffaria eft rerum triftium vel lætarum amplificatio, fufæ defcriptiones, imagines variæ, grandes, elatæ; eæque non nimis determinatæ, nec in fingulis partibus et adjunctis hærentes; fed potius vagæ ac generales, univerfam tantum totius rei naturam ejufque magnitudinem exprimentes: fiquidem prophetia ex natura fua habet aliquam obfcuritatem fecum conjunctam, eftque, ut eleganter Apoftolus, [1] ως λυχνος εν αυχμηρω τοπω φαινων, εως ε ημερα διαυγαση και φωσφορος ανατειλη. Eft etiam Prophetiæ ulterior finis, quique eos refpicit qui eventum prænuntiatum poftero tempore fecuturi funt; nimirum, demonftratio tefti-

I 2. PET. I. 19.

ficatioque

ficatioque Divinæ Veritatis. Atque is quidem poſtulare videtur prope
diverſum enuntiationis modum; ſiquidem huic rei inſerviret maxime
dictio propria, imagines aptæ, adjunctorum enumeratio, notatio ſingu-
larium. Horum vero ut apertior deſignatio velum illud obſcuritatis oraculo penitus detraheret, ita etiam parcior uſus ſpecialium attributorum
ei fini abunde ſufficiet; etenim unius atque alterius adjuncti notatio ſpe-
cialis, ſimulque univerſalium imaginum proprietas poſt eventum longe
clarius elucens, in hac re incredibilem habet evidentiam; [1] uti multis
exemplis oſtendi poſſet. Igitur Dictio Prophetica priorem illam rationem præcipue ſequitur; in generalium amplificatione maxime verſatur,
ad ſpecialem attributionum et circumſtantiarum enarrationem parce cauteque deſcendit.

Porro id etiam ſæpenumero habet Prophetia, ut plures eventus, natura et tempore disjunctos, ſimul proſpiciat, et per diverſos veluti gradus ad extremum præcipuumque exitum perveniat. Hanc etiam ob
cauſam notiones univerſales maxime ſequitur, eaſque communibus imaginibus exprimit; quippe quæ totam Divini conſilii comprehenſionem
includere poſſint, ſingulaſque rerum atque eventuum progreſſiones co-
mitari; ad propinquiorem aliquam veluti metam facile referendæ, ſed
ad ultimi finis magnitudinem et pondus exæquandum accuratius adnumeratæ atque appenſæ.

Quod ſi ea ſit quam dixi Prophetiæ ipſius indoles; ſi in extremis
tantum rerum lineamentis effingendis, et in generalibus affectionibus
deſcribendis amplificandiſque, præcipue verſetur; exinde ſatis intelligi
poteſt, primo, quanto cum ſuo emolumento Poeſi adjutrice et admi-
niſtra utatur, quamque ad omnes ſuas rationes accommodatam habeat
dictionem Parabolicam, cujus ea natura eſt, ſicuti fuſe antea expoſui,
ut magnam præbeat copiam et varietatem communium imaginum quibus aliqua materies late ampleque in univerſum exornari poſſit: deinde, quinam eſſe debeat Propheticæ Poeſeos proprius Character.

Eſt itaque Poeſis Prophetica ornatior, ſplendidior, florentior, quam

---

[1] Vid. ſupra P R Æ L. XI. ſub finem.

ulla

ulla alia Sacræ Poeſeos ſpecies; Imaginibus uberior et frequentior, iis
nimirum, quæ in Stylo Parabolico communes ſunt ac veluti publici juris, quæque a rebus certis definitiſque ad notiones infinitas et univerſales ſignandas, ſervata quadam analogia, transferuntur. Atque ex his e-
tiam eas frequentat maxime, quæ petuntur ab Hiſtoria ſacra, et a rebus naturalibus: Metaphoris, Allegoriis, Comparationibus, ad hæc fu-
ſis etiam Deſcriptionibus, præ cæteris abundat. Habet ex ſua natura
germanum ac ſincerum ενθυσιασμον; ideoque in φαντασιαις et εναργεια
valde excellit, unde eximia oritur Sublimitas: hinc etiam eſt quod in
Affectibus exprimendis ſæpe feliciter admodum verſatur; quanquam in
iiſdem concitandis conſtantius occupata; hunc enim finem ſemper habet ſibi propoſitum, hoc munus veluti propriam provinciam adminiſ-
trat.

Quod ad rerum ordinem ac diſpoſitionem attinet, formamque legitimam, quæ in hac ſpecie integrum Poema conficiat; nihil ſane ſtatui
poteſt quod in univerſum videatur obtinere. Soluta plerumque, ut par
eſt, et libera, ſuo impetu fertur, nullas ſervans leges, ſed materiæ rationem ſequens, et Divini Spiritus impulſum. Quanquam non pauca
ſunt, quorum hac etiam in parte eximia eſt pulchritudo; qualia ſunt
ex brevioribus Vaticiniis Balaami effata, quæ ſingula ſuam quandam figuram habent et juſtam partium deſcriptionem; eleganti inchoantur
exordio, apta rerum continuatione ac ſerie decurrunt, et perfecta demum concluſione plene abſolvuuntur. Multa etiam ejuſmodi ſunt a-
pud reliquos Prophetas, et præcipue Iſaiam, quæ eo nomine laudari
poſſunt, atque in juſtorum Poematum cenſum merito referri. Ex hujus elegantiſſimi Vatis ſcriptis proponam vobis, Academici, in hoc genere exemplum, omnibus et dictionis et compoſitionis Poeticæ luminibus ornatum: non modo ut oſtendam, quam accurate nonnunquam
rerum ordinem aptamque partium diſtributionem ſervet Poeſis Prophetica, ſed ut ſimul explicare poſſim dilucidius ipſius Prophetiæ naturam
atque indolem jam traditam; atque id quidem vel præcipue; nam quæ
de hac re, in ſe quidem recondita et ſubtili, generatim et nude modo diſſerui, vereor ne vobis ea aliquantum involuta et obſcura viderentur.

Inſigne

Infigne continent Vaticinium capita Ifaiæ quartum et quintum fupra tricefimum. Poema eft fimplex, unum, integrum; duabus conftans partibus pro ratione fubjectæ materiæ, quæ, quod ad generalem ejus naturam attinet, valde perfpicue atque evidenter exponitur. Denunciatur enim primo adverfus univerfos hoftes Ecclefiæ Dei notabile aliquod idque abfolutum ac noviffimum excidium; deinde ei eventui confequens plena et perfecta Ecclefiæ inftauratio promittitur. Utitur Vates magnifico exordio, totam rerum naturam excitans, ad ea percipienda, quæ ad univerfum terrarum orhem pertinerent: [1]

קרבו גוים לשמע
ולאמים הקשיבו׃
תשמע הארץ ומלאה
תבל וכל צאצאיה׃

" Accedite, gentes, ad audiendum;
" Et populi, animum advertite:
" Audiat tellus, et plenitudo ejus;
" Orbis, et omnis ejus propago.

Tum proponit decretum Jehovæ de gentibus omnibus, impiis nimirum Deoque invifis, funditus extirpandis; eamque excifionem amplificat lectiffima varietate fplendidiffimarum imaginum, quæ omnes ex eo funt genere quod in hujufmodi materia communiter a plerifque Vatibus ufurpatur; quarumque ea ratio eft, ut vim, magnitudinem, atrocitatem, ac pondus rei defignatæ exaggerent; de more autem modoque, de tempore, de loco, de minutioribus eventus circumftantiis, nihil certi definiant. Primo eam exponit quafi cladem ftragemque bellicam a Victore in hoftes editam: [2]

וחלליהם ישלכו
ופגריהם יעלה באשם
ונמסו הרים מדמם׃

" Occifi eorum projicientur;
" Ex cadaveribus afcendet fætor;
" Montefque eorum fanguine colliquefcent.

[1] Cap. xxxiv. 1.　　　　[2] Ver. 3.

Tum

Tum audacius infurgit, et imaginibus a Chao Mofaico petitis, et ad omnem qualifcunque fit gentium et regnorum everfionem exprimendam folenniter ufitatis, eundem rerum exitum ita amplificat, ac fi exponeretur mundi ipfius diffolutio : 1

ונמקו כל צבא השמים

ונגלו כספר השמים

וכל־צבאם יבול

כנבל עלה מגפן

וכנבלת מתאנה׃

" Et contabefcet omnis cœlorum exercitus ;

" Cœli ipfi inftar fchedulæ convolventur :

" Et omnis eorum exercitus decidet ;

" Sicut caffa de vite folia,

" Utque marcida ex arbore fua ficus.

Protinus alia inducitur imago ; celebratur ingens Sacrificium, opima et larga Victimarum mactatio ; fit Jehovæ ipfius Profopopœia, reique fub oculos fubjectio : 2

כי רותה בשמים חרבי

הנה על אדום תרד

ועל עם חרמי למשפט׃

חרב ליהוה מלאה רם

הדשנה מחלב

מדם כרים ועתודים

מחלב כליות אילים׃

כי זבח ליהוה בבצרה

וטבח גדול בארץ אדום׃

" Nam inebriatus eft in cœlis gladius meus ;

" Ecce in Idumæam defcendet,

" In popùlum a me juftæ internecioni devotum.

" Gladius Jehovæ fatiatus eft fanguine,

" Pinguefactus adipe ;

" Sanguine

" Sanguine agnorum et hircorum,

" Adipe ex renibus arietum :

" Siquidem Jehovæ facrificium eft Botfræ,

" Et ingens mactatio in terra Idumæorum.

Hirci, arietes, tauri, juvenci, cæterique quorum hic et deinceps fit mentio, ex eo itidem funt genere, quorum communis eft ufus, et lata quædam atque univerfalis accommodatio, ad defignandos gentium Dei ini-
micarum duces et tyrannos, crudeles, fuperbos, feroces, infolentefque.
Atque eadem plane eft ratio Botfræ et Idumææ, urbis gentifque Dei
Populo infeftiffimæ, quas ipfas non nifi leviter ac veluti in tranfcurfu
attingere videtur hoc Vaticinium; fed eft appellatio a proprio ad univerfi generis rationem traducta; five, uti dixi, imaginis a re certa defi-
nitaque ad notionem infinitam et univerfalem defignandam per Analogiam facta tranflatio; in qua etiam fuam hic proprietatem habet vocum
ipfarum 1 vis ac poteftas. Porro, novis jam iifque fplendidiffimis coloribus ejufdem rei ornatur defcriptio; ex Sodomorum everfione transfertur imago, quæ, ut antea notavi, eft unus ex illis communibus locis: 2

כי יום נקם ליהוה

שנת שלומים לריב ציון :

ונהפכו נחליה לזפת

ועפרה לגפרית

והיתה ארצה לזפת בערה :

לילה ויומם לא תכבה

לעולם יעלה עשנה :

מדור לדור תחרב

לנצח נצחים אין עבר בה :

" Agitur enim dies ultionis Jehovæ;

" Annus pœnarum fumendarum Sionis vindici :

" Et vertentur torrentes ejus in picem,

" Pulvifque ejus in fulphur;

" Et terra ejus in ardentem picem tota redigetur:

---

1 Vide LOWTH. et VITRING. in loc. et in Cap. LXIII. 1.

2 Ver. 8, 9, 10.

" Noctes

" Noctes diefque inextincta ardebit ;

" Fumus ejus in æternum afcendet :

" In perpetuas ætates jacebit deferta ;

" Per infinita fæcula nemo eam peragrabit .

Poftremo, idem adhuc eventus adumbratur fub imagine defertiffimæ folitudinis et immaniffimæ cujufdam vaftitatis, cui ex divino decreto eà
regio addicitur ; ¹ cujus rei fufiorem defcriptionem per plura adjuncta
(quorum tamen omnium communis quædam eft et generalis naturà)
varie, eleganter, magnificeque Vates deducit.

Altera pars hujus Poematis eodem plane modo tractatur, exhibetque
fcenam quandam pulchre contrapofitam et adverfantem fuperiori. Imagines, quibus varie fplendideque ornatur, funt item omnes univerfales
et late patentes, fed quarum nota eft poteftas et aperta fignificatio. Su-
periorum plurimæ ex Hiftoriæ petebantur ; hæ transferuntur fere omnes
e rebus naturalibus. ²

ישׂשׂם מדבר וצִיּה

ותגל ערבה ותפרח כחבצלת ׃

פרח תפרח ותגל

אף גילת ורנן ׃

כבוד הלבנון נתן לה

הדר הכרמל והשׁרון ׃

המה יראו כבוד יהוה

הדר אלהינו ׃

" Lætabuntur deferta et inculta ;

" Et exultabit folitudo et florebit, ut rofa :

" Eximie florebit et exultabit ;

" Etiam cum jubilatione et cantu :

" Dabitur ei Libani gloria ;

" Decor Carmeli et Saronis :

" Hi videbunt gloriam Jehovæ ;

" Dei noftri majeftatem.

1 Ver. 11, &c.
2 Cap. xxxv. 1, 2.

Quænam

Quænam fit Libani et Carmeli figurata poteftas, quamque late pateat; 1 unde etiam ducatur imago gloriæ majeftatifque Divinæ manifefto confpiciendæ, 2 prius notavi: Terræ defertæ et fiticulofæ cultura et irrigatio, ad defignandam uberiorem Divinæ gratiæ donorumque fpiritualium effufionem, in ftylo Parabolico adeo folenniter et conftanter ufurpatur, ut nulla egeat explicatione; uti nec cætera quæ fequuntur his finitima atque analoga, quibus idem eventus copiofe ornateque amplificatur.

Totum quidem Poema perlegenti rerum ordo clarius elucebit: ex iis autem quæ notavi fatis credo apparet, quod imaginum genus præcipue fectetur Poefis Prophetica; quos colores, quæ amet pigmenta: quomodo in materia aliqua adornanda ita verfetur, ut generalem ejus naturam clare explicet, magnitudinem ejus ac momentum pro rei dignitate illuftret; fpeciales autem habitus, et minutiora adjuncta, et gradus cujufque intermedii notas, inter ipfas univerfalium quafi plicaturas et finus quodammodo delitefcentia recondat, non nifi ipfo eventu plene evolvenda. Eft fane pars una et fortaffe altera 3 hujufce Vaticinii, in qua hujufmodi aliquod oftendi poffet; in cæteris eventuum fingulorum adjuncta et progreffiones rimari nondum conceditur: plane enim vide-

1 Vid. fupra PRÆL. VI.

2 PRÆL. VIII.

3 Vide Cap. XXXV. 4, 5, 6, 8. Quæ haud dubie proxime referenda funt ad primum Meffiæ adventum; ad miracula ab eo edita; ad Evangelii prædicationem, et divinæ Gratiæ effufionem. Cæterum Commati octavo magnas tenebras offudit abfurda Periodi interpunctio, Maforetarum auctoritate pene confecrata. Eft autem re vera Pentacolon, hoc modo diftribuendum:

והיה שם מסלול ודרך
ודרך הקדש יקרא לה
לא יעברנו טמא
והוא למו הלך דרך
ואוילים לא יתעו:

"Et erit illic agger et via;
"Et via fancta appellabitur:
"Non tranfibit per eam immundus;
"Sed Ipfe illis aderit iter faciens,
"Et infipientes non deerrabunt.

Ipfe, nimirum Deus nofter, fupra Ver. 4. memoratus; ος εσκηνωσεν εν ημιν, και εισηλθε και εξηλθεν εφ' ημας. Ita diftinxerunt CHALD. SYR. VULG. et nonnulli recenfiorum: et fruftra repugnat VITRINGA, longe doctiffimus Interpres, fed Maforetarum decretis plus æquo mancipatus.

tur

tur hoc Vaticinium ex eorum numero effe, quæ ad ultimam prænun-
tiatorum eventuum metam nondum pervenerunt, in arcanis Dei decretis adhuc repofita.

Ut autem Poematis alicujus Prophetici univerfam formam ac fpeciem
integram uno in confpectu propius pleniufque intueri poffitis, addam
unum ex illis Balaami Vaticiniis, quæ modo memoravi, et quorum fæpius mentionem facio: nihil enim habet Poefis Hebræa in ullo genere
limatius aut exquifitius. Hoc autem, de quo loquor, abundat lætiffimis
ac fplendidiffimis imaginibus a natura petitis; ipfo etiam colore ac flore
quodam dictionis, et figurarum varietate præcipue elucet. Hoc fi nunc,
aut fi quæ aliquando alia, experiar, an Latino carmine adumbrari poffint, veftræ erit humanitatis, Academici, conatus noftros in meliorem
partem accipere. [1]

 Tuis, Jacobe, quantus eft caftris decor!
  Tuifque fignis, Ifrael!
 Ut rigua vallis fertilem pandens finum;
  Horti ut fcatentes rivulis;
 Sacris Edenæ cofti ut in fylvis virent,
  Cedrique propter flumina.
 Illi uda multo rore ftillant germina,
  Fœtufque alunt juges aquæ.
 Sancti ufque fines promovebit imperî
  Rex ufque victor hoftium.
 Illum fubacto duxit ab Nilo Deus,
  Novis fuperbum viribus,
 Qualis remotis liber in jugis oryx
  Fert celfa cœlo cornua.
 Vorabit hoftes; offa franget; irritas
  Lacerabit haftas dentibus.
 Ut leo, recumbit; ut leæna, decubat;
  Quis audeat laceffere?
 Quæ quifque tibi precabitur, ferat bona!
  Mala quæ precabitur, luat!

PRÆLECTIO VICESIMA PRIMA:

PROPHETARUM SINGULORUM

PROPRII CHARACTERES.

"PROPHETÆ habent finguli proprietates fuas," inquit Hieronymus;[1] de duodecim Minoribus loquens; quod de tribus
Majoribus multo etiam magis eft verum. Nam ab Ifaia multum diftat Jeremias; neque facile quidquam poteft effe in
eodem genere magis diverfum, quam eft ab utroque diffimilis Ezekiel.

Ifaias, ut ordine ita dignitate Prophetarum omnium princeps, fic
omnibus abundat virtutibus, ut nihil in hoc genere perfectius concipi
poffit. Idem elegans et fublimis, ornatus et gravis, cum ubertate et
copia, tum vi et pondere mirabilis. In Senfibus, incredibilis elatio, majeftas, divinitas; in Imaginibus, fumma proprietas, dignitas, pulchritudo, fœcunditas denique et varietas lectiffima; in Dictione, fingularis elegantia, et in tanta rerum obfcuritate mira perfpicuitas et candor;
ad hæc, in Poetica Sententiarum Compofitione tanta dulcedo, id five
felicitatis five artificii, ut fi quidquam jam reliqui habent carmina Hebræa priftinæ jucunditatis et gratiæ, id in Ifaiæ præcipue monumentis
contineri, clariffimeque perfpici poffe crediderim: ut de eo merito u-
furpari poffit illud Ezekielis,[2]

אתה חותם תכנית
מלא חכמה וכליל יפי :

"Tu omnibus numeris abfolutum es exemplar,
"Plenus fapientia, et perfectus pulchritudine.

[1] Præf. in XII Proph.
[2] EZEK. XXVIII. 12.

Excellit

Excellit etiam Iſaias vel maxime in juſta partium diſpoſitione, facilique
rerum connexione atque ordine: quanquam hic ſemper habenda ratio
eſt impetus Prophetici, a proximis ad remota, ab humanis ad divina
præcipiti tranſitu ſeſe identidem rapientis; obſervandi inſuper, quantum
fieri poteſt, limites ſingulorum Vaticiniorum, ſæpe ſine ullis partitionum notis junctim editorum, quod magnas nonnunquam difficultates
creat. Integri Poematis luculento ordine diſpoſiti exemplum ex hoc
Vate proxime protuli; atque alia quidem ex priore ejus Voluminis parte, ubi ſæpe diſtinctius notantur ſingula Vaticinia, facile depromi poſſunt. Altera pars, quam cum capite quadrageſimo inchoo, quæque eſt
monumentorum ſacrorum fortaſſe omnium maxime et ſublimis et elegans, aliquo tamen circa hanc rem incommodo laborare videtur: eſt
enim corpus quoddam plurium Oraculorum finitimi argumenti, quæ
idcirco inter ſe continuata difficilius ſecernuntur. Hujuſce autem partis
univerſum argumentum eſt, Eccleſia inſtaurata. Satis ordinate exponuntur, Liberatio a captivitate; Idolorum vanitas et excidium; Divinæ potentiæ et veritatis vindiciæ; Iſraelitarum conſolatio, invitatio, in-
credulitas, impietas, rejectio; Vocatio gentium; Reliquiæ ſervatæ; Eccleſiæ conſummatæ gloria et felicitas; Impiorum ultimum excidium.
Quæ qui attente perlegerit, habita ratione Allegoriæ Myſticæ prius ex-
poſitæ; ſimulque meminerit iſthæc omnia pluribus vaticiniis diverſimo-
de editis ſæpius eſſe retractata; is neque in toto luculentam partium diſpoſitionem, neque in partibus facilem rerum ſenſuumque ſeriem atque
ordinem deſiderabit. Porro totum Iſaiæ opus Poeticum eſſe exiſtimo,
paucis exceptis, quæ ſimul ſumpta ſex aut ſeptem fortaſſe Capitum
ſummam non excedunt.

Jeremias, quanquam nec elegantia nec ſublimitate caret, tamen utraque cedit Iſaiæ. Hieronymus [1] neſcio quam ſermonis ruſticitatem ei
objicere videtur, cujus equidem fateor nulla me deprehendiſſe veſtigia.
In ſenſibus quidem aliquanto minus eſt elatus, in Sententiis plerumque
laxior et ſolutior; ut qui in Affectibus lenioribus ſæpius verſatur, ad

---

1 Præf. in Jer.

dolorem

dolorem et mifericordiam præcipue compofitus. Hoc quidem maxime
apparet in Threnis, ubi ifti Affectus unice dominantur; fed fæpe etiam
in ejufdem Vaticiniis cernitur, et in priore Voluminis parte potiffimum, 1
quæ plerumque Poetica eft; Media fere funt Hiftorica : Ultima pars,
fex conftans Capitibus, 2 omnino Poetica eft; plura continet oracula
diftincte notata, in quibus Vates ille proxime accedit ad Ifaiæ fublimitatem. Ex toto autem Jeremiæ Volumine partem vix dimidiam Poeticam effe arbitror.

Ezekiel elegantia quidem multo inferior eft Jeremia, fublimitate autem vel Ifaiæ par, fed in genere diffimillimo. Eft enim atrox, vehemens, tragicus, totus in δεινωσει : in Senfibus elatus, fervidus, acerbus,
indignabundus; in Imaginibus fœcundus, magnificus, truculentus, et
nonnunquam pene deformis; in Dictione grandiloquus, gravis, aufte-
rus, horridus, et interdum incultus : frequens in Repetitionibus, non
decoris aut gratiæ caufa, fed ex indignatione et violentia. Quicquid
fufceperit tractandum, id fedulo profequitur, in eo unice hæret defixus, a propofito raro deflectens; ut rerum feriem et juncturam vix unquam requiras. In cæteris a plerifque Vatibus fortaffe fuperatus; fed
in eo genere ad quod unice videtur a natura comparatus, nimirum vi,
impetu, pondere, granditate, nemo ex omni fcriptorum numero eum
unquam æquavit. Dictio ejus fatis eft perfpicua; omnis prope in Rebus fita eft obfcuritas : Vifiones præcipue funt obfcuræ, quæ tamen (ut
apud cæteros, Hofeam, Amofum, Zechariam) nuda et plane Hiftorica narratione exponuntur. Ezekielis autem pars major, eaque Media,
Poetica eft, fiquidem aut res fpectemus aut dictionem; fed in fententiis
adeo plerumque eft rudis et incompofitus, ut fæpe dubitem, quid de
eo hac in parte ftatuendum fit.

Ifaiam, Jeremiam, Ezekielem, quod ad ftylum attinet, non immerito apud Hebræos eodem in loco collocaveris, quem inter Græcos te-
nuérunt Homerus, Simonides, Æfchylus.

---

1 Vide Cap. ix. per totum. Cap. xiv. 17, &c. xx. 14, ——— 18.
2 Cap. xlvi, ——— li, ad com. 59. Caput lii pertinet ad Threnos, quibus Procemii loco infervit.

Prophetarum Minorum agmen ducit Hofeas, omnium (Jona fortaffe excepto) antiquiffimus; adeoque ftylus ejus vetuftatem redolet; acer, acutus, concifus, eminenti quadam Poeticæ Compofitionis nota fignatus; priftinam nimirum generis Sententiofi brevitatem et compreffio-. nem retinens, a qua Vates ætate inferiores aliquid remiferunt. Id de eo præcipue notavit Hieronymus; 1 " Commaticus eft, inquit, et quafi " per Sententias loquens." Verum hoc ipfum, quod in principio fuam proculdubio vim habuit et peculiarem elegantiam, tanta jam in his linguæ Hebrææ ruinis obfcuritas confecuta eft, ut quanquam hujus Vatis univerfum Argumentum fit fatis apertum, vix tamen alius quifquam fit æque difficilis et involutus. Eft etiam aliud in caufa, cur ejus Stylus adeo jam videatur impeditus: vaticinatus eft Hofeas temporibus Regum Judæ Quatuor, Oziæ, Jothami, Achazi, Hezekiæ; hoc eft, quocunque modo calculos fubducimus, per longiffimum annorum fpatium: modicum habemus volumen vaticinationes ejus, ut videtur, præcipuas continens, eafque omnes inter fe fine ullis temporum notis aut argumenti diftinctione connexas: ita minime mirum eft, fi Hofeam perlegentes nonnunquam videamur in fparfa quædam Sibyllæ folia incidere.

Joel ab Hofeæ ftylo multum difcrepat; fed æque Poeticus eft, quanquam in genere diverfo, dictionis et compofitionis character. Imprimis eft elegans, clarus, fufus, fluenfque; valde etiam fublimis, acer, fervidus. Oftendit Capite Primo et Secundo quid valet in Defcriptionibus Poefis Prophetica; quantum amat Metaphoras, Comparationes, Allegorias. Nec minus clara eft rerum connexio, quam dictionis color: Malorum Amplificatio, Hortatio ad Pœnitentiam; pœnitentibus Promiffio bonorum cum terrenorum tum cæleftium; rerum Ifraeliticarum Inftauratio; de Adverfariis fumpta Supplicia. Verum et hic et alibi elocutionis perfpicuitatem et difpofitionis nitorem laudantes, non negamus magnam interdum effe Rerum obfcuritatem; quod in hujufce Vaticinii fine fubinde notari poteft.

1 Præf. in xii Proph.

Amofum

Amofum vocat Hieronymus 1 " imperitum fermone, fed non fcien-
" tia;" id in eo ufurpans, quod de fe Paulus 2 modefte profitetur. Cujus auctoritatem multi fecuti ita de hoc Vate locuti funt, quafi effet
plane rudis, et indifertus, et ab omni ornatu alienus. Id autem longe
eft fecus: evolvat modo fcripta ejus æquus judex, de re non de homine quæfiturus, cenfebit, credo, potius, Paftorem noftrum 3 μηδὲν ὑϛερη-
κεναι των υπερ λιαν προφητων; ut fenfuum elatione et magnificentia fpiritus prope fummis parem, ita etiam dictionis fplendore et compofitionis
elegantia vix quoquam inferiorem. Nimirum idem Cæleftis Spiritus
Ifaiam et Danielem in aula fuo movit afflatu, Davidem et Amofum in
paftorum ftabulis; femper idoneos voluntatis fuæ interpretes deligens,
et interdum ex ore infantium perficiens laudem: aliorum utitur eloquentia; alios eloquentes facit.

Michas plerumque brevis eft, preffus, concifus, acutus; nonnunquam ad Hofeæ obfcuritatem prope accedens: in multis elatus et fer-
vens, valdeque Poeticus.

Verum ex omnibus Minoribus Prophetis nemo videtur æquare fublimitatem, ardorem, et audaces fpiritus Nahumi: adde quod ejus Vaticinium integrum ac juftum eft Poëma; Exordium magnificum eft et
plane auguftum; Apparatus ad Excidium Ninivæ, ejufque Excidii Defcriptio et Amplificatio, ardentiffimis coloribus exprimitur, et admirabilem habet evidentiam et pondus.

Poeticus etiam eft Habaccuchi ftylus; fed maxime in Oda quæ inter
abfolutiffimas in eo genere merito numerari poteft. De Zephania idem
dicendum eft; fed is nihil videtur habere fingulare aut eximium, in
difpofitione rerum, vel colore dictionis.

De Abdia fuo in loco dixiffem, fi non et exiguum effet quod extat
ejus ingenii monumentum, et id ipfum magna ex parte in Jeremiæ Va-
ticinio contineretur. 4 Jonæ, uti et Danielis, commentarium mere effe
Hiftoricum antea notavi.

---

1 Procem. Comment. in Amos.

2 2.COR. XI. 6.   3 2.COR. XI. 5.

4 Confer ABD. I, ———— 9. cum JER. XLIX. 14, 15, 16, 7, 9, 10.

Reſtant Haggæus, Zecharias, Malachias : quorum primus omnino
eſt proſaicus ; itemque alterius pars multo maxima ; ſunt aliqua ſub e-
jus Vaticinii finem [1] et Poetica et valde ornata, et, ut in Vate omnium
fortaſſe obſcuriſſimo, ſatis perſpicua : Prophetarum ultimus Malachias,
medio quodam dicendi genere utitur, atque ejuſmodi plane, quod arguere videatur Poëſin Hebræam inde a Captivitate Babylonica defloreſ-
centem, et inclinata jam ætate in ſenium quodammodo vergentem.

· Hoc de Prophetarum ſcriptis, Academici, deque diverſis eorundem
partibus, quæ Poetica habenda ſint quæ ſecus, quantum potui diſtinćte
et particulatim diſſerui, quo meam de Poeſi Prophetica Conjećturam
(nihil enim majus audeo dicere) plenius apertiuſque vobis explicarem.
Quam etſi non diffiteor aliqua ex parte multas habere difficultates,
multa quæ in opinione poſita ſunt ; eam tamen, ut in univerſum aliquo ſaltem fundamento niti exiſtimetis, effeciſſe non plane deſpero.

· Eſſet hic locus de Græcorum in hoc genere Poeſi nonnihil differendi,
ſi quidem ex celeberrimis eorum Oraculis quidquam ad nos perveniſſet,
non dico quod cum ſacris Vatibus conferri poſſet, ſed quod omnino aliqua mentione eſſet dignum. Nullum certe hujuſmodi Poema nunc extat, neque ſane unquam extitit ; pauci ſuperſunt verſiculi, iique ſere
mediocres et · craſſo filo : etenim Apollo ille Pythius, ſi Græcis ipſis
credimus, [2] Muſas ſuas plerumque iratas habuit et averſas ; ita ut ſa-
pientibus et cordatis ſæpe ludibrium deberet, non ſolum ob ambiguas
illas et ſubdolas ariolationes, ſed etiam ob ignorantiam artis metricæ.
Etiam homines e plebe ſuperſtitioſi ac rudes, quem ſatis bonum Augu-
rem credebant, eundem tamen fatebantur fuiſſe malum Poetam.

1 Vide Cap. ix, x, et init. ximi.

2 Ὁρῶ γȣν καὶ τὸν Ἀπόλλω γελώμϛον ἐπ᾿ ἐνίοις τῶν χρησμῶν· καίτοι ἐπικρυπἷȣσης τὰ πολλὰ τῆς μαν-
τικῆς ἀσαφείας, ὡς μὴ πάνυ χολὴν ἀγειν τȣς ἀκȣοντας ἐξιτάζειν τὰ μέτρα. Mercurius apud LUCIA-
NUM in Dial. cui Titulus *Jupiter Tragœdus.*

Χρησμȣ δὲ τινος ἐμμέτρȣ λεχθέντος, — πολλάκις ἐφη θαυμάσαι τῶν ἐπων ὁ Διογενιανος, ἐν οἷς οἱ χρησ-
μοι λεϳονται τὴν φαυλότητα καὶ τὴν ευτέλειαν, καίτοι μȣσηγέτης ὁ Θεὸς, καὶ τῆς λεϳομϛνης λογιοτητὸς
ȣχ ἧττον αυτῳ τὸ καλὸν ἡ τῆς περι μέλη καὶ ᾠδὰς ευφωνίας μετεῖναι, καὶ πολυ τὸν Ἡσιοδον ευτεπῆ καὶ
τὸν Ομηρον ὑπερθϛγχεσθαι. τȣς δὲ πολλȣς τῶν χρησμῶν ὁρῶμεν καὶ τοῖς μέτϛοις καὶ τοῖς ονομασι πλημ-
μέλειας καὶ φαυλότητος αναπλεϳμϛνȣς. PLUTARCH. in Comment. *Cur Pythia nunc non edat
Oracula metrice.*

Verum

Verum apud Latinos extat in hoc ipfo genere unum nobiliffimum atque pulcherrimum Poema; et vel verfuum elegantia et claritate, vel rerum et argumenti obfcuritate, æque admirabile: Quartam dico Virgilii Eclogam; quam idcirco nefas effet hoc in loco filentio præterire, cum inde a primis ævi Chriftiani fæculis percrebuerit opinio, habere eam cum his de quibus agimus germanæ Prophetiæ monumentis aliquam cognationem, et a facro fonte originem duxiffe. Quod quomodo fieri potuit, etfi fit forfan expeditu difficile; five facri Codicis verfionem Græcam, jamdiu tum vulgatam, in fubfidium vocemus, five etiam exinde deprompta Oracula, a Judæis Helleniftis, ut videtur, 1 Græco carmine condita, quæ fub nomine Sibyllarum ferebantur; tamen ita rem habere, tot extant tamque manifefta in ipfo Poemate indicia, ut omnia quæ ei fententiæ obftant impedimenta facile amoveat et diluat ipfa Carminis lectio. Senfus, Imagines, Dictio etiam, cum Sacris Vatibus mirum in modum congruens: res ipfa vel in fe tam elata et magnifica, vel potius a Poeta, omnium licet verecundiffimo ac feveriffimo, in eam altitudinem exaggerata, ut mihi nullo modo perfuadere poffim, quin fubfit aliquid μυϛικωτεϱον, quod primæ hypothefi, ipfo vate infcio nec opinante, furtim quodammodo accrevit, totique operi alienos quofdam colores induxit, et magnificentiam modum et menfuram argumenti longe exfuperantem. Quid fuerit ipfius Poetæ confilium, quæ mens, quanquam hic multum fefe exercuerint doctiffimorum virorum ingenia, tamen nec adhuc fciri arbitror, neque fpem habeo fore ut unquam clare inveftigetur. Nullam neque rem neque perfonam oftendit hiftoria, aut rei Romanæ ftatus ac temporum conditio, quæ cum argumenti ratione atque adjunctis fatis apte congruere videatur, aut tam magnificis prædictionibus locum dare ullo modo potuiffe. 2 Mihi quidem illud ufu venire plane profiteor, ut cum Car-

---

1 Vide CHANDLERI *Vindicias Relig. Chrift.* Cap. I. et GROTIUM in MATT. II. I.

2 Viderunt jamdudum eruditi, hæc de Salonino Pollionis filio poft captas Salonas nato, de quo loquitur Servius, fi quis tamen unquam talis extiterit, intelligi non poffe; cum ex Dione et Appiano conftet, Pollionis expeditionem Illyricam in annum fequentem incidere. Alii itaque de C. Afinio Gallo ejufdem filio mentionem injecerunt; multo quidem probabilius, fiquidem Afconius Pedianus ab ipfo Gallo audiffe fe retulit, hanc Eclogam in honorem fuum factam. Vide

men hoc ea ex parte contemplor, quanto id fæpius relego, tanto intel_
ligam minus. Is eft ftyli nitor, ea carminis elegantia, ut fere lateat et
legentes fallat rerum obfcuritas: fingula autem propius fpeɛtanti, et
imaginum ac diɛtionum rationes et momenta perpendenti, tot mihi occurrunt ab ufu Romano abhorrentia, a conceptibus hominum ejus æ-
tatis et nationis adeo aliena, ut vix mihi perfuadeam, etiam tum cum
primum ederetur, fatis perfeɛte intelligi potuiffe. Cum vero hæc ipfa
adeo luculenter explicet peregrina quædam Interpretatio ex Hebræorum rebus ac monumentis fuperinduɛta, cujus vim omnem et magni-

s ɛ ʀ v. ad Eclog. ɪ v. ɪ ɪ. Sed ipfe Servius Gallum anno priore natum, Pollione adhuc Confule
defignato, affirmat: et quanquam fieri poteft talem excidiffe jaɛtantiam ab impotentia hominis,
quem Auguftus dixit imperii fe mortuo adipifcendi avidum fore, fed minorem; (ᴛ ᴀ c ɪ ᴛ. An-
nal. ɪ. ɪ 3.) vix tamen credibile eft Poetam qui fanus effet hæc tam magnifica de ullo Pollionis
filio prædicere potuiffe. Ad hoc, cur Divinum hunc Puerum, folummodo Illo Confule, ac non
potius Illo Patre, nafciturum dixit? quod ad Pollionis gloriam, multo magis pertineret. Itaque
jam plerique de Cæfare Oɛtaviano, deque puero aliquo in illius familiam et in certam fpem imperii nato, hæc interpretantur. Juliam, Marcellum, Drufum, memorant. Drufi nec ætas, nec
perfona convenit. Marcelli ætas convenit, non perfona. Juliæ quidem Oɛtaviani filiæ utrumque
favet, modo Eclogam hanc in expeɛtatum Scriboniæ puerperium fcriptam effe ftatuamus; ante
partum autem fcriptam fuiffe credibile eft, cum Lucina invocetur: "Cafta fave Lucina." Verum meminerint, qui aliquam ex his fententiis ampleɛtuntur, quis et quo loco tum fuerit ipfe
Oɛtavianus; nondum Princeps, et Auguftus, et Imperii Romani Dominus, quæ omnia ei ac-
creverunt non nifi poft viɛtoriam Aɛtiacam, annis omnino novem pofteaquam fcripta effet hæc
Ecloga; fed Triumvir, æquata cum Antonio et dignitate et poteftate, ne quid dicam de Lepi-
do. Quomodo igitur ad Oɛtaviani filium, fi quis ei hoc anno natus fuiffet, protinus fpeɛtare
potuit imperii hereditas? Sed ut concedamus, id quod fane verum eft, nullibi digniorem aut
aptiorem perfonam inveniri poffe, aut in quam hæc melius quadrent quam filius aliquis Oɛtaviani; porro autem ei filium hoc ipfo tempore natum fuiffe fingamus; ad eum tamen quæ hic dicuntur nihilo magis pertinere poffe, vel uno argumento evinci arbitror; eo nimirum quod Pollionis nomine Ecloga infcribitur; nam hucufque et paulo etiam deinceps Pollio femper erat in
partibus Antonii contra Oɛtavianum. Percurramus enim res geftas Pollionis poft Julii Cæfaris
necem temporum habita ratione. Anno U. C. 711. C. Afinius Pollio, bello cum Sexto Pompeio
gefto, ex Hifpania reverfus exercitum tradit Antonio poft ejus fugam a Mutina. U. C. 713.
Pollio Antonii legatus Galliam Cifalpinam tenet: Salvidienum Oɛtaviani legatum Lucio Antonio bellum inferentem a tergo infequitur una cum Ventidio; Lucio deinde Perufiæ obfeffo fruftra fuppetias ferre conatus Ravennæ fubfiftit: Venetiam diu retinet in poteftate Antonii; magnifque rebus geftis in ea regione, Antonium petit; et Domitium Ænobarbum, confiliis fuis il-
leɛtum ac fide data, cum claffe cui præerat jungit Antonio. U. C. 714. Pax Brundufina incidit
in finem anni; cujus adminiftri funt, ex parte Antonii Pollio Conful, ex parte Oɛtaviani Mæ-
cenas, et amborum communis amicus Cocceius: circa hoc tempus fcripta eft Virgilii Ecloga
Quarta.

tudinem nullo modo complecti potuerit aut etiam attingere ipsius Poetæ animus; quid mihi hac in re concedent eruditi, nescio; quid sentiam, vix audeo exponere: et tamen dicam id mihi tam mirabile tamque prodigii simile videri, ut nonnunquam pene inducar ut serio credam, id semel evenisse, quod Socrates ειρωνδομβμος, ut solet, apud Platonem de poetis ait: [1] Δια ταυτα ο Θεος, εξαιρεμβμος τυτων νυν, τυτοις χρηται υπηρεταις και τοις χρησμωδοις και τοις μαντεσι τοις θειοις· ινα ημεις οι ακυοντες ειδωμεν, οτι υχ υτοι εισιν οι ταυτα λεγοντες υτω πολλυ αξια, οις νυς μη παρεςιν, αλλ' ο θεος αυτος εςιν ο λεγων, Δια τυτων δε φθεγγεται προς ημας.

Quarta. U. C. 715. Antonius Pollionem legatum suum mittit in Illyricum contra Parthinos: de Parthinis triumphat Pollio mense Octobri. Hæc VELLEIUS, APPIANUS, DIO. Interciderant etiam circa hæc tempora inter Pollionem et Octavianum privatæ quædam inimicitiæ; et versus Fescenninos Octavianus in Pollionem scripsit. MACROB. Saturn. II. 4. Ab hoc tempore usque ad pugnam Actiacam quæ U. C. 723. ineunte mense Septembri commissa est, partibus sese abstinuit Pollio, neque ultra Antonii et Octaviani discordiis se immiscuit. "Non præ-"tereatur, inquit VELLEIUS II. 86. Asinii Pollionis factum et dictum memorabile: nam cum "se post Brundusinam pacem continuisset in Italia," (post Triumphum dixisset verius) "neque "aut vidisset unquam Reginam, aut post enervatum amore ejus Antonii animum partibus ejus "se miscuisset, rogante Cæsare, ut secum ad bellum proficisceretur Actiacum: Mea, inquit, in "Antonium majora merita sunt, illius in me beneficia notiora: itaque discrimini vestro me sub-"traham, et ero præda victoris." Quibus omnibus perspectis, mihi omnino incredibile videtur, Virgilium animum inducere potuisse, ut Pollioni, summo Antonii amico, Octaviani potius inimico, mitteret, ejusque nomine inscriberet, Carmen, quod Octaviani laudibus ejusque familiæ honori unice dicaretur.

[1] PLATO in Jone.

קִינָה

SIVE ELEGIA.

PRÆLECTIO VICESIMA SECUNDA:

DE ELEGIÆ HEBRÆÆ ORIGINE ET FORMA;

AC DE THRENIS JEREMIÆ.

Ex incitatioribus humanæ mentis Affectibus Poefin in genere ultimam fuam duxiffe originem, fatis recte antehac ftatuiffe videmur; nec tamen idcirco Poefeos diftributio in fuas fpecies
prorfus fequitur Affectuum naturam et partitiones; quanquam
id interdum in hac re aliquid habeat momenti. Sunt quidem nonnullæ
Poematum fpecies, quæ in fe omnes admittunt Affectus, cujufmodi eft
Ode; funt quæ vix ullum, qualia fere funt Didactica: aliæ autem funt,
quæ certis quibufdam Affectibus tractandis præcipue idoneæ habentur,
quod de Tragœdia conftat, de Poefi Prophetica ipfi notavimus. Una
omnino videtur effe fpecies quæ unius Affectus eft propria, quæque
etiam tota eft in eo Affectu: neque fane quemquam novimus populum, qui modo aliquid in excolenda Poetica profecerit, quin Poema
habuerit luctui exprimendo inventum, et querimoniæ unice deftina-
tum. 1. Quam fpeciem plerique cum Græcis Elegiam vocant: Hebræi
קִינָה five etiam נְהִי appellant, quarum utraque vox Lamentum fignificat.

Hujufce Poematis apud Hebræos et origo et ratio luculenter deduci

---

1 Ἄινος, prima apud Ægyptios cantio. HEROD. II. 79.

poteſt ex folenni ritu quo defunctorum funera celebrabant. Erat quidem hoc naturæ magis quam propriæ confuetudinis aut inſtituti, ut fuorum exequias cognati et neceſſarii ploratu et lamentis profequerentur. Non eos pudebat in gravi minimeque fucato luctu naturæ fuæ obfequi, et quod æger animus dictaret, libere protinus effundere. Simplex et ingenua eſt mœroris vox; flebilis, intermiſſa, fracta, concifa oratio, fi omnino pro oratione habenda eſt ejulatio et gemitus. [1]

"O pater! O patria! O Priami domus!

Exclamat in Tragœdia perfonata Andromache: nec minus miferabiliter ille in Hiſtoria facra cariſſimo filio orbatus parens; [2] "O fili mi, "Abfalon! O Abfalon, mi fili, mi fili!" ut non multum opus fit, quonam lamentorum genere in funeribus uterentur, difquirere: veruntamen cum hac ipfa in re exempla nobis præbent facri fcriptores, unum atque alterum apponam. Propheta Bethelites fublatum viri Divini a leone lacerati cadaver in urbem intulit, ut lugeret eum et fepeliret: [3] pofuit itaque eum in fepulchro fuo, et planxerunt fuper eum, "Eheu, "mi frater!" [4] Ita apud Jeremiam edicit Jehova de Joachimo Joſiæ filio Rege Judæo:

לא יספדו לו הוי אחי והוי אחות

לא יספדו לו הוי אדון והוי הדו:

"Non lugebunt eum, Ah mi frater! vel ah foror!

"Non lugebunt eum, Eheu, domine! eheu viri Majeſtas!

Hæc atque hujufmodi fatis erant naturæ et ingenuo mœrori: verum paulo exquifitius quiddam defiderabat officiofus et ambitiofus dolor; quærebat quod conceptus et fenfa Ægrimoniæ plenius et elaboratius exprimeret, quæ ipfa per fingultus mifera non poſſet proloqui; ſtudebat non modo fuum angorem lenire expromendo, fed alios etiam in focietatem doloris invitare et pertrahere, et adſtantium elicere lachrymas. Itaque David, cum Joabi infidiis oppreſſus eſſet Abnerus, Rege mini-

1 Apud CICERONEM Tufc. Quæſt. lib. 3.
2. 2. SAM. XIX. 4.
3 I. REG. XIII. 30.
4 JER. XXII. 18.

E e

me

me confcio, ac ægerrime quidem ferente, fed ob res duras et regni no-
vitatem in autorem cædis animadvertere non aufo; quo apud populum
et fe et Abnerum purgaret, in funere defuncti lugentis perfonam fufti-
nens, "tollit vocem fuam, et fletum edit ad fepulchrum; et flevit
"etiam univerfus populus:" tum vero carmen et numeros adhibens,
luctui eorum acriores adhuc ftimulos admovet: "et 1 Abnerum lamen-
"tatus eft Rex, dixitque;

> An perit Abnerus fcelerati more nocentifque?
> An reus infami crimina morte luit?
> At tibi non fortes violarunt vincla lacertos,
> Preffitve indignos dura catena pedes:
> Heu! fecure doli, et dictis confife malorum!
> Fraude et mentito captus amore peris!

"atque iterum flevit fuper eum univerfus populus."

Hujufcemodi fubinanis quædam etiam veri doloris oftentatio, in defunctorum honoribus vix quidquam effe nimium exiftimantis; tum ipfa hujus vehementiffimi Affectus intemperantia, fibi ut fit plus æquo
indulgentis, et aculeos libentius quam fomenta admittentis; illa demum, quæ hominum animos femper invafit, importuna opinio, oportere, rectum effe, ad officium etiam pertinere, ut in morte neceffario-
rum fefe gnaviter excrucient: hæc, inquam, omnia induxerunt illum
morem, qui primum apud Hebræos, deinde apud Phrygas, 2 poftmo-
do apud Græcos et Latinos invaluit; ut in funeribus adhiberentur qui
mercede conducti plorarent. Id officium plerumque præftabant Fœminæ; vel quod muliebris animi imbecillitatem deceret magis, vel quod
ab ingenio flexibili, mollique et flexanima voce negotium pulchrius fuc-
cederet: neque deerant unquam ejufmodi doloris Artifices, lugendi difciplina probe eruditæ, femperque paratæ locare lamenta et lachrymas.
Ut cæterarum, ita hujufce etiam artis laus erat imitari naturam: harum
itaque næniæ plurimum compofitæ erant ad formam illarum lamenta-
tionum quas in fimili occafione ultro temereque exprimere folebat fin-

---

1 2. SAM. III. 33, 34.

2 Vide JOS. SCALIGERI Conjectanea in Varronem de Ling. Lat. p. 76. edit. R. Steph.

cerus dolor: fententiæ erant breves, queribundæ, patheticæ, fimplices et inornatæ; eo quidem paulo diligentius elaboratæ factæque, quod et numeris conftarent, et ad tibiam 1 effent decantandæ.

Hujus inftituti multa extant veftigia in Prophetarum fcriptis, quibus familiare eft prædictiones calamitatum urbibus gentibufque impenden-tium, non fine fingulari quadam elegantia, in modum et fpeciem fune-brium lamentorum concludere. Quam rem clarius illuftrabunt exem-pla, fimulque confirmabunt quæ de ifthac confuetudine hactenus dicta funt. Audite (2 inquit Amofus Ifraelitas alloquens, clademque iis de-nuncians et regni interitum)

Audite vatem luctuum prænuntium;
Audite leffum funebrem:
Occidit! æternum Virgo occidit Ifraelis!
Et jacet in patrio nuda, relicta folo!
Et paulo poft; 3
Eheu! per urbem, per vias Eheu! fonet;
Eheu! per omnes viculos:
Doctifque jungat præficarum luctubus
Rudem colonus næniam.
Apud Jeremiam in re plane fimili, 4 Ità edicit Jehova Exercituum:
Luctus peritas huc vocate fœminas,
Mœftæ fcientes næniæ:
Orfæ ejulanti flebiles modos choro
Ferale carmen præcinant;
Ut mollis omnes humor in genas fluat,
Fluant perennes lachrymæ.
Nunc, nunc ad aures lugubris fertur fonus
Sionis altæ a mœnibus:

1 Vide M A T T. IX. 23. et L I G H T F O O T. Exercitat. Hebr. et Talmud. in locum.
2 A M O S. V. 1, 2.
3 Ibid. v. 16. In ultimo membro particula בא revocanda videtur ad initium ejus membri. Vid. C A P P E L L. Crit. Sacr. Lib. IV. Cap. XIII. 1.
4 J E R. IX. 17, ——— 22.

Funditus

Funditus occidimus! natalia linquimus arva!

Linquimus heu patrii dulcia tecta foli!

Adhuc Jehova flebiles cantus jubet;

Parete juffis, præficæ!

Docete mœftos virgines leffi modos;

Docete vicinas nurus:

Mors urbem invadit! rapit heu juvenefque fenefque!

Sævit acerba domi! fævit acerba foris!

Corpora fufa jacent, vacuis projectus in arvis

Ut fimus; utque jacet falce recifa feges.

Plura hujufmodi occurrunt apud Prophetas in quibus itidem ut in his aperta fit mentio ejus inftituti unde derivantur; alia item funt, quæ etfi neutiquam præ fe ferunt ullam iftiufmodi fignificationem aut Næniarum titulum, tamen ex eodem funt genere; quorumque idcirco, ut par eft, minime elucebit verus decor et propria elegantia, nifi illuc referantur. Sufficient quæ jam protuli ad genus ipfum indicandum; demonftrandumque, quomodo ex veris doloris vocibus primitus effingerentur iftæ artificiofæ querimoniæ; tum etiam quomodo ex his initiis קינה, five Threnus, apud Hebræos in jufti Poematis habitum et formam perduceretur. Hoc etiam patebit adhuc manifeftius, fi Jeremiæ Threnos, infigniffimum in hoc genere quod quidem nunc extat Poema, accuratius paulo exigamus ad normam eorundem funebrium lamentorum; quod ni fiat, vix eft ut recte quifquam de eo carmine judicare poffit.

Ita autem agam de hoc Poemate, ut primo de univerfa ejus natura et forma; deinde de metrorum ratione; poftremo de rebus, fenfibus, imaginibus, breviter differam.

Jeremiæ קינות, five Threni, (proprie enim et fignificanter in numero multitudinis effertur titulus) funt plura lamenta, in uno argumento, ad formam funebrium Næniarum, per plures periodos fingulatim edita, fimulque comportata, et in fyllogen quandam conclufa. Qui itaque artificiofam totius argumenti difpofitionem, aptam partium collocationem, rerum juncturam et feriem, et in his omnibus fingularem aliquam

liquam elegantiam requirit, id poſtulat a Vate, quod erat ab ejus propoſito alienum.   Patriæ perditæ et extinctæ luctuoſo carmine quodammodo parentans, et veluti in exequiis ejus proſequendis lugentis perſonam gerens, quicquid ejus animo in tot tantiſque miſeriis primum ob-
verſatur, quicquid maxime calamitoſum videtur et miſerabile, quicquid
ei præcipit inſtans dolor, id ſubito quaſi in re præſenti exprimit et effundit.   In eiſdem rebus hæret plerumque et immoratur diutius; eadem novis vocibus, imaginibus, figuris, variat et amplificat; ita ut fiat
potius rerum prope ſimilium coacervatio quædam ac cumulus, quam
plurium et diverſarum ſubtilis aliqua connexio, atque per gradus ordinate facta deductio.   Hæc autem non ita accipi velim, quaſi hic nulla
omnino ordinis ratio haberetur; ac non plerumque ab una vel re, vel
imagine, vel perſona, vel figura in aliam ſatis et elegans et facilis tranſitus fieret: hoc tantum dico, eam eſſe naturam et conſilium hujus Poematis, cum ſit ſententiarum diſtinctarum congeries, in quibus ſingulis
funebrium Næniarum formam imitetur, ut omne illud artificium ordinis et diſtributionis quod in aliis pleriſque elucet, nec poſtulet, nec admittat.   Porro dividitur totum hoc Poema in quinque partes: in prima, ſecunda, et quarta, loquitur Vates, vel Hieroſolymam loquentem
inducit; in tertia loquitur Chorus Judæorum, ſub unius perſona, uti
fiebat apud Græcos: in quinta, quæ eſt Epilogus quidam operis, Judæi univerſi in exilium abducti gemitus et preces ad Deum fundunt.
Hæc ultima in periodos viginti duas, juxta numerum quidem literarum
Alphabeti, ſed reliquæ omnes etiam juxta earundem ordinem per elementa initialia diſtribuuntur.   Quæ res facit, ut de ratione Metrorum
aliquid poſſimus adnotare.

Acroſtichidis, ſive Alphabetici carminis, artificium in ſubſidium memoriæ adhibebant Hebræi iis in locis, neque temere alias, in quibus
ſententiæ quædam ipſa rerum et argumenti neceſſitudine non multum
inter ſe connexæ colligerentur: quod Syris, 1 Arabibus, et Perſis, familiare item fuiſſe, et etiamnum in uſu eſſe, accepimus.   Quam com-

---

1 Vide ASSEMANNI Bibliothec. Oriental. Vol. III. P. 63, 180, 188, 328.

mode itaque hoc in loco id ufurpavit Vates, ex proxime obfervatis fatis liquet. Ejus autem rei in hoc Poemate hæc eft ratio : Quinque par-tium, in quas totum opus dividitur, fingulæ in periodos vel ftrophas viginti duas diftribuuntur ; eæ periodi in tribus primis partibus funt fin-gulæ Tricola, hoc eft, continent tres verficulos, excepto quod in utra-que duarum priorum eft una periodus, ₁ quæ eft Tetracolon, continens verficulos quatuor. In quatuor primis partibus prima cujufque periodi litera fequitur Alphabeti ordinem ; fed in tertia parte finguli etiam ver-ficuli ejufdem periodi eadem litera inchoantur, quod in eo carmine om-nium verfuum limites neceffario figit ; qui in cæteris etiam, quæ non habent ita perpetuas minimeque dubias verfuum notas, nihilominus fa-tis tuto definiuntur per fententiarum refolutionem in fua membra : ad-eoque in parte quarta periodi omnes funt manifefto Difticha ; ₂ uti et in quinta, quæ non eft Acroftichis ; verum in hac ultima illud etiam intereft, quod verfus funt breviufculi, cum in reliquis omnibus fint lon-giores.

Digna eft quæ diligentius notetur horum metrorum Longitudo : vix ullus eft in hac re errori locus ; manifefto hic deprehendimus verfus di-midia prope parte productiores quam qui alias plerumque et vulgo oc-currunt. Media quædam eorum menfura videtur effe fyllabarum duo-decim ; funt pauci qui abfunt ab eo numero, funt qui fuperant duabus fortaffe aut tribus fyllabis : nam quanquam de numero fyllabarum vix quidquam pro certo et explorato ftatui poteft, (nihil enim moror Ma-foretarum commenta) tamen eft fane locus valde probabili conjecturæ. Non eft pro nihilo habenda ifthæc peculiaris conformatio : Vates opi-nor eo adhibuit hoc genus Carminis, quod effet fufius, fluentius, lè-nius, luctui et querimoniæ accommodatius : addo etiam, eo quod ver-fibus hujufmodi longioribus fortaffe conditæ effent Præficarum Næniæ ; nam qui apud Prophetas occurrunt Threni, ad illarum imitationem conficti, omnes nifi fallor funt ex eo verfuum genere. Id fi verum eft,

---

₁ In Cap. ₁. ₁. in Cap. 2. פ.

₂ Sed Periodus פ, prout nunc legitur, nec in duos neque in tres verfus commode diftribui poteft.

proprium

proprium jam ac legitimum invenimus apud Hebræos Carmen Elegia-
cum. Notandum autem eft id genus Carminis a facris Vatibus nonnunquam fed rarius ufurpari in aliena materia; uti factum eft a Græcis et
Latinis: itemque nonnulla Poemata, quæ pro Elegiis merito haberi poffunt, fed quæ non funt condita per disjunctas fententias ad modum funebrium Lamentorum, ufitatiore Carminis genere componi.

. Hæc de univerfa totius Poematis uti et Metrorum forma: reftat ut
de ejufdem Argumento Styloque pauca notanda fint.

,Threnorum Argumentum effe, fanctæ urbis templique excidium,
regni interitum, populi exterminationem; eaque omnia non quafi futura et prænuntiata, fed ad exitum perducta vereque defcripta; ita manifefte apparet ex omni operis parte, ut nulla egeat probatione: quanquam nonnulli magni nominis Auctores [1] Carmen hoc in obitu Regis
Jofiæ compofitum fuiffe exiftiment. Ac profecto Patriæ fuæ miferias
ita ornate copiofeque eluget Vates, ut funefto officio abunde fatisfeciffe
videatur. Nullum opinor aliud extat Poema, ubi intra tam breve fpatium tanta, tam felix, tam lecta, tam illuftris, Adjunctorum atque Imaginum varietas eluceat. Quid tam elegans et Poeticum, ac urbs illa
florentiffima pridem et inter gentes Princeps, nunc fola fedens, afflicta,
vidua; deferta ab amicis, prodita a neceffariis; fruftra tendens manus,
nec inveniens qui eam confoletur? Quid Viæ Sionis lugentes, et fe-
riarum folennium celebritatem requirentes? Quid dulces illæ et flexa-
nimæ querimoniæ? [2]

לוא אליכם כל עברי דרך הביטו וראו
אם יש מכאוב כמכאבי אשר עולל לי.
אשר הוגה יהוה ביום חרון אפו :
על אלה אני בכיה עיני עיני ירדה מים
כי רחק ממני מנחם משיב נפשי
היו בני שוממים כי גבר אויב :

"Nihilne hæc ad Vos, qui per viam tranfitis? attendite, et vi-
"dete,

1 JOSEPHUS, HIERONYMUS, USSERIUS, &c.
2 THREN. I. 12, et 16.

"Num

" Num fit ufquam dolor inftar mei doloris, qui mihi inflictus
    " eft,

" Quum mœrore me affecit Jehova in die iræ ejus exardefcentis.

" Propter hæc ego fleo, oculis meis aqua manantibus.;

" Quia longe a me abeft confolator, qui mihi reereet animam :

" Defolati funt filii mei, quoniam invaluit hoftis.

Verum omnes locos elegantes proferre, id fane effet totum Poema ex-
fcribere. Unum tantum adnotabo de quibufdam locis, atque de priore
parte fecundi Alphabeti potiffimum; ubi fi quibus Vates ad audaciores
conceptus affurgere videatur, verbifque uti ardentioribus atque imaginibus elatioribus, quam quæ lugenti conveniunt, et in tanto mœrore per
Rhetorum et Criticorum decreta admitti poffunt; eos monendos effe,
ut ad ipfius Argumenti magnitudinem, eorumque omnium quæ ei in-
hærent amplitudinem, fanctitatem et religionem, animum advertant;
quæ ut pro dignitate exprimerentur, augerenturque etiam, fi id fieri potuiffet, ipfa operis natura ac finis poftulabat : neminem arbitror fore,
qui hæc attenderit, apud quem non facilem faltem excufationem habitura fit Vatis Sublimitas.

PRÆLECTIO VICESIMA TERTIA:

DE RELIQUIS HEBRÆORUM ELEGIIS.

D E קִינָה, five Elegia Hebræa, ejufque Origine et Natura, proxime difputatum eft; oftenfumque, eam Poematis fpeciem
et initium fuum et formam duxiffe a Næniis quibus Præficæ folenni ritu in funeribus uterentur; idque confirmatum
exemplo brevium Threnorum, qui in Prophetarum Vaticiniis occurrunt, et infignis Jeremiæ Poematis Threnorum titulo infcripti, de quo
etiam fpeciatim eft dictum. De aliis quibufdam Carminibus, quæ, etfi
ad externam illam Næniarum figuram non tam accurate funt compofita, tamen ad univerfum genus æque pertinent, nunc differam.

Habuiffe olim Hebræos aliquam Threnorum Syllogen, quæ ad nos
non pervenit, intelligimus ex eo facræ Hiftoriæ loco, [1] ubi mentio fit
folennis Lamentationis quæ in Jofiæ funere publice celebrabatur: in ea
Carmen illud Jeremiæ eadem occafione compofitum, inter alia ejufdem
generis locum videtur obtinuiffe. Quanquam hæc præcipua, ut credibile eft, Elegiæ Hebrææ monumenta interierunt, tamen non pauca funt
quæ adhuc extant ad hanc Poefeos fpeciem pertinentia: ex quo intelligitur, eam apud Hebræos æque fortaffe ac alia quævis fpecies, Ode excepta, excultam fuiffe.

Primum extra breves illas Nænias in Prophetarum fere omnium
fcriptis occurrentes, de quibus jam dixi, funt quædam apud Ezekielem
et Threnorum titulo notata et in juftarum Elegiarum cenfum referenda. Cujufmodi funt Lamentationes duæ, [2] prima in Urbem Tyrum,
altera in Tyri Regem. In quibus quanquam Vates in pœnæ potius
comminatione intentanda, quam in graviffimo cafu lugendo verfatur;

---

1 2. PARAL. XXXV. 25.
2 EZEK. XXVII. et XXVIII. 12, ———— 19.

F f   fuumque

fuumque illud obtinet, ut terrorem magis incutiat quam concitet mifericordiam; tamen et titulo refpondet luctuofum argumentum, et rerum fenfuumque ratio Næniarum confuetudinem aliquatenus fequitur.
Fit enim, uti in illis funebribus laudationibus fieri folebat, priftinæ gloriæ, opum, facultatum, bonorumque omnium, quibus prius abunda-
bant, ornata et copiofa enumeratio, ut tantæ felicitatis defiderio calamitatis magnitudo augeatur. Quod ad Vaticinia item bina attinet, 1
quibus denuntiatur Pharaonis et Ægypti occafus; ea Lamenta dici videntur folum ob triftem et lugubrem materiam; neque enim ullam habent ftyli Elegiaci formam aut fimilitudinem; vix ullam fignificationem doloris; ad minas et terrorem unice comparata funt. Similêm e-
tiam rationem habet aliud par Lamentorum 2 in Principes Judæ, et in
Hierofolymam editorum, quæ funt Parabolæ Poeticæ; de iis itaque fuo
in loco jam antea eft dictum.

Porro plerique Jobi fermones 3 in nobiliffimo Poemate illius nomine
infcripto pro veris ac legitimis Elegiis merito haberi poffunt: ac nefcio
fane an in hoc ipfo genere ulla ufpiam extent perfectiora exempla; ita
patefacta plane funt et excuffa intima doloris penetralia, ita penitus per-
veftigati et reclufi omnes mifericordiæ fontes. Verum cum hæc funt
membra quædam integri Poematis, non temere a fuo corpore diftra-
henda; cumque ejus operis univerfi elegantiffima difpofitio, et eximiæ
in partibus virtutes, uberiorem aliquando difquifitionem poftulaturæ
funt; fatis jam erit hæc folum indicaffe, quafi pulchra quædam prædia,
quæ Elegia, fi modo effet litigiofa et fummo jure agere vellet, vindica-
re poffet.

Pergamus itaque ad Pfalmorum Librum; qui eft Sylloge generali titulo infcripta carminum in Dei laudes conditorum; continetque varia
diverfi generis Poemata, inter alia Elegias. Quod fi ea omnia ita pre-
cenfeamus, ut ad fuam quæque fpeciem referamus, totius numeri pars
fortaffe fexta aut faltem feptima in hanc Elegiarum claffem erit adfcri-

1 EZEK. XXXII.
2 EZEK. XIX.
3 Vide Job. Capp. III. VI. VII. X. XIV. XVII. XIX. XXIX. XXX.

benda.

benda. Quæ tamen res cum omnino in opinione pofita fit, neque ex certis regulis liquido demonftrari poffit; pendet enim partim ex argumenti natura, partim ex ftyli colore, aut totius Poematis forma, de quibus ex fuo quifque fenfu alius aliter judicabit; non erit a me poftulandum, ut Pfalmos illos quos pro Elegiis habeam fingulos nominatim recenfeam. Id potius quod ex ufu magis erit faciam, Academici, et experiar, fi quod inde exemplum omnibus in hoc genere notis eminenter fignatum vobis exhibere poffim.

Atque eo quidem nomine non dubito vobis commendare Pfalmum quadragefimum fecundum, utque elegantiffimum Elegiæ Hebrææ fpecimen proponere. Vates longe a Templo publicoque Dei cultu in extremis Judææ finibus exulans, ab hoftibus oppreffus, eorumque conviciis exagitatus, querimoniam et preces ad Deum fundit. Mirifice exprimitur ardentiffimum piæ mentis defiderium, dolor abfentium bonorum memoria identidem recrudefcens; extrema animi demiffio; cedentis mœrori fuo, fed eundem ferentis impatienter; victi malis, fed iifdem aliquantulum reluctantis, et in denfiffimis rerum tenebris interlucentes quofdam fpei radios fubinde admittentis: amat, luget; queritur, expoftulat; defperat, confidit; concidit, recreatur; invicem et pene fimul omnia. Non eft fperandum fore, ut hæc digne exprimat ulla Verfio Poetica, cum alia lingua vix imitabilis fit vis, et incitatio, et maxime brevitas Hebræorum; quanquam hujufce quidem Pfalmi paulo fufior eft ftylus: ut autem intelligatis quam congruentem habeat cum Elegia Latina naturam, recitabo eum vobis ex Metaphrafi Arthuri Jonftoni, fatis elegantis et fidi Interpretis, nifi et rerum et verborum pondera metri genere a fublimitate alieniffimo fæpe fregiffet; in materia autem Elegiaca, ut par eft, res ei feliciter plerumque videtur procedere.

“ Cervus ut, in medio·celfis de montibus æftu

  “ Actus, in algentes fertur anhelus aquas;

“ Sic mea vitali fatiari Numinis unda

  “ Mens avet, et Domini languet amore fui:

“ Gaudet, et optat amans, vitæ fe adjungere fonti:

  “ His mihi deliciis quæ dabit hora frui?

F f 2   “ Scandere

" Scandere me quoties memini penetralia facra,
 " Et longo populos ordine pone fequi;
" Aurea dúm recolo miffas ad fidera voces,
 " Et plaufum feftis quem decet effe choris:
" In lachrymas totus mifer et fufpiria folvor;
 " Inter et ærumnas eft mihi dulce queri.
" Cur ita turbaris? cur te, Mens, dejicis exfpes?
 " Cur ita me torques anxia? fide Deo:
" Scilicet hic placido recreat mihi lumine pectus;
 " Et mihi materies unica laudis erit.
"Dúm queror, in mentem, liquidis Jordanis ab undis,
 " Sepofitifque jugis, tu mihi fæpe redis;
" Gurgitis eft gurges, rauci comes æquoris æquor:
 " Fluctibus infelix obruor ufque novis.
" Luce, fed in media bonitas tua fulcit abyffo:
 " Nocte, Parens vitæ, tu mihi carmen eris.
" Tunc ego, cur, dicam, capiunt te oblivia noftri?
 " Rerum Opifex, animæ portus et aura meæ!
" Cur prope confectum curis, lachrymifque fepultum,
 " Me finis immani durus áb hofte premi?
" Hic petit infultans, ubi fis: ego vulneror inde,
 " Enfis et in morem permeat offa dolor.
" Cur ita turbaris? cur te, Mens, dejicis exfpes?
 " Cur ita me torques anxia? fide Deo:
" Scilicet hic placido recreat mihi lumine pectus,
 " Et mihi materies unica laudis erit.

Aliud eft quod in hoc Pfalmo animadverfum velim: fingulas ejus Periodos perpendat Lector, fenfuumque intervalla diftinguens in fua membra refolvat; omnes, credo, comperiet quafi fua fponte ita fe dif-pertire, ut verficulos prope æquales conficiant, ejufdem, uti plane videtur, menfuræ et longitudinis ac ii quibus quatuor priores partes Threnorum Jeremiæ confcriptæ funt; quod legitimum haberi poffe Carminis Elegiaci genus apud Hebræos antea monui. Tales verfus funt in
toto

toto Pſalmo undeviginti; extra ἐπῳδὼ, quæ duobus ejuſmodi verſibus longiuſculis conſtat, et uno inſuper breviore; quæque bis ponitur. Eadem plane videtur eſſe ratio ſequentis etiam Pſalmi, qui continet octo ejuſmodi verſus cum eadem ἐπῳδῇ: et cum in eadem materia, ſtylo eodem, iiſdem etiam, ut videtur, numeris ſit ſcriptus, a priore Pſalmo fortaſſe non omnino ſejungi debuit, ſed pro alia quadam ejuſdem parte potius haberi: id ſi verum eſt, totum Poema tres habet partes ſere ſimiles et æquales, quarum unaquæque clauditur eadem Periodo Intercalari.

Reſtat unum pulcherrimum in hoc genere Poema, Davidis in Saulum et Jonathanum Threnus; 1 quem excerptum ex Libro aliquo, ut videtur, ·Poetico, jàm olim deperdito, cui Titulus erat 2 ישר, nobis conſervavit ſacer Hiſtoricus: non pigèbit univerſam hujuſce Carminis rationem paulo diligentius expendere.

---

1 2. SAM. I. 17, ——— 27.

2 Cum de Libro ישר ejuſque Titulo multi multas fecerunt conjecturas, neque certi quidquam de eo adhuc ſtatuitur, Quid vetat et noſmet? ——— Bis citatur Liber ישר; primo JOSH. x. 13. ubi quæ inde proferuntur manifeſte ſunt Poetica, ac tria quidem Diſticha conficiunt:

שמש בגבעון דום
וירח בעמק. אילון :
וידם השמש וירח עמד
עד יקם גוי איבו :
ויעמד השמש בחצי השמים
ולא אץ לבוא כיום תמים :

tum hoc in loco exinde depromitur Threnus Davidis. Notus eſt veterum Hebræorum mos Libros ſuos ex prima cujuſque voce inſcribendi: ut בראשית Geneſis, וידבר Numeri; vel ex præcipua aliquá primæ Sententiæ voce; ſic idem Liber Numerorum vocatur etiam במדבר· Videmus etiam apud eoſdem Cantica, inſigni aliqua occaſione edita, hujuſmodi forma, qua ea notetur occaſio, induci: ישר אז, ſive וישר פלוני אלמני, ſic ישיר משה אז EXOD. XV. 1. ותשר דבורה JUD. V. 1. vjde etiam Inſcriptionem PSALMI XVIII. Itaque Librum JASHAR fuiſſe opinor aliquam Syllogen Canticorum Sacrorum, variis de rebus, et diverſis temporibus conditorum, eumque habuiſſe Titulum ex eo quod et ipſe Liber et ſingula pleraque Cantica cum voce וישר inciperent. In ea ſane opinione fuiſſe videtur vetus Interpres SYRUS, qui in horum locorum altero vocem hanc reddidit per אשיר, hoc eſt,· cecinit; (cujus Interpretatio, inquit ARABS eum in hoc loco ſecutus, eſt Liber Canticorum) in altero hujus Tituli ſignificationem ipſe expoſuit voce דתשבחתא, id eſt, Hymnorum. Porro eorum ſententiæ accedo, qui ex v. 17. exiſtimant, hunc Threnum Titulo קשת inſcriptum fuiſſe; vel in memoriam cladis ab hoſtium Sagittariis acceptæ, (vid. I. SAM. XXXI. 3.) vel ex Arcu Jonathani, de quo præcipua fit mentio v. 22. Huic opinioni favere videntur LXX.

Duos

'Duos communes locos, eofque in Elegia legitima, eam dico quæ ce_
lebrandis mortuorum exequiis adhibetur, maxime pervulgàtos, non tamen vulgariter Vates tractat; exponit fui doloris fenfum, et defuncto_
rum laudes prædicat. In ipfo exordio utrumque exprimitur, fed ut par
eft, vincit dolor, et cum gemitu et exclamatione erumpit:

הצבי ישראל על במותיך חלל

איך נפלו גבורים :

   " O Decor Ifraelis, in montibus tuis perempte!

   " Quomodo ceciderunt fortes!

Timidus et fufpiciofus eft dolor, facile caufas comminifcens quibus fefe
excruciet; ægre ferens fi vel neglectui fit, ludibrii autem et contumeliæ
prorfus impatiens:

שמעו כי נאנחה אני אין מנחם לי

כל איבי שמעו רעתי ששו כי אתה עשית

   " Audiverunt gemitus meos; non eft qui me confoletur:

   " Audiverunt omnes inimici mala mea; quod ita me affeceris

       " lætantur.

Ita queritur apud Jeremiam [1] Hierofolyma, miferias fuas amplificans.
Idem fentit Vates nofter:

אל תגידו בגת

אל תבשרו בחוצת אשקלון

פן תשמחנה בנות פלשתים

פן תעלזנה בנות הערלים

   " Ne annuntietis Gathæ,

   " Neve prædicetis in vicis Afcalonis;

   " Ne lætentur filiæ Philiftæorum,

   " Ne triumphent filiæ præputiatorum.

Difficilis et querulus eft idem affectus; iniquus et μικραιτιος; impotens
iræ, et in obvium quidque excandefcens. " Utinam ne in nemore Pe-
" lio" --- infit Anus illa in Medea Ennii. [2] Ecce autem alium, qui in
montem immerentem vehementer invehitur: [3]

---

[1] THREN. I. 21.   2 Apud CICERON. De Fato. vid. EURIPIDIS Medeam v. 1.
  3 Scolion apud ATHENÆUM Lib. XV. Vide EUSTATHIUM ad Iliad. Δ. 171. et HE-
RODOT. Terpfichor. 63, 64.

Ἀι αj Λειψυδριον προδωσεταιρον,

Οιϰς ανδρας απωλεσας ;

Μαχεϑαj τ' αγαϑϫς ϰαj ευπατριδας,

Οι τοτ' εδειξαν. οιων πατερων ϰυρησαν.

Nec temperantior Vates noster :

הרי בגלבע אל טל ואל מטר עליכם

"O Montes Gilboæ ! ne in vos ros neque pluvia ---
Quæ omnia fi ad rectæ rationis normam exigas, quid abfurdius ? fi naturam et affectuum motus fpectes, quid verius, quid expreffius, quid pulchrius ?   Non Caufa pro Caufa, in Dialectica flagitium, in Poetica interdum eft virtus : quia nimirum illic ratio, hic affectus dominantur.
Cum jam luctui aliquantum fatisfactum eft, honori defunctorum com-
modior locus datur.   Pariter laudantur, primo ob virtutem et res geftas ; tum ob amorem et pietatem mutuam ; ob pernicitatem denique et
robur.   Ornatur fingulatim Saulus, ex eo quod opibus ac deliciis omnibus fuos locupletaverit ; qui locus eximia cum elegantia tractatur : aptiffime inducuntur fœminæ Ifraeliticæ, fitque exornatio per imagines ad
muliebrem perfonam accommodatiffimas.   Jonathano demum fingulari
item elogio parentatur, fuaviffimeque exprimitur jucundiffimæ ejus a-
micitiæ defiderium.

De Periodo Intercalari five επωδη, in eum Pfalmum quem modo expofui inferta, aliquid fpeciatim tum adnotaffem, nifi hic idem denuo
faciendum effet.   Cum Elegiæ natura valde congruit : fiquidem amat
luctus fuis querimoniis immorari, eafdemque identidem repetere et inftaurare.   Id quod in hoc Threno facit Vates : fed ifthæc Periodus Intercalaris fingularem habet rationem ; non enim, ut plerumque fit, eadem omnino forma iifdemque vocibus perpetuo interponitur, fed paulum immutata, cumque jucunda et dictionis et ordinis variatione tribus
vicibus facta ; inchoat enim Carmen, et concludit, et femel in medio
interjicitur.

Eft etiam aliud, quod quanquam conjectura folum innitatur, haud
tamen verebor vobis proponere.   Videtur mihi hic Threnus fingulare
aliquid habere in verfuum menfuris ; liberiorem nimirum ufum et varietatem

rietatem metrorum; ita ut non aut illis longiufculis folis, aut brevioribus maximeque ufitatis unice conftet, fed ex utrifque inter fe permiftis
et artificiofe temperatis; ut parallelifmi acumini et concinnitati, fufum
illud ac leniter profluens Styli Elegiaci genus aliquatenus moderetur:
quod idem in nonnullis Pfalmis videre mihi videor. Sane in harum
Periodorum Poetica conformatione quiddam valde exquifitum factumque apparet: et ut nullum huic Poemati elegantiæ genus deeffet, eximia eft univerfæ dictionis perfpicuitas, nitor, et pulchritudo.

Ut autem elegantiffima hujufce Elegiæ Oeconomia melius appareat,
recitandum eft integrum Poema, unoque fub confpectu exhibendum:
quod cum æque pigeret facere, vel ex barbara Maforetarum pronun-
ciatione, vel oratione foluta et ad verbum converfa, totum verfibus E-
legiacis, ut potui, expreffi.

Ergone magnanimi heroes, decus Ifraelis,
    Proh dolor! in patriis occubuere jugis?
Fama Philiftæas ah! ne pertingat ad urbes,
    Neu Gatham tantæ nuntia cladis eat;
Hoftis ut invifos agitet fine more triumphos,
    Judaicifque nurus barbara læta malis.
Trifte folum, Gilboa! tuis ne in montibus unquam
    Vel ros, vel pluviæ decidat imber aquæ!
Nulla ferat primos aris tua meffis honores;
    De grege lecta tuo victima nulla cadat!
Qua fcuta heroum, qua Sauli parma relicta eft,
    Necquicquam heu! facrum cui caput unxit onyx.
Non fine cæde virûm Sauli prius hafta redibat;
    Non Jonathani expers fanguinis arcus erat:
Nobile par, quos junxit amor, quos gloria junxit,
    Unaque nunc fato jungit acerba dies.
Ut celeres vicere aquilas, validofque leones,
    Viribus et curfu bella ciere pares!
At Vos O! Saulum Solymææ flete Puellæ,
    Qui dites vobis rettulit exuvias;

Qui

Qui collo gemmas, qui textile veſtibus aurum,
  Coccina qui Tyria tincta bis arte dedit.
Heu quianam heroum bello perit irrita virtus!
  Montibus in patriis, ah Jonathane, jaces!
Tu mihi, tu æterno flendus, Jonathane, dolore
  Occidis! heu miſero frater adempte mihi!
Heu pietas! heu rara fides, et dulcia feſſo
  Alloquia! heu ſanctæ fœdus amicitiæ!
Quæ mihi in adverſis tulerat nova gaudia rebus;
  Gaudia, fœmineus quæ dare neſcit amor.
Proh dolor! heu quianam duro in certamine belli
  Fracta virûm virtus, irritaque arma jacent!

G g

PRÆLECTIO VICESIMA QUARTA:

משלים

SIVE CARMINA DIDACTICA.

PRISCIS temporibus et in gentium fere omnium primordiis ufi- tatiffimum erat docendi genus per Sententias. Rudis plane et inculta erat vetus illa ac cum maxime nafcens fapientia; non- dum artificiofe digefta et compofita, non in fuas partes diftribu- ta, non ad certam rationem et viam redaƈta. Qui ingenio et prudentia longoque rerum ufu præftabant, ii fuæ fcientiæ fummam omnem, quafi in compendium adduƈtam, per axiomata quædam ac præcepta in alio- rum utilitatem vulgabant; eo efficaciora et apud rudes homines plus ponderis habitura, quod non difputarent, fed juberent; non fuaderent, fed cogerent; non per argumentorum anfraƈtus circumducerent, fed reƈta impellerent, ad bene et honefte fentiendum agendumque. Ea- dem tamen ne nimia feveritate averterent audientium animos, fed ut al- licerent potius et ad fe invitarent, aliquo ornatus lenocinio opus erat: itaque Effata fua in breves, acutas, et numerofas fententias includebant, figuris, imaginibus, et comparationibus illuftratas, multifque rerum et verborum luminibus diftinƈtas. Apud plerofque populos primitus fal- tem obtinuit hæc ratio; apud Hebræos femper viguit. Ii hoc genus Sententiarum משלים vocabant; tum quod fæpe conftarent Parabolis proprie diƈtis; tum quod vi quadam atque auƈtoritate femper pollerent, et in audientium animis quodammodo dominarentur.

Ex hoc genere Didaƈtico multa fuperfunt Hebrææ Poefeos monu- menta; in quibus principem locum facile obtinent Parabolæ Salomo- nis. Hujufce operis duæ funt partes: prima, quæ eft Procemii cujuf-

dam

dam loco, novem priora Capita continet; eftque varia, elegans, fublimis, vereque poetica; rerum ordine plerumque confervato, partibuf-
que inter fe apte connexis; pulcherrimis defcriptionibus, et Profopopœiis illuftrata; compofitione politiffima omnique poetico ornatu illu-
minata; ita ut haud ulli facræ Poefeos parti venuftatis laude cedat: altera pars inde ad finem Voluminis, fingulis fere conftat Parabolis five
Sententiis, vix quidquam habens fublime aut etiam poeticum ultra quod
Gnomæ acumen et concinnitas admittit.   Cum apud Hebræos genus
Didacticum præcipue ac proprie fectatur hujufmodi disjunctas fententias, cumque hæ frequenter immifcentur diverfi etiam generis carminibus, et per totam eorum poefin locum habet, hanc potiffimum partem
Parabolarum Salomonis tractabo, et in peculiarem Parabolæ rationem
paulo diligentius inquiram.

    Præcipuas Parabolæ venuftates ipfe Salomo eleganti Parabola expo-
nit; una exhibens aptam rei defcriptionem, reique defcriptæ exemplum: 1

תפוחי זהב במשכיות כסף
דבר דבר על אפניו :

    " Poma aurea in opere reticulato argenti;
    " Dictum prolatum in rotis fuis.

Vult nimirum graves et rec…conditos fenfus oratione tereti, et undique
circumcifa, et pulchre tornata ita commendari; ut pomorum exquifi-
torum et eximii coloris, vel arte fortaffe ex pretiofiffima materia effic-
torum, venuftior et jucundior eft afpectus, cum per vafis argentei egregie cælati cancellos, quafi per velum quoddam tranflucent: neque enim
eos ornat modo nitida, fubtilis, et expolita dictio, fed illud etiam vel
imprimis, fi interveniente venufta aliqua imagine paulum a confpectu
retrahatur Veritas.

    Ifthæc ut videamus particulatim: Prima Parabolæ laus efto Brevi-
tas. 2   Eft fane hæc neceffaria quædam conditio, qua fublata nec natu-

---

1 PROV. XXV. 11.

2 Εςι γαρ και αποφθεγματικην η βραχυτης, και γνωμολογικην, και σοφωτερον το εν ολιγῳ πολλην διανοιαν ηθροισθαι· καθαπερ εν τοις σπερμασι δενδρων ολων δυναμεις. ει δε εκτεινοιτο τις την γνωμην εν μα-
κροις, διδασκαλια γινεται τις και ρητορια αντι γνωμης. DEMET. PHAL. Περι Ερμηνειας. Sect. IX.

ram fuam nec nomen retinebit. Quod fi fufe plenequé res exponitur,
fi dictum, idque geminatum, ultra decem, aut maxime ultra duodecim
voces extenditur, non jam editur Parabola, fed habetur Concio. Pun-
git enim quafi aculeo fententia, et ictu non mora imprimitur; adeoque
dictione utitur maxime preffa et adftricta, pene neceffariis potius reci-
fis, quam admiffis fupervacuis. Legem hanc poefi Didacticæ tulit e-
tiam Horatius, ejufque rationem fubjunxit : 1

    " Quicquid præcipies, efto brevis; ut cito dicta
    " Percipiant animi dociles, teneantque fideles.

Quod idem fuo more, hoc eft, Parabolice expreffit Salomo nofter : 2

דברי חכמים כדרבנות
וכמשמרות נטועים

    " Dicta Sapientum ficut ftimuli,
    " Et inftar clavorum in altum defixa :

acriter nimirum impellunt-animum, alte penetrant, et firmiter inhæ-
rent.

Porro Brevitatem plerumque confequitur aliqua Obfcuritas, quam non
modo non reformidat Parabola, fed amat etiam, et aucupatur, et fibi
laudi ducit. Habet enim ea quoque res fuam utilitatem : acuit animum et intentum reddit; excitat ftudium et defiderium fciendi; in ipfa difquifitione vires ingenii ftimulat et exercet : ad hæc, vult mens
humana in percipienda veritate fuas fibi partes relinqui; non omnia
plane nimis et aperte exponi, fed aliquid fuæ perfpicacitati tribui: illius etiam fcientiæ fructus eft multo jucundiffimus, quam ipfa fibi propriis viribus fuaque folertia comparavit. Uritur autem illhæc obfcuritas multis modis præterquam ex ipfa brevitate et compreffione dictionis : primum in Comparationibus, cum res invicem applicantur interque fe componuntur fine ulla comparationis nota; cujus exemplum eft
in Parabola modo laudata, et funt frequentiffima : unum infuper alterumque apponam vel propter eorum eximiam elegantiam : 3

1 Art. Poet. v. 336.
2 ECCLES. XII. 11.
3 PROV. XXV. 14.

נשיאים

נשיאים ורוח וגשם אין ·
איש מתהלל במתת שקר :

" Nubes, et ventus, et imber nullus;
" Vir fefe venditans cum inani munere.

Item alia forma : [1]

יש זהב ורב פנינים
וכלי יקר שפתי דעת :

" Eft aurum, et gemmarum copia;
" At pretiofa fupellex labia fcientiæ.

Deinde cum res ipfa, cujus adducitur Imago, occultatur, fitque Allegoria : notam et pervulgatam fententiam bene expreffit Horatius vocibus propriis ; [2]

" Sperne voluptates; nocet empta dolore voluptas :

fed eandem quanto elegantius Salomo per Imaginem, et fub Allegoriæ
involucro ! [3]

דבש מצאת אכל דיך
פן תשבענו והקאתו :

" Inveniftine mel? quod modo fat erit comede;
" Ne eo fatiere, et naufees.

Tum etiam, cum ratio Comparationis valde late patet, et in multis locum habere poteft; quo in genere illud videtur ponendum ; [4]

כמים הפנים לפנים
כן לב האדם לאדם :

" Ut in aquis facies faciei [refpondet],
" Sic homini cor hominis :

quod haud fane facile eft dictu ufque quo pertineat, et quibus coerceri
debeat finibus; cum referri poffit multis modis ad hominum indoles,
ad ingenia, affectus, voluntates, amicitias, mores, virtutes, vitia; inter
fe plerumque congruentia, five etiam invicem fequacia, et fimiles colo-

1 PROV. XX. 15.
2 Lib. 1. Epift. 11. 55.
3 PROV. XXV. 16.
4 PROV. XXVII. 19

res

res mutua inter fe confuetudine trahentia. Poftremo, ne plura recenfeam, oritur aliqua obfcuritas, cum in quacunque Parabolæ forma præcipua aut fortaffe tota vis dicti non in ipfo dicto vertitur, verum in eo
quod minime quidem exprimitur, fed eft eidem arcte connexum et
confequens : ¹

אזן שמעת ועין ראה
יהוה עשה גם שניהם :

" Aurem audientem, et oculum videntem,
" Utrumque eorum fecit Jehova.

Non multum proficiet qui in verborum cortice morabitur, et intra ipfum fententiæ circuitum fteterit ; fed quam gravis quamque fructuofus
exinde neceffario pendet fenfus, quem pro fuo inftituto clarius et animofius expreffit Pfaltes ! ²

הנטע אזן הלא ישמע
אם יצר עין הלא יביט :

" Qui plantavit aurem, nonne ipfe audiet ?
" Qui formavit oculum, nonne ipfe videbit ?

Reftat denique ut Parabola fit Elegans ; cum quo fatis bene conftare
poteft et Breve et Subobfcurum. Elegantiam dico fenfus, imaginis, et
dictionis : quorum omnium exempla Parabolæ quas jam protuli prope
fingulæ fuppeditabunt. Eft autem hoc in loco notandum, minime deeffe fuam elegantiam iis etiam fententiis quæ funt vel maxime nudæ, a-
pertæ, et fimplices, quæque nihil habent in fenfu valde exquifitum,
nullam imaginem, nullum fingularem ornatum dictionis ; modo adfit
brevitas, et rotunda conftructio, et forma peculiaris, quæ fola nonnunquam conftituere Parabolam videtur. Talis eft fententia quam in Hiftoria Sacra ufurpat David ut Parabolam a prifcis acceptam ; ³

מרשעים יצא רשע

" A fceleratis prodibit Scelus :
talis apud Salomonem, 4

1 PROV. XX. 12.
2 PSAL. XCIV. 9.
3 I. SAM. XXIV. 13.
4 PROV. X. 12.

שנאה

שנאה תערר מדנים
ועל כל פשעים תכסה אהבה :

" Odium fufcitabit rixas ;
" Sed omnia delicta operiet Amor :
plurimæque ibidem aliæ.

Alterum eft Salomonis opus ad hanc Speciem Didacticam pariter referendum, cui titulus קהלת, five Concionator; vel potius fortaffe Sapientia Concionatrix : in quo quanquam multæ fint paffim interfperfæ
disjunctæ fententiæ, multæ Parabolæ, alia tamen eft totius ratio, alius
color, longe difpar ftylus. . Etenim una eft univerfi operis forma, unum
et fimplex argumentum, De rerum humanarum Vanitate, fub perfona
Salomonis, in perdifficili quæftione dubitantis, in utramque partem dif-
putantis, et ex ancipiti cogitandi cura fefe tandem expedientis. In partibus autem definiendis magna eft difficultas; in fumma obfcuritate
verfatur rerum feries, orationis filum, univerfi argumenti ordo et diftributio ; ut in eruenda libri œconomia, et accurata partium defcriptione
conftituenda, interpretes multum inter fe diffentientes videas. Ut quod
res eft dicamus; in rebus explicandis et difciplinis tradendis accurata et
fubtilis partiendi ratio nec nota erat Hebræis nec quæfita : prifcam illam
fententiarum viam unice tenebant, nec Methodum vel fponte fefe offe-
rentem admittere dignabantur. Stylus autem hujufce operis eft plane
fingularis : dictio eft humilis plerumque et fubmiffa, fed imprimis obfcura ; fæpe laxa, et diffoluta, et fermoni propior; nec in compofitione
et ftructura multum viget poeticus character : quæ forfan videri poffunt
argumenti naturæ aliquatenus tribuenda. Judæis fane invitis in Metri-
corum librorum numero plerumque habetur : quod fi in his rebus multum valeret illorum hominum auctoritas, hic fortaffe eorum opinioni
aliquid effet concedendum.

Ad hanc Poematum claffem pertinent Pfalmi nonnulli ; Alphabetici
nimirum omnes, aliique pauci. De Acroftichidis artificio plus femel
jam facta eft mentio. Horum Carminum omnis fere laus in eo confiftit, quod ad communem ufum fint apprime accommodata ; quod fenfus
fint pii, graves, fructuofi ; pura et aperta dictio ; compofitio ad generis
fententiofi formam accuratiffime facta et limata.　　　Duo

Duo præterea fuperfunt in hoc genere Monumenta, quæ jure fibi
vendicat Poefis Hebræa, quanquam et profa oratione et Græce folum_
modo fcripta extant : Sirachidis Sapientia, et, quæ appellatur, Salo_
monis.

Sirachidis opus, ex Hebræo in Græcum fermonem ab Auctoris Ne-
pote converfum, eft ejufdem omnino generis cum Parabolis Salomo_
nis; adeoque eundem etiam titulum primo infcriptum habuit, nimirum משלים, uti nos docet Hieronymus, [1] qui fe librum hunc Hebrai_
cum reperiffe teftatur; quod quo minus de archetypa fcriptione Hebræa, non de Syriaca quadam Verfione, intelligamus, non video. Verum utcunque ea fe res habet, profecto clare conftat ex ipfa hujufce
libri Græca interpretatione quam nunc habemus, fuiffe eum per omnia
Parabolis Salomoneis perquam fimilem; quoad nimirum Scriptori fas
eft imitatione pervenire. Magna rerum, fenfuum, dictionis fimilitu_
do: idem Styli color, eadem fententiarum conftructio; ut nec dubi_
tem, quin eandem etiam carminis rationem, quæcunque ea erat, fecutus fuerit Auctor, fi modo aliqua ad eam ufque ætatem Metricæ artis cognitio fupereffet. Ut in hac re aliquid fatis tuto affirmare poffimus, facit eximia Interpretis fides, quæ multis indiciis paffim cernitur: fane videtur in fuo munere obeundo fumma cum religione verfari, totum fe ad Hebræum fermonem componere, Græcam elegantiam
minime captare; nec modo fententias appendere, fed adnumerare verba, ac fervare etiam verborum ordinem: ut in plerifque, verfione in
fuum fontem refufa, ipfe Scriptor Hebræus vere repræfentari poffe videatur. Quod fi quis in hac re faciet periculum, partemque aliquam
hujufce libri ad verbum converfam Hebraice reponet, clare videbit admirabilem ejus cum antiquis in hoc genere Hebræorum monumentis
confonantiam; in omnibus unam atque eandem cum iis formam et
charactera: ut facile fibi perfuadere poterit fe alterum plane Salomonem loquentem audire. Salomonem autem ita fequitur Sirachides, ut
Parabolarum illius primam potiffimum partem imitetur: habent enim

1 Præf. in Libros Salomonis.

plerumque

plerumque fententiæ ejus aliquam inter fe connexionem; ftylus etiam eft magis pictus nonnunquam et coloratus, figuris et imaginibus impenfius ornatus, quam ratio Didactica neceffario poftulat: quod videri poteft in Sapientiæ Profopopœia, ¹ in qua Anteceffioris fui habitum et effigiem fane feliciter expreffit.

Sapientia Salomonis in imitationem item fcriptorum Salomonis compofita eft; fed haudquaquam exitu æque felici: a Judæo aliquo Hellenifta, non, ut Sirachidis liber, ex Hebræo converfa, fed Græce fcripta. Stylus videtur inæqualis et difpar fibi: fæpe grandiloquus, cothurnatus, et tumidus; amplus item, et fufus, et Epithetis abundans, præter confuetudinem Hebræorum; interdum temperatus, elegans, fublimis, poetieus. Conftructio nonnunquam fententiofa, et in eo genere fatis accurata; ut manifefto deprehendas Auctorem fibi ad imitandum propofuiffe antiqua Poefeos Hebrææ exempla: quanquam in univerfum a germano illo charactere longe diftat. In œconomia operis graviter pèccat; Salomonis Preces a Capite nono inchoatas ufque ad finem libri continuat, ita ut partem totius plus dimidiam conficiant: in quibus ut immanem illam orationis longitudinem excufemus, nimium indulget fubtiliffimis rerum reconditarum difquifitionibus, et multa admifcet a ratione precum ad Deum factarum valde aliena: ad hoc res ipfa ad nullum certum exitum perducta videtur. Quibus de caufis iis libenter adfentior, qui opus hoc Sirachide haud paulo recentius, et fequiore ætate confcriptum judicant.

Verum ne miffam faciam hanc poefeos fpeciem fine aliquo integri Poematis fpecimine, quale in cæteris exhibere aggreffus fum, tentabo, Academici, id quod vos ut experiri velletis, auctor modo fui, et partem quandam Libri Sirachidis Hebraice converfam dabo; illam ipfam nimirum, quam jam laudavi, Sapientiæ Profopopœiam. Equidem hujufce fpeciei Character vix alio carmine quam Hebraico effingi poteft: quænam autem fit mea Hebraici carminis notio atque idea generalis, cum fæpe et multis modis explicare conatus fum, vix tamen aliter melius quam hoc fortaffe exemplo intelligetur.

¹ ɪ ᴇᴄᴄʟᴜs. xxɪv.

H h

ᴇᴄᴄʟᴇ-

ECCLESIASTICI CAPUT XXIV.

Hebraice redditum.

תְּהִלַּת חָכְמָה לִישׁוּעַ בֶּן סִירָח :

חָכְמָה תְּהַלֵּל נַפְשָׁהּ

וּבְתוֹךְ עַמָּהּ תִּשְׁתַּבָּח :

בִּקְהַל עֶלְיוֹן תִּפְתַּח פִּיהָ

וְלִפְנֵי חֵילוֹ תִּתְהַלָּל :

אֲנִי מִפִּי עֶלְיוֹן יָצָאתִי

וְכָעֲרָפֶל כִּסִּיתִי הָאָרֶץ :

אֲנִי בַמְּרוֹמִים שָׁכַנְתִּי

וְכִסְאִי בְּעַמּוּד עָנָן :

חוּג הַשָּׁמַיִם סַבּוֹתִי לְבַדִּי

וּבִמְצוֹלֹת תְּהֹמוֹת הִתְהַלָּכְתִּי :

בְּגַלֵּי הַיָּם וּבְכָל הָאָרֶץ

וּבְכָל עַם וְגוֹי קָנִיתִי :

עִם כָּל אֵלֶּה דָּרַשְׁתִּי מְנוּחָה

וּבְנַחֲלַת מִי אָלִין :

אָז יְצַוַּנִי יוֹצֵר כֹּל

וּבוֹרְאִי הֵנִיחַ אָהֳלִי :

וַיֹּאמֶר בְּיַעֲקֹב שְׁכָנִי

וּבְיִשְׂרָאֵל נַחֲלִי :

מֵעוֹלָם מֵרֵאשִׁית קָנָנִי

וְעַד עוֹלָמִים לֹא אֶחְדָּל :

בְּאֹהֶל קֹדֶשׁ לְפָנָיו שֵׁרַתִּי

וְכֵן בְּצִיּוֹן הֻצַּבְתִּי :

בְּעִיר אֲהוּבָה כְּמוֹ כֵן הֱנִיחַנִי

וּבִירוּשָׁלַיִם מֶמְשַׁלְתִּי :

וָאַשְׁרִישָׁה בְּעַם נִכְבָּר

בְּחֵלֶק יְהוָה נַחֲלָתוֹ :

כְּאֶרֶז הֶעֱלֵיתִי בַלְּבָנוֹן

וּכְבְרוֹשׁ בְּהָרְרֵי חֶרְמוֹן :

כְּתָמָר

כתמר העליתי בעין גדי
וכנטעי חבצלת ביריחו :
כזית נעים בשדה
ואעלה כערמון עלי מים :
כקנמון וקנה בשם נתתי ריח
וכמר מבחר נתתי ריח ניחוח :
כחלבנה ושחלת ונטף
וכקיטור הלבנה במשכן :
ואני כאילה שלחתי ענפי
וענפי ענפי כבוד וחן :
אני כגפן צומחת חן
ונצותי פרי כבוד ועשר :
קרבו אלי מתאוי
ומתבואותי השבעו :
כי זכרי מדבש מתוק
ונחלתי מדבש ונפת :
אוכליני עוד ירעבון
ושותיני עוד יצמאון :
השומע אלי לא יבוש
ועובדים בי לא יחטאון :
כל אלה ספר ברית אל עליון
תורה שצוה לנו משה
נחלה למקהלות יעקב :
הממלא כפישון חכמה
וכחדקל בימי אביב :
המרבה כפרת בינה
ובירדן בימי קציר :
המוציא ¹ כיאור מוסר
וכגיחון בימי בציר :

---

¹ In errorem hic humanitus incidit Sirachides Nepos, neque Avi fui fententiam expreffit: nam cum vocem hanc in fuo exemplari defective fcriptam legeret כאר, perperam vertit ως φως. Vide enim quam incongrue cum cæteris :-Pifon, Tigris, Euphrates, Jordanes, *Lux*, Gihon: loco *Lucis* defideratur Flumen aliquod, adeoque manifefto legendum erat כיאור ως • Ποταμος *ut Fluvius Ille*, nimirum Nilus ; qui certe homini Judæo in ejus vicinia ætatem degenti inter flu-

לֹא כִלָּה הָרִאשׁוֹן לְדַעְתָּהּ׃
וְכֵן הָאַחֲרוֹן לֹא יַחְקְרֶנָּה׃
כִּי מַיִם נִמְלְאוּ מַחְשְׁבוֹתֶיהָ׃
וַעֲצָתָהּ מִתְּהוֹם רַבָּה׃
וַאֲנִי כְּמוֹצָא מַיִם מֵאוֹר׃
וּכְתַעֲלָה יָצָאתִי בְּפַרְדֵּס׃
אָמַרְתִּי אַשְׁקֶה נָא אֶת גַּנִּי
וְהִרְוֵיתִי אֶת תַּלְמִי׃
וְהִנֵּה הָיְתָה תְּעָלָתִי לִיְאוֹר
וַיְהִי הַיְאוֹרִי לְיָם׃
עוֹד מוּסָר כַּשַּׁחַר אוֹפִיעָה
וְהוֹצֵאתִיהוּ עַד לְמֵרָחוֹק׃
עוֹד לֶקַח כִּנְבוּאָה אֶשְׁפּוֹךְ
וְהִנִּיחוֹתִיהוּ לְדֹרוֹת עוֹלָמִים׃
רְאוּ כִּי לֹא לִי לְבַדִּי יָגַעְתִּי
כִּי אִם לְכָל מְבַקְשֵׁי אָמֶת׃

vios principes et exundationibus nobiles erat præcipue memorandus, et nomine הַיְאוֹר, τε Ποταμός, honoris caufa merito appellandus. Hæc autem ipfa vox eodem modo defective legitur כְּאֹר AMOS. VIII. 8: eadem vero periodo mox repetita, plenius exprimitur כִּיְאֹר IX. 5. Vide CAPPELL. *Crit. Sacr.* III. 2. 11. Cæterum in hac Verfione fecutus fum textum Codicis Vaticani, paucis quibufdam exceptis, quorum rationem facile expediet Lector, fi qui operæ pretium duxerit hæc paulo attentius expendere.

שִׁיר

S I V E   O D E.

PRÆLECTIO VICESIMA QUINTA:

ODÆ HEBRÆÆ PRIMUS CHARACTER.

CARMEN omne cantioni deſtinatum, ſive aſſa voce ſive fidi-
bus conjunctis canendum, Hebræi שׁיר, Græci ᾠδὴν, appellant; quæ voces inter ſe aptiſſime congruunt : et ſicut ea
Græcorum vox reſtrictius tandem accepta eſt ad deſignan-
dam Poematis ſpeciem ſingularem, ita idem apud Hebræos etiam videtur obtinuiſſe, niſi quod hi vocabulum illud ſuum aliquanto fortaſſe latius uſurparent.

Satis aperte ſuam originem profitetur Ode : nata primum eſt ex lætiſſimis incitatiſſimiſque animæ humanæ Affectibus, Gaudio, Amore,
Admiratione. Quod ſi hominem recens creatum cogitamus, qualem
eum nobis exhibent Sacræ Literæ; rationis et orationis facultate perfecta præditum; non ſui, non Dei ignarum; divinæ bonitatis, majeſtatis,
et potentiæ conſcium; pulcherrimæ totius mundi fabricæ, terræ cœli-
que non indignum ſpectatorem; fierine poſſe credemus, quin ei hæc
omnia intuenti intus incaleſceret cor, ita ut ipſo affectuum æſtu abrep-
tus animus ultro ſeſe effunderet in Creatoris laudes, inque eum impetum orationis, eamque vocis exultantiam exardeſceret, quæ tales animi
motus pene neceſſario conſequitur ? Quod ipſum uſu venit pulcherrimi
illius Pſalmi Auctori hæc eadem contemplanti, quo res omnes creatas
ad concelebrandam inter ſe Dei Optimi Maximi gloriam adhortatur : [1]

1 PS. CXLVIII.

הַלְלוּ

הללו את יהוה מן השמים
הללוהו במרומים:
הללוהו כל מלאכיו
הללוהו כל צבאיו:

" Laudate Jehovam Cœlites;

" Laudate eum in excelfis;

" Laudate eum omnes angeli ejus;

" Laudate eum omnes ejus exercitus:

quem hymnum elegantiffime imitatus eft, et Adamo fuo Paradifum in-
colenti aptiffime tribuit [1] Miltonus nofter, poetarum omnium poft Vates Sacros longe diviniffimus.   Sane de primævo illo ac perfecto hominis ftatu vix recte concipere videmur, nifi aliquem ei Poefeos ufum
concedimus, quo pios erga Deum affectus et fanctum ardorem religionis hymnis et cantu fatis digne exprimeret.

Quod fi rerum veritatem et hiftoriæ fidem appellamus, apud omnes
fere populos paulo humaniores id ab ipfis ufque primordiis derivatum
femper obtinuiffe videbimus, ut in re divina facienda et religionibus
celebrandis carminum et hymnorum ufus dominaretur.   Ex antiqua illa
mufica et poefi, quam aliquando apud fuos legibus conftitutam fuiffe
teftatur, eam fpeciem primo recenfet Plato, [2] qua continebantur Preces
ad Deos, quique dicebantur Hymni.   In Latina poefi nihil memoratur
æque vetuftum ac Saliare Numæ Carmen, una cum primis facrorum
et cæremoniarum inftitutis a rege doctiffimo conditum, quod Salii
υμνηται των ενοπλιων θεων, ut eos appellat Dionyfius, [3] ad tibiam canebant cum tripudiis folennique faltatu.   Quid quod Carmen omnium
quæ nunc extant antiquiffimum (eorum dico, quorum ætas certo cog-
nofcitur, et quæ jufta funt poemata) eft ipfa Mofis Ode ευχαριστικη poft
tranfitum Maris Rubri, in fuo genere perfectiffima, lætarum quas dixi
affectionum verus et naturalis fœtus.   Ita Odæ origo ad ipfum Poefeos
initium recurrit, quod cum Religionis, hoc eft, cum ipfius humanæ
naturæ ortu conjunctum videtur.

1 PARAD. AMISS. Lib. V.   2 DE LEGIBUS III.
3 ANTIQ. ROM. II. 70.

Hanc

Hanc Poeſeos ſpeciem præ cæteris omnibus excolebant Hebræi; et in eadem perinde eminent.   Solenne erat per omnes Hebrææ nationis ætates ob res feliciter geſtas proſperoſque bellorum exitus lætis carminibus Deo ſervatori publice grates agere.   Hinc Moſis, Deboræ, Davidis, Επινικια.   Cum ipſis forſan reipublicæ primordiis initia ſua habuerunt Scholæ Prophetarum; regum certe tempora antecedebant: ibi, uti jam vidimus, diſciplinæ Propheticæ Alumni inter cætera ſtudia ſacræ poeticæ operam dabant, et Dei laudibus Odis et muſica celebrandis vacabant.   Sub Davide autem præcipue florebat muſica et poeſis: ex illius inſtituto quater mille Cantores ſive Muſici e numero Levitarum, 1 ſub præfectis ducentis octoginta octo, diſtributi in claſſes viginti quatuor, quæ per ſingulas hebdomadas vicibus ſuis in Templo fungerentur, ſacrorum Hymnorum miniſterio unice deſerviebant, 2 partim voce, partim diverſi generis inſtrumentis muſicis canentes.   Illorum principes e-· rant Aſaphus, Heman, et Iduthun; qui, quantum ex Pſalmorum titulis colligere licet, 3 Hymnos etiam compoſuiſſe videntur.   Ex apparatu tam ſplendido, cui nihil ſimile alibi unquam extitit, de Odæ Hebrææ dignitate et magnificentia conjecturam facere poſſumus.   Meminerimus, nunc ejus reliquias ad nos perveniſſe ornamentis ſuis omnibus ſpoliatas, niſi quæ in dictione et ſenſibus elucent, quibus ipſis plurimæ obſcuritates et tenebræ inſiderunt.   Quapropter de Oda Hebræa diſſerentes omni ſuperſedebimus diſquiſitione de Muſica Sacra, deque vario ejuſmodi rerum apparatu, quæ aliquam proculdubio vim habere poterant in conſtituendis diverſis Odarum generibus; quorum tamen ómnium cum in ſumma ignoratione verſamur, ſatius duco de iis tacere, quam Eruditorum quorundam exemplo multa loquendo nihil dicere. Inquiram itaque breviter in communem hujuſce Poematis naturam et affectiones, quibus expoſitis de Hebræorum in hoc genere monumentis facilius certiuſque judicare poſſimus.

Eſt Ode Poematis ſpecies omnium maxime ſuavis, venuſta, elegans,

---

1 I. P A R A L. XXIII. 5.

2 I. P A R A L. XXV. I, ———— 7.

3 Vide etiam 2. P A R A L. XXIX. 30.

varia, fublimis; quorum fingula fere in ordine, fenfibus, imaginibus, dictione, numeris, cernuntur. In rerum ordine ac difpofitione pofita eft prima ac maxima quidem Odæ venuftas; quæ cum facillime fentitur, difficillime tamen explicatur: hoc enim habet vel præcipuum, quod via et præceptis certaque partium defcriptione minime continetur. Eft enim læta, foluta, libera; in elatiore argumento exultans, audax, et nonnunquam pene effrænis: fed et hic etiam, femperque alias, nifi per totum regnet quædam facilitas, quæ negligentiæ cujufdam minime affectatæ fpeciem habet, naturam non artem præ fe ferens; quæque cernitur maxime in exordio obvio, nec nimis exquifito, et in ipfam plerumque rem protinus incurrente; in ferie rerum per jucundam varietatem fubtiliter et artificiofe, fed quafi fponte, deducta; in claufula fine ullo acumine leni quodam lapfu in loco forfan minime expectato, et nonnunquam veluti fortuito cadente: nifi fit totius habitus quidam fuus et forma peculiaris, in rebus ipfis, in ordine et dictione, non in metri genere pofita, quæ hanc præcipue atque unice deceat; fiet quidem poema cætera forfan probabile, minime autem erit elegans Ode. Habent hanc formam Odæ Horatii plurimæ; Hannefii noftri paucæ quidem illæ, fed propemodum omnes. Occurrunt in Papinii Statii Sylvis [1] Carmina Lyrica duo, in quibus, cum fint numeri in primis fonori, rotundi, et volubiles; fenfus fatis elegantes et venufti; dictio, fi non delicata, ardens tamen et colorata; nihilo tamen minus in iifdem illam totius formæ felicitatem et gratiam, et expreffam Odæ effigiem defidero.

Senfus atque Imagines rerum et argumenti rationem fequuntur, quæ varia eft, et nullis plane finibus circumfcripta. In humili materia erunt fuaves, amœni, floridi; in elata graves, audaces, vividi; in omnibus fumme elegantes, expreffi et varii. Amat Ode potiffimum Rerum Naturalium Imagines, Hiftoriarum communes locos, defcriptiones vividas fed breves, et, cum altius infurgit, crebras Perfonarum fictiones. Dictione utitur præcipue exquifita lectaque, clariffimos adhibens verborum colores, jucundiffima figurarum lumina, elegantias quafdam proprias,

<hr/>

1 Lib. iv. Sylv. 5. et 7.

et ut peculiarem totius difpofitionis habitum, ita ornatum etiam elocutionis privatum et fuum; in quo item non minus cernitur illa Horatii
curiofa `felicitas. Hæc omnia commendat numerorum omnis dulcedo'
et varietas, quam vel linguæ cujufque natura fert, vel rerum quas tractat prope infinita diverfitas poftulat.

Dolet profecto, quod de Oda Hebræa differentibus de numeris omnino fit filendum; quos quanquam nobis penitus ignotos, tamen et
Muficæ ejus, quæ apud Hebræos multum colebatur, naturæ accom-
modatos, et pro linguæ ingenio perfectos fuiffe, par eft ut exiftime-
mus. Cætera quod attinet, dictionis vim et elegantiam, fenfuum atque
imaginum pulchritudinem et dignitatem, ordinis et œconomiæ virtutes
omnes et gratias, ne ei præ omnibus in hoc genere exterorum monumentis afferere poffimus, minime erit verendum. Qua in difquifitione,
cum tam late pateat, ne incerte fluctuemus, aliquem ftatuamus itineri
noftro præfinitum curfum; quod fatis commode fieri poffe exiftimo, fi
omnem hujufce poematis diverfitatem in tres fpecies includamus, quarum primam diftinguat, et quafi præcipua quadam nota defignet, Suavitas; alteram, Sublimitas; quibus interponi poteft Medius quidam et
ex utraque temperatus Character: harum communes habendæ erunt
affectiones Varietas et Elegantia.

Quanquam in materia graviffima femper verfetur Ode Hebræa, neque unquam ad illam defcendat levitatem, quæ exteram in hoc genere
poefin magna ex parte occupavit; Suavitatis tamen Charactera minime afpernatur. Eum conftituunt Affectus lenes et placidi, Imagines
amœnæ et floridæ, Dictio jucunda, compofita, et æquabilis. Quæ hic
-potiffimum locum habent Affectiones, funt Amor, Defiderium, Spes,
Lætitia non nimis exultans, Dolor etiam, fed fi conftet modus. Amorem et Defiderium fuaviffime expreffit Vates Regius in Judææ Deferto
exulans, Pfalmo fexagefimo tertio. Dolorem habet cum Spe aliqua
conjunctum Pfalmus octogefimus. Spem Lætitiæ proximam quintus
fupra octogefimum. Nonagefimus fecundus totus eft Gaudii, finceri,
fed temperati. Quorum omnium tanta eft in compofitione, dictione,
fenfibus, ordine, et præcipue in his fuaviffimis Affectibus dulcedo, quan-

I i   tam

tam non Musæ omnes et Gratiæ, ut illi loquuntur, collatis symbolis infundere potuissent.   Quod ad Imaginum ornatum attinet, qui nec illis superioribus deest, quid concipi potest suavius et venustius quam illa Dei Pastoris effigies? [1]

יהוה רֹעִי לֹא אֶחְסָר

בִּנְאוֹת דֶּשֶׁא יַרְבִּיצֵנִי

עַל מֵי מְנֻחוֹת יְנַהֲלֵנִי׃

" Jehova est Pastor meus, nihil mihi deerit :.

" In pascuis herbidis ut recubem faciet ;

" Propter aquas leniter fluentes me deducet.

Quid ipsa rerum et argumenti jucunditas, naturæ læta et florida Imago, quantam habet gratiam in Psalmo sexagesimo quinto, ubi Vates Dei beneficentiam laudat in rigandis fæcundandisque terris, pari ei quam depingit ubertate dictionis.   In materia etiam elatiore, sed læta et felici, qualis est Salomonis Inauguratio, quam celebrat Psalmus septuagesimus secundus, eam vim habet cum imaginum pulchritudo et varietas, tum dictionis et compositionis nitor, ut nihil facile æquare. possit ejus carminis in haud mediocri sublimitate etiam dulcedinem et gratiam.

Hæc ex multis pauca Odæ venustioris exempla vobis tantum commonstravi, Academici, attentius expendenda ; quibus perfectiora ex omnibus Musarum thesauris frustra, opinor, perquiretis.   Unum solummodo adjiciam, quod et Odæ habitum illum et formam, nisi valde fallor, perfecte expressam exhibet, et suavitates ejus omnes quasi in brevissimum compendium adductas complectitur ; est enim, ut elegantissimi poetæ versum usurpem, [2]

Πιδακος εξ ιερης ολιγη λιϐας, ακρον αωτον.

In festi alicujus celebritate populi frequentiam concordiamque contemplatus Psaltes, tam læti spectaculi sensum tali quodam modo expressit, si Davidem pati possitis Latine canentem.

---

1 PS. XXIII.

2 CALLIMACH. Hymn. in Apoll. v. 112.

PSALMUS CXXXIII. [1]

O dulce jucundumque! Tribulium
Cœtu in frequenti mutua caritas!
    O corda qui fraterna nodo
        Jungit amor metuente folvi!
Non aura Nardi fuavior occupat
Senfus, quæ Aronis vertice de facro
    Per ora, per barbam, per ipfas,
        Lenta fluens, it odora veftes:
Non rore largo lætior irrigat
Hermona florentem ætherius liquor;
    Sanctæque fœcundat Sionis
        Uberibus juga celfa guttis,
Præfens benigno numine quas fovet
Jehova fedes; alma ubi Fauftitas
    Teftatur, æternumque magni
        Dia Salus Domini favorem.

1 Eft hic Pfalmus ex numero illorum quindecim, qui finguli infcribuntur, שיר המעלות, "Ode Afcenfionum:" hoc eft, quæ caneretur, cum populus in Hierofolymam *afcenderet*; nimirum vel ad Fefta quotannis celebranda, vel tum cum e Captivitate Babylonica reverteretur. Ea fane reverfio dicitur המעלה מבבל, "Afcenfio ex Babylone," E Z R. VII. 9. et vetus Interpres S Y- R U S, qui titulis appofitis Pfalmorum argumenta exponit, huc refert Pfalmos fic infcriptos prope omnes; perperam quidem nonnullos; fed plerique ad harum occafionum alterutram manifefto pertinent. Verum omnes indifcriminatim de Liberatione Babylonica interpretatur Theodoretus; Titulum autem fic explicat: Ωδη των αναβαθμων· Θεοδοτιων, Ασμα των αναβασεων· ο δε Συμμαχ⊕ και ο Ακυλας, Εις τας αναβασεις. Δηλ⊗τι ρμντοι αι αναβασεις, η οι αναβαθμοι, τα αιχμαλωτευθεντος λαε την απο Βαβυλων⊗ επανοδον. T H E O D. in P S. CXX. Sed nota eft etiam, et in Utroque Teftamento ufu-pervulgata hæc Phrafis, עלות ירושלם, עלות לעשות זבחים, (vid. I. R E G. XII. 27, 28.) αναβαινειν εις Ιεροσολυμα, αναβαινειν εις την εορτην. (vid. J O H. VII. 8.) Et perpende præ cæteris P S. CXXII. qui vix aliter quam de Fefti alicujus celebratione explicari poteft. Quæ hic narrant Judæi de Templi Gradibus, funt mera commenta hominum futiliffimorum. Cæterum in ultima hujufce Pfalmi periodo particula שם neceffario referenda eft ad vocem ציון; nihil aliud eft ad quod poffit referri: ad hoc, cui nifi Sioni promittebatur הברכה et החיים? (Vide omnino P S. CXXXII. 13, et 15.) quæ voces ambiguæ funt, ita ut felicitas vel temporalis, vel æterna, vel utraque pariter, intelligi poffit; (confer modo D E U T. XXVIII. 2, &c. cum P S. XXIV. 5. et P R O V. XXVII. 27. cum D A N. XII. 2.) et hoc in loco ex Allegoria Myftica in utrumque fenfum interpretandæ funt. Hæc fi vera funt, peffime hunc locum follicitarunt Critici. Nulla opus eft emendatione: fupplendo Ellipfin vocis repetendæ כטל, vel folum particulæ ו, ante שירד, expedienda eft conftructio. I i 2

PRÆLECTIO VICESIMA SEXTA:

ODÆ HEBRÆÆ MEDIUS CHARACTER.

PROPOSITIS jam antea Odæ venuſtioris quibuſdam exemplis, ut ad ſupremum Hebrææ Poeſeos in hoc genere faſtigium gradatim aſcendamus, libet in Medio illo quem notavi Charactere paulum immorari: qui quidem dupliciter intelligi poteſt; nimirum, ut vel ex Suavitate et Sublimitate ſit ita æquabiliter temperatus mixtuſque, ut ad utramlibet ex omni prope parte referri poſſit; vel utramque ex diverſis partibus ſimul comportet et inter ſe connectat, ita ut varius et commutabilis ſit ſtyli color. In utroque genere unum alterumque exemplum proferam.

Pſalmi Nonageſimi Primi Argumentum eſt, Pii Securitas, Victoria, Præmium. Odæ Exordium continet Pii illius in Deo fidentis deſcriptionem: ſ

ישב בסתר עליון

בצל שרי יתלונן :

ſ Peſſime acceptum eſt a Maſoretis et Interpretibus pleriſque, et mirum in modum turbatum, pulcherrimum hoc Exordium. Quorum errores ita optime coarguentur, ſi tollantur omnes quæ iis impedimento fuerunt difficultates. Eſt itaque אמר *Benoni*, ſicut ישב : Futurum יתלונן vim item habet Participii, per Ellipſin אשר ; cujus rei exempla, ne longius petamus, tria occur- runt in hoc ipſo Pſalmo v. ſ et 6. Tum fit v. 2, Apoſtrophe apertiſſima atque facillima ad Perſonam de qua hucuſque verba facta ſunt. Ut exemplo rem clarius demonſtrem, tota hujuſce exordii forma et ratio plane eadem eſt ac Pſalmi cxxviii. quod nemini unquam moram injecit:

אשרי כל ירא יהוה

ההלך בדרכיו :

יגיע כפיך כי תאכל

אשריך וטוב לך :

"Beatus omnis qui timet Jehovam;
"Qui in viis ejus ambulat:
"Laborem manuum tuarum profecto comedes;
"O Te beatum, et bene erit tibi.

אמר

אמר ליהוה מחסי ומצודתי

אלהי אבטח בו:

" Qui habitat in fecreto Altiffimi;

" Qui in umbram Omnipotentis fefe receptat:

" Qui dicit Jehovæ, Spes mea et propugnaculum meum!

" Deus meus, in quo confidam: ---

tum fententia nondum abfoluta per Apoftrophen ad Pium illum quem hactenus defcripfit:

כי הוא יצילך

מפח יקוש מדבר הוות:

" Ille profecto Te eripiet,

" E laqueo venatoris, e pefte exitiali.

Deinde quæ Imagines, quam variæ, quam jucundæ; quam graves et excelfæ!

באברתו יסך לך

ותחת כנפיו תחסה

צנה וסחרה אמתו:

לא תירא מפחד לילה

מחץ יעוף יומם:

מדבר באפל יהלך

מקטב ישוד צהרים:

יפל מצדך אלף

ורבבה מימינך

אליך לא יגש:

" Pennis fuis Te proteget;

" Sub alis ejus tutus eris:

" Erit tibi pro parma et clypeo ejus veritas.

" Non metues a terrore nocturno;

" A Sagitta volitante interdiu:

" A pefte in tenebris incedente;

" Ab excidio vaftante per meridiem.

" Cadent a latere tuo mille;

" Et a dextra tua decem millia:

" Ad Te minime pertinget.

Quid

Quid item ea quæ paucis interpofitis fequuntur, Angelorum Satellitium, Animalium maxime ferocium et noxiorum conculcatio? tum illa fubita, fed opportune et facile tandem ¹ illapfa Perfonarum mutatio, quam habet gratiam?

כי בי חשק ואפלטהו
אשגבהו כי ידע שמי :

"Quoniam mihi adhæfit, ideo eum eruam;
"Exaltabo eum, quia nomen meum agnovit.

Qui autem iftarum Imaginum naturam et dignitatem, habita ratione Allegoriæ Hebrææ, attente animadvertit, facile fibi perfuadebit, in hoc Pfalmo aliquid μυσικωτερον intus latere: ² fane Pius ille, five Rex, five fortaffe Pontifex Maximus, qui hic primario eft intelligendus, Perfo-

---

¹ Perfonarum, inquam, Mutatio non nifi Commate demum 14 facta eft: nam Commatis 9 aliam plane effe rationem exiftimo.

כי אתה יהוה מחסי·
עליון שמת מעונך :

"Nam Tu, Jehova, fpes mea;
"Altiffimum pofuifti refugium tuum.

Plures funt hujus periodi interpretationes, quæ aliis aliter probantur: una quæ ftatuit primo membro dirigi fermonem a Pio illo ad Deum, altero deinde rurfum a Vate ad Pium: quod eft fupra modum durum atque abfonum, quanquam ei fententiæ palam faveat aperta atque obvia loci conftructio. Alii deinde cum quibufdam Veteribus fic exponunt, ut nulla fit in membro fecundo nova Perfonæ mutatio, fed de Jehova adhuc fermo fit:

"Qui in excelfis collocâfti habitaculum tuum:

quod omnino nihili eft. Alii denique hæc incommoda vitantes in majus incidunt; nam fententiæ vim inferunt, novam ineuntes rationem expediendæ conftructionis, hoc modo:

"Nam Tu Jehovam, qui fpes eft mea,
"Altiffimum pofuifti refugium tuum:

quod itidem, qui puras habent aures, et Hebræo idiomate vel paulum modo tritas, ferre omnino non poffe arbitror. Aliter olim rem tentaverat THEODORETUS in loc. Εδειξη τη συνθηκη τε λογε το ΕΙΠΑΣ συ κυριε η ελπις με· ιδιωμα γαρ τετο της προφητικης συγγραφης, διαφεροντως δε των ψαλμων· αλλ' ομως η ακολεθια δηλον ποιει το αμφιβολον. Quin hæc vera fit hujus loci fententia mihi minime eft dubium. Quod fi cui difpliceat hæc Ellipfis, (eft enim fane duriufcula,) ei, credo, confugiendum erit poftremo ad HARII noftri, ingeniofiffimi Critici, emendationem; qui, pro אתה legendum exiftimat אמרת. Eft quidem conjectura paulo audacior; nec tamen improbabilis, fi expendantur loca parallela, PS. XVI. 2. (ubi legendum videtur אמרת, cum omnibus VETT. INTT. excepto CHALD.) PS. XXXI. 15. CXL. 7. CXLII. 6.

² Hunc Pfalmum Davidis nomine infcribunt LXX. CHALD. VULG. SYR. ARAB. ÆTHIOP. De Meffia interpretantur Judæi.

I   nam

nam etiam adhuc fublimiorem ibidem gerere videtur. Illud vero ut
Theologis plenius exponendum relinquamus, videant elegantiarum fpec-
tatores, annon Horatius in Oda illa, cujus eximia venuftas merito celebratur, " Quem Tu, Melpomene, femel ---," quæque in univerfo habitu ac forma aliquam habet cum hac de qua agimus fimilitudinem,
cum Vati noftro pondere et dignitate longe cedat, ab eodem etiam fuavitate et gratia fuperetur.

Alterum nobis exemplum erit Pfalmus Octogefimus Primus; cujus
item Character eft ex Suavitate et Sublimitate confufus quodammodo et
permixtus. Eft Ode in Fefto Tubarum, five primi Novilunii anni civilis. 1 Continet Exordium hortationem ad celebrandum Deum canticis et mufica; eftque, ut apud Hebræos præcipue fieri folet, lætum imprimis et incitatum et gaudio exultans:

הרנינו לאלהים עוזנו
הריעו לאלהי יעקב :

" Clangite Deo robori noftro;
" Lætum clamorem tollite Deo Jacobi:

memorantur varia inftrumenta mufica, quorum crebram appellationem
amat etiam exterorum Lyrica Poefis:

שאו זמרה ותנו תף
כנור נעים עם נבל :

" Efferte Pfalterium, adhibete Tympanum,
" Cytharam amœnam cum Nablio:

præcipua fit Buccinæ mentio, quippe cujus in hoc Fefto folennem ufum
præfcripferat Lex Mofi data: promulgatæ Legis commemoratio, itemque Buccinæ clangor, quod erat etiam fignum Libertatis, 2 quafi fponte inducit Ægyptiacæ fervitutis miferias, populum Deo vindice in libertatem affertum, cum Deo loquentem ad montem Sinam, (cujus omnis
terror mirifice depingitur duabus vocibus; vocatur enim סתר רעם,
" abfcondita tonitruum fedes;") cum eodem denique certantem ad a-
quas Meribæ. Quid autem novi infert Meribæ recordatio? populum

---

1 Vide RELAND. Antiq. Hebr. IV. 7.

2 Vide LEV. XXIII. 24. NUM. XXIX. I. et LEV. XXV. 9, 10.

nimirum

nimirum femper contumacem, femper ingratum, et omnium Parentis indulgentiffimi beneficiorum immemorem. Continet itaque reliqua O- de Dei cum populo fuo amantiffimam expoftulationem, propofitionem fœderis, confirmationem promifforum; tum quafi ex fpei fruftratione dolorem et querimoniam. Ita hujufce Odæ Argumentum et finis eft, Exhortatio ad obedientiam ex amore paterno, beneficiis, et promiffio- nibus Dei; fed quam eleganter, quam artificiofe, quam varie, quam fubtiliter deducta? Porro ad cumulandam ejufdem in omni parte pul- chritudinem, omnibus elegantiis referta eft Claufula, fenfuum, imagi- num, et dictionis. Subita quidem illa multiplex Perfonarum mutatio eft valde notabilis, et in hoc genere prope fingularis exempli; nec ta- men præter modum difficilis aut dura: fed habenda ratio eft confuetu- dinis Hebrææ, et advertendus Scriptoris animus, naturæ non arti ob- temperantis, et affectuum, ut fit, impetu ex obliqua in directam ora- tionem, et contra iterum, defultoria quadam inconftantia tranfeuntis.

De peculiari Odæ difpofitione fuperiore Prælectione pauca generatim differui, et univerfam ejus formam et extrema lineamenta aliquo modo conatus fum effingere: fed in hac rerum fubtilitate multo magis valet exemplum, quam quævis vel accurate facta adumbratio. Quærenti igi- tur juftam hujufce Poematis defcriptionem hunc Pfalmum commenda- re aufim; cujus fi univerfum habitum ac figuram comprehendat, non multum fane aberit, quin perfectam illam Odæ fpeciem teneat animo et complectatur.

Atque in his quidem unus eft fere totius Carminis fonus, et æquabi- lis quædam ftyli temperatio: alia jam funt quorum magis varius et commutabilis eft rerum curfus, et quafi difcolor ornatus orationis; quæ cum in diverfis fui partibus et Suavitatem habeant et Sublimitatem, ad Medium illum Charactera, paulum difpari quidem ratione, tamen æ- que vidéntur revocari poffe. Talia funt quæ e lenioribus initiis ad gran- de aliquod argumentum exfurgunt; quæ a queremoniis exorfa in trium- pho definunt; ubicunque denique ad diffimilem et materiem et ftylum fit tranfitus, idque multis modis: quæ omnia ad Odæ naturam valde funt accommodata, cum eam nihil magis commendet quam et rerum

ipfarum

ipfarum et univerſi habitus et quaſi veſtitus varietas. Igitur cum Odarum ſcriptoribus ea licentia præcipue conceditur, ut varietatis hujuſce
gratia in crebras digreſſiones libere excurrant; nec modo veniam habet,
ſed laudem etiam meretur iſthæc audacia evagandi; non erit incommodum hoc in loco inquirere, quid hac in parte ſibi permiſerunt Hebræi
Vates, quam conſuetudinem et rationem potiſſimum ſequuntur.

Odarum Hebraicarum pars multo major verſatur cum in celebranda
Dei Optimi, Maximi, bonitate et magnitudine, collatiſque in Eccle-
ſiam et populum ſuum beneficiis depraedicandis, tum in implorando e-
juſdem in rebus adverſis auxilio: hoc eſt, cum omni argumento Hiſtoriæ Iſraeliticæ ita conjuncta eſt earum ratio, ut nunquam non faciles
det exitus ad ejuſmodi digreſſiones, quæ ſunt præ omnibus aliis hujus
Poematis naturæ convenientiſſimæ multoque pulcherrimæ. Sive enim
res bene geſtas celebrent, ſive adverſas deprecentur; ſive Dei Soſpitato-
ris auxilium gratiarum actionibus proſequantur, ſive Numinis merito
infenſi juſtitiam agnoſcant humiliter ſupplices; ·exprimatur gaudium,
ſpes, fiducia, luctus, timor, deſperatio; ultro occurrit omnis antiquitatis memoria; temporum, regionum, hominum, rerum varia recordatio; univerſa illa miraculorum ſeries in Ægypto, in Deſerto, in Judæa,
in gratiam populi dilecti divinitus editorum: quæ rei ipſi ita ſua natura
adſident et adhærent, ut petita inde ornamenta in ſuum locum deveniſ-
ſe, non in alienum irruiſſe videantur. Hoc itaque de Oda Hebræa vere
ſtatui poſſe videtur; eam ex ipſa rerum quas tractat natura, tam faciles
habere aditus ad pulcherrimos ornamentorum locos, tot opportunitates
egreſſionum, ut in ſumma rerum varietate et liberrimis excurſionibus,
plerumque ei mirifice conſtet continuationis atque ordinis ratio.

Merito celebratur in Digreſſionibus Pindari felix audacia: ·ſed ut lon-
gè diverſus eſt illius Poetæ in hoc genere uſus et conſuetudo, ita alia
eſt argumenti natura et conditio, alia lex operis, peculiaris cauſa et ex-
cuſatio licentiæ. Habemus, unde de ejus ingenio judicare poſſimus, numero quidem ſatis multa Pindari monumenta, ſed rerum et materiæ ratione parum varia; Odas nimirum plus quadraginta, omnes, ut verum
dicamus, unius et ejuſdem plane argumenti. Laudatur Heros ob Vic-

K k toriam;

toriam; fit plerumque exornatio, a moribus ejus, a genere, a laude
majorum, civitatis et patriæ. Nifi hos locos fumma cum libertate tractare, aliofque etiam longius disjunctos interdum quærere ftatuiffet Poeta, cum fe Victorum in ludis gymnicis præconem profiteretur; vix e-
rat, ut opera eidem argumento toties impertita, faftidio occurrere potuiffet. Habet itaque neceffitatis excufationem; nec modo veniam, fed
laudem merito adeptus eft: atque ita quidem, ut multa ejufmodi, quæ
in alio nec defendenda effent nec ferenda, in Pindaro hoc nomine probari, ac valde etiam laudari poffe videantur. Quod ne temere dici exif-
timetis, uno ex multis exemplo confirmabo. Pythiorum Tertium Hieroni infcribitur, gravi et diuturno morbo tum forte laboranti: qua occafione ufus Poeta exordium fatis apte fumit a voto, quo illi Chironis
aut Æfculapii, fi eos in vitam redire fas fit, medicam opem precatur.
Cuiquamne vero nifi Pindaro quifquam concederet, ut idcirco verfibus
plus centum, et totius Poematis omnino dimidia parte univerfam Æfculapii hiftoriam exequeretur? quis ipfi Pindaro id condonaret, nifi eidem Hieroni de eodem argumento Victoriæ a ludis gymnicis reportatæ
Odam jam quartam pangeret? fed ferenda eft poetæ audacia, fi ex his
rerum anguftiis in liberioris campi fpatia vel temerario aliquantum impetu effugerit. Quocirca nec de Vatibus Hebræis quidquam derogo,
cum illos hac in parte Pindari diffimillimos effe judico; nec de Pindari
laude detractum eo, cum addo Hebræos in longe pulcherrimo ac veriffimo Odarum genere verfari.

Quæ de Odæ Hebrææ œconomia, ejufque argumenti ratione hactenus dixi, ea aliquantum illuftrabit Pfalmi Septuagefimi feptimi exemplum. Eft Ode medii Characteris, et in vario illo et inæquali genere,
ab humili et fubmiffo exordio per juftiffimam rerum feriem afcendens
ad fummum gradum Sublimitatis. Graviffima afflictione oppreffus Vates, extremam animi fui dejectionem et perturbationem exponit; et
quas fubiret conflictiones et certamina antequam fe a fummo mœrore
ad fpem fidemque vix tandem erigeret, pulcherrime exprimit. Primo
fupplex ad Deum preces fundit;

קולי

קולי אל אלהים ואצעקה

קולי אל אלהים והאזין אלי :

" Vox mea ad Deum fertur, et ufque inclamo ;

" Vox mea ad Deum, ut me exaudiat :

fed nec in precibus fat erat folatii. Tum fuperiorum temporum recor-
datione dolorem fuum quærit lenire : ea autem quid agit, nifi ut præ-
teritæ felicitatis comparatione malorum præfentium miferia ingravefcat,
et extorqueat παθητικωτατας expoftulationes :

הלעולמים יזנח ארני

ולא יסיף לרצות עוד :

האפס לנצח חסדו .

גמר אמר לדר ודר :

השכח חנות אל

אם קפץ באף רחמיו :

" Num in perpetuum rejiciet me Deus,

" Nec amplius fe placabilem præbebit ?

" Num periit in æternum ejus clementia ;

" Defecit promiffio in omnes ætates ?

" Num oblitus eft mifereri Deus ?

" An cohibuit in ira mifericordias fuas ?

Tum autem fecum reputans divina confilia in hominibus caftigandis,
שנות ימין עליון, " Mutationem dextræ Altiffimi ;" Deum nimirum variis rationibus fuorum falutem procurare, et idcirco voluntatem ejus ab
iis quos maxime diligit fæpe averfam videri : recogitanfque prolixum
ejus erga populum fuum favorem, miracula in eorum gratiam edita,
divinam bonitatem, fanctitatem et potentiam : ea meditatione recreatus
in Numinis laudes ardentiffimo cum affectu protinus erumpit. Quo
in loco æque admiranda funt, cum egreffionis facilitas et gratia, tum
rerum delectus, imaginum granditas, dictionis pondus et elegantia.

אלהים בקדש דרכך

מי אל גדול כאלהים :

אתה האל עשה פלא

הודעת בעמים עזך :

    גאלת

גאלת בזרוע עמך
בני יעקב ויוסף :
ראוך מים אלהים
ראוך מים יחילו
אף ירגזו תהמות :
זרמו מים עבות
קול נתנו שחקים
אף חצציך יתהלכו :
קול רעמך בגלגל
האירו ברקים תבל
רגזה ותרעש הארץ :

" O Deus! fancta omnino funt confilia tua:

" Quis Deus cum Deo majeftate comparandus?

" Tu es Deus ille faciens mirabilia;

" Notum fecifti in populis robur tuum.

" Vindicafti brachio populum tuum,

" Jacobi et Jofephi pofteros.

" Viderunt Te aquæ, O Deus!

" Viderunt Te aquæ, dolore correptæ funt;

" Etiam turbatæ funt Abyffi.

" Exundaverunt aquis nubes;

" Fragorem edidit æther;

" Tum vero fagittæ tuæ difcurrerunt:

" Vox tonitrus tui in turbine;

" Illuxerunt orbi fulmina;

" Tremuit et commota eft tellus.

Alterum quod in hoc genere apponam exemplum contrariam quandam habet rationem: nam ab exordio fplendido imprimis et excelfo, in leniorem et remiffiorem fonum, et fuaviffimos pietatis affectus, paulatim delabitur, cum fumma rerum, imaginum, ac fenfuum varietate. Pfalmus eft decimus nonus. Prædicatur Dei gloria ex operibus ejus tum Naturæ tum Gratiæ. Eum fi vobis integrum exhibuero, rudi opera utcunque adumbratum, rerum tamen ordinem et feriem facilius perfpicere poteritis.   PSALMUS

PSALMUS XIX.

Immensi chorus ætheris,
Orbes stelliferi, lucida sidera,
 Laudes concelebrant Dei,
Auctorisque canunt artificem manum.
 Dulces excipiunt modos
Noctem rite dies, noxque diem premens;
 Alternoque volubiles
Concentu variant perpetuum melos.
 Et quanquam levibus rotis
Labuntur taciti per liquidum æthera,
 Terrarum tamen ultimos
Tractus, alta poli mœnia, perfonat
 Æterni facra vox chori,
Concordi memorans eloquio Deum.
 Cœlorum in penetralibus
Soli qui posuit celsa palatia:
 Lætos unde ferens gradus
Prodit, ceu thalamo Sponsus ab aureo;
 Fidens viribus ut Gigas,
Præscriptum stadii carpit ovans iter.
 Cœli limite ab ultimo
Egressus, rediens limitem ad ultimum,
 Emensam relegit viam,
Fœcundisque fovet cuncta caloribus.
 Non Léx sancta Dei minus
Languentes animas vi reficit facra:
 Puro lumine Lex Dei
Illustrans oculos, et tenebras fugans;
 Informans animos rudes,
Cæleftique replens corda fcientia;
 Mentes lætificans pias;
Confirmans stabili pectora gaudio.

Illam

Illam Juſtitia et Fides
Fixit perpetuam, æternaque Veritas.
Non illam æquiparat pretio
Aurum, jam rutilis-purius e ſocis;
Non dulcedine, quæ recens
Stillant preſſa favis mella liquentibus.
Fida adſtat monitrix ſuis
Et merces eadem magna, clientibus.
Quis lapſus tamen ah! ſuos,
Quis ſecreta ſinu crimina perſpicit?
Adſis, O Deus! O Pater!
Da cæcis veniam, da miſeris opem!
Errantes cohibe gradus,
Effrænemque animi frange ſuperbiam!
Solum munere ſic Tuo
Mox infons ſceleris, purus ero mali:
Sic O! ſic placeant Tibi
Quæ ſupplex meditor, quæ loquor, O Deus!

PRÆLECTIO VICESIMA SEPTIMA:

ODÆ HEBRÆÆ TERTIÚS CHARACTER.

TERTIUM Odæ Hebrææ Charactera conſtituit Sublimitas. De Poeſeos Hebrææ Sublimitate in genere, prout ea ex dictione et conceptibus oriretur, ſatis fuſe antehac diſſerui : nunc de peculiari hujuſce apud Hebræos Poematis Sublimitate a-gendum eſt. Ea autem exſurgit, vel ex ipſo potiſſimum habitu Poematis et univerſæ diſpoſitionis et formæ magnificentia ; vel ex communibus illis quos dixi fontibus, conceptuum granditate et vi dictionis ; vel denique ex horum utriſque ſimul conjunctis, cum totius formæ pulchritudini et dignitati ſenſuum inſuper excelſiſſimorum et ſplendidiſſimæ dictionis omniumque virtutum quaſi cumulus accedit. Horum trium generum exempla quantum potero lectiſſimā vobis ſingulatim exponam, Academici : accuratam ſane tractationem meretur hic locus ; verſamur enim in ſummo Hebrææ Poeſeos faſtigio, cujus et univerſæ præcipua laus Sublimitas, et ſpecies maxime ſublimis eſt Ode.

Videamus itaque primum, quantam materiæ ſua natura non admodum excelſæ ſublimitatem inducere poteſt ipſa Poematis forma et diſpoſitio. Exemplum nobis eſto Pſalmus quinquageſimus ; cujus Argumentum eſt ex genere Didactico, ad moralem Theologiam pertinens, grave imprimis et fructuoſum, ſed parum elatum aut ſplendidum : Deo nimirum non placere Sacrificia et externos ritus religionis, ſed ſinceram potius pietatem laudeſque ex grato animo profluentes ; neque vero has ipſas pietatis ſignificationes ſine juſtitia cæteriſque virtutibus. Ita duas habet partes ; primo arguitur cultor pius quidem, ſed ignarus et ſuperſtitioni obnoxius ; deinde improbus pietatis ſimulator. Argumenti pars utraque, ſi imagines et dictionem ſeorſum ſpectes, varie potius et eleganter quam elate tractatur. Quod ſi totum hujuſce Odæ apparatum

et

et quafi fcenam contemplamur, nihil facile poteft effe magnificentius.
Deus univerfum genus humanum folenni edicto convocat, ut de populo fuo judicium publice exerceat; ponitur in Sione auguftum Tribunal:

אל אלהים יהוה
דבר ויקרא ארץ
ממזרח שמש עד מבאו
מציון מכלל יפי אלהים הופיע :

" Deus Deorum Jehova
" Locutus eft et convocavit terram,
" Ab ortu folis ad ejus occafum:
" Ex Sione perfectæ pulchritudinis Deus exortus eft.

Depingitur Dei advenientis majeftas imaginibus a Defcenfu in montem
Sinam petitis, qui, uti prius notavi, in hujufmodi materia eft communis
ille locus unde plerumque fumitur exornatio.

יבא אלהינו ואל יחרש
אש לפניו תאכל
וסביביו נשערה מאד :

" Adveniet Deus nofter, nec filebit;
" Præcedet eum ignis edax,
" Et circumfremet vehemens turbo.

Cœlum et Terra invocantur Divinæ juftitiæ teftes, formula Hebrææ
magniloquentiæ vix minus ufitata: 1

יקרא אל השמים מעל
ואל הארץ לדין עמו :

" Advocabit cœlos ex alto;
" Et terram, ut judicio contendat cum populo fuo.

Tum demum inducitur Dei ipfius fententiam dicentis auguftiffima perfona, per reliquam Oden continuata; unde cum cæteris ejus partibus
admirabilis illa exordii majeftas et fplendor communicatur. Habet Horatius Oden non abfimilis argumenti; 2 quod et fuo more, hoc eft, va-

---

1 Confer DEUT. XXXII. 1. ISAI. 1. 2.
2 Vide HORAT. Lib. III. Od. XXIII.

rie atque eleganter; et præter morem hominis a divina veritate alieni
pie etiam et graviter tractavit: verum in hujufmodi materia fummus
ille fublimitatis gradus, quem affecutus eft Pfaltes, foli conceditur Mu-
fæ Hebrææ; nulla enim alia vel Religio vel Hiftoria Poetica tam grandem habet rerum apparatum, aut fatis pulchras et excelfas imagines,
unde æque nobilis fcena ullo modo extrui atque exornari poffit.

Alterum quod proponam exemplum eo quidem a priore erit aliquantum diffimile, quod ipfum Odæ Argumentum fummam in fe majeftatem habet et fplendorem; non tamen minima fublimitatis pars univerfæ Poematis formæ ac difpofitioni debetur. Pfalmo vicefimo quarto occafionem præbuit facrofancta Dei Arca in montem Sionem a Davide
inducta. 1 Celebrabatur Arcæ tranflatio fumma populi frequentia; fummo, ut par erat, totius apparatus fplendore; fiquidem hoc modo con-
fecrabatur publici cultus fedes divinitus electa, Dei manifefto præfentis
Domicilium, fiebatque Jehovæ regnantis in folium fuum deductio, et
quædam quafi folennis inauguratio. Arcam comitabatur univerfa Ifraelitarum natio: Levitarum gens pompam ducebat, et voce et varii generis inftrumentis muficis canentes. Hanc autem Oden tum videntur
populo præcinuiffe, cum ventum effet ad montis verticem. Exprimit
Odæ Exordium fupremum atque infinitum Dei Dominium creationis
jure fundatum.

ליהוה הארץ ומלואה
תבל וישבי בה:
כי הוא על ימים יסדה,
ועל נהרות יכוננה:

" Jehovæ eft tellus et plenitudo ejus;
" Orbis, quique eum incolunt:
" Ille enim fupra maria eum fundavit,
" Et fupra flumina eum ftabilivit.

Quanti itaque erat favoris, quam eximia propenfæ voluntatis fignificatio, in univerfo et communi illo Imperio peculiarem fibi fedem et po-

1 Vide 2. SAM. VI. I. PARALIP. XV.

L l   pulum

pulum eligere? quos fanctitatis, juftitiæ, et virtutum omnium fructus reddere decebat gentem tam fingulari beneficio obftrictam? "Ecce," inquit Mofes Ifraelitas alloquens, "Jehovæ Dei veftri funt cœli, et cœ- "li cœlorum, et tellus, et quicquid in ea continetur: nihilominus ma- "jores veftros amore complexus eft, et eorum pofteros, vos nimirum "ipfos, ex omnibus populis elegit, uti videtis. Quocirca circumcidite "cordis veftri præputium, neque cervicem veftram amplius indurate." Eademque plane eft Davidis hoc in loco, quanquam paulo minus ex- plicata, argumentatio:

מי יעלה בהר יהוה

ומי יקום במקום קדשו:

נקי כפים ובר לבב

אשר לא נשא לשוא נפשו

ולא נשבע למרמה:

ישא ברכה מאת יהוה

וצדקה מאלהי ישעו:

זה דור דרשיו

מבקשי פניך ¹ יעקב:

"Quis afcendet in montem Jehovæ;

"Et quis ftabit in fede ejus fanctitatis?

"Immunis manibus, et purus corde;

"Qui per vana numina animam fuam non obftrinxit,

---

¹ Omnino legendum, vel cum LXX. VULG. ARAB. ÆTHIOP. פני אל יעקב; vel cum SYRO, פניך אל יעקב, quod perinde eft. Sacrofancta Arca, eique infidens שכינה, Symbolum illud Divinæ præfentiæ, appellatur Facies Dei: et quærere faciem Dei, eft coram Arca com- parere, ad Sanctuarium Deum colere; quod ter quotannis Ifraelitas facere oportebat. Vide 2. SAM. XXI. I. 2. PARAL. VII. 14. PS. XXVII. 8. EXOD. XXIII. 17.

דרשו יהוה ועזו

בקשו פניו תמיד:

"Quærite Jehovam, et ejus Robur;

"Semper vifite Faciem ejus.

PS. CV. 4.

Ubi notandum, עז parallelum effe et fynonymum פני, et Arcam Dei fignificare: confer PS. LXXVIII. 61. CXXXII. 8. Nihil agunt, qui ex recepta lectione commodum fenfum ex- torquere conantur. Porro commate nono repetendum exiftimo verbum והנשאו in forma Niphal: ita legiffe videntur VETT. INTT. omnes.

"Nec

" Nec juravit fallendæ fidei confilio.

" Is reportabit benedictionem a Jehova,

" Et juftitiam a Deo ejus fofpitatore.

" Talis fit gens quæ illum quærit;

" Quæ vifit faciem Dei Jacobi.

Hactenus itaque exponitur, quam eximia effet Dei in Ifraelitas benevolentia, iifque contra quam infinitæ ad colendam pietatem effent impofitæ
obligationes, eo quod omnium Creator et Dominus inter eos peculiari
modo verfari, atque iis fefe præfentem exhibere dignaretur. Jam ad
Tabernaculi fores accedit pompa : dum Arca infertur, Levitæ in duos
choros divifi quod reliquum eft Odæ alternatim canunt. Ea cantus al-
ternatio potuit quidem fortaffe per totum obtinere; in extrema certe
Odæ parte manifefte deprehenditur. Hujufce autem Dialogifmi, feu
rem ipfam, feu dictionem, imagines, et figuras fpectamus, eft quædam fimplex et minime arceffita, ideoque vera fummeque admiranda
fublimitas :

שאו שערים ראשיכם
והנשאו פתחי עולם
ויבוא מלך הכבוד :
מי זה מלך הכבוד
יהוה עזוז וגבור
יהוה גבור מלחמה :
שאו שערים ראשיכם
ושאו פתחי עולם
ויבא מלך הכבוד :
מי הוא זה מלך הכבוד
יהוה צבאות הוא מלך הכבוד :

" Tollite capita veftra, o Portæ;

" Vofque exaltemini, æternæ Fores,

" Et intrabit Rex gloriæ.

" Quis eft Rex ille gloriæ?

" Jehova robuftus et potens,

" Jehova potens belli.

       " Tollite

" Tollite capita veſtra, o Portæ ;

" Voſque exaltemini, æternæ Fores,

" Et intrabit Rex gloriæ.

" Quis vero eſt Rex ille gloriæ ?

" Jehova Armipotens, ille Rex eſt gloriæ.

Videtis, Academici, hujuſce Pſalmi pulchritudinem et ſublimitatem
ita conjunctam eſſe cum ipſa rerum et temporum occaſione, cumque
tota ejus ſolennitatis, cui accommodatur, ſcena, ut niſi omnia iſthuc
referremus, non modo periret vis ejus et gratia præcipua, verum ne
conſtaret quidem ſenſuum, verborum, atque ordinis ratio. Quid itaque de aliis quam plurimis ſtatuendum arbitramini, quibus omnem hiſtoriæ lucem invidit vetuſtas ? quantum eſt quod in ſacris carminibus
hac ex parte perdidimus ? quantum elegantiæ et decoris velavit, ſup-
preſſit etiam, et penitus extinxit, rebus ipſis et argumento jampridem
inducta obſcuritas ? Quam ſæpe uſu venit, ut omnino nos lateat alicujus poematis ſcriptor, ætas, occaſio ; quanto etiam ſæpius, ut ſumma
in ignoratione verſemur plurimarum rerum factorumque, quæ principi
materiæ adhærent, et univerſo carmini præcipua ornamenta adminiſ-
trant ? Hoc habet, aliqua ſaltem ex parte nobile illud Deboræ Canticum : eademque videtur eſſe Pſalmi ſexageſimi octavi ratio ; quanquam appareat ſaltem affinis eſſe argumenti cum ſuperiore illo de quo
modo egimus, cum nota illa formula, in tranſlatione Arcæ ſolenniter
uſurpata, Exordii loco utatur :

יקום אלהים יפוצו אויביו

וינוסו · משנאיו מפניו :

" Exſurgat Deus ; diſſipentur ejus inimici ;

" Et fugiant a facie ejus qui eum oderunt.

Sed ex omnibus ſere cauſis nobiliſſimo poemati plurimæ inſiderunt obſcuritates : alioquin habuiſſemus profecto ſingulare quoddam incredibilis ſublimitatis exemplum, cujus jam ſparſos tantum radios, et ex den-
ſis veluti nubibus vix eluctantes, merito tamen admiramur.

In

In altero illo quod ftatui genere, cujus nimirum fublimitatem unice
fuftentat conceptuum magnitudo et vis dictionis, fine peculiari aliqua
totius formæ magnificentia et pulchritudine difpofitionis, egregium habemus exemplum, Oden Mofis εὐχαρισικην poft tranfitum Maris Rubri. 1 Carmen hoc eft ex omni parte nudum imprimis et fimplex;
nihil habens artificii, nihil in rerum five inventione five ordine exquifitum.   Naturæ folummodo et affectuum vocem audimus: ultro qua licet erumpit Gaudium, Admiratio, et cum pia Veneratione conjunctus
Amor.   Unice obverfatur Ifraelitarum animis ingens prodigium divifi
maris, fluctuum dum ipfi tranfirent utrinque cumulatorum, obrutorum
denique aquis refluentibus hoftium: hæc omnia, ut poffunt, exprimunt; abrupte, intercife, fervide, exultanter; fingula breviter, eadem
tamen fæpius efferentes:

אשירה ליהוה כי גאה גאה
סוס ורכבו רמה בים:

   " Cantabo Jehovæ, quia magnifice fefe extulit;
   " Equum equitemque in mare dejecit.

Hoc eft Odæ προοιμα, idemque Verfus Intercalaris a Mulierum Choro inter canendum identidem infertus, quo breviter exprimitur univerfi
carminis argumentum: nihilo tamen minus eadem res paulum variata
dictione, et figuris diverfis, crebro iteratur:

מרכבת פרעה וחילו ירה בים
ומבחר שלשיו טבעו בים סוף:
תהמת יכסימו
ירדו במצולת כמו אבן:

   " Pharaonis currus copiafque in mare dejecit;
   " Et in mari Rubro-demerfi funt electi ejus duces.
   " Operuerunt eos Abyffi;
   " Defcenderunt in profunda, ficut lapis.

Atque iterum:

אמר אויב ארדף אשיג

I EXOD. XV.

אחלק

אחלק שלל חמלאמו נפשי

אריק חרבי תורישמו ידי :

נשפת ברוחך כסמו ׳ם

צללו כעופרת במים אדירים :

" Dixerat hoſtis, perſequar, adſequar;

" Dividam ſpolia, exſaturabitur anima mea;

" Stringam gladium, exſcindet eos manus mea ;;

" Spiritu tuo flaviſti; operuit eos mare;

" Demerſi ſunt, ut plumbum, in aquis ingentibus.

Nec id ſatis:

מי כמכה באלם יהוה׳

מי כמכה נאדר בקדש

נורא תהלת עשה פלא

נטית ימינך תבלעמו ארץ :

" Quis Tui ſimilis inter Deos, Jehova!

" Quis Tui ſimilis, verendus ſanctitate!

" Terribilis laudum, faciens mirabilia!

" Extendiſti dextram; abſorbet eos tellus.

En veros animi commoti impetus! germanam naturæ vim, nunquam arti conceſſam! affectus vix eluctantes, pariter laborantes rerum copia atque inopia verborum, eoque ipſo ſeſe efferentes expreſſius! Recitanda eſſet tota Ode, ſi ſingulas ejus partes recenſere vellem quarum laudanda eſſet ſublimitas. Unum tantum adnotabo, quod et in univerſa Hebræorum Poeſi locum habet, et in hoc Poemate præcipue cernitur: nimirum dictionis Brevitatem unum eſſe maximum ſubſidium ſublimitatis. Rerum ponderi plerumque officit diffuſa et exuberans oratio: quantum ſano corpori carnium et obeſitatis addideris, tantum detraxeris de vigore et viribus. Hebræi, ſi univerſa ſpectes, ſunt largi, copioſi, uberes; ſi ſingula, parci, reſtricti, preſſique: variando, repetendo, ſubinde addendo, amplificant: tota quidem res fuſe interdum tractatur, ſed iteratis crebriſque, et per omnia brevibus et nervoſis ſententiis; ita ut nec copia, nec vis deſit. Debetur iſthæc brevitas, cum linguæ ingenio, tum etiam naturæ carminis Hebræi: ideoque huic parti

ut

ut nullæ plerumque verfiones fatisfaciunt, ita minime omnium verfiones metricæ.

Hujufce brevitatis dictionis cum rerum copia conjunctæ, idemque
fublimitatis in hoc genere infigne exemplum apponam Pfalmi vicefimi
noni. Demonftratur Supremum Dei Dominium, et immenfa Potentia, ex horribili fragore et admiranda vi Tonitrus, quem Hebræi Dei
Vocem appellant: ejus effectus defcribuntur. Hanc Oden, cum ne foluta quidem oratione ita reddi poffit, ut per omnia fervetur brevitas, totidem verfibus Anapæfticis utcunque exprimere conatus fum.

PSALMUS XXIX.

Regum Domino cedite, Reges,
Cedite fummi decus imperii.
Date, quos meruit Nomen, honores;
Adytis Deum adorate facratis.
Sonat horrendum magna Dei Vox!
Æthere ab alto Deus intonuit;
Æquore vafto fuperintonuit
Valida, augufta, decora, Dei Vox!
Ruit ingenti turbine cedros,
Ruit umbrofi cedros Libani.
Quatitur Libanus, fubfilit Hermon;
Ut vaga lato bucula campo,
Levis in montibus ut faltat oryx.
Ruptis rutilant nubibus ignes;
Deferta tremunt; tremit alta Cades:
Sylva gemit; querceta 1 laborant;

1 יחולל אילות, *dolore afficit quercus.* אלה, five etiam אילה, eft Quercus: certe in hoc fenfu fæpe occurrit hæc vox in plurali numero forma mafculina inferto י, אילים. Et ita accepit
hoc in loco Interpres SYRUS; qui reddit, דמזיע אילתא. Nam verbum זיע apud Syros, ut
apud Hebræos etiam et Chaldæos, notat motum aut agitationem in genere, neque dolores partus fpeciatim refpicit; uti neque ad eum fenfum neceffario reftringenda eft vi formæ *Piel* verbum
יחולל. vide ISAI. LI. 9. Vox autem אילתא, quanquam pro Quercu fuo in loco non comparet in Lexicis Syriacis, tamen in Verfione Syriaca quater occurrit in hoc fenfu, Hebrææ voci
אלה refpondens; 2. SAM. XVIII. 9, 10, et 14. adeoque hoc etiam in loco pro Quercu ponitur. De Cervis parturientibus hæc vulgo accipiunt Interpretes; quod cum cæteris imaginibus
hic

Denfis nudantur nemora umbris;
Subitoque jacent perculfa metu
Hominum corda, agnofcuntque Deum.
Deus undantem regit Oceanum;
Rex æterno fedet in folio:
Populumque Deus fibi dilectum
Viribus, opibus, pace beabit.

hic ufurpatis parum convenit vel natura vel etiam dignitate: nec mihi perfuadent, quæ ad rem ipfam confirmandam afferunt, imprimis Doctiffimus B O C H A R T U S. Hieroz. Part. I. Lib. III. Cap. 17. Optime autem huic loco congruit imago Quercuum fulmine tactarum. Atque idem etiam Bochartus vocem אילה, perperam itidem de Cerva a Maforetis cæterifque Interpretibus intellectam, de Arbore interpretatur in pulcherrima explicatione loci obfcuri G E N. XLIX. 21. quam vidiffe non pœnitebit, ibid. Cap. 18.

PRÆLECTIO VICESIMA OCTAVA:

ODÆ HEBRÆÆ TERTIUS CHARACTER.

Q
U O propositæ de Oda Hebræa disputationi finem tandem im-
ponam, supereft ut in eo genere exempla quædam proferam,
in quo ex omnibus caufis, ex dictione, ex fenfibus, ex ipfa
poematis forma, exfurgit, eftque omnium virtutum quafi εφα-
νος quidam, fumma Sublimitas. Quæ mihi hanc in rem erunt addu-
cenda Poemata, ita nota funt, ut minutam explicationem minime poft-
tulent; ita excelfa, fuaque luce illuftria, ut pene admittere dedignen-
tur: fufficiat itaque ea in univerfum indicare, et partes aliquas notatu
fortaffe digniores breviter vobis commendare.

Primum nobis exemplum efto Mofis Ode Prophetica, [1] continens Defenfionem pro Deo adverfus Ifraelitas, et divinorum judiciorum rationem
explicans. Exordium habet elegans et imprimis magnificum; univerfam difpofitionem et formam rectam, facilem, argumenti naturæ accommodatam, ordine pene hiftorico; incredibilem rerum maximarum varietatem, Dei veritatem et juftitiam, amorem paternum et propenfiffimas
erga Populum electum benignitates; hujus contra animum ingratum et
rebellem; tum Divinæ indignationis ardorem, et graviffimas minas, infigni Profopopœia expofitas, qua nihil extat in lectiffimis Poefeos thefauris magnificentius: ipfos tamen iracundiæ æftus mifericordia et lenitate identidem temperatos, et in promiffionibus et confolatione tandem
definentes. Quod ad Senfuum elationem, Affectuum impetum, Figurarum et Dictionis vim attinet, cum hæc omnia generatim antehac trac-
tarem, vix fieri potuit, quin ex hac ipfa Ode multa tum adducerem,
quæ ad horum fingula illuftranda imprimis pertinerent. Ea ne aut re-

I DEUT. XXXII.

M m

petam,

petam, aut accumulem acceſſionibus parum neceſſariis, id unum de hoc
poemate animadvertendum adjicio; eam eſſe argumenti rationem, ut
Propheticæ Poeſeos ſtylum et colores multum ſequatur, ita ut ad Odæ
vim omnem atque impetum et audaces ſpiritus, etiam eximia illa eique
generi peculiaris Imaginum varietas et granditas accedat.

Alterum exemplum Odæ ex omni parte ſublimis erit Deboræ Eπινι-
κιον. I   Habet hæc Ode tres partes; primo Exordium; deinde eorum,
quæ tum antecedebant tum comitabantur victoriam, Recenſionem; poſtremo, ultimi eventus pleniorem Deſcriptionem, omnibus ornatam Poeſeos luminibus; mortem nimirum Siſeræ, et Matris ſpes fruſtratas.
Hujuſce partis poſterioris præcipuas elegantias prius conatus ſum et ſatis quidem fuſe exponere. Media, ut verum fateamur, obſederunt haud
exiguæ obſcuritates, multum officientes Carminis pulchritudini, néc facile diſſipandæ, niſi uberior hiſtoriæ lux accederet. Exordii ratio, vel
propter inſignem ejus magnificentiam eſſet hic explicanda, vel eo etiam
nomine quod, quam de Odarum Hebræarum Digreſſionibus ſententiam
nuper propoſui, ei amplius illuſtrandæ optime inſerviat. - Animadverte-
ram enim præcipuos Sacræ Hiſtoriæ locos, quos maxime in Egreſſioni-
bus ſectarentur Hebræi Vates, ita cum omni Sacrorum Carminum argumento eſſe conjunctos, ut vix unquam vel in maxime præcipiti ex-
curſu periculum eſſet ne rerum ſeries atque ordo laboraret. Hujuſce
Odæ argumentum eſt, Populus Iſraeliticus devictis Dei auxilio inimicis
in libertatem vindicatus: quod in ipſo ingreſſu Vates breviter proponit,
appellatiſque, ut tantæ rei animum advertant, regibus gentiumque vi-
cinarum principibus, .Dei laudes auſpicatur, non ex recenti beneficio
exorſus, ſed ex prodigiis in exitu Ægyptiaco olim editis:

יהוה בצאתך משעיר
בצעדך משדה אדום :
ארץ רעשה גם שמים נטפו
גם עבים נטפו מים :
הרים נזלו מפני יהוה
זה סיני מפני יהוה אלהי ישראל :

I JUD. V.

"O Je-

" O Jehova, cum e Seire exires,

" Cum ex agro Idumæo procederes;

" Terra commota eft, ftillaverunt cœli,

" Stillaverunt aquis nubes;

" Fluxerunt montes a facie Jehovæ,

" Ipfe Sina a facie Jehovæ Dei Ifraelis.

Spirat hæc liberum ac fervidum Odæ ingenium tantarum rerum tam infperato facta inductio; nec tamen ratio connexionis, tacitaque comparatio beneficii modo accepti cum ftupenda illa liberatione, ullam habet obfcuritatem.

Eodem etiam vel in primis pertinet Habaccuchi Oratio; [1] infigne exemplum ejus Sublimitatis quæ Odæ eft maxime propria, quæque valde audaci et tamen facili Digreffioni plurimum debetur. Vates præfentiens Dei judicia, calamitates populo fuo Chaldæorum minifterio primum inferendas, tum pœnas de ipfis Chaldæis fumendas; partim terrore perculfus, partim fpe et divinæ bonitatis fiducia recreatus, Deum precatur, ut fuorum redemptionem et falutem maturet:

יהוה שמעתי שמעך יראתי
יהוה פעלך בקרב שנים חייהו
בקרב שנים תודיע
ברגז רחם תזכור :

" Jehova, audivi nuntium tuum, extimui;

" Opus tuum, O Jehova, in medio annorum inftaura;

" In medio annorum notum facias:

" In iracundia mifericordiæ reminifcere.

Jam ultro hoc in loco cuivis occurrit Captivitatis Babylonicæ et Ægyptiacæ fimilitudo; fieri etiam poffe, ut Deo auxiliante par effet ratio liberationis: porro quam apte Vates preces fuas ad Deum ita continuare poterat, ut qui tot miracula in populi fui fubfidium olim ediderat, eidem mox fubvenire dignaretur; quam efficaciter piorum animos ita confirmare, ut meminerint Deum, qui olim Ifraelitas ex tantis malis

_____
[1] HABAC. III.

eripiendo

eripiendo infinitam fuam potentiam teftatam fecerat, idem etiam denuo in eorum pofteris vindicandis præftare poffe. Verum omnes hujufmodi ingreffionis formulas, eo ipfo quod ultro occurrerent, penitus omifit; nec in fplendidiffimæ materiæ fpatia quærit fibi aditum, fed inopinato impetu irrumpit:

אלוה מתימן יבוא
וקדוש מהר פארן :
כסה שמים הודו
ותהלתו מלאה הארץ :

    " Deus e Themane prodiit,
    " Et Sanctus e monte Paranæo :
    " Operuit cœlos gloria ejus,
    " Et fplendore ejus oppleta eft tellus.

Equidem totum hunc locum pari qua ingreffus eft magnificentia exornat Vates; ex tanta rerum admirandarum copia nobiliffima quæque feligens, eaque coloribus fplendidiffimis, imaginibus, figuris, dictione elatiffima illuftrans; quorum fummam fublimitatem cumulat et commendat fingularis claufulæ elegantia : ita ut, nifi una atque altera ei infideret obfcuritatis nebula vetuftate, ut videtur, inducta, vix quidquam hoc poemate in fuo genere extaret luculentius aut perfectius.

Unum infuper addam infigne exemplum Sublimitatis, quod nefas effet præterire, Ifraelitarum Carmen Triumphale in Excidium Babylonis, apud Vatem, cum in eleganti tum in elato dicendi genere principem, Ifaiam : quod omni modo cupiens explicare, quoniam prius fatis fufa enarratione expofui, nunc verfibus adumbratum dabo ; non quo exiftimem divinam illam vim et audaces colores ulla imitatione exprimi poffe, fed ut perfecta illa Odæ effigies aliquanto clarius perfpiciatur, vel extrema faltem ejus lineamenta.

ISRAELITARUM ΕΠΙΝΙΚΙΟΝ

IN OCCASUM REGIS REGNIQUE BABYLONICI:

ODE PROPHETICA.

ISAIÆ CAP. XIV. 4, ——— 27.

Ergo infolentis corruit Imperî
Infana moles? occidit urbium
    Regina victrix, nec fubacto
        Effera jam dominatur orbi?
Faftus Tyranni contudit impios
Jehova Vindex, fceptraque ferrea:
    Qui verbere haud unquam remiffo
        Fregit atrox populos gementes,
Nunc ipfe diras jure fubit vices.
Pacata Tellus undique gaudio
    Exultat effræni, et folutos
        Ingeminat fine more cantus.
Secura fummis ftat Libani in jugis
Ridetque Cedrus: Sicne jaces, ferox!
    Jam nemo fævam, Te jacente,
        Per nemorum dahit alta ftragem.
Te propter imis concita fedibus
Nigrantis Orci magna fremit domus:
    En! luce defunctos Tyrannos,
        Sceptrigeras foliis ab altis
Excivit umbras, hofpitis in novi
Occurfum euntes. Tene etiam, occupant,
    Te viribus, Te luce caffum
        Confpicimus, fimilemque noftri?

                         Orbumque

Orbumque faftu? Non comitum frequens
Deducit ordo; non tuba, non lyræ
     Concentus; at fqualentis Orci
         Nox premit, et taciturnus horror:
At turba circum plurima vermium
Fervet, pererrans membra licentius,
     Fœdumque tabo diffluentes
         Læta cohors populatur artus.
Ut decidifti cælitus, agminis,
Eoe, clarum fiderei decus!
     Ut decidifti, qui domabas
         Victor ovans populos trementes!
Nuper minatus: Scandam ego nubila;
Stabo Sionis culmine in arduo
     Sublimis, et qua fpectat Arcton
         Arce facra folium locabo:
Subjecta calcabo aftra, premens polum,
Terramque torquens numine, par Deo.
     At dura Te lethi profundo
         Vis cohibet barathro jacentem.
Ac forte quifquam confpicit avio
Deforme corpus littore: ftat diu
     Incertus, admotoque pronus
         Lumine, Te propius tuetur.
Mox infit; Hic eft, quem Fuga, quem Pavor
Præceffit? hic, quem terricolis gravem
     Strages fecuta eft, Vaftitafque? hic
         Attoniti fpoliator orbis?
Indigna regum colla gravi jugo et
Duris catenis fubjicere infolens,
     Lateque diffufa ruina
         Per laceras equitare gentes?

                                   Reges,

Reges, tyrannique, et validûm ducum
Manes fuperbi, non fine gloria
    Conduntur omnes, et repôfti
        Sedibus in patriis quiefcunt:
At Te, fupremis mortis honoribus,
Vili carentem munere pulveris,
    Inter cadentûm turpe vulgus,
        Sordidum et indecorem fepulchris
Egere avitis : Te, quia patriæ
Tuifque iniquum; Te, quia gentibus
    Fatale portentum.   Malorum
        Nullus honos cineres fequetur;
Pœna immerentes ob patrium fcelus
Natos manebit.   Funditus impiam
    Delete gentem, ne fuperbos
        Proroget ulterius triumphos:
Namque ipfe confurgam, Omnipotens ait,
Et nomen extinguam Babylonium,
    Stirpemque, natofque, ultimafque
        Relliquias generis nefandi;
Urbemque diris alitibus dabo
Ferifque habendam : vafta teget palus
    Demerfam, et ¹ æterno profunda
        Obruet exitio vorago.

---

1 : וטאטאתיה במטאטא השמד. Καὶ θήσω αυτὴν πηλὸ βορβόρου εἰς ἀπωλειαν. Ita LXX. (quos fequitur A R A B s,) docte apteque, cum ad fenfum, tum quod vim vocis atque etymon attinet : vocabulum enim טאם, quod hoc folum in loco occurrit, ita acceperunt, ac fi idem effet ac טום, unde derivatur טים, Cœnum. Notum autem eft, Verba Quiefcentia fecunda ו, loco ו fæpe admittere א : fic קאם a קום, H O s. X. 14. ראמה a רום, Z E C H. XIV. 10. כארו a כור, ut videtur, quod idem ac כרה, in loco infigni. P s. X X I I. 17. pro qua voce Judæi contra fuæ Maforæ auctoritatem fuppofuerunt, vel faltem e Margine in Textum tranftulerunt, כארי. Vide B O C H A R T. Hieroz. Part. I. Lib. I I I. 6. Hæ rationes auctoritate Seniorum confirmatæ multo magis me movent, quam anilis illa Fabella, quam de hac voce טאם narrant Judæorum Magiftri, pro more fuo, cum vocabulorum ignotorum fignificationes comminifcuntur.

Dixit

Dixit facramentum inviolabile
Jehova: Sic ftat confilium; hic tenor
   Fatique non mutandus ordo,
      Terminus hic ftabilis manebit:
Frangam fuperbas montibus in meis
Vires tyrannorum; eripiam truci
   Jugo laborantes, meorumque
      Ex humeris onus amovebo.
Jehova dixit: quis dabit irritum?
Gentes in omnes hanc Pater en! manum
   Extendit: extentam Jehovæ
      Quis potis eft cohibere dextram?

PRÆLECTIO VICESIMA NONA:

שׁ׳ר

SIVE HYMNUS.

DE IDYLLIO HEBRÆO.

INTER Hebræorum Cantica, quæ communi vocabulo שׁירים appellantur, alia funt quæ a Poefeos Lyricæ natura aliquatenus recedunt, nec ad eam fpeciem, quæ Ode vulgo dicitur, commode referri possunt. Ea in fingularem potius claffem, Idylliorum titulo notatam, placet includere: cujus et nominis et rei reddenda nobis est ratio.

Græcorum Carmina nonnulla (an ab ipfis Poetis, an a Grammaticis qui eorum monumenta recenferent, id factum effet, haud liquido affirmaverim) generali Titulo Εἰδή infcripta fuiffe accipimus; qui nihil aliud denotat, nifi quafdam Poematum Species, five diverfa quædam Carmina, abfque aliqua vel formæ vel argumenti certa defignatione. Id nomen etiamnum retinent Pindari Odæ. Quod fi quæ aut levioris argumenti, aut ftyli fubmiffioris, aut generis quomodocunque inferioris effe viderentur, nec item ab una materia infcribi poffent, ea diminutivo vocabulo Εἰδύλλια appellabant. Ita infcribuntur Theocriti Poematia, Bucolica nimirum cum aliis varii generis admiftis: qualia Latini Eclogas malebant vocare, quafi Poemata quædam habito ex pluribus delectu edita; vel diverfa ex caufa, et verecundiore titulo, Silvas; quafi congeriem Carminum fubito impetu effuforum, quæ vel fecundis curis, vel tali etiam delectui materiem præbere poffet. Quanquam autem Εἰδύλλιον fit nomen vagum et commune, nihil ex vi fua de Carminis fpecie certo

præfiniens,

præfiniens, ufu tamen et cohfuëtudihê fuum quehdâm et proprium Cha-
ra&tera tandem obtinuiffe videtur : et fortaffe non male ita defcribi poteft, ut fit Poema modicæ magnitudinis; ftyli medii, æquabilis, ad fuavitatem et elegantiam potiffimum comparati; difpofitionis facilis, rectæ, apparentis. In hoc genere perfe&ta quædam exempla præbent Hebræi Vates; eorum pleraque haud pigebit fingulatim commonftrare atque exponere.

Primum hic nobis occurrunt Pfalmi Hiftorici, Dei laudes ex rebus
geftis et miraculis in populi fui gratiam editis celebrantes : quorum
prior, [1] Afaphi nomine infcriptus, Ifraelitarum hiftoriam ab Exitu Æ-
gyptiaco ad Davidis ufque tempora exequitur; rerum tantum præcipua
excerpens et illuftrans : ftylo fimplici fere atque temperato, fed poetica
conftructione et quibufdam fententiarum luminibus diftincto. Nec plane hiftoricus eft rerum ordo; nam ne tot rerum tam longa temporum
ferie geftarum ordinata expofitio faftidium crearet, miracula Ægyptiaca
valde eleganti et felici egreffiône inducuntur, et Epifodii cujufdam locum obtinent. Idem argumentum aliis duobus Pfalmis materiem præbet, quinto nimirum et fexto fupra centefimum : quorum alter hiftò-
riam ufque ab Abrahamo repetitam ad Exodum deducit; alter ab Ex-
odo ad pofteriora Ifraelitarum tempora profequitur : uterque fuperiori
illi Poemati per omnia plane fimilis, cum univerfo ftyli colore, (nifi
paulo fortaffe fimplicior) tum etiam, quæ merito erat laudanda, facilitate et gratia Exordii.

Jam vero hi Pfalmi, quorum ha&tenus feci mentionem, tota forma
et chara&tere mirifice conveniunt cum Hymnis Græcorum. Sane Græci Interpretes, ut id obiter notemus, ipfum Pfalmorum Librum rectius
infcripfiffent ΥΜΝΟΙ; quæ vox cum Hebræo Titulo תהלים multo
melius congruit. Erat apud Græcos hoc poematis genus a prima ufque
eorum Poefeos origine ufu receptum, et in religionibus celebrandis adhibitum. Exponebantur plerumque Deorum origines, natalia, res geftæ, aliaque ad eorum hiftoriam pertinentia : ita factum videmus in iis

---

1 PS. LXXVIII.

quæ

quæ etiamnum fuperfunt in hoc genere Græcorum monumentis, in e-
legantiffimis Hymnis Callimachi, iifque qui Homero tribuuntur: eandem habet rationem Carmen Theocriti Διοσκυροι infcriptum, quod revera eft Hymnus, ifque pulcherrimus; nec immerito in Idylliorum cenfum relatus, qui totum hoc genus fatis apte poffit includere.   Veram
hanc Hymni formam et germanum charactera apud Virgilium, [1] accu-
ratiffimum vetuftatis imitatorem, egregie expreffit geminus ille chorus
Saliorum,

          " qui carmine laudes
     " Herculeas et facta ferunt.

Hymni illi antiqui, qui Orphei falfo dicuntur, funt potius τελεται, five
quæ Latini Indigitamenta nominabant; habent enim [2] " tantum Deo-
" rum invocationes, quibus utebantur in Myfteriis ii qui facris cujuf-
" piam Dei initiarentur."   Utramque Hymni fpeciem pulcherrime con-
junxit interque fe fociavit Ovidius, poeta elegantior incertum an doc-
tior: nam exordium Hymni in Bacchum [3] continet ejus Dei Indigitamenta, hoc eft, nomina ejus et titulos folenniter enuntiat; reliqua pars
ejufdem res geftas et laudes exequitur.

   Reftat adhuc alius, qui inter Hiftoricos numerari poteft, Pfalmus
nimirum centefimus tricefimus fextus.   Dei laudes celebrat, et infinitam ejus potentiam et benignitatem prædicat, facto ex operibus Creationis exordio, inductis dein miraculis Exodi, quorum præcipua ordinatim fere exequitur.   Inchoatur hoc Carmen noto illo Difticho;

הודו ליהוה כי טוב
כי לעולם חסדו:

     " Laudate Jehovam, quia bonus eft;
     " Quia æterna eft ejus benignitas:

quod alternis cantari folitum fuiffe Ezræ [4] teftimonio liquet: illud autem habet præcipue notabile, quod ejus Diftichi pofterior verficulus

_____

[1] ÆNEID. VIII. 285.
[2] JOS. SCALIGER Annot. in Hymn. Orph.
[3] METAMORPH. IV. II.
[4] EZR. III. 10, 11.

ab altero choro identidem interjectus, fingulis etiam verficulis fubjunc-
tus, (quod eft fingularis exempli) 'perpetuam ἐπῳδὴν facit. Hinc fatis
clare perfpicitur ratio omnis et forma Verfus Intercalaris: quippe qui
unum aliquem fenfum, in quo potiffimum totius Carminis argumentum aut finis vertitur, dilucide, breviter, fimpliciterque exprimit; quique aptis pro Carminis difpofitione intervallis, rei efficacius animo im-
primendæ caufa, injicitur. Verfum hujufmodi Intercalarem Idyllio præcipue convenire, ejufque Poematis quodammodo proprium effe fatis e-
vincit Theocriti, Bionis, Mofchi, Virgilii denique auctoritas. Ex Sacris Vatibus unum alterumque exemplum adjungam, quod cum per-
fectiffimis in hoc genere tantorum Poetarum monumentis conferri non
vereátur: in quo ut eluceat cum univerfa Poematis elegantia, tum Verfus Intercalaris vis et venuftas, ordo rerum et totius difpofitio præcipue
explicanda eft.

Inter elegantiffimos proculdubio recenferi meretur Pfalmus centefimus feptimus, ejufque elegantia maxima ex parte rerum difpofitioni et
univerfæ Poematis formæ debetur. Celebrat hoc Carmen Dei bonitatem et mifericordiam erga omnes homines in maximis eorum calamitatibus, præfenti auxilio petentibus conceffo, teftatam: primo, erranti-
bus in deferto, fameque laborantibus; tum in vincula conjectis; deinde morbo conflictantibus; poftremo in alto jactatis. Subjiciuntur divinæ feveritatis adverfus improbos, erga pios benignitatis exempla, quæ
cum fuperioribus hominum cordatorum meditationi commendantur.
Ita totum Poema in quinque partes fere æquales ex ipfa materiæ ratione diftribuitur; quarum priores quatuor clauduntur Verfu Intercalari
ipfius Hymni confilium et finem exprimente:

יֹדוּ לַיהוה חַסְדּוֹ

וְנִפְלְאוֹתָיו. לִבְנֵי אָדָם:

" Laudent Jehovam ob ejus mifericordiam,
" Et miracula in hominum gratiam edita.
Hoc ipfum Diftichon perpetuo variatur, alio fubjecto Difticho, quod
vel materiem modo tractatam refumit;

כִּי

כי השביע נפש שוקקה
ונפש רעבה מלא טוב :

"Nam fatiavit animam fatifcentem,
"Animamque efurientem implevit bonis:

כי שבר דלתות נחשת
ובריחי ברזל גדע :

"Nam fregit portas aheneas,
"Et vectes ferreos difcidit:

vel ipfius ἐπῳδῆς fententiam repetit, novifque imaginibus amplificat;

ידו ליהוה חסדו
ונפלאותיו לבני אדם :
ויזבחו זבחי תודה
ויספרו מעשיו ברנה :

"Laudent Jehovam ob ejus mifericordiam,
"Et miracula in hominum gratiam edita:
"Et offerant facrificia laudis,
"Et facta ejus læto cantu enarrent:

וירוממוהו בקהל עם
ובמושב זקנים יהללוהו :

"Et exaltent eum in cœtu populi,
"Et in concilio feniorum eum celebrent. .

In his etiam omnibus elegantiffime fit tranfitus a calamitatis defcriptione ad liberationem perpetua repetitione ejufdem Diftichi;

ויצעקו אל יהוה בצר להם
ממצוקותיהם יצילם :

"Et invocârunt Jehovam in rebus afflictis;
"Ex anguftiis fuis eos liberat:.

quod tamen non videtur habere naturam Verfus Intercalaris. Ultima
pars, quæ in materiem paulo uberiorem excurrit, fuam habet claufu-
lam duobus item diftichis conftantem, gravem et bonæ frugis plenam,
nec a totius Poematis pulchritudine quidquam derogantem.

Superfunt quidem in Pfalmis alia ejufdem generis, fed haud æque
perfecta exempla: alterum itaque ex Ifaia petam, eoque libentius, quod

Vatem

Vatem elegantiffimum hic, ut fæpe etiam alibi fit, obfcuravit vulgaris
capitum diftributio, unum pulcherrimum Poema in duas partes difcer-
pens, diverfifque hinc inde fectionibus adnectens, quibufcum ei nulla
intercedit argumenti neceffitudo. Capitis Noni partem pofteriorem cum
fequentis initio conjunge, [1] jam integrum habes Vaticinium editum in
Ifraelitas Samariæ regnum tenentes; grave, atrox, comminationibus
plenum; eam quidem vim habens et fublimitatem, ad quam Idyllium
raro confurgit; ipfam tamen Idyllii formam adeo perfecte expreffam
exhibens, ut in eam claffem jure referri poffit. Quatuor funt hujus
Poëmatis partes, quarum unaquæque continet denunciationem Divinæ
vindictæ in populum rebellem, grave aliquod crimen ei exprobrans,
plagamque merito infligendam intentans. Primo arguitur Ifraelitarum
Arrogantia et Faftus; tum animi Obduratio, et communis morum De-
pravatio; tertio audax Impietas, omnia quafi flamma et incendio corri-
piens et devaftans; poftremo Judiciorum iniquitas et oppreffio paupe-
rum. Hæc ob fingula certum aliquod atque horribile fupplicium denunciatur: cui porro fubjicitur minax Claufula, quæ επῳδὴν facit, ad
augendum terrorem mirifice comparata; qua fignificatur, graviora adhuc imminere, nondum his pœnis fore expiata populi delicta, nec juftitiæ Divinæ fatisfactum:

בכל זאת לא שב אפו
ועוד ידו נטויה:

"His omnibus nondum converfa eft ejus indignatio,
"Sed manus ejus adhuc eft extenta.

Quæ hactenus protuli exempla ex ipfo habitu ac facie Idylliorum
claffi protinus adjudicanda funt: reftant fortaffe non pauca, quæ ob
ftylum et charactera eidem æque adfcribi debent, in Libro Pfalmorum
potiffimum; nimirum ubi tractatur una aliqua materia plenius et ordinatius quam ab Oda fieri folet. Talis eft Pfalmus centefimus quartus,
qui Dei Creatoris laudes exornat, fumpto argumento ex pulcherrima fa-
pientiffimaque totius rerum naturæ difpofitione; quod, uti par erat, or-

[1] ISAI. IX. 8, —— X. 4.

dine

dine eleganti et imprimis dilucido, ftyli coloribus jucundiffimis, imaginibus magnificis, fplendidis, amœnis, variis, fed iifdem lectiffimis, illuftrat. . Hoc Hymno nihil extat, nihil cogitari poteft perfectius, five
Carmen ipfum, five Hymni genus fpectes. Habent quidem Prodigia
quod primo afpectu grandius apparet, quodque animum admiratione et
ftupore ferit protinus, et vehementius percellit: veriffimam tamen laudis materiem, Deo Optimo, Maximo, digniffimam, hominum mentibus fervido et permanenti pietatis fenfu imbuendis accommodatiffimam,
præbet ejufdem in creanda rerum univerfitate potentia, in ornanda fapientia, in fuftentanda regendaque providentia, in rebus humanis admi-
niftrandis juftitia et bonitas. Græcorum Hymnos maximam partem
conficiebant Fabulæ, eæque de rebus nec valde admirandis, neque e-
tiam laudandis: nec mihi occurrit quidquam, quod quidem extat, ex
illo genere graviore, præter Cleanthis Stoici Hymnum 1 Jovi infcriptum,
hoc eft, Deo Creatori, five, ut ipfe loqui amat, Æternæ Rationi rerum
Naturæ Effectrici atque Moderatrici; pulcherrimum fane antiquæ fapientiæ monumentum, fenfibus magnificis, folidis, verifque refertum:
quæ enim habet Philofophus de fumma Dei potentia, de fupremæ Legis et totius Naturæ harmonia, de hominum impiorum cæcifque animæ perturbationibus obnoxiorum ftultitia atque infania; ante omnia
Divini auxilii imploratio, quo Numen ipfum perpetuis laudibus digne
poffimus celebrare; hæc omnia tam fano minimeque fucato pietatis affectu animantur, ut ad Sacrorum etiam Vatum fpiritum aliquatenus videantur accedere.

Merito in hoc genere primas tenet Hymnus ille Davidis quem modo
memoravi: illi proxime affidet alius ejufdem Auctoris, tum ratione argumenti, tum etiam eximiæ pulchritudinis: celebrat enim infinitam Dei
fcientiam, et admirabilem in humano corpore fabricando folertiam; et
fi fortaffe ordinis et difpofitionis venuftate a priore vincitur, fenfuum
tamen, imaginum, figurarum, dignitate atque elegantia neutiquam ei
cedit. Superioribus itaque exemplis cumulus accedat Pfalmus centefi-

1 Vide CUDWORTH. *Syftem. Intellect.* pag. 432.

·mus tricefimus nonus ; quem Latinis verfibus. utcunque expreffum, fretus veftra, Academici, toties mihi perfpecta indulgentia, recitabo.

PSALMUS CXXXIX.

Tu mihi femper ades, Tu me omni ex parte patentem
Intueris, Deus! et manifefto in lumine cernis.
Tu me, quicquid ago, quoquo veftigia flecto,
Ufque premis; feu luce labor, feu alterna filenti
Nocte quies redeat: Tu pectus et abdita mentis
Perfpicis, introrfum infinuans; cæcoque receffu
Exagitas latitantem, arctaque indagine cingis.
Tu dubiis vixdum eluctantia dicta labellis
Antevenis, primofque animi præverteris orfus.
Quippe manu prenfumque tenes ; nudumque, reclufumque,
Ante, retro, exploras, mihi me præfentior ipfo.
    O Deus! infinitum atque infcrutabile Numen!
Cuncta fciens Mens, ipfa incognita! qua fugiam Te,
Obtutufque tuos et confcia lumina fallam ?
Afcendam cœlos ? ibi Tu : fubeam ima barathri
Tartara ? ades: fimul hæc magno loca numine comples.
Auroræne. procul rutilas ferar ales in oras ?
Occiduine petam fines novus incola ponti ?
Hic etiam tua me ducet manus ; hic tua curfum
Dextera præveniet cohibens, reprimetque fugacem.
Ergo petam tenebras, et condar nocte fub atra ?
Demens, qui tenues umbras, et inania vela,
Sancte l tuis obvertam oculis, denfiffima cui nox
Pellucet, tenebræque ipfæ funt luminis inftar.
    Te Dominum Auctoremque colo ; Tu hos conditor artus
Formâfti, et gravida texifti matris in alvo.
Obftupeo, et memet læta formidine luftro,
Divini monumentum operis ! Tu corporis omnem

Compagem,

Compagem, merfam tenebris et carcere cæco,
Perfpex'ti; tua folerti per fingula ductu
Dextera iit,· tua pinxit acus mirabile textum.
Ipfe rudi invigilans maffæ, primifque elementis
Confcius inftabas : juffas orientia formas
Membra minutatim induerunt, quocunque vocares
Prompta fequi : fua cuique tuis infcripta tabellis
Effigies erat, atque operis data norma futuri.
   - Ut mî animum fancto permifta horrore voluptas
Percipit! ut vano juvat indulgere labori,
Dum tua facta, Deus, recolo; tua mente revolvo
Confilia, et numero artificis miracula dextræ!
Promptius expediam, quot volvant æquora fluctus;
Littore vexato quam multæ agitentur arenæ.
Ufque eadem incaffum meditanti lumina fomnus
Opprimit; ufque eadem vigilanti cura recurfat.
   Non Tu facrilegos perdes, Deus? Ite, profani!
Ite procul, fcelerum auctores, cædifque miniftri!
Non ego, Sancte, tuos hoftes hoftilibus iris
Infequar? en! bellum Tibi bella parantibus ultro
Indico; neque do dextram, neque fœdera jungo.
Tu nunc efto mihi teftis; Tu pectoris ima
Cerne, Deus! penitufque altos fcrutare receffus.
Excute, fiqua mihi cæcis concreta medullis
Hæret adhuc labes, et noxia corda refinge.
Tum fceleris purum accipias, mittafque falutis
Æternum per iter, rectoque in tramite ducas.

POEMATA DRAMATICA.

שיר השירים

CANTICUM CANTICORUM.

PRÆLECTIO TRICESIMA:

CANTICUM SALOMONIS NON ESSE JUSTUM DRAMA.

VETERES, Platonem [1] fecuti, univerfam Poefin, pro diverfa enunciationis ratione et forma, dividebant in enarrativam, imitativam five dramaticam, et mixtam. Cujus diftributionis haud fane magna eft utilitas, cum neque diverfas poematum fpecies fecernit, neque alicujus poematis intimæ naturæ et conftitutioni explicandæ multum infervit. Siquidem omnes hæ formæ funt omnium poematum communes; nifi quod genus Epicum non fimplicem fed mixtam narrationem femper adhibeat, Scenicæ Poefeos natura formam imitativam neceffario poftulet. Et ut liberum eft cuivis alii poemati forma mixta uti, ita nihil prohibet quo minus, fi libeat, etiam dramaticam induat. Verum nefcio quomodo ufu jam receptum eft, ut hæc forma dramatica, quanquam multis communis, certum tamen Poematis genus conftituat, vel ei faltem nomen imponat. Itaque in hoc genere Dramatico quid habeat Hebræorum Poefis, mihi jam quærendum reftat: et ne nobis illudat nominis ambiguitas a recentioribus inducta, in ipfo limine præcavendum eft.

[1] Vid. PLAT. De Rep. Lib. III.

Dramaticæ

Dramaticæ quidem Poefeos appellationem, uti modo notavi, omnino ad fe traxiffe fibique vindicâffe videntur duæ præcipuæ fpecies cæteris exclufis; fere enim jam obtinuit, ut ea intelligamus Tragœdiam folummodo et Comœdiam. Id autem nomen multo latius patet: nihil
enim aliud fpectat, nifi externam enunciationis formam, et de omni
poemate rette ufurpatur in quo perfonæ loquentes inducuntur fine poetæ interlocutione; uti fit in bene multis Theocriti et Virgilii Bucolicis,
in nonnullis Horatii Sermonibus, unaque atque altera Ode. Quo itaque accuratius de hac re agamus, Poefin Dramaticam in duas fpecies
diftribuere libet; unam minorem, quæ per enunciationem imitativam,
five perfonis introductis, mores, affectus, actiones exprimit: alteram
majorem, quæ uti cætera omnia, ita infuper Fabulam aliquam continet,
five Rem geftam unam, integram, fatis amplæ magnitudinis, in qua
aliud ex alio fequitur, quæque per variam eventuum novorum feriem
ad exitum aliquem deducitur. Hæc fpecies in fe complectitur Comœdiam atque Tragœdiam; quæ uti a minoribus illis Carminibus Dramaticis Fabulæ potiffimum ratione diftinguuntur, ita ab Epico præcipue
diftant modo enunciandi.

In priore illa fpecie Dramatici Carminis apud Hebræos nonnulla extant exempla, et palam apparent; latent fortaffe alia, eaque plura quam
fufpicamur. Eft quidem crebra illa mutatio perfonarum apud Hebræos
Vates plerumque animi valde commoti, et ex vehementi affectu ab actionis defcriptione in ejufdem imitationem inconfulto tranfeuntis; fed
nonnunquam formam dramaticam indicat, eoque modo commodiffime
explicari poteft. Habet hanc formam Pfalmus Vicefimus quartus, continens, uti antea expofui, Arcæ tranflationem in montem Sionem, quæ
per totum fcenice quodammodo exhibetur, quanquam non nifi in poematis fine dialogifmus appareat. Et infignis ille locus Ifaiæ, ubi Mef-
fias Vindex cum Choro quodam loquens veluti in fcenam inducitur: ꜟ

מי זה בא מאדום

חמוץ בגדים מבצרה ׃

ꜟ I S A I. LXIII. I, ——— 6.

וה

זה הדור בלבושו

צעה ברב כחו :

אני מדבר בצדקה רב להושיע :

מדוע אדם ללבושך

ובגדיך כדרך בגת :

פורה דרכתי לבדי

ומעמים אין איש אתי :

ואדרכם באפי

וארמסם בחמתי :

ויז נצחם על בגדי

וכל· מלבשי אגאלתי :

כי יום נקם בלבי

ושנת גאולי באה :

ואביט ואין עזר

ואשתומם ואין סומך :

ותושע לי זרעי

וחמתי היא סמכתני :

ואבוס עמים באפי

ואשכרם בחמתי

ואוריד לארץ נצחם :

CHO.   "Quis iste qui venit ab Edomo?

     "Tinctis horrendum vestibus a Botsra?

     "Iste verendus amictu;

     "Grandi passu incedens pro maxima vi sua?

MES.   "Ego Justitiæ prædicator, potens salutis.

CHO.   "Quare rubet amictus tuus?

     "Et vestes tuæ ut calcantis in torculari?

MES.   "Torcular calcavi solus;

     "Et ex populis nemo vir erat mecum:

     "Et calcavi eos in ira mea;

     "Et protrivi eos in æstu meo:

     "Et respersa est cædes eorum in vestes meas,

     "Et omnem amictum meum fœdavi.

                      . "Nam

" Nam dies ultionis in corde meo eſt;

" Et annus quo meos redimam venit:

" Et circumſpexi, neque erat adjutor ;

" Et obſtupui, neque enim erat ſuſtentator:

" Tum mihi ſalutem præſtitit brachium meum,

" Et indignatio mea ipſa me ſuſtentavit.

" Et conculcavi populos in ira mea,

" Et in æſtu meo ebrios et attonitos reddidi,

" Et cædem eorum derivavi in terram.

Ex eodem item genere eſt Pſalmus centeſimus viceſimus primus; quem etiam, cum et brevis ſit nec inelegans, integrum apponam. Rex, ad bellum gerendum, ut videtur, egreſſurus, prius ad Arcam Dei in monte Sione conſtitutam accedit, et divinam opem, in qua ſe unice confidere profitetur, implorat:

אשא עיני אל ההרים

מאין יבוא עזרי :

עזרי מעם יהוה

עשה שמים וארץ :

אל יתן למוט רגלך

אל ינום שמרך :

הנה לא ינום ולא יישן

שמר ישראל :

יהוה שמרך

יהוה צלך על יד ימינך :

יומם השמש לא יככה

וירח בלילה :

יהוה ישמרך מכל רע

ישמר את נפשך :

יהוה ישמר צאתך ובואך

מעתה ועד עולם :

" Attollam oculos meos in montes,

" Unde venit auxilium meum.

" Auxilium meum eſt a Jehova,

" Qui fecit cœlos et terram.

Reſpondet

Refpondet illi e Tabernaculo Pontifex :

    " Non finet labi pedem tuum ;

    " Non dormitabit, qui Te cuftodit :

    " Ecce non dormitabit, neque fomno fuccumbet,

    " Qui cuftodit Ifraelem.

    " Jehova Te cuftodiet ;

    " Jehova Te obumbrabit ad dexteram.

    " Interdiu Sol non Te lædet,

    " Neque Luna per noctem.

    " Jehova Te cuftodiet ab omni malo ;

    " Cuftodiet etiam animam tuam.

    " Jehova cuftodiet exitum tuum et introitum,

    " Ex hoc tempore, et ufque in fæculum.

Atque hæc de minori illa fpecie Dramatici carminis, feu potius de forma Dramatica quæ cuivis fere Poemati pro libitu competit, dicta fufficiant. Altera illa, quæ continet in fe Actionem five Fabulam, quæque revera conftituit juftam eamque perfectiffimam Poematis fpeciem, diligentiorem difceptationem meretur.

Duo omnino extant apud Hebræos Poemata quæ hic in quæftionem venire poffunt, Canticum Salomonis, et Carmen Jobi; monumentorum omnium facrorum vel elegantia, vel fublimitate, vel etiam obfcuritate, maxime notabilia. Poft infinitos aliorum labores vix quicquam aliud in me fumam, quam ut inquiram paulo accuratius in utriufque Poematis naturam et formam, et quoufque ad jufti Dramatis fpeciem accedat; de cætero, ex doctorum potiffimum fententiis quæ mihi maxime probabiles videbuntur, breviter expofiturus, fi quæ neceffaria erunt vel ad hanc quæftionem expediendam, vel ad præcipuas Carminum venuftates illuftrandas.

Canticum Canticorum Salomonis, (ita infcriptum propter fummam excellentiam vel compofitionis vel argumenti) eft Epithalamium, five οαϱισυς Nuptialis ; vel, ut Hebræum potius titulum ei imponamus, שׁיר ידידות, 1 Carmen Amorum, fervidiffimos fimulque fuaviffimos

    1 Ita infcribitur PSALMUS XLV.

exprimens

exprimens affectus, amoris vim omnem ac dulcedinem spirans; ipsius
Salomonis sermo cum Sponsa sua, qui varie exhibentur, et soli, et inter se invicem loquentes.   Inducuntur etiam Puellæ, Sponsæ Comites,
quæ scenæ semper interesse videntur, et suas etiam in dialogo partes ge-
runt: fit item mentio Juvenum Sponsi Amicorum; [1] sunt autem mu-
tæ Personæ.   Hæc ex moribus Hebræorum, qui in nuptiis adhibere so-
lebant παρανυμφιας; quales numero triginta honoris causa Samsoni [2] in
festo nuptiali aderant: in Evangelio φιλοι τε νυμφιε, [3] et γοι τε νυμφω-
νος, [4] dicti; ex Hebræorum vocibus רעים, et בני חופה: [5] occurrunt
ibidem Virgines decem, Sponso obviam ituræ, nimirum בתולות רעות
הכלה. [6]   Quæ satis indicant sedem et quasi fundamentum hujusce Poematis positum esse in Hebræorum ritibus nuptialibus, eoque Connubii
quandam formam exprimi.   In hoc plerique omnes consentiunt Interpretes: de universa autem operis œconomia, de rerum ordine, de partium distributione, summa est dissensio.   Nihil aliud jam quærimus,
nisi an Fabulam contineat, sive Actionem aliquam imitetur: atque ex
omnibus Eruditorum opinionibus, quæ ad hanc rem faciunt, maxime
mihi probabilis videtur Viri Clarissimi, admirabili ingenio summaque
doctrina præditi, Jacobi Benigni Bossueti de hoc Poemate Sententia. [7]
Eam, quantum ad Carminis formam ac dispositionem pertinet, breviter Vobis exponam, Academici: an inde sequatur, haberi illud posse
pro justo Dramate, dehinc videbimus.

Constat, Nuptiale Convivium apud Hebræos per septem dies fuisse
celebratum, [8] ut omnia fere solennia per Hebdomadas: hinc quærendam
dam existimat Vir Doctissimus Poematis constitutionem, totumque in
totidem partes seu dies distribuendum.   Non temere diei noctisque re-

---

1 CANT. V. I. VIII. 13. vid. III. 7, ——— II.
2 JUD. XIV. II.
3 JOH. III. 29.
4 MATT. IX. 15.
5 LIGHTFOOT. in MATT. ibid.
6 PS. XLV. 15.
7 Vid. BOSSUET. Præf. et Comment. in CANT.
8 Vid. GEN. XXIX. 27. JUD. XIV. 12.

currentis

currentis vices paſſim memorantur: iis itaque utitur indiciis in vera partium diviſione indaganda. Peracto ex more nuptiali Epulo, Sponſa veſperi ad virum deducebatur: hinc ſumendum Nuptialis Hebdomadis initium; nam Hebræi in diebus numerandis a veſpera inchoabant. 1 Sponſus, qui Paſtor eſſe fingitur, ſummo mane ad conſueta ruſticanæ paſtoraliſque vitæ officia repetenda proficiſcitur: Sponſa mox evigilans, et abſentem requirens, prorumpit in voces pleniſſimas amoris et deſiderii, unde Poema exordium ſumit. Solennis eſſe videtur matutina Sponſi egreſſio; hinc illa proficiſcentis, et Sponſæ quieſcenti conſulentis, ſæpius repetita obteſtatio: 2

חשבעתי אתכם בנות ירושלם
בצבאות או באילות השדה
אם תעירו ואם תעוררו
את האהבה עד שתחפץ :

" Obteſtor Vos, Solymitides,
" Per capreolas, perque cervas agreſtes,
" Ne excitetis, neve expergefaciatis,
" Dilectiſſimam, donec ipſa velit.

Nec minus frequens illa Puellarum exclamatio: 3

מי זאת עלה מן המדבר :
מי זאת הנשקפה כמו שחר :

" Quænam eſt Illa, quæ aſcendit e deſerto!
" Quænam eſt Illa, quæ proſpectat, ut Aurora!

ita Sponſam e thalamo mane progredientem et primum apparentem admirari et ſalutare videntur. Hæ temporis matutini ſignificationes. Noctis interdum fit 4 mentio; interdum ex adjunctis 5 indicatur. Quas temporum notas ſi quis vere repertas recteque conſtitutas eſſe admittet, iiſque inſiſtet, is, credo, videbit totum opus ſatis commode diſtingui poſſe

1 Vide GEN. I. 5, &c.
2 Cap. II. 7. III. 5. VIII. 4.
3 Cap. III. 6. VIII. 5. VI. 10.
4 Cap. III. 1. v. 2.
5 Cap. II. 6. VIII. 3.

in

in portiones feptem, ¹ quarum unaquæque unius diei fpatium occupat.
Addit Auctor, videri fibi ultimo die defignari Sabbatum, ex eo quod
Sponfus non jam, ut alias, folus egreditur ad ruftici operis negotia, fed
una cum Sponfa ² e thalamo procedit in publicum. Hæc eft Viri Magni fententia; quam ita amplector non ut evidentem et certam, fed ut
conjecturam in re valde obfcura non omnino omni probabilitate deftitu-
tam; ita fequor, ut faculam, qua clariorem in tantis tenebris nec illu-
cere video, neque affulfuram fpero.

Favet hæc Sententia omnium maxime ei opinioni quæ Carmen hoc
in jufti Dramatis loco habet: ita enim effet Rei cujufdam geftæ imitatio
ac repræfentatio Scenica.   Quod fi, qui Dramatis appellationem ei tribuunt, ex paffim jam recepta vocis fignificatione loquuntur; ii fane id
volunt dicere, contineri hoc Poemate Fabulam, five Actionem unam,
integram, idoneæ magnitudinis, in qua aliud ex alio fequitur, quæque
per varios eventus ad exitum aliquem perducitur.   Verum Fefti Nuptialis folennitas in fe fpectata minime cenfenda eft iftiufmodi fuiffe. Rituum quidem atque inftitutorum, quæ apud Hebræos in nuptiis celebrandis locum habuerunt, non nifi valde imperfecta ad nos pervenit
cognitio; nihil autem occurrit ex quo fufpicari poffumus ea fuiffe ejufmodi, ut in fe fuaque natura aliquam eventuum varietatem includere,
aut veræ ac legitimæ rerum geftarum conftitutioni materiem præbere
poffent. Una erat lætitiæ feries, idem gaudii tenor. Poterat quidem ex-
terni aliquod cafu aliquando incidere, quo rerum in deterius vel contra
mutatio fieret, vel unde Fabulæ, fimplicis fortaffe fed veræ, argumentum oriretur: an hic ita fe res habeat, ex ipfo Poemate colligendum.

---

1 Hæc eft operis diftributio ex mente B O S S U E T I :

Dies Primus :	Cap. I.	———	II.	6.
Secundus :	Cap. II.	7, ———		17.
Tertius :	Cap. III.	———	v.	I.
Quartus :	Cap. v.	2, ———	vi.	9.
Quintus :	Cap. vi.	10, ———	vii.	II.
Sextus :	Cap. vii.	12, ———	viii.	3.
Septimus :	Cap. viii.	4, ———		14.

2 Cap. VIII. 5.

P p   Verum

Verum nihil ejufmodi ibi occurrit: a principio ufque ad finem idem effe videtur rerum ftatus, idem color; nifi quod amantium variantur affectus, eo præcipue quod nunc abfentes languent, nunc mutuo confor-
tio præfentes fruuntur. Sponfa [1] Sponfum abfentem defiderat, quærit,
invenit, amplectitur, domum deducit: iterum infequicur fugientem, fed
fruftra; mœret, languet, comitibus mandata dat ei perferenda, et fplendidam fufamque ejus formæ defcriptionem fubjicit. Nihil hic juftæ Actionis fimile, nec quod magis accedat ad naturam legitimæ Fabulæ,
quam quæ habet quodvis e Theocriti aut Virgilii Bucolicis Dramaticis,
quibus Paftores amores fuos, lufus, aut certamina exponunt; quæ nemo temere in eadem claffe cum Euripidis aut Terentii Fabulis colloca-
bit. Id itaque fatis tuto jam ftatuere licet, Canticum Salomonis ad minorem illam fpeciem Dramaticæ Poefeos pertinere, feu formam folummodo dramaticam habere; neutiquam jufti Dramatis titulo infigniri
poffe.

Verum fane ex alia parte hoc Poema cum Græcorum Dramate magnam habet affinitatem: nam Chorus ille Virginum cum Choro Tragico mirum in modum confentire videtur. Adfunt ad omnia vel confilii
vel folatii officia paratæ: cum Sponfis colloquuntur; percontantur, refpondent; omnibus fe immifcent, nec recedunt ufquam. Exiftimave-
runt Viri eruditi, Theocritum Poetam fuaviffimum, feptuaginta illis
Interpretibus æqualem, et in aula Ptolemæi Philadelphi una florentem,
aliqua ex hoc Carmine delibaffe, et pene ad verbum expreffa in fua
Idyllia tranftuliffe. [2] Non magis a fimilitudine veri abeffe videretur opinio, fi quis judicaret Græcos ufum Chori totamque ejus conftitutionem
ex hoc Salomonis Poemate didiciffe, et ad Tragœdiæ fuæ ornamentum
accommodaffe; fi non multo magis credibile effet hujufce Cantici noti-
tiam nimis fero ad eos perveniffe; planeque infuper conftaret, Græcorum Chorum aliam omnino habuiffe originem, neque Chorum Fabulæ,
fed Fabulam Chori fuiffe acceffionem.

1 Capp. III, et v.
2 Confer CANT. I. 9. VI. 10. cum THEOC. XVIII. 30, 26. CANT. IV. 11. cum
THEOC. XX. 26. CANT. VIII. 6, 7. cum THEOC. XXIII. 23, ——— 26.

PRÆLECTIO TRICESIMA PRIMA:

DE CANTICI SALOMONIS ARGUMENTO ET STYLO.

D E Cantici Salomonis œconomia et conſtitutione, quæ mihi in ſumma opinionum diverſitate maxime probabilia videbantur, breviter expoſui. De vero ejus Argumento non minus anceps et obſcura eſt quæſtio. Alii omnia ad proprium verborum ſenſum reſtringenda cenſent; alii in omnibus quærunt Allegoriam: nec inter eos qui Allegorice interpretantur, magis convenit; alii ſimplicem tantum Allegoriam admittunt, quidam etiam eam quam Myſticam voco, hiſtoricæ nimirum rei veritati ſuperſtructam. Quæ ſane omnia a meo inſtituto aliena exiſtimarem, et ut ſumma obſcuritate involuta libenter defugerem, niſi et ſingulatim de hujuſmodi Allegoriæ cum ſacra Poeſi conjunctione atque affinitate antea egiſſem, et perpetuo diligenter notâſſem uſum et conſuetudinem et analogiam Dictionis Parabolicæ; qua certæ Imagines, plurimum Naturales, certas alias notiones, quarum ſubtilior eſt ratio, lege quadam conſtanter ſervata, exprimunt: quam rem unam arbitror, ſi accurate inveſtigetur, ad intelligendos Vates Hebræos ſemper maximo adjumento fore; in ea certe hujuſce quæſtionis cardo præcipue vertitur.

Itaque ut ad rem illico veniam, et in quæſtione valde obſcura quæ mihi maxime probabilia videntur exponam, plane profiteor me in eam partem propendere, ut exiſtimem Carmen hoc eſſe omnino Allegoricum: primo Judaicæ veteris et Chriſtianæ Eccleſiæ conſenſu et auctoritate motus; deinde, idque maxime, Dictionis Parabolicæ Analogia inductus. Eam profecto ii parum videntur expendiſſe, qui huic opinioni præcipue adverſantur, quique neſcio quam Imaginum incongruitatem et indignitatem objiciunt: cujus offendiculi amovendi cauſa, quod multis impedimento eſſe video, hujuſce Allegoriæ rationem et legem,

et

et facrorum Vatum in eadem adhibenda prope omnium confenfum, paulo fufius explicabo.

Cum eæ fint humanæ mentis anguftiæ, ea imbecillitas, ut vix ullam Divinæ Naturæ partem cogitando complecti vel inveftigando attingere poffit, dignatus eft Deus immenfam fuam majeftatem veluti contrahe_re, et craffis imaginibus adumbratam exhibere, quo fe intra limites nof_tri conceptus fifteret, fuamque naturam hebeti humani intellectus aciei expofitam planeque confpiciendam præberet. In facris itaque Scripturis defcendit quodammodo in terram Deus, humano corpore, membris, fenfibus, affectibus indutus; omnia mortali fimilis, --- ημεν δεμας, ηδε και αυδλω. Hanc Allegoriam ανθρωποπαθειαν appellant; quæ valde late patet, et Theologiæ proprie dictæ, uti in monumentis facris traditur, magnam partem occupat. In primis hic locum habent Affectus: neque fane eft ulla mentis humanæ commotio ac perturbatio, quæ non cum omnibus fuis adjunctis plane ac fine omni remedio ac lenimento Deo tribuatur; nec minimum eæ, quæ multum terrenæ fæcis fecum admiftum habere videntur, Iracundia, Dolor, Odium, Ultio. Fieri non potuit, quin fuas etiam in hac veluti fabula partes ageret Amor, ifque ardentiffimus vehementiffimufque qui in hominis naturam cadit. Itaque non Affectus folum paterni pietas lenitafque Deo tribuitur, fed et Conjugalis Amoris vis, ardor, follicitudo, et ejufdem etiam læfi violentia; cumque eo conjunctæ perturbationes, Defiderium, Ægritudo, Zelotypia.

Hujus autem tranflationis ratio minime omnium eft obfcura: fundamento nititur valde aperto, et quanquam in varias partes et minutiora adjuncta fæpe deducatur, fua tamen ei femper conftat perfpicuitas. Ex omnibus populis elegit fibi Deus in gentem peculiarem Abrahami pofteros, eamque nationem folenni fœdere fibi propriam dicavit. Hujus fœderis quædam erant utrinque præftandæ conditiones, ex altera parte amor, defenfio, confervatio; ex altera fides, obedientia, purufque cultus. Hoc eft illud Conjugium a Deo cum Ecclefia fua initum; facrofancta pactio fub ea imagine a facris Vatibus fere omnibus toties celebrata: infigni exemplo ejus Metaphoræ, quam Ariftoteles 1 Analogicam

---

1 POET. Cap. XXII. et RHET. III. 3.

vocat;

vocat; cum propofitis quatuor notionibus, prima ad fecundam eandem habet rationem quám tertia ad quartam; et voces homologæ inter fe invicem commutari poffunt.   Ita Deus ad Ecclefiam eandem habet rationem quam Maritus ad Uxorem; et Deus eft Maritus Ecclefiæ, Ecclefia Uxor Dei: fic etiam in cæteris, cum in plura adjuncta particulatim deducitur; quomodo enim fe habet ad Divinum illud Fœdus populi Pietas, Impietas, Ídololatria, Rejectio; fic ad Pactum Conjugale fe habet uxoris Caftimonia, Impudicitia, Adulterium, Repudium.   Quæ notio facris Scriptoribus ita eft familiaris, ut pro Idolorum cultu paffim ufu receptùm fit Scortandi vocabulum, nec alienum locum ibi occupâffe, fed pene fuum ac proprium obtinuiffe videatur.

Videamus autem paulum quomodo in hac Imagine verfentur Sacri Vates, quam libenter ei inhæreant, quam non reformident eam in omnes partes educere, et per fingula adjuncta perfequi.   De Ecclefia in Dei gratiam reconciliata, inter alia complura ejufdem generis, elegantiffimus Ifaias: 1

כי בעליך עשיך
יהוה צבאות שמו
וגאלך קדוש ישראל
אלהי כל הארץ יקרא׃

" Nam Maritus tibi erit Creator tuus;
" Nomen ei Jehova Exercituum:
" Et Redemptor tuus Sanctus Ifraelis;
" Deus univerfæ terræ vocabitur.

Et alibi per Comparationem: 2

כי יבעל בחור בתולה
יבעלוך בניך 3

---

1 I S A I. LIV. 5.

2 I S A I. LXII. 5.

3 בניך. Interpretes omnes, cum veteres tum recentiores, in anguftias inextricabiles induxit hujus voculæ ambiguitas; quam cum male acceperunt LXX, male item punctaverunt Maforetæ, illorum auctoritate confecratus error late manavit, et penitus jam inolevit.   Nihil tamen planius, nihil magis obvium et expofitum: non eft enim Plurale Nominis Subftantivi בן, fed Participii Benoni Verbi בנה, hoc modo fecundum leges Maforeticas efferendum, בֹנָיִך; eftque parallelum ac fynónymum אלהיך in membro alterno.   Confer locum I S A I Æ modo citatum; ubi etiam

nota,

וּמְשׂוֹשׂ חָתָן עַל כַּלָּה
יָשִׂישׂ עָלַיִךְ אֱלֹהָיִךְ :

" Nam ut Juvenis Uxorem ducit Virginem,

" Ita Te Uxorem ducet Conditor tuus:

" Et ut Sponfus in Sponfa gaudet,

" Ita in Te gaudebit Deus tuus.

Eandem Imaginem varie et paulo liberius, utpote cum aliqua indignatione, profequitur Jeremias, [1] Judæis defectionem a Dei cultu exprobrans. Ab eadem tota pendet pars prior Vaticiniorum Hofeæ; quam five ex Hiftorica veritate interpreteris, five ad Allegoriam omnino detorqueas, perinde hujus tranflationis, in hoc argumento quodammodo confecratæ, lex et ratio elucebit. Verum nemo eft qui in hac materia pari cum audacia verfatus eft, aut æque licenter fe effudit, atque Ezekiel; Vates præfervidi ingenii, parum curiofus elegantiarum, fecurus offenfionis: ut admodum verear, ne in graves reprehenfiones incurrat hominum delicatorum, qui e Gallorum fcholis Critici evaferunt: ita omnes locos qui huic rei adjacent libere aperteque tractavit, binis Parabolis [2] bene longis, quibus Judæorum atque Ifraelitarum ingratum erga Deum animum, turpemque a vero ejus cultu defectionem, ductis

nota, בְּעָלַיִךְ, עֹשַׂיִךְ, *Mariti, Creatores,* pluraliter dici cum eadem relatione ad eandem vocem. Hoc modo facillime tollitur illa Imaginis inceftæ indignitas, quæ merito omnibus Interpretibus impedimento fuit. Ecce autem alium Ifaiæ locum, in quo item male accepta eft a Maforetis eadem ipfa vox :

מִהֲרוּ בָּנָיִךְ מְהָרְסַיִךְ
וּמַחֲרִיבַיִךְ מִמֵּךְ יֵצֵאוּ :

" Cito fient Conditores tui, qui te everterant;

" Quique te deftruxerant, ex te prodibunt.

ISAI. XLIX. 17.

Ita enim invitis Maforetis diftribuenda eft fententia; ita explicanda cum LXX, qui non modo vocem ambiguam hic recte reddiderunt, (uti etiam fecerunt CHALD. et VULG.) fed totam etiam periodum docte, accurate, eleganter, ut nihil poffit fupra:

Ταχυ οικοδομηθηση υφ' ων καθηρεθης,

Και οι ερημωσαντες σε εξελευσονται εκ σου.

Eos, ut folet, fequitur ARABS. Simile Idioma verbi מִהֵר, vide in PS. CVI. 13. EXOD. II. 18. eundem fenfum verbi יָצָא, JER. XXX. 21. NAHUM. I. II.

1 JER. III. I, &c.

2 EZEK. XVI. et XXIII.

imaginibus

imaginibus ab Uxore adultera, et Mulierum duarum amoribus mere-
triciis, fufe exequitur.   Has Parabolas, ex ipfius Dei perfona prolatas,
cum clara et aperta Allegoriæ explicatione, in materia lubrica non fane nimium caute timideque incedentes, fed multa exponentes liberius;
has, inquam, qui femel attente perpenderit, is opinor iis, qui Canticum Salomonis, in omnibus fumme elegans et verecundum, in diviniorem fenfum interpretantur, nunquam pofthac objiciet colores vel
tam fancto argumento indignos, vel a facrorum monumentorum ufu,
gravitate, ac puritate ullo modo alienos.   His accedat Pfalmus Quadra-
gefimus quintus; fanctiffimum Epithalamium, de cujus argumento
quantum video nulla eft apud fanos interpretes dubitatio, Dei cum Ecclefia fua conjunctionem fub eadem figura exprimens: quod etiam
multi non temere judicarunt eadem occafione compofitum fuiffe, eo-
demque veritatis fundamento conftructum, quo hoc ipfum Salomonis
Canticum. Non eft denique prætereundum, Novi etiam Fœderis Scriptores 1 eandem Allegoriam ab anteceforibus fuis receptam libenter ad-
mififfe, fuaque auctoritate denuo confecraviffe.

Abunde hæc fufficiunt, ut mihi quidem videtur, ad amovendas omnes offenfiones ex parte rei ipfius et ex imaginis indignitate exortas,
quæ plurimos Allegoricæ hujus Poematis interpretationi averfos et ini-
quos habuerunt.   Eam fententiam ulterius confirmare, et argumentis
ex ipfo Poemate ductis munire, fuperfedeo; reformidans, ut verum fa-
tear, rei difficultatem: nam quanquam ita rem habere prorfus exiftimem, opinione ductus, et auctoritate vetuftatis, et præcipue uti dixi
Tranflationis Analogia; vereor tamen, ut id rationibus directis et ex interna operis ftructura petitis fatis clare evinci poffit.

Quod fi vero concedatur, Allegoricum effe hoc Poema, alia jam exfurgit quæftio, quamnam ad fpeciem Allegoriæ, ex tribus iftis quas antea conftituimus, referendum fit.   Earum prima erat Metaphora continuata; altera Parabola proprie dicta; tertia erat, quam Myfticam Allegoriam appellavi, quæ Hiftoricæ veritati fenfum fublimiorem fuperin-

---

1 Vide M A T T. IX. 15. J O H. III. 29. 2. C O R. XI. 3. E P H. V. 23, &c. A P O C.
XIX. 7. XXI. 2. XXII. 17.

ducit.

ducit. Iis plane accedo, qui in ultima illa Allegoriarum classe Carmen hoc includunt: quam caufam fane facile obtinere poffumus, fi modo ullus hic detur Allegoriæ locus; nam quin de ipfo Salomone hic aga_ tur, deque veris ejus nuptiis, vix eft ut dubitari poffit. Norunt etiam qui in Vatum Hebræorum fcriptis paulo diligentius verfati funt, quam fit ea ratio Poefeos facræ confuetudini et naturæ confentanea; quæ in vero argumento tractando ultra proximam materiem profpicere amat, et rerum humanarum defcriptionibus divinarum adumbrationem quan- dam fubfternere. Argumentum autem huic Cantico præbent Nuptiæ Salomonis, Regis illius Ifraelitarum, et nomine et re, Pacifici: Sponfa ejus vocatur Salomitis, eodem nomine ad fœmininam pofitionem con- verfo, quanquam id Judæi perverfa pronuntiatione obfcuraverunt: fo- nat enim Salomo et Salomitis, plane ut apud Romanos Caius et Caia. Non erat prætereunda hujus appellationis animadverfio; habere enim videtur aliquid momenti, nec obfcuram continere occulti fenfus fignifi- cationem: quorfum enim Conjugi Salomonis, præter confuetudinem Hebræorum, imponeretur ipfius nomen, nifi ex vi ac notione vocabuli? unde intelligitur, eandem nominis vim in ipfo Salomone non effe negli- gendam, nec in ejus perfona unice hærendum. Quænam autem fuerit ea Salomonis Sponfa, non certo quidem conftat: verum non abfurde conjecerunt Viri eruditi, fuiffe eam Pharaonis Filiam, quam præcipue amavit Salomo. Quidni autem Salomo Ægyptiam uxorem ducens ex hac etiam parte apte adumbraret alterum Illum Pacificum, qui Eccle- fiam ex gentibus et alienigenis delectam fibi effet defponfaturus?

Porro de hac Allegoria id folum addam; ejus explicationem aggre- dienti duo imprimis effe cavenda: primo, ne in omnibus eam nimium urgendo, et minutiffima quæque in partes pertrahendo, hominibus cor- datis, doctis perinde atque indoctis, ludibrium debeat: tum ut conftan- ter teneat hujus Allegoriæ confuetudinem ac legem in facris monumen- tis plene explicateque traditam, permittatque ut qui ejus auctor fuit, idem fit folus interpres. Hac in parte multum, ut mihi quidem vide- tur, erraverunt eruditi quidam Viri, [1] qui quæ de Sponfa dicta funt,

1 BERNARDUS, DURHAMUS, SANCTIUS, BOSSUETUS, &c.

non

non folum. de univerfa Ecclefia, fed de piis etiam Animabus privatim interpretantur; (ut alia mittam longe abfurdiora) quod quo nitatur fundamento, aut quomodo cum hujus Allegoriæ analogia a facris Vatibus perpetuo fervata conftare poffit, non video.

Supereft ut de hujus Poëmatis ftylo pauca dicenda fint. Paftorale effe hoc Carmen antea indicavi; fiquidem duæ Perfonæ principes 1 Paftores effe finguntur. Id non abhorrebat ab Hebræorum moribus, qui in curando pecore 2 multum erant occupati, neque alienum ducebant a principum virorum dignitate ejufmodi negotiis vacare. Salomonem certe minime dedecebat Paftoris munus, cujus Patrem Deus a gregibus ovium ad regnum Ifraeliticum evexiffet. Cum autem omnis agreftis et paftoralis vitæ fpecies in fe fuaque natura fit jucunda, tum Hebræos ex ufu et confuetudine, adjuncta etiam dignitatis opinione, præcipue delectabat. Hic vero coloribus ad omnem elegantiam compofitis depingitur, fummaque lectiffimarum imaginum varietate commendatur. Etenim 3 " hæc Cantio tota fcatet deliciis : ubique flores, fructus, pul-
" cherrimarumque plantarum copia, veris amœnitas, agrorum ubertas,
" horti vernantes, irrigui; aquæ, putei, fontes : odoramenta, five arte
" confecta, five quæ fponte fua humus parturit : adhæc columbæ, tur-
" turum voces, mella, lac, vina liquentia : poftremo in utroque fexu
" formæ honeftas ac venuftas, cafta ofcula, amplexus, amores tam pu-
" dici quam blandi : fi quid horrefcit, ut rupes, ferique montes, ac leo-
" num cubilia, totum ad voluptatem, ac velut pulcherrimæ tabulæ or-
" natum varietatemque, compofitum." Quam pulchræ funt defcriptiones cum fuaviffimo affectu conjunctæ ! 4

קוּמִי לָךְ רַעְיָתִי
יָפָתִי וּלְכִי לָךְ:
כִּי הִנֵּה הַסְּתָו עָבָר
הַגֶּשֶׁם חָלַף הָלַךְ לוֹ:

---

1 Vid. Cap. 1. 7, 8.
2 Vid. GEN. XLVI. 32, —— 34.
3 BOSSUET. Præf. in CANT.
4 Cap. II. 10, —— 13.

הַנִּצָּנִים

הנצנים נראו בארץ

עת הזמיר הגיע

וקול התור נשמע בארצנו :

התאנה חנטה פגיה

והגפנים סמדר נתנו ריח :

קומי לך רעיתי

יפתי ולכי לך :

" Surge age, Deliciæ meæ!

" Formofa mea, et veni!

" Ecce enim Hyems præteriit;

" Pluvia tempeftas tranfiit, abüt:

" Apparent humi flofculi;

" Tempus adeft cantus avium;

" Et vox Turturis in terra noftra auditur.

" Ficus dulci fucco condivit fructus fuos,

" Et vineæ florefcentes odorem diffundunt.

" Surge age, Deliciæ meæ!

" Formofa mea, et veni!

Quanta fuavitate conditæ comparationes! 1

מה יפו דדיך אחתי כלה

מה טבו דדיך מיין

וריח שמניך מכל בשמים :

נפת תטפנה שפתותיך כלה

דבש וחלב תחת לשונך

וריח שלמתיך כריח לבנון :

" Quam jucundi funt amores tui, O foror mea, O fponfa!

" Quanto dulciores amores tui vino,

" Et odor unguentorum tuorum omnibus aromatis!

" Labia tua, O fponfa, funt favi ftillantes;

" Mel et lac fub lingua tua;

" Et odor veftium tuarum ficut odor Libani.

1 Cap. IV. 10, 11.

Sunt

Sunt aliæ nonnullæ, quas operæ pretium erit paulo diligentius exponere. 1

שערך כעדר העזים

שגלשו מהר גלעד :

" Capilli tui ficut grex caprarum,

" E monte Galaado emicantium.

Caprarum pili erant molles, nitidi, fulvi, Sponfæ capillis concolores: 2
comparantur pulcherrimi capitis cincinni cum denfis caprarum gregibus
montem florentiffimum ab imo ad fummum ufque verticem operien-
tibus.

שניך כעדר הקצובות

שעלו מן הרחצה

שכלם מתאימות

ושכלה אין בהם :

" Dentes tui ficut grex ovium præcife æqualium,

" Quæ e lavacro afcendunt;

" Omnes inter fe gemellæ,

" Neque eft ulla pari fuo orba.

Mirifice exprimitur dentium æqualitas, candor, perfecta compofitio, et
illæfa feries.

כחוט השני שפתותיך

ומדברך נאוה :

" Labella tua ficut filum coccineum;

" Et decorus fermo tuus:

tenuia nimirum et mire rubicunda, commendantia vocis et locutionis
dulcedinem et gratiam.

כפלח הרמון רקתך

מבעד לצמתך :

" Genæ tuæ, ficut fectio mali punici,

" Cincinnis tuis intermicantes:

---

1 Cap. iv. 1, ——— 5.

2 Vide Cap. vii. 5 et confer i. sam. xix. 13, 16. cum xvi. 12. et confule bochart,
Hieroz. Part. 1. Lib. ii. 51.

paulum fcilicet capillis velatæ, et fub illa umbra dulcius erubefcentes;
ut grana mali punici (quorum color eft candor rubore fuffufus) intra
refectum corticem.

כְּמִגְדַּל דָּוִיד צַוָּארֵךְ
בָּנוּי לְתַלְפִּיּוֹת
אֶלֶף הַמָּגֵן תָּלוּי עָלָיו
כֹּל שִׁלְטֵי הַגִּבּוֹרִים :

" Collum tuum, ficut turris Davidis,

" In pinnas extructa;

" In qua pendent mille clypei,

" Arma virorum fortium.

Cervix procera, erecta, excelfa, ad elegantiffimas fymmetriæ leges ex-
acta; auro, gemmis, unionibus ornata; pulcherrime confertur cum
Turre aliqua in arce Sionis, editiore, notæque elegantiæ, nec ftructura
minus quam fupellectile decora; ubi varii generis arma ordinate tholis
affixa erant.

שְׁנֵי שָׁדַיִךְ כִּשְׁנֵי עֳפָרִים
תְּאוֹמֵי צְבִיָּה
הָרֹעִים בַּשּׁוֹשַׁנִּים :

" Duæ mamillæ tuæ, ficut duo hinnulei,

" Gemelli capreolæ,

" Pafcentes inter lilia :

venuftæ, tenellæ, fororiantes, extantefque in pectore candidiffimo. Eft
צְבִי animal eximiæ pulchritudinis, ex ea ipfa nomen habens. Quibus
omnibus quid delicatius, quid exquifitius, quid etiam aptius et expreffius, cogitari poteft? Quantum perdidimus in aliis bene multis hujus
Poematis locis, quorum claritati atque elegantiæ inextricabiles tenebras
offudit vetuftas?

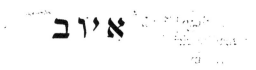

POEMA JOBI.

PRÆLECTIO TRICESIMA SECUNDA:

DE POEMATIS JOBI ARGUMENTO ET FINE.

C U M de Jobi Poemate ejufque natura et conftitutione jam a-
gendum fit, video mihi eam quæftionem propofitam, in qua
fumma eft opinionum diverfitas, prope fola inter eruditos de
maxima ejus obfcuritate confenfio: ut argumentum vel tam
difficile, vel toties tractatum, ingredienti quærenda fit excufatio temeri-
tatis. Quanquam autem vel doctiffimorum virorum de rebus valde dubiis inter ipfos diffentientium aliquanto levior videri poffit auctoritas,
eoque minorem invidiam veniamque paratiorem fint habituræ forfan a-
liorum, quæcunque fint, fententiæ; ea tamen defenfione non utar, cum
id modo in me recipiam, quod mihi neceffario imponit inftituti mei
ratio; non nova quæram, non eruditorum lites dijudicare aufim, obfcura vix fperem illuftrare; tantummodo ex locis clarioribus probabilia colligere, eaque quæ mihi videntur aliquo rationis fundamento niti,
non quafi comperta ac plane percepta, fed in opinione pofita, proponere: cum de Poematis conftitutione et partibus fatis clare difputari
non poffe arbitror, nifi quis in tanta opinionum varietate, quæ fit fua
potiffimum de univerfo opere fententia, prius explicet.

Inter omnia Sacri Codicis monumenta exftare quodammodo mihi videtur Liber Jobi, quafi fingulare quoddam atque unicum; utpote minimam omnium cum cæteris habens cognationem, nullam cum Ifraelita-

rum

rum rebus neceſſitudinem. . Ponitur ¹ in Idumæa ſcena Hiſtoriæ ; hominis Idumæi caſus narrantur ; qui loquentes inducuntur ſunt .omnes
Idumæi, vel finitimi Arabes, ex Abrahami quidem familia plerique o-
riundi : ſermo eſt pure Hebræus, quanquam auctore, ut videtur, Idumæo ; nam omnes Abrahami poſteros Iſraelitas, Idumæos, Arabas tum

I. Cum valde incerta ſunt ea omnia, quæ ex Græcorum monumentis et Geographiæ longe re-
centioris ſcriptoribus Eruditi congeſſerunt, ad indicandam Jobi cæterorumque, qui hic memorantur, patriam et ſedes ; aliam prorſus rationem ineundam cenſeo, et ex Sacris Literis unice
petendam hujuſce quæſtionis ſolutionem : quæ itaque mihi videntur ad hanc rem illuſtrandam aliquo modo pertinere, exinde deprompta breviter exponam.

ארץ עוץ, Terra Utzi, eſt Idumæa, ut plane conſtat ex THREN. IV. 21. Erat Utz Seiri
Choræi Nepos : GEN. XXXVI. 20, 28. I. PAR. I. 38, 42. Seirus tractum montanum cogno-
minem ante Abrahami tempora infederat, ſed ejus poſteris ejectis regionem occupaverunt Idumæi : GEN. XIV. 6. DEUT. II. 12. Duo alii viri memorantur eodem nomine עוץ appellati ;
alter Shemo oriundus, alter Filius Nachoris fratris Abrahami ; ſed an regio aliqua ex horum al-
terutro nomen duxerit omnino non liquet. Eſt autem Idumæa pars Arabiæ Petrææ, Tribui Judæ contermina ad meridiem : NUM. XXXIV. 3. JOSH. XV. I, 21. adeoque Terra Utzi recte
locatur inter Ægyptum et Philiſtæos, JER. XXV. 20. ubi ordo locorum in populis recenſendis
ab Ægypto uſque ad Babylonem ſatis accurate ſervari videtur ; atque iidem populi eodem ſere
ordine iterum collocantur, JER. XLVI, ―― L.

בני קדם, Orientales : ita appellantur omnes illæ gentes diverſæ, populique miſcellanei, (uti
vocantur JER. XXV. 20.) qui inter Ægyptum et Euphratem habitant, Judææ circumvicini ad
meridiem et orientem ; ſpeciatim Idumæi, Amalekitæ, Midianitæ, Moabitæ, Ammonitæ ; vid.
JUD. VI. 3. et ISAI. XI. 14. Ex iis certe Idumæi et Amalekitæ ſiti erant ad meridiem Judææ ; vid. NUM. XXXIV. 3. XIII. 29. I. SAM. XXVII. 8, 10. Hoc plane modo ſe res habere videtur : omnis ea regio inter Ægyptum et Euphratem vocabatur Oriens, primum reſpectu
Ægypti, (ubi Iſraelitas ſic loqui didiciſſe cenſet JOS. MEDUS Oper. pag. 580.) poſtea abſolu-
te, et ſine ulla relatione ad ſitum loquentis, aut ad rem de qua agitur. Abrahamus dicitur a-
mandâſſe concubinarum ſuarum, hoc eſt, Keturæ et Hagaræ, filios, קדמה אל ארץ קדם,
"orientem verſus, in eam regionem quæ Oriens vulgo dicitur :" GEN. XXV. 6. ubi nomen regionis ab ejuſdem ſitu diſtingui videtur. Salomo perhibetur "ſapientia antecelluiſſe omnes O-
"rientales et omnem Ægyptum :" I. REG. IV. 30. hoc eſt, omnes populos vicinos ex ea parte
ſimul ſumptos : erant enim qui ſapientiæ fama non minimum claruerunt, extra Ægyptum ſiti,
et Judææ vicini ad meridiem, nimirum Idumæi, (vid. JER. XLIX. 7. ABD. 8.) quorum hic
habenda erat ratio. Ita Babyloniis edicit Jehova ; " Surgite, aſcendite in Kedarenos, et vaſtate
"filios Orientis :" JER. XLIX. 28. veruntamen ii ſiti erant Babyloniis ad Occidentem. Jobus
igitur etſi numeretur inter Orientales, non eſt tamen propterea neceſſario locandus in Arabia
Deſerta.

אליפז התימני, Eliphazus Themanites : erat Eliphazus Eſavi filius, et Theman Eliphazi :
GEN. XXXVI. 10, 11. ex hac gente proculdubio erat hic Eliphazus. Theman certe eſt urbs
Idumæorum : JER. XLIX. 7, 20. EZEK. XXV. 13. AMOS. I. 11, 12. ABD. 8, 9.

בלדד;

Keturæos, tum Iſhmaelitas, communi lingua diu uſos fuiſſe veri eſt ſi-
millimum.   Idumæos autem, ac ſpeciatim Themanitas, ſapientiæ ſama
claruiſſe, Jeremiæ atque Abdiæ Prophetarum 1 teſtimonio conſtat : Ba-
ruchus 2 etiam hos vel præcipue τοις μυθολογοις και τοις εκζητηταις της συν-
εσεως adnumerat.   De Auctore quidem varie opinati ſunt Viri eruditi :

בלדד השוחי, Bildadus Suchites : erat Shuachus Abrahami ex Ketura filius, cujus poſteri inter Orientales numerandi ; cum fratre Midiane, et fratris filiis Sheba et Dedane fortaſſe collo-
candus : vid. GEN. XXV. 2, 3.   Dedan eſt urbs Idumææ : JER. XLIX. 8. et in ejus limite
orientali ſita videtur, ut Theman in occidentali ; EZEK. XXV. 13. Ex Sheba oriundi Sabæi,
in aditu Arabiæ Felicis ad Mare Rubrum : Sheba cum Midiane conjungitur, ISAI. LX. 6. Mi-
dianitis autem in eadem eſt regione non longe a monte Horebo, EXOD. II. 15. III. 1.

צופר הנעמתי, Zopharus Naamathites : inter urbes, quæ Tribui Judæ forte obvenerunt Idu-
mæis conterminæ ad meridiem, numeratur Naama, JOSH. XV. 21, 41. neque alia occurrit hoc
nomine : hinc forſan oriundus Zopharus.

אליהוא הבוזי, Elihuus Buzites : ſemel tantum occurrit Buz ut nomen loci vel regionis, JER.
XXV. 23. ubi cum Dedane et Thema jungitur : Dedan, uti jam vidimus, eſt urbs Idumææ ;
Thema erat ex filiis Iſhmaelis, qui habitâſſe dicuntur " a Chavila uſque ad Shur, quod eſt e re-
" gione Ægypti ;" GEN. XXV. 15, 18.   Saulus autem dicitur percuſſiſſe Amalekitas " a Chavi-
" la uſque ad Shur, quod eſt e regione Ægypti ;" ISAM. XV. 7.   Chavila igitur iſthæc non
longe eſt a finibus Amalekitarum ; Amalekitæ autem nunquam ſeſe extenderunt ultra fines Arabiæ Petrææ ; adeoque Thema urbs, quæ inter Chavilam et deſertum Shur, eſt alicubi ad meridiem vel ortum hibernum Judææ.   Thema item Shebæ jungitur, JOB. VI. 19.

His probe perpenſis, clare, quantum in hujuſmodi quæſtione ſperare fas eſt, conſtare arbitror,
Jobum in Idumæa habitâſſe, omneſque ejus Amicos in Arabia item Petræa, vel in regionibus
proxime vicinis ſedes habuiſſe.   Unum hic objicitur : quæritur, quomodo Chaldæi ad Euphratem ſiti in camelos Jobi habitantis in Idumæa tam longe diſſita impetum facere potuerunt ? quod
ſatis eſſe cauſæ multis habetur, cur Jobi patriam in Arabia Deſerta non longe ab Euphrate col-
locent.   Quid vero prohibet, quo minus Chaldæi juxta atque Sabæi, populi rapinis dediti, et
prædæ cauſa turmatim longe lateque graſſantes, per omnes has regiones, in ſingulas gentes ac
familias potius quam in nationes et regna diviſas, adeoque latrociniis ſemper infeſtas, impune
vagari potuerint, et ab Euphrate etiam uſque Ægyptum excurrere ?   Porro autem ex altera parte quæro, an æque credibile ſit, Amicos omnes Jobi, in Idumæa ejuſque vicinia degentes, ſtatim inaudire potuiſſe ea omnia quæ Jobo in Arabia Deſerta prope Chaldæam acciderant, eique
protinus accurrere ? aut, ſi eorum aliquos Arabiæ Deſertæ incolas fuiſſe quiſquam contenderit,
inter ſe conſtituere, ut Jobum una viſerent, cum certo conſtet Eliphazum Themane in extrema
Idumæa habitâſſe ?   Quod attinet ad Ptolemæi Αισιτης, (ſic enim habent exemplaria, non Αυσι-
τας) non conſtat id nomen cum Hebræa voce עוץ vel una litera congruere.   LXX. INTT. regionem quidem Αυσιτιδα appellant, ſed in finibus Idumææ locant ; et Jobum ipſum pro Idumæo,
Eſavi Pronepote, habent.   Vide Additamentum LXX. INTT. ad finem JOBI.

1 JER. XLIX. 7. ABD. 8.
2 BARUCH. III. 22, 23.

Elihuum

Elihuum fuisse, Lightfooti nostri conjectura est; quæ primo quidem
aspectu sese aliquantum commendat: videtur enim Elihuus in exordio [1] sui sermonis aliqua ex Auctoris persona efferre. Verum ea Apos-
trophe melius intelligitur ad auditorum cœtum facta: ad hoc, duobus
Distichis manifesto constat, cum cætera omnia ex Auctoris persona so-
luto sermone efferantur.   Altera, quæ plurimum etiam obtinuit, sententia Mosem fuisse Scriptorem statuit: quæ alii opinioni solummodo
consequens esse videtur; nimirum Carmen hoc in Israelitarum solatium
compositum fuisse, eorumque res aliquo modo adumbrare; quam ipsam esse vanissimam arbitror: cum morum, rituum, rerum Israeliticar-
rum nulla vestigia, nullam speciem aut umbram reperio.   Addo etiam
videri mihi stylum Poematis a poetico Mosis charactere haud paulum
discrepare; pressiorem enim esse, adstrictiorem, breviorem, in poetica
sententiarum constructione accuratiorem: quod idem animadverti potest in Balaami Aramæi Vaticinationibus, hominis item exteri, sed Prophetæ, nec a lingua Hebræa, nec a vero Deo, alieni.   Probabiliorem
itaque existimo eorum sententiam, qui vel Jobum ipsum, vel aliquem
potius ei ætate supparem, Carminis Auctorem statuunt: nam antiquissi-
mum esse omnium monumentorum sacrorum, res, sermo, universus
character, ipsa denique obscuritas, arguit.   De ætate Jobi ipsius, quanquam accurate definiri non potest, non tamen video cur multum dubi-
temus.   Mose antiquiorem fuisse, ac æqualem etiam Patriarchis, ipsius
longa ætas indicat.   Ut cætera taceam huc pertinentia, quæ Viri eruditi animadverterunt, ante Legem latam eum vixisse probabiliter inferri
potest ex eo Sacrificii genere, quod Deo jubente offert; septem nimirum juvencos et septem arietes: [2] quod in iis regionibus, ea ætate, nondum deleta inter gentes Creationis intra septem dies memoria, obtinuis-
se, Balaami Aramæi exemplo constat.   Nunquam in dubium vocata
fuisset Historiæ veritas, nisi Allegoriarum conquisitoribus tantum pla-
cuissent suæ fictiones, ut nihil amplecti vellent quod non umbratile esset et commentitium.   Veritatem dico quoad rerum summam: nam ser-

---

1 JOB. XXXII. 15, 16.
2 JOB. XLII. 8. Confer NUM. XXIII. 1, &c.

mones

mones omnes, atque alia aliqua fortaſſe adjuncta poetice exornata eſſe arbitror, ſed nequaquam conficta aut detorta ad extruendam Allegoriam.   In ipſo Poemate ne minima quidem Allegoriæ indicia comperio : in Prologo ¹ ſi quæ ejuſmodi occurrunt, ſimilia ac paria habent etiam Libri Hiſtorici.   Eſſe autem Prologum et Epilogum quodammodo extra ipſum opus, et Argumentum Poematis explicare, manifeſtum eſt ; an ejuſdem cum Poemate et ætatis et auctoris, incertum : ſunt quidem in Prologo nonnulla, unde multi certo ſibi collegiſſe videntur, ſcriptorem Judæum fuiſſe ; quæ tamen non nimium urgenda eſſe exiſtimo.

Hæc omnia in ambiguo eſſe, et multis doctiſſimorum hominum controverſiis ultro citroque jactari, minime eſt mirandum : de præcipuo autem Poematis Argumento ac Fine potuiſſe unquam dubitari, id quidem merito mirari quiſquam poſſit.   Nam quanquam multa ſint loca valde obſcura, multa quæ vereor ut quiſquam mortalium ſatis intelligat ; quanquam etiam in rerum et ſententiarum nexu, et ſerie orationis, plerumque præcipua poſita ſit obſcuritas ; eo tamen uſque tenebris involuta eſſe omnia, ut nihil in univerſum clare percipi certeque concludi poſſit, non eſt exiſtimandum.   Ac longe quidem aliter ſe res habet.   Effulget enim per totum una atque eadem, eodem ducens, quanquam ſæpius intermiſſa, lux : quam ſi quis attente ſequatur, neque ſeſe ultro tenebris immergat, iiſque nimium inhæreat, non dubito quin univerſi operis ſeriem, argumentum, et finem, ſatis clare ſit perſpecturus.   Eam rationem ſequamur paulum, Academici ; et obſcuriora ſuſpenſo pede tranſeuntes, clarioribus inſiſtentes diligentius, totum opus pingui, ut aiunt, Minerva percurramus, videamuſque, ſi quam univerſi argumenti notionem conſequi et in animis noſtris conſignare poſſimus.

Proponitur exemplum Viri Boni, pietatis conſpicuæ, probatæque integritatis, e ſummo rerum proſperarum faſtigio in profundiſſimas miſerias ſubita ruina deturbati : qui cum primo omnes quibus abundabat facultates, liberoſque etiam amiſiſſet ; deinde graviſſimo inſuper totius

¹ JOB. I, 6, &c. II, I, &c. Confer I. REG. XXII. 19, ――― 22.

corporis

corporis morbo laboraret; isthæc omnia æquo animo ac forti Deique
reverentissimo sustinuit. "Hucusque, inquit 1 Historicus, nihil deli-
"querat Jobus, nec indigni quidquam aut insulsi Deo attribuerat:" et
post secundam Tentationem, 2 "In his omnibus Jobus labiis suis haud
"quidquam peccaverat." Quod notat, iterumque urget Historiæ scriptor, quo excitet lectorem eumque attentiorem reddat ad sequentia, quæ
Poematis argumentum constituunt: nimirum ut animadvertat, num in
constantia sua perstiturus esset Jobus, quæque adhuc etiam ingruerent
mala pari animi fortitudine, parique dictorum modestia et temperantia
esset laturus. Accedebat enim jam aliud oneris, quo penitus explorare-
tur Viri virtus, quod revera, uti nos jam præmonuit scriptor, haud æ-
que firmiter eum sustinuisse deprehendemus: Amicorum nimirum, qui
ad eum consolandi animo venerant, iniquæ suspiciones, acerbæ accusationes, et importunæ vehementesque altercationes. Hinc exsurgit Poematis Argumentum. Cum enim, post diutinum eorum silentium, in
gravissimos questus et ardentissimam Natalium suorum Execrationem
paulo impotentius sese effudisset Jobi dolor; exacerbati subito amicorum animi, mutatæ voluntates, et solatia, si quæ secum in sinu reposi-
ta attulissent, in contumelias versa. Prior ex tribus illis egregiis Conso-
latoribus impatientiam ejus corripit; arguit improbitatis; tecte quidem
et oblique, cum de probis Deus hujusmodi pœnas non sumat; monet
non aspernandam esse Dei castigationem. Alter, in alloquendo non lenior, pro concesso ac comperto habet, liberos ejus scelerum suorum
pœnas luisse; ipsum, modo innocens sit vel ad misericordiam Divinam
confugiat, in integrum restitui posse. Tertius eum accusat arrogantiæ,
vanitatis, et mendacii, eo quod se contra sociorum accusationes defen-
dat; ad saniorem mentem vitamque sanctiorem hortatur. Omnes de
Dei judiciis in malos impiosque semper aperte editis, deque hypocrita-
rum certissimo exitio, multa differunt, haud obscure Jobum petentes.
Quid ad hæc omnia ac singula Jobus? de suis miseriis, de Amicorum
inhumanitate, de Dei ab se alienatione, queritur; Deum hominesque

1 JOB. I. 22.
2 JOB. II. 10.

teftatur

teſtatur, innocentem ſe opprimi; Déo imparem eſſe, et juſtiſſimam cauſam obtinere non poſſe: animoſius paulo ét contentioſius cum Deo a-
git, quem probos ac improbos æque plagis conficere affirmat. His re-
ſponſionibus multo etiam magis irritati ſunt ſociorum animi: acrius ac
vehementius ad accuſandum denuo ſe accingunt. Jobum impietatis,
ſuperbiæ, impotentiæ, furoris, inſimulant: eoſdem locos tractant, de
Juſtitia Dei, de impiorum ſuppliciis, certiſſimoqué póſt brevem felicitatem excidio: quam ſententiám ſua patrumque ſuorum experientia
comprobatam fidenter pronuntiant, multiſque imaginum ac ſententiarum luminibus exornatam graviſſime amplificant. Ex parte item Jobi
eadem fere cum ſuperioribus, ſed multum aucta et exaggerata, retrac-
tantur: provocationes ad Deum, graviſſimæ expoſtulationes, integritatis ſuæ conteſtàtiones; de amicorum crudelitate, de vitæ humanæ vanitate, de, ſuis miſeriis, queſtus, mœror, deſperatio: ſpem tamen ultimam in Deo ſeſe reponere fidenter teſtatur: quanto autem ſortius impiorum pœnas objeciſſent adverſarii, tanto pertinacius Jobus eorundem
impunitatem perpetuamque uſque ad mortem ſecuritatem felicitatemque [1] regerit et confirmat. His commotus prior Cenſorum Eliphazus
ad apertas criminationes et contumelias deſcendit: hominem integerri-
mum graviſſimorum criminum acriter accuſat; injuſtitiæ, rapinæ, op-
preſſionis, reum agit; utque impium virtutis et religionis ſimulatorem
infectatus, poſtremo ad pœnitentiam hortatur. Eo animoſius Jobus ad
Dei Tribunal provocat, utque coram ipſo cauſam ſuam agere ſibi liceat, exoptat: de Dei in ſe ſeveritate impatientius queritur, de ſua juſtitia fidentius gloriatur; deinde ſuam de impiorum impunitate ſententiam acrius tuetur. Ad hæc alter Triumvirorum Bildadus ornate ſed
breviter de Dei majeſtate et ſanctitate ſolummodo differit; audaciam
Jobi clam exagitans, qui ad eum provocare auſus eſſet. Bildadum irri-
det Jobus; et infinitam Dei potentiam et ſapientiam fuſius et ornatius
exponit. Cum autem nihil reponeret Tertius, cæterique penitus tace-
rent; veram tandem animi ſui ſententiam de impiorum ſorte aperit:

---

[1] Sunt quidem Capita XXI, et XXIV, ex obſcurioribus; ſed mihi videtur ingenioſa et probabilis Cl. SCHULTENSII Interpretatio in hanc ſententiam.

non effe ftabilem eorum felicitatem; ipfos eorumque pofteros Deum injuftitiæ Vindicem fubito quandoque experturos. Sed in his omnibus Divinam Sapientiam ab hominibus nullo modo perveftigari poffe; fummam autem hominis Sapientiam in Dei timore pofitam effe. Priorem gloriam et felicitatem, cum præfenti fua miferia et dedecore comparatam, amplificat. Poftremo contra Eliphazi criminationes, cæterorumque iniquas fufpiciones, vitæ anteactæ rationem fingulatim reddit, fuam in omnibus officiis fpectatam integritatem coram Deo hominibufque teftatur, iterumque ad Deum Judicem provocat.

Hæc fi vere ex univerfa orationis ferie colligantur, quatenus eam per loca apertiora minufque perplexa incedentes inveftigare ac confequi poffumus, non difficile erit hujufce partis, quæ Difputationem inter Jobum et Triumviros continet, Argumentum ftatuere. Quæftio itaque eft, De Jobi Pietate et Integritate; an, qui tam infigni Dei judicio tantis malis conflictetur, pro pio et infonte haberi poffit. Ea in latiorem controverfiæ campum, quæftionemque minus definitam deducit, De Dei confilio in hujufce vitæ miferiis et felicitate difpenfanda. Amici, Jobum videntes tam graves pœnas luentem, hominem fimulatæ pietatis accufant, et atrocioris alicujus fceleris reum falfo arguunt: Jobus nullius fibi flagitii confcius, et iniquis eorum criminationibus laceffitus, integritatem fuam fidentius et pertinacius quam homini fas eft coram Deo tuetur, atque ita fefe juftum effe contendit, ut Deum ipfum injuftitiæ videatur infimulare.

Status hic Controverfiæ clariffime explicatur in fequentibus: nam cum Triumviri Jobo refpondere defiiffent, 1 " eo quod juftus fibi vide- " retur," hoc eft, quod fe nullius fceleris reum effe, quo tam graves Dei vindicis iras commeruiffet, conftanter contenderet; prodit Elihuus in utrofque commotus; in Jobum, 2 " quod fefe præ Deo juftificaret," hoc eft, ita fuæ juftitiæ caufam defenderet, ut Deum ipfum injuftitiæ arguere videretur; in Triumviros, 3 " quod cum nihil haberent quod

1 Cap. xxxii. 1.
2 Cap. xxxii. 2. confer xxxv. 2. xl. 8.
3 Cap. xxxii. 3.

" Jobo

" Jobo refponderent, eum tamen condemnarent;" nimirum quod inique fecum ftatuerent, Jobum impium effe et flagitiofum, cum tamen
illius graviffimis innocentiæ fuæ affeverationibus nihil haberent quod
reponerent, aut quo, rebus factifque prolatis, eum fceleris reum arguere poffent.

Ad eundem controverfiæ ftatum plane conformatur Elihui Actio :
De fe enim pauca præfatus, fe alia ratione, fine odio aut favore, cum
Jobo acturum profitetur. Caftigat itaque Jobum, ipfius verbis prolatis, quod fuæ juftitiæ nimium tribueret; quod fe omnis delicti ac pra-
vitatis immunem affirmaret; quod cum Deo contentiofius ageret, eumque hoftili erga fe animo effe dictitaret. Deum non neceffe habere
omnes confilii fui rationes hominibus exponere; multis tamen modis
monere mortales, nocturnis fcilicet revelationibus, aut immiffis gravio-
ribus morbis, quo fuperbiam eis adimat. Jobum denuo increpat, eo
quod fe juftum effe prædicaret, Deum autem injufte atque inimice fecum egiffe affirmaret : quod quam indecorum quamque indignum effet, oftendit. Tertio Jobo objicit, quod ex bonorum miferiis et malorum felicitate male ac perverfe concluderet, nemini prodeffe Religionis cultum : probos etenim propterea calamitatibus diutius conflictari,
quod auxilium Divinum vel non quærant, vel non patienter expectent,
nec fefe coram Deo humiliter et fubmiffe gerant : quo uno refponfo,
ut 1 ipfe recte monet, tum Jobi contumacia caftigatur, tum trium Cenforum malignæ fufpiciones tolluntur. Poftremo Dei confilium in hominibus caftigandis aperit; nimirum ut probet eos, ut emendet, ut eorum fuperbiam frangat; ut contumaces male perdat, fubmiffis autem
gratiam præftet : ita jam cum Jobo Deum agere; propterea ipfi cavendum, ne Deo minus obfequentem fefe præbeat, neve ultra in fe delic-
tum admittat. Porro ex contemplatione Divinæ potentiæ et majeftatis
ad debitam Numini reverentiam præftandam hortatur. Ad Elihui toties intermiffas ac deinde repetitas caftigationes nihil refpondet Jobus.

1 Cap. XXXV. 4.

Elihuum

Elihuum excipit Dei ipfius oratio; qua, in abditas confiliorum fuorum rationes defcendere haud dignatus, fed fuæ immenfitatis ftupenda
quædam exempla proponens, in eodem quod Elihuus ingreffus erat argumento infiftit: primo, caftigata Jobi temeritate, eum Ignorantiæ arguit; qui fuorum operum, quæ vulgo omnibus obverfantur, rationem
percipere non poffit; formationem et naturam terræ, maris, lucis, animalium: deinde ei fuam Debilitatem demonftrat; ad edenda in æmu-
lationem Numinis potentiæ fuæ exempla provocans; tum ad unum atque alterum ex brutis animantibus remittens, quibufcum non aufit contendere; quanto ¹ minus cum Creatore, omnipotente, rerum omnium
Domino, nullique obnoxio? Ad hæc Jobus humillime fe Deo fubmittit, fuam imbecillitatem atque ignorantiam agnofcit, et cinere afper-
fus pœnitentiam agit.

Quibus omnibus perpenfis, videor mihi vere conftituere poffe, hujus
Poematis Argumentum effe, Tertiam ultimamque Jobi Tentationem ab
Amicis criminantibus factam: cujus eventus eft, primo Jobi æftus, indignatio, contumacia; deinde animi fedatio, fubmiffio, pœnitentia: E-
jufdem autem præcipuum effe Finem, Ut homines doceat, habita ratione tum humanæ corruptionis, ignorantiæ, et debilitatis, tum infinitæ
Dei fapientiæ et immenfæ majeftatis, fuis viribus, fuæ juftitiæ, renun-
tiandum effe; Deo fidem habendum, et cum fumma humilitate et reverentia ei fefe in omnibus fubmittendum.

Illud autem diligenter imprimis animadverfum velim; aliud plane
Difputationis inter Jobum et Amicos, aliud univerfi Poematis effe Argumentum: alium plane effe Poematis, alium univerfæ Hiftoriæ Finem. Nam quanquam is fit, quem dixi, Finis, id Argumentum Poematis, nihilo tamen minus concedi poteft Hiftoriam univerfam fimul
fumptam proprie continere Patientiæ fpectatæ Exemplar et Præmium.
Hæc quoniam non fatis definite diftincteque a doctis tractata funt, id
ipfum non minime in caufa effe exiftimo, cur in totam hanc quæftionem tanta inducta fit obfcuritas.

_____

¹ Vide Cap. XLI. 10, 11.

Non

Non ignoro hoc argumentum ineuntibus quæstiones aliquas occurre-, re solere, quæ, ut solenni ritu fusius tractentur, quasi suo jure depof- cant : verum cum earum pleræque in locis quibusdam obscuris potissi- mum versantur, quorum non satis adhuc explicata est sententia; nec, quemcunque tandem exitum habituræ sint, eorum quæ statuimus veri- tatem, quantum video, sunt labefacturæ, iis omnibus superfedendum duxi. Nec vero, quia multa adhuc restant involuta et incerta, est id- circo de apertis et evidentibus dubitandum. Quod ad graviora quædam Dogmata attinet, quæ Viri eruditissimi ex egregio hoc veteris sapientiæ monumento docte et ingeniose confirmarunt; cum ejusmodi sunt, ut vel ex locis itidem obscurioribus potissimum pendeant, vel ad præci- puum Poematis finem, ut mihi quidem videtur, non pertineant, vel cum eo ipso quem jam statui probe constent; ea in disquisitionem vo- care multo minus erat consilium. Suffecisse etenim arbitror, quæ hac- tenus dicta sunt, ei negotio, quod unum a me exigebat instituti mei ra- tio; et ad quæstionem de hujusce Poematis constitutione et virtutibus, quantum necesse est, aditum aperuisse.

PRÆLECTIO TRICESIMA TERTIA:

POEMA JOBI NON ESSE JUSTUM DRAMA.

D E Jobi Carmine eo potiſſimum conſilio inſtituta nobis eſt diſ-
putatio, ut de ejus natura et conſtitutione accuratius paulo
quæreretur, utque in Poematum Hebræorum cenſu ſuus ei
certuſque tribueretur locus: quod ipſum otioſe et præter ne-
ceſſitatem feciſſe forſan videbimur; cum res jamdiu conſtituta ſit et
præjudicata, et Poema hoc apud eruditos fere omnes et habeatur et appelletur Dramaticum. Verum cum hæc ipſa appellatio, uti antea notavi, ſit valde ambigua, non una hoc in loco oritur quæſtio; etenim quærendum eſt primo, qui de hoc loquuntur Dramate, quam notionem ei
voci ſubjiciunt: quod ſi certo inveſtigare poſſimus, nuſquam enim quid
velint clare explicant, erit tum poſtea diſceptandum, an id nomen ſub
ea notione jure recteque huic Poemati imponatur.

Poemata appellantur Dramatica, vel ex ſola enunciationis forma,
cum perſonæ loquentes ac veluti agentes inducuntur ſine poetæ interlocutione; quæ erat antiquis recepta vocabuli notio: vel, quod hodie potiſſimum obtinet, cum ſub eadem forma Actio etiam quædam, ſive Fabula, exponitur. Prius ſi volunt, qui Jobi Poema Dramaticum vocant,
non repugno; neque vero operæ pretium eſſet ejuſmodi quæſtionem pluribus agitare. Profecto qui litigioſus eſſet, contendere poſſet, univerſum opus eſſe ex forma narrativa et dramatica Mixtum, cum pars Hiſ-
torica ex Auctoris perſona prolata negligi non debeat: verum cum ea
omnia ſint ſoluto ſermone, et mihi videantur argumenti ſolum loco eſſe
ad explicanda reliqua, neque Poematis partem ullam conſtituere; quæ
autem ſingulis orationibus præmittuntur vix quidquam majus conti-
neant, quam ſi nuda loquentium nomina præfigerentur; habeant per
me licet quod petunt; ſit Poema Forma Dramatica compoſitum. Hoc
autem

autem ut concedamus, vix erit ſatis; ſunt qui majus quiddam poſtulare videntur: loquuntur enim de Rerum Conſtitutione, de Cataſtrophe Dramatis; Θεον απο μηχανης induci dicunt; quidam etiam Actus Fabulæ numerant: iiſdem certe vocibus utuntur, ac ſi de Tragœdia aliqua Græcorum ſermo eſſet; adeoque cum Carmen Jobi Dramaticum vocant, de ea ſpecie Dramatis loqui cenſendi ſunt, quæ Athenis maxime et exculta eſt et perfecta. Reſtat itaque quærendum, an Poema Jobi præcipuas habeat Græci Dramatis proprietates, ita ut ad eandem ſpeciem jure referri poſſit.

Majorem hanc ac legitimam Dramatici Carminis ſpeciem eo potiſſimum nomine ab altera illa minore et communi ſejungi ſtatuimus, quod præter Formam Dramaticam juſtam atque integram etiam Actionem ſive Fabulam contineret. Atque id quidem ex mente Ariſtotelis: nam quanquam plures ſtatuat Tragœdiæ partes, Fabulæ tamen primas tribuit; [1] hanc principium, hanc finem, hanc omnium maximum, hanc animam Tragœdiæ appellat, ſine qua nec nomen ſuum obtinere, nec omnino eſſe poteſt. Fabula autem eſt Actionis Imitatio, ſive rerum geſtarum Compoſitio; quod poſt explicat diſtinctius: Tragœdia, inquit, eſt Imitatio, non Hominum, ſed Actionum, et vitæ, et felicitatis, et infelicitatis: hoc eſt, præcipuum eſt hujus Poematis munus, non Mores humanos imitari; nam nec ſola morum imitatio conſtituit Tragœdiam, et Tragœdia poteſt eſſe ſine moribus; ſed Actiones, et vitam humanam exprimere; compoſitam nimirum aliquam rerum geſtarum atque eventuum ſeriem exhibere, ex quibus ipſis efficitur agentium felicitas et infelicitas. Nam felicitas in actione eſt; et finis hominis eſt actio quædam, non qualitas: quoad mores tales quidam, boni puta aut mali, habemur; quoad actiones autem felices, aut contra, ſumus. Igitur Poetæ non eo conſtituunt Actionem, ut Mores imitentur, ſed Actionis gratia Mores una complectuntur. Hactenus imitationem Actionis ab imitatione Morum accurate diſtinxit. Præterea autem eam Actionem [2] oportet unam eſſe, integram, et idoneæ magnitudinis. Porro,

[1] ARIST. Poet. Cap. vi.
[2] Ibid. Cap. vii.

ut

ut Fabulæ naturam clarius perſpiciamus, notandum eſt duas eſſe ejus
præcipuas ſpecies: 1 eſt enim vel Implexa vel Simplex; quarum altera
continet, vel ſubitam rerum in contrarium mutationem, vel perſonæ
ignoratæ agnitionem, vel etiam utrumque; altera neutrum habet, ſed
continuo quodam et æquabili rerum tenore procedit. Omnis autem
Fabulæ, adeoque et Simplicis, etſi nihil habeat in eventis valde admirabile et improviſum, eſt tamen aliquis rerum 2 nexus et ſolutio, et ab
una ad alteram harum partium tranſitus: quod fieri non poteſt, niſi
aliud ex alio ſequatur, niſi ſit rerum et eventuum diverſorum ordo quidam et ſeries, quæ gradatim ad exitum aliquem perducit.

His omnibus probe expenſis, non dubito affirmare, Poema Jobi nullam omnino, ne Simplicem quidem, Actionem continere; ſed poſito
rerum ſtatu certo ac definito, cui ne minima quidem commutatio ab
initio uſque ad finem Carminis accidit, mores, affectus, ſententias, quæ
ex eo ſtatu probabiliter vel neceſſario conſequuntur, ſolummodo imitari. Quid enim? inducitur Jobus e ſummo felicitatis gradu dejectus,
et in graviſſimis miſeriis conſtitutus; exponuntur tum Jobi tum Amicorum in eo rerum ſtatu ſenſus et affectiones. Hoc enim in loco nova
oritur Jobi Tentatio, deque ejus conſtantia duriſſima omnium quæſtio
exercetur, quæ verum atque unicum totius Poematis argumentum conſtituit: nam, qui graviſſimas calamitates ſubito et cumulate ingruentes,
paupertatem, orbitatem, et aſperrimos corporis dolores, integritatis ſuæ
conſcientia fretus, tam fortiter ſuſtinuiſſet, ut nihil in dictis indecorum
ſibi extorqueri, nihil de ſumma ſua erga Deum reverentia detrahi, pateretur; quæritur, an idem innocentiam ſuam ac virtutem, cui nimium
fortaſſe tribueret ac plus æquo confideret, in ſuſpicionem et crimen vo-
cari æque patienter ferret. Jobus, acerbiſſimo doloris ſenſu pene oppreſſus, ſortem ſuam impotentius luget: Amici ejus intolerantiam caſ-
tigant, de ejus virtute ſcrupulum ac dubitationem injiciunt, Dei juſtitiam in puniendis improbis amplificant. Acrius commovetur Jobus;
apertius criminantur Amici. Alter ad Deum provocat, cum Deo ani-

1 Ibid. Cap. x.
2 Ibid. Cap. xviii.

moſius

mofius expoftulat; alteri interea jam concitato inftant, atque urgent; acerbius accufantes, et indignationem ejus et confidentiam paulo intemperantius fe efferentem vehementius exagitantes. Intercedit Elihuus, controverfiæ Arbiter: Amicorum acerbitatem, et inique conceptas fufpiciones, Jobi audaciam et nimium elatos fui fiducia fpiritus, caftigat. Jobus monentem æquo animo fert, ejus nimirum reprehenfione fedatior factus, nec quanquam fæpius expectanti quidquam refpondet: Deo autem, fuam ipfi temeritatem, debilitatem, et ignorantiam ob oculos ponenti, femel atque iterum humillime fe fubmittit, et pœnitentiam agit. Finitur hoc in loco, uti videtis, Jobi Tentatio, in qua periculum erat ne laberetur; et Poemati fimul finis neceffario imponitur, manente adhuc eodem fine ulla mutatione rerum ac fortunarum ejus ftatu. Eft fententiarum magna varietas, funt morum pulchræ imitationes, funt affectuum infignes motus; magna lis, controverfia, difputatio; fed nulla rerum motio aut converfio, nulla Actio.

Vide autem annon ipfa Argumenti conditio omnem Actionem excludat. Ex hoc ipfo enim rerum ftatu, ex cumulatiffimis Jobi miferiis, nafcitur de ejus integritate dubitatio, eæque fufpiciones et criminationes, quibus Jobi indignatio exagitatur et incenditur, quibufque ad expoftulandum cum Deo, deque fua virtute fidentius gloriandum ftimulatur; et par erat, ut manente eodem rerum ftatu ad humilitatem Deique reverentiam revocaretur. Fuiffet enim valde παρα το πρεπον, fi prius in integrum effet reftitutus, quam animos fubmififfet et pœnitentiam egiffet. Jobi autem Pœnitentia Poemati finem imponit. Neque vero erat neceffe, ut quæftio de Dei Providentia et Juftitia in ipfo Poemate folveretur, vel felici rerum Jobi exitu, vel etiam inducta Divinorum confiliorum explicatione: non enim id primario agitur, neque Argumentum Poematis ipfa per fe conftituit ifthæc quæftio, fed ei potius defervit atque fubjicitur. Eft enim, ut ita dicam, Inftrumentum Tentationis: infertur ea Difputatio ad explorandos intimos Jobi fenfus, et nudandam latentem fuperbiæ labem, quæ in ejus animo infederat. Quamobrem eo minime fpectat, uti nec fpectare debuit, Dei oratio; neque enim res ipfa aut Poematis ratio poftulabat, ut Divinæ Pro-

videntiæ

videntiæ inftitueretur defenfio, fed ut Jobi confidentia reprimere-
tur.

Porro fi rerum ftatum mutas, mutabitur fimul Argumenti ratio. Si
priorem Hiftoriæ partem, fi pofteriorem, fi utramque includis; jam
habes Patientiæ in miferiis omnibus externis ferendis fpectatæ, et a Deo
tandem ampliffimis prœmiis affectæ, infigne documentum: a quo tamen haud paulum difcrepat univerfa Poematis ratio, quod Jobi, Amicorum contumelias et probra intemperanter ferentis, Impatientiam potius exhibet: atque id quidem ex Argumenti neceffitate; irritatur e-
nim Jobus, excandefcit, de fua fanctitate fidentius, de Dei juftitia contentiofius, loquitur, Elihui nimirum monitis Deique caftigatione corrigen-
dus: ut hominibus etiam fanctiffimis ταπεινοφροσυνη, et fides in Deum
cum fumma reverentia conjuncta, commendaretur.

Quod fi quis queratur, nos nimium curiofa vocabuli interpretatione
calumniari; et hanc Jobi Tentationem, hanc ipfam Difputationem,
Actionis cujufdam fpeciem habere contendat: alio fane rem deduca-
mus, videamufque, fi quis e Græcis Tragicus Poeta fimile argumentum eodem modo tractaviffet, quid fuiffet confecuturum. Non eft o-
pus ut vobis notum faciam, quo artificio Sophocles Oedipi Tyranni
Fabulam compofuit; quanto cum ingenii et judicii acumine, paulatim
ac per continuos gradus novorum eventuum, ex ipfo rerum ftatu ex-
furgentium, horrendum illud arcanum retegitur, quo patefacto, fibi
ipfi Oedipus oftenditur, et ex felici fit miferrimus. Ponamus jam So-
phoclem alia plane ratione eandem rem tractaviffe, et totum Poema eo
argumento confeciffe, quod nunc extremo Fabulæ Actu continetur.
Exhibetur hic Oedipus in ultimis malis conftitutus: patent Affectuum
loci pulcherrimi et τραγικωτατοι: infandi cafus miferrima lamentatio;
cæcitatis, dedecoris, exilii, calamitas; præfentis doloris acerbitas; præteritorum acerbior memoria; filiarum commiferatio; fui fuorumque
omnium deteftatio, maxime eorum, qui expofitum fuftulerant, ferva-
verant, eduxerant: quæ omnia poeta pro re attigit:

Ιω

Ιω Κιθαιρων, τι μ᾽ εδεχϑ; τι μ᾽ ϑ λαβων

Εκτεινας ευϑυς; ———

quæque fequuntur παϑητικωτατα. Poterat hæc ipfa dilatare, et uberius fufiufque exornare: poterat adjicere, defervefcente paulum primo
luctus ardore, culpæ purgationem, innocentiæ obteftationem, ignorantiæ et fatalis neceffitatis excufationem, in Deos et Fortunam effufiffi-
mas querelas. Exfurgit, uti videtis, argumentum grande, fplendidum,
varium, copiofum, quæftioque graviffima a ratione Jobææ difputationis non valde disjuncta. Poterat eam ipfam forma dramatica iifdem inductis perfonis exequi, et juftam menfuram Dramatis, ejufque omnes
ferme numeros et partes explere; una tamen Fabula excepta, qua maxime ipfa Dramatis effentia continetur, et fine qua reliquæ omnes in
legitimo Dramate conftituendo nihil valuiffent: nam ejufmodi Poema
Græci θρηνον fortaffe, aut κομμον, aut quidvis potius quam Tragœdiam
appellaviffent.

Quod ipfum magis adhuc confirmatur ejufdem Sophoclis exemplo
atque auctoritate: nam cùm Oedipum denuo in fcenam proferret, et
eodem fere in loco, quem modo propofui, argumenti fedem poneret,
longe tamen alia ratione rem tractavit. Oedipi Colonei nomen habet
ifthæc Fabula; eftque Simplex, ne videar Jobum voluiffe obruere ini-
qua et invidiofa comparatione cum pulcherrima Implexarum. Inducitur Oedipus cæcus, exul, miferiis confectus: in promptu funt omnes ii loci, quos indicavi; fortis fuæ lamentatio, Numinum ac Fati ac-
cufatio, purgatio criminis, cæterique; quorum nullum prætermifit,
nullum non egregie exornavit poeta: nec tamen hos morum, affectuum, fententiarum locos ipfum Poematis argumentum conftituit, fed
argumento fuperinduxit; feu potius ex ipfa Actione depromfit, quam
invenit et contexuit pulcherrimam. Oedipus a filia manu ductus Co-
lonum venit, ibi moriturus et fepeliendus, Oraculi monitu; ita enim
fore, ut Athenienfes Thebanis bello fuperiores evaderent. Cùm locus
facer effet, ægre eum illic confiftere patiuntur Athenienfes, Thefeus
tamen eum in hofpitium ac tutelam recipit. Advenit altera filiarum
fratrum difcordias nuncians, item adfuturum jam Creontem, ut ex de-

creto

creto Thebanorum eum in patriam reducat. Adeft Creon; Oedipo fua_
det, ut Thebas redeat; recufanti vim intentat: Thefeus Oedipum pro_
tegit: intervénit Polynices, ut in bello contra Thebanos Patrem fibi
focium adjungat, quæ erat victoriæ conditio: abnuit Oedipus, filium_
que diris execratur: poftremo communicatis cum Thefeo Deorum re_
fponfis, mortem obit, et ibidem fecreto fepelitur. Inftruitur hoc mo_
do Actio jufta, integra, maximique momenti; cujus omnes partes
eodem fpectant, et ad eundem finem perpetuo diriguntur, in quo po_
fita funt Thebarum et Athenarum fata. Mores, affectus, fententiæ
exornant, non fuftinent Fabulam: ifta fi tollantur omnia, Actio nihilominus reftabit, feque Tragœdia fuftentabit; fublata autem Actione, cætera utcunque reftent, una tollitur et omnino extinguitur Tragœdia.

Satis ex jam dictis conftare exiftimo Jobi Poema cum utrovis Oedipo Sophoclis, vel cum alia quavis Græcorum Tragœdia, recte componi non poffe, ita ut ad eandem fpeciem referatur, nifi vel Hebræi vel
Græci Poematis conftitutio funditus mutetur, nifi vel illuc accedat, vel
hinc detrahatur Actio: quod autem ea parte omnino deftituitur, qua
maxime continetur Dramatis effentia, id pro jufto Dramate falfo haberi.

Quanquam autem huic Poemati legitimi Dramatis titulum abjudi-
cem, nihil de ejus pretio derogatum eo; quod ii potius faciunt, qui ad
alienam normam id inique exigere voluerunt; unde neceffe, eft vitio-
fum et mancum videri, quod fane in fuo genere eft pulcherrimum et
perfectiffimum. Quæ enim poteft concipi in ejufmodi argumento, difficili et recondito et ab omni actione abftracto, elegantior œconomia?
quæ diftributio ordinatior? quæ, quantum in tantis vetuftatis tenebris
cernere poffumus, accuratior et fubtilior et ad finem confequendum
aptior rerum deductio? Profecto qui reputabit modo, quam parva habuerit initia, quam tarda incrementa ceperit, Græcorum Tragœdia; is
nunquam poterit fine fumma admiratione intueri tot ante fæculis natum Poema, tam pulchre inventum, tam folerter difpofitum, tam perfecte expletum, tam fingularis exempli; quod fimilitudinem atque
imaginem

imaginem quandam Dramatis ftatim arripuit, unde non difficile fuiffet ad ipfum abfoluti operis exemplar afcendere; quale certe Græca Poefis multorum annorum ftudio atque ufu ante Æfchylum nondum erat adfecuta. Verum utcunque ea fe res habet, quicunque tandem Jobo affignandus effet in Græcorum Poetarum choro locus, quibus difpofitionis et artificii laudem facile concedimus, apud fuos certe principem in hoc genere obtinet: nec refert quo appelletur nomine, five Didacticum, five Ethicum, five Patheticum, Forma Dramatica Poema, modo in fummo Hebrææ Poefeos faftigio et culmine, fingulari ac fibi propria fede, collocetur.

PRÆLECTIO TRICESIMA QUARTA:

DE POEMATIS JOBI MORIBUS, CONCEPTIBUS,

ET STYLO.

C U M Poema Jobi pro vero ac legitimo Dramate, cujufmodi funt Græcorum Tragœdiæ, minime haberi poffe contende_ rem, eidem tamen non modo formam Dramaticam, et in univerfa difpofitione quandam jufti Dramatis imaginem ac quafi anticipationem attribui, fed ejus præcipuas etiam, Fabula dun_ taxat excepta, partes conceffi : in his primum locum habet Morum Imitatio.

Mores ſunt, fecundum quos Tales quafdam effe Perfonas dicimus; quibus declaratur, quale fit loquentis propofitum, qualis vivendi, agen_ di, fentiendi ratio. Princeps eft in hoc Poemate Jobi Perfona, qua exhibetur Virtutis exemplar; quantum humana recipit debilitas, abfo_ lutæ; quod indicat operis Argumentum, plenius autem et perfectius exprimunt ipfius Sermones. Sanctus eft, pius, Dei reverentiffimus; integer, et confcius fuæ integritatis; patiens dolorum, fed Stoica απα_ Ͽεια, feu potius immanitate et ftupore haudquaquam præditus: gravif_ fimis enim malis oppreffus luget, queritur, mortem exoptat, hoc eft, naturæ cedit et obtemperat; iniquis autem Amicorum fufpicionibus et acerbis accufationibus irritatus, vehementius excandefcit, et in parum decoras cum Deo expoftulationes nimia fuæ virtutis fiducia abripitur.

Obfervandum eft, primam Jobi orationem, quanquam ardentiffimo affectuum impetu erumpentem, meras tamen querimonias continere; effe folummodo ¹ מלים ולרוח אמרי נואש, " verba inania, et dicta de_

¹ JOB. VI. 26.

" fperati

" fperati ad refpirationem quærendam effufa;" qua excufatione ipfe mox utitur; nullam habere cum Deo actionem, nullam de divina juftitia quæftionem, nullam fuæ integritatis commemorationem : nec video cur tam dure de hoc loco pronuntient quidam Interpretes. Mihi quidem videtur Poeta fummo cum judicii acumine pariter atque ingenii vi id ipfum effeciffe quod neceffario poftulabat poematis ratio : ita enim expreffit Jobi mœrorem fane humanitus erumpentem, et habita rei ratione condonabilem, et in fumma carentem delicto, ut hucufque Virtus ejus illæfa conftaret; fed imaginibus adeo atrocibus amplificatum, fententiis tam crebris fervidifque exaggeratum, ut Cenforibus non deeffet occafio et materia calumniandi : adeoque nec occafioni defunt Cenfores; hanc enim ipfam doloris intemperantiam caftigat Eliphazus, et Jobum folummodo ut parum fortem aperte corripit, graviora oblique fignificans. Porro Eliphazi increpatione femel etiam laceffitus Jobus, cum de Dei in fe feveritate jam queritur, adhuc tamen ab acrioribus illis cum Deo expoftulationibus fefe abftinet, lenioribus querimoniis contentus, et peccatum fimul agnofcens. ¹ Quocirca quæ in fe poftea admittit jam aliquantum labafcens Viri virtus, duræ illæ et pervicaces integritatis fuæ obteftationes, divinæque juftitiæ obmurmurationes, ea omnia funt Affectus potius quam Morum : arguunt enim, non impium, fed confcium quidem fuæ integritatis, nimiumque confidentem, multo autem magis acerbiffimis corporis animique cruciatibus oppreffum, et vehementi doloris æftu longius æquo evectum. Cum autem caufam fuam veluti abjiciunt Triumviri, et ab importunis criminationibus tandem abftinent, quanquam nihil quidquam de fua pertinacia adhuc remittit Jobus, fubfidente tamen aliquantum iracundiæ et doloris æftu, redit jam quodammodo ad fefe, atque animi fui fententiam fedatius paulo et apertius exponit : et profecto etfi erga Deum fortaffe arrogantior, eft tamen contra Eliphazi accufationes jufta et vera pro fe Viri defenfio. Videte autem primo, quam mirifice exprimitur Jobi confidentia et perfeverantia, in caufa fua tuenda contra obtrectationes Amicorum : ²

1 Vide Cap. VII. 20.
2 Cap. XXVII. 2, ————— 7.

T t

הי

חי אל הסיר משפטי
ושדי המר נפשי :
כי כל עוד נשמתי בי
ורוח אלוה באפי :
אם תדברנה שפתי עולה
ולשוני · אם יהגה רמיה :
חלילה לי אם אצדיק אתכם
ער אגוע לא אסיר תמתי ממני :
בצדקתי החזקתי ,ולא ארפה
לא יחרף לבבי מימי :
יהי כרשע איבי
ומתקוממי כעול :

" Ut vivit Deus, qui jus meum amovit;
" Et Omnipotens, qui amarore imbuit animam meam;
" (Nam omnino adhuc mens mihi conſtat,
" Et ſpiritus Dei eſt in naribus meis:)
" Ita nunquam labia mea rem iniquam loquentur,
" Nec lingua mea quod falſum eſt proferet:
" Abſit, ut a vobis jus ſtare pronunciem:
" Donec expiravero non amovebo a me integritatem meam.
" Juſtitiam meam firmiter retineo, nec eam dimittam;
" In omni vita cor meum nunquam me probro adficiet;
" Fiat, ſicut improbus, inimicus meus;
" Et qui ſeſe incitat contra me, ſicut injuſtus.

Quam autem magnifica, quam auguſta, quam pulchra atque amabilis jam effulget Imago Virtutis, cum vitæ anteactæ memoriam omnem re-petit ! Quæ Viri majeſtas & auctoritas ! [1]

בצאתי שער עלי קרת
ברחוב אכין מושבי :
ראוני נערים ונחבאו
וישישים קמו עמדו :

1 Cap. xxix. 7, —— 10.

שרום

שרים עצרו במלים
וכף ישימו לפיהם :
קול נגידים נחבאו
ולשונם לחכם דבקה :

"Cum egrederer ad portam, super urbe;
"Cum in foro tribunal meum conſtituerem:
"Viderunt me juvenes, et ſeſe occultarunt;
"Et ſenes aſſurrexerunt, ſteterunt:
"Principes cohibuerunt ſermonem,
"Et ori ſuo manum impoſuerunt:
"Vox nobilium obmutuit;
"Et lingua eorum palato adhæſit:

Quæ beneficentia, liberalitas, in ope ferenda promptitudo! 1

כי אזן שמעה ותאשרני
ועין ראתה ותעידני :
כי אמלט עני משוע
ויתום ולא עזר לו :
ברכת אובד עלי תבא
ולב אלמנה ארנן :

"Profecto auris audiebat, et beatum me prædicabat;
"Et oculus videbat, et teſtimonium mihi perhibebat:
"Quoniam ſtatim vindicabam inopem vociferantem;
"Et pupillum, et cui nullus opitulator:
"Benedictio pereuntis super me ſemper deſcendebat;
"Et cor viduæ ut caneret efficiebam.

Quæ Judicis ſanctitas et integritas! 2

צדק לבשתי וילבשני
כמעיל וצניף משפטי :
אב אנכי לאביונים
ורב לא ידעתי אחקרהו :
ואשברה מתלעות עול
ומשניו אשליך טרף :

1 Cap. XXIX. 11, ——— 13.
2 Cap. XXIX. 14, 16, 17.

T t 2　　　　　　　　　"Juſtitiam

" Juſtitiam indui, et ipſa me veſtivit ;

" Inſtar pallii et tiaræ judicium meum : ——

" Pater eram egenis ;

" Et in cauſam etiam ignoti ſolebam inquirere :

" Confringebam molares oppreſſoris ;

" Et e dentibus ejus excutiebam prædam.

Quæ puritas et firmiſſimis principiis fundata Numinis reverentia ! quæ benevolentia denique et humanitas ! 1

ומה חלק אלוה ממעל

ונחלת שרי ממרומים :

הלא איד לעול

ונכר לפעלי און :

הלא הוא יראה דרכי

וכל צעדי יספור :

אם אמאס משפט עבדי

ואמתי ברבם עמדי :

ומה אעשה כי יקום אל

וכי יפקד מה אשיבנו :

הלא בבטן עשני עשהו

ויכננו ברחם אחר :

" Quæ enim portio a Deo deſtinata deſuper ;

" Et hæreditas ab Omnipotente de excelſis ?

" Annon excidium injuſto ?

" Et abalienatio operantibus iniquitatem ?

" Nonne Ille ſemper videt vias meas ?

" Et omnes greſſus meos dinumerat ? ——

" Si ſprevi cauſam ſervi mei,

" Et ancillæ meæ, cum mecum lite contenderent ;

" Quid tum facerem, cum ſurgeret Deus ;

" Et cum viſitaret, quid illi reſponderem ?

" Nonne in ventre, qui me fecit, idem illum fecit ?

" Nonne formavit nos in utero Unus ?

1 Cap. xxxi. 2, —— 4, 13, —— 15.

Animadvertit

Animadvertit Ariftoteles, [1] Exemplum viri egregie Probi ex rebus profperis in adverfas incidentis Tragœdiæ minime convenire; cum fit μιαρον, fœdum potius et plane indignum, quam vel miferabile vel terribile: quod quanquam Græcorum fcenæ et Ethnicorum hominum fenfui valde accommodatum, apud nos tamen femper locum habere, aut in Jobi Poema transferri, vix poteft. "Miferatio oritur, inquit Ille, "cum immerenti res adverfæ eveniunt:" itaque egregia Virtus in infelicitatem incidens tantum abeft ut fit a miferatione aliena, ut potius ad eam commovendam fit imprimis comparata. "Metum incutiunt ejus "miferiæ, qui nobis eft fimilis:" unde efficitur, terrorem non habere valde improborum quidem infortunia; idem vero de eximie bonorum miferiis haud æque confequitur: nam fi nobis timemus, cum virtus mediocris affligitur; multo fane magis, cum egregia. [2] Ea itaque mihi videtur effe mens Ariftotelis, non ut prorfus exiftimet, Viri egregie Probi valdeque infelicis exemplum fua natura male comparatum effe ad commovendum vel miferationem vel terrorem, fed potius Virtutem Infelicem effe rem in fe ipfa indignam planeque deteftabilem, et quæ in Scenam proferri non debet: quæ Philofophi fententia oritur ex infana illa humanæ Virtutis æftimatione, in qua eximenda Jobi Poema potiffimum occupatur. Sane Perfona Jobi, quanquam ad Virtutis confummationem tam prope accedens, fatis tamen in fe humanæ debilitatis admixtum habere videtur, ut nec probabilitate careat, neque certe in Terrore commovendo fuo effectu deftituatur. Etenim fi mortalium integerrimo in graviffimas miferias incidenti divinæ juftitiæ omnino obmurmurare fit nefas, quis, eft, qui coram Deo confiftet? quis, qui fe malorum immunem et exfortem fore confidet? Minime autem alienus eft Terror a fine Poematis, fiquidem hoc præcipue inculcatur Documen-

---

1 Vide De Poet. Cap. XIII.

2 Και τες ομοιες ελεεσι, κατ᾽ ηλικιαν, κατ᾽ ηθη, καθ᾽ εξεις, κατ᾽ αξιωματα, και τα γενη· εν πασι γαρ τουτοις μαλλον φαινεται και αυτω αν υπαρξαι· ολως γαρ και ενταυθα δει λαβειν, οτι οσα εφ᾽ αυτων φοβων), ταυτα επ᾽ αλλων γιγνομενα ελεεσιν. —— Και μαλιστα το σπεδαιες ειναι, εν τοις τοιετοις καιροις οντας, ελεεινον· απαντα γαρ ταυτα, δια το εγγυς φαινεσθαι, μαλλον ποιει τον ελεον· και ως αναξιου. τε οντῳ, και εν οφθαλμοις φαινομενε τε παθες. A R I S T O T. Rhet. II. 10.

...tum, μη ὑψηλοφρονει, ἀλλα φοβȣ. Et ſuorum malorum exemplum quam
vim habere deberet præclare docuit ipſe Jobus : [1]

.ישׁמוּ ישׁרים על זאת

: ונקי על חנף יתערר

ויאחז צדיק דרכו

: וטהר ידים יסיף אמץ

" Super hoc ipſum attoniti ſtupebunt integri ;

" Et innocens adverſus hypocritam zelo flagrabit :

" Sed obſtinate perſiſtet in via ſua juſtus ;

" Et puro manuum augebitur conſtantia.

Triumviri tales omnino exhibentur, quales Poematis ratio poſtula-
bat ; Cenſores acerbi, ſeveri, irritabiles, a pio ſolandi propoſito in ob-
jurgationes et contumelias facile abrepti. Statim ab initio την προαιρεσιν
δηλȣσιν, et quid ab iis expeƈtandum ſit ſatis clare indicant : primus quidem ſub ipſo ingreſſu aliquam præ ſe fert lenitatem ; [2]

הנסה דבר אליך תלאה

" Si tentemus te adloqui, an ægre laturus es ? —

Sed vincit protinus indignatio ;

: ועצר במלין מי יוכל

" At cohibere ſermones quis valeat ?

Alter ſubito excandeſcit : [3]

עד אן תמלל אלה

: ורוח כביר אמרי פיך

" Quouſque proloqueris iſta,

" Et verba oris tui erunt inſtar venti vehementis ?

Audi vero Tertium : [4]

הרב דברים לא יענה

: ואם איש שפתים יצדק

בדיך מתים יחרישׁו

: ותלעג ואין מכלם

1 Cap. XVII. 8, 9.
2 Cap. IV. 2.
3 Cap. VIII. 2.
4 Cap. XI. 2, 3.

" Annon

" Annon multitudini verborum refpondebitur ?

" Numquid vir loquax habebitur juftus ?

" An mendacia tua hominibus filentium imponent ?

" Et cum irriferis nemo tibi pudorem incutiet ?

Iniqui, contentiofi, omnia in pejorem partem rapientes : [1]

האל יעות משפט

ואם שדי יעות צדק :

" An Deus pervertet jus ?

" Anne Omnipotens diftorquebit juftitiam ?

ubi nota, Jobum nihil quicquam adhuc de divina juftitia intemperantius effudiffe. [2]

אף אתה תפר יראה

ותגרע שיחה לפני אל :

" Quin Tu irritam facis Religionem,

" Et minuis precationem coram Deo :

invidiofum habes alterius confectarium. Superbi, faftuofi, fuæ fapientiæ plurimum tribuentes : [3]

מדוע נחשבנו כבהמה

נטמינו בעיניכם :

טרף נפשו באפו

הלמענך תעזב ארץ

ויעתק צור ממקומו :

גם אור רשעים ידעך

" Quamobrem reputamur inftar bruti pecoris ;

" Impuri habemur in oculis veftris ?

" O lanians feipfum in ira fua !

" Ergone propter Te derelinquetur tellus ?

" Et revelletur rupes e loco fuo ?

" Imo vero improborum lumen extinguetur. —

Nec verecundior Bildado fuccinens Zopharus : [4]

1 Cap. VIII. 3.
2 Cap. XV. 4.
3 Cap. XVIII. 3, — 5.
4 Cap. XX. 2, 3.

לכן

לכן שעפי ישיבוני

ובעבור חושי בי :

מוסר כלמתי אשמע

ורוח מבינתי יענני :

" Profecto cogitationes meæ ad refpondendum me ftimulant,

" Et propterea feftinus me impellit impetus :

" Caftigationem mihi ignominiofam audiero ?

" Ergo fpiritus intelligentiæ meæ me cogit refpondere...,

Cenfores autem eandem caufam eodem fere modo omnes agunt : E-
liphazus quidem, qui leniffime omnium inceperat, in acerbiffima defcendit convicia, et graviffimas accufationes directe et fpeciatim Jobo
intentat, a quibus cæteri fibi temperant : nam Bildadus locum de Dei
majeftate et fanctitate bis antea ab altero ornatum, ne nihil diceret, breviter tantum retractans, et Zopharus ad filentium confugiens, focium
pariter deftituere, et Jobo caufam cedere videntur. Satis commode Tribus committuntur obtrectandi partes : nimis anguftum fuiffet et exile,
Perfona fingularis ; confufum plane et importunum, Cenforum turba.
Cæterum Triumvirorum Mores, quantum quidem video, parum inter
fe difcriminantur : Affectuum fane gradationi, quam Morum diverfitati, impenfius ftudetur. Quod fi aliquam hac in parte varietatem defi-
deret delicata et faftidiofa recentiorum Critica, excufanda eft nafcentis
Poeticæ fimplicitas, rerùmque gravitate et fententiarum pondere com-
penfanda.

Veruntámen Cenforum afperitati et intemperantiæ pulchre opponitur
et adverfatur Elihui lenitas et moderatio : mitis eft, pius, æquus, ab a-
cerbitate et adulatione pariter alienus, fingulari fapientia præditus, quàm
Dei gratiæ unice tribuit ; quæ omnia multum infuper commendat ætas
juvenilis. Uti vero præclare comparati erant Cenforum Mores ad irri-
tandum Jobi animum, ita ad eundem fedandum pulcherrime accommodatur Perfona Arbitri : in hoc ipfo autem pofita eft Argumenti fedes ; in hoc veluti cardine totius Poematis confilium et finis vertitur.

Quem finem haberet Dei Actio, quam confentaneum univerfæ Poematis rationi & propofito, antea notavi : id modo jam addam, quanquam

quam plurimis tota oratio incongrua, & a re de qua agitur plane aliena, temere viſa ſit; nemo tamen ſententiarum gravitatem a Perſona abhorrere, aut tanta majeſtate ullo modo indignam eſſe unquam exiſtimavit.

Altera· pars quæ in hujuſmodi Poemate præcipue ſpectari debet eſt Sententia; quam oportet argumento convenire et apta dictione explicari: διανοιαν vocat Ariſtoteles, et in Dramatis partibus recenſet; non quidem, quaſi ejus ſpeciei propriam, ſed ut omni Poemati communem, et in omnibus maximi momenti. Mores ſunt ſolummodo Perſonarum, et Poema omne quod Perſonas habet, habere etiam debet Mores: Sententia autem eſt et Poematis omnis, et Orationis. Habet rationem cum Perſonarum tum Rerum: quod ad Perſonas attinet, potiſſimum verſatur in Moribus et Affectibus exprimendis: quæ jam protuli ſunt Senſuum exempla, quoad Mores exprimunt. Reſtant itaque Affectuum Imitationes, et Rerum Deſcriptiones: de quibus cum generatim antehac diſſererem, fieri non potuit quin aliqua ex hoc ipſo Poemate proferrem; Dictio autem Poetica quam vim haberet in animi motibus incitandis, non aliunde melius demonſtrare valui, quam petitis ibidem exemplis: quocirca quod ſupereſt expediam breviter.

In vehementioribus Affectibus maxime verſatur Jobi Poema, dolore, iracundia, indignatione, acerrimiſque concertationibus, ad Terrorem concitandum potiſſimum comparatum, et Sublimitatem imprimis ſpirans: quo in genere ſufficiant exempla antehac allata. Nec tamen deſunt leniores animorum motus; Luctus et Querimonia ad miſerationem commovendam: [1]

אדם ילוד אשה
קצר ימים ושבע רגז :
כציץ יצא וימל
ויברח כצל ולא יעמוד :
אף על זה פקחת עיניך
ואתי תביא במשפט עמך :
שעה מעליו ויחדל
עד ירצה כשכיר יומו :

[1] Cap. xiv. 1, 2, 3, 6.

" Homo

" Homo natus de muliere,

" Brevis eft dierum, et fatur tumultus :

" Ut Flos emicat, et languefcit ;

" Fugitque ut umbra, et non fubfiftit.

" Etiamne fuper hunc oculos tuos aperuifti ?·

" Et Me adduces in judicium Tecum ? —

" Remove confpectum ab eo, ut remiffionis aliquid habeat ;

" Et acquiefcat diei fuo ficut mercenarius.

totufque ille locus pulcherrimis imaginibus depictus, et in genere Ele-
giaco perfectiffimus.   Acrius poftea infurgit dolor, fed flebilis identidem et queribundus : 1

עד אנה תגיון נפשי
ותדכאונני במלים :
זה עשר פעמים תכלימוני
לא תבשו תהכרו לי :
חנני חנני אתם רעי
כי יד אלוה נגעה בי :
למה תרדפני כמו אל
ומבשרי לא תשבעו :

" Quoufque vexabitis animam meam,

" Et conteretis me fermonibus ?

" Jam decem vicibus me contumelia affeciftis ;

" Non erubefcitis, in me ufque obfirmati eftis. —

" Miferemini mei, miferemini mei, O vos amici mei !

" Nam Dei manus me plaga affecit.

" Quianam infectamini me, ut Deus ; ·

" Neque carne mea fatiati eftis.

Quantum fibi indulget Spes, in pofteræ felicitatis imaginibus formandis quam ingeniofa fit, in fovendis quam credula, in ornandis de-
fcribendifque quam læta et geftiens; perfecte expreffit Jobus poft vitæ
anteactæ commemorationem : 2

---

1 Cap. XIX. 2, 3, 21, 22.

2 Cap. XXIX. 18, ——— 23.

ואמר

וְאֹמַר עִם קִנִּי אֶגְוָע

וְכַחוֹל אַרְבֶּה יָמִים :

שָׁרְשִׁי פָתוּחַ אֱלֵי מָיִם

וְטַל יָלִין בִּקְצִירִי :

כְּבוֹדִי חָדָשׁ עִמָּדִי

וְקַשְׁתִּי בְּיָדִי תַחֲלִיף :

לִי שָׁמְעוּ וְיִחֵלּוּ

וְיִדְּמוּ לְמוֹ עֲצָתִי :

אַחֲרֵי דְבָרִי לֹא יִשְׁנוּ

וְעָלֵימוֹ תִּטֹּף מִלָּתִי :

וְיִחֲלוּ כַמָּטָר לִי

וּפִיהֶם פָּעֲרוּ לְמַלְקוֹשׁ :

" Proinde dicebam, In nido meo expirabo;

" Et ut arenam multiplicabo dies:

" Radix mea sese dilatabit ad aquas;

" Et ros commorabitur in ramo meo:

" Gloria mea semper erit mecum recens;

" Et arcus meus in manu mea renovabitur:

" Me audient, et expectabunt;

" Et ad consilium meum intenti tacebunt:

" Postquam locutus fuero nihil iterabunt;

" Et super eos stillabit oratio mea:

" Et expectabunt me, ut pluviam;

" Et os suum diducent ad imbrem serotinum.

Referri possunt etiam ad Imitationem Affectuum adjuncta quædam, ex intima natura, verisque humanæ animæ motibus deprompta, quibus quævis illustratur Descriptio: uno ex multis exemplo contentus ero. Ita a natura comparatum est, ut quæ maxime ex votis, sed præter spem, eveniunt, ea videntes etiam et sentientes vix credamus: de Deo Jobus; [1]

אִם קָרָאתִי וַיַּעֲנֵנִי

לֹא אַאֲמִין כִּי יַאֲזִין קוֹלִי :

[1] Cap. IX. 16.

" Si

" Si invocavero, et mihi refponderit,

" Non crederem quod exaudiverit vocem meam:

quo egregie expreffit cum Dei majeftatem et feveritatem, tum fuam
humilitatem et defperationem. 1

אשחק אליהם לא יאמינו

" Adridebo eis, non credent:

inquit Johus de fuis Clientibus; quo amplificatur ipfius fumma gravi-
tas dignitafque cum facilitate conjuncta, fimul horum erga ipfum inte-
merata veneratio. Uno denique atque eodem adjuncto ad Equum Bel-
latorem tranflato mirifice depingitur ardor ejus atque alacritas, pugnæ-
que arrecta cupido: 2

ברעש ורגז יגמא ארץ

ולא יאמין כי קול שופר :

ברי שפר יאמר האח

ומרחוק יריח מלחמה

רעם שרים ותרועה :

" Cum trepidatione et fremitu vorat terram;

" Nec credit, quod tubæ fit fonitus:

" Pergente jam tuba, dicit, Euge;

" Et a longinquo odoratur prælium,

" Tonitru principum et clangorem.

Quo ex loco omnium admiratione celebratiffimo abunde cernitur,
quantum etiam valet in Rerum defcriptionibus hoc Poema: fimul exiftimare licet in aliis nonnullis non minus evidentem fore fenfuum cum
rebus convenientiam et proprietatem, fi de ipfis Animalibus eorumque
natura æque conftiterit. Ut de Defcriptione aliqua recte judicetur, æque
claram ac plane eandem atque ipfe fcriptor Rei ipfius notionem habere
oportet. Omnibus fane mortalibus communis eft tonitrus perceptio;
videamus quomodo eam expreffit Elihuus: 3

1 Cap. XXIX. 24.

2 Cap. XXXIX. 24, 25.

3 Cap. XXXVII. 1, ——— 4. In ultima linea legendum videtur יעקב, cum VULGATO et
SYMMACHO: quam emendationem propofuit Vir Doctiffimus RICHARDUS GREY, de hoc
Poemate præclare meritus.

אף

אַף לְזאת יֶחֱרַד לִבִּי
וִיתַּר מִמְּקוֹמוֹ:
שִׁמְעוּ שָׁמוֹעַ בְּרֹגֶז קֹלוֹ
וְהֶגֶה מִפִּיו יֵצֵא:
תַּחַת כָּל הַשָּׁמַיִם יִשְׁרֵהוּ
וְאוֹרוֹ עַל כַּנְפוֹת הָאָרֶץ:
אַחֲרָיו יִשְׁאַג קוֹל
יַרְעֵם בְּקוֹל גְּאוֹנוֹ
וְלֹא יְעַקְּבֵם כִּי יִשָּׁמַע קוֹלוֹ:

" Ob hoc etiam expavefcit cor meum,
" Et fubfultim trepidat e fede fua:
" Audite audiendo vocis ejus fremitum,
" Et murmur quod ex ore ejus egreditur!
" Sub omne cœlum rectus ejus impetus,
" Et lumen ejus in extremas oras terræ.
" Poft illud rugit vox;
" Intonat voce Majeftatis fuæ;
" Neque inveftigari poterit, cum audita fuerit, vox ejus.

Non eft neceffe ut in fingulis diutius immoremur, cum in hoc Poemate abunde fuppetant, et paffim occurrant, in omni virtutis atque elegantiæ genere, fenfuum, imaginum, ac dictionis pulcherrima exempla.
Ut verbo dicam, ftyli majeftas Argumenti granditati, vis atque impetus
Affectuum incitationi, refpondet; utque cæteris omnibus Hebrææ Poefeos monumentis facile antecellit hoc Poema rerum difpofitione et Oeconomia, ita fublimitate elocutionis totiufque fcriptionis elegantia nulli
concedit. Imprimis autem, ut nec illud omittam, accurata eft et perfecta Conftructio Poetica, quod in antiquiffimis fere Hebræorum monumentis maxime cernitur: ejus vero rei artificium, uti convenerat
Poematis cum dignitati tum etiam longitudini, fitum eft potius in jufta
totius periodi conformatione, & accurata diftributione membrorum,
quam in contrapofitione vocum, aut nimium elaborata Parallelifmi con-
cinnitate.

Hæc

H Æ c erant, quæ de Sacra Hebræorum Poefi differenda propofueram:
quibus exequendis fi quid induſtria confecutus fum, id Vobis,. Academici, imprimis deberi profiteor, qui conatus meos boni confulere, et
ſtudium meum veſtro etiam ſtudio et favore fuſtentare dignati eſtis.
Profecto cum mecum reputarem argumenti hujufce magnitudinem et
difficultatem, quam et antea prævideram, et magis etiam indies expertus fenfi; in quo antecefforum veſtigia, et doctorum etiam monita,
perfæpe deficerent; recondita eſſet vel in fe, vel propter vetuſtatem, rerum natura, inveſtigatio arduа, ſubtilis explicatio, anceps aſſertio, pe-
riculofus error: ne conciderem plane animo, Veſtra fecit humanitas.
Intelligebam enim Viris graviſſimis atque eruditiſſimis probari inſtitu-
tum meum, ut neque ab hujufce Diſciplinæ confilio, neque a loci dignitate, neque a ſtudiofæ juventutis utilitate, alienum: inter Auditores
meos eos fæpe numerabam, unde me potius et in hoc et in omni literarum genere præcepta petere decuiſſet: Juvenes autem, ad quos unice
pertinebat hujufce muneris ac præceptionis ratio, ſemper habebam meis
conſiliis ſtudio fuo et frequentia faventes: quæ mihi impertita veſtræ
voluntatis teſtimonia nifi in beneficii loco ponerem, fane de me arro-
ganter, de Vobis contumeliofe fentirem. Vobis itaque omnibus, Academici, maximas et ago gratias et habeo: ſemper mihi jucundiſſima
erit veſtræ erga me benevolentiæ recordatio; neque verendum eſt, ne
id patiar ex animo meo excidere, quod mihi præcipuo honori eſſe ſemper exiſtimabo.

· Ut autem iſtuc revertar, quo maxime fpectavit univerfum præceptionis meæ confilium, Vos, Juvenes Ornatiſſimi, mihi jam poſtremo
monendos atque hortandos arbitrarer, nifi laudandi potius eſſetis. Nam
Linguam Hebræam, nimium diu neglectam et pæne obfoletam, his
proximis aliquot annis ita fedulo coluiſtis, et in cæterarum literarum focietatem et communionem tanto ſtudio et confenfu revocaſtis, ut jam
iterum fummo in honore et celebritate verfetur; ut veſtro beneficio poſt
longum exilium, ſtatum, exiſtimationem, dignitatem, quafi poſtliminio
recepiſſe videatur. Pergite itaque his ſtudiis eadem qua cœpiſtis diligentia,

tia, eadem ingenii felicitate, incumbere ; nihilque ,prius babete, quam
ut illuftretis porro atque propagetis has literas ; cum fuaves, elegantes,
jucundas, tum fumme utiles et fructuofas ; rerum copia locupletes,
gravitate adinirabiles, fanctitate venerandas ; homine ingenuo et liberali
imprimis dignas, ad Theologiæ fcientiam adfpiranti omnino neceffarias ;
Vobis ipfis laudi, Academiæ honori, Ecclefiæ emolumento, futuras.
Habetis Ducem, 1 qui auctoritate, exemplo, præceptis, affiduitate, nunquam veftris commodis atque utilitati deerit ; cum excellenti ingenio
Virum, et fingulari eruditione, tum fummo morum candore, fumma
facilitate atque humanitate præditum.   Vobis Ille immenfos Orientis
thefauros, ampliffimumque fcientiæ campum, curfumque ad laudem
patefaciet : mihi fuffecerit, Hebrææ Poefeos copiam et divitias aliquantum indicaffe, et amœniora quædam hujufce Paradifi fpatia aperuiffe, fi
forte illuc ftudia veftra allicere atque excitare poffem : quod fi intellige-
rem, Vos in hoc literarum curriculum meo hortatu promptiores unquam defcendiffe, uberrimum me laboris mei fructum percepiffe exifti-
marem.

1 Virum Cl. THOMAM HUNT S. T. P. Linguæ Hebrææ Regium, et Arabicæ Laudia-
num, Profefforem.

METRICÆ HARIANÆ

BREVIS CONFUTATIO:

ET

ORATIO CREWIANA.

X x

METRICÆ HARIANÆ

BREVIS CONFUTATIO.

CUM Viri admodum Reverendi FRANCISCI HARII, nuper Epifcopi CICESTRENSIS, de Metrica Hebræa Hypothefis ita fe doctis quibufdam probaverit, ut perfuafùm habeant, Præfulem eruditiffimum germanam veterum Hebræorum poefin, ab annis plus bis mille intermortuam, feliciter jam inftauraffe; fuamque de hac re fententiam rationibus tam validis firmaviffe, ut plane extra omnem controverfiam pofita fit: profecto qui eam ita adoriri velit, ut folummodo de parte aliqua quæftionem inferat, dubitationem ac fcrupulum fubinde injiciat, aut unum atque alterum ejus argumentum convellat, " fruftra ! fperaverit fe opinionem eorum animis tam " alte infixam, tantique Viri auctoritate munitam, exempturum: ne- " dum is fidem impetrabit, qui affirmet fe reperiffe quod doctiffimum " Præfulem latuit, nifi validiffimis rationibus illius Hypothefin evertat, " fuam confirmet. Miffis igitur ambagibus ad rem illico deveniam, et " exemplo, quod unum probationis genus incredulis hac in caufa af- " fenfum extorquere poffit, clariffimo et certiffimo oftendam, me jam " primum de facto deprehendiffe poefeos hujus naturam et regulas, " eafque plane contrarias et pugnantes iis quas ille conftituit." Exemplum quò utar erit Pfalmus CXI, is ipfe quo utitur Harius; qui probe expenfus noftram fententiam fatis aperiet et probabit, fimulque illius rationes omnes funditus evertet.

Vide HARII Prolegomena in Pfalmos fub initio.

PSALMUS

PSALMUS CXI.

Verſ.   Period.

1. odéh javóh becól lebáb,
2. besód jeſárim véyedáh.

3. gédolím mayaſé javóh,
4. déruſím lecól chephʒéhem.   II.

5. hód vehádar póyaló,
6. veʒídkathó yomédeth láyad.   III.

7. zecér yaſáh leníphlotháv;
8. chánun vérachúm javóh.   IV.

9. téreph náthan líreáv,
10. jízcor léyolám berítho.   V.

11. coách mayaſáv higíd leyámo,
12. lathéth lahem nachálath góim.   VI.

13. mayaſé jadáv eméth umíſpat;
14. neemánim cól pikúdav :   VII.

15. semúcim láyad léyolám,
16. yáſuím beeméth vejáſar.   VIII.

17. pedúth ſalách leyámo,
18. ʒívah léyolám berítho.   IX.

19. kádoſ vénorá ſemó;
20. reſíth chocmáh jiráth javóh.   X.

21. ſécel tób lecól yoſéhem,
22. tehílathó yomédeth láyad.   XI.

Ex

Ex hoc Pfalmo Alphabetico fecundum literas initiales in fuos verficulos diftincto, et numeris fuis, fine ulla textus emendatione, fine ulla
etiam Maforeticarum vocalium mutatione, (nifi quod cum Hario *javoh*
legam,) reftituto, colligendi funt ac ftatuendi canones Hebraici Carminis.

I. ¹ Primo igitur in Hebræa Poefi pedes non funt omnes diffyllabi:
nam in verfibus, 3, 11, 16. —lím maya—, cóach maya—, —ím bee—,
funt Dactyli; in verfibus 13, 14, mayafé, neemá— funt Anapæfti:
contra Harii Canonem I.

II. Quantitatis fyllabarum femper habetur ratio: nam eadem vox,
quotiefcunque recurrit, femper eft ejufdem quantitatis; exempli gratia,
javóh, lecól, femper funt Iambi, láyad femper Trochæus, mayafé A-
napæftus; léyolám perpetuo eft Amphimacer, berítho, yomédeth Am-
phibrachæs: contra Canonem II.

III. Verficuli funt vel Trochaici, qui admittunt Dactylum, vel· Iambici, qui Anapæftum: fed neutiquam colligi poteft verfum ex hoc vel
illo genere effe, eo quod impari vel pari numero fyllabarum conftet:
nimirum qui pari fyllabarum numero conftant, funt fæpius quidem
Iambici, verf. 1, 2, 7, 13, 14, 15, 20; fed interdum Trochaici, verf.
3, 4, 10, 18, 21; et qui impari, fæpius quidem funt Trochaici, verf.
5, 8, 9, 11, 16, 19; fed interdum Iambici, verf. 6, 12, 17, 22: contra III, et IV.

¹ Præcipui Canones Hariani:
I. "Primo in poefi Hebræa pedes funt omnes diffyllabi.
II. "Quantitatis fyllabarum nulla ratio habetur.
III. "Ubi par eft fyllabarum numerus, ejus generis verficuli Trochaici funt, in prima fylla-
"ba acuendi.
IV. "Si impar fit fyllabarum numerus, pro Iambicis cenfendi funt, et fyllaba fecunda, ut
"rhythmus fervetur, acuenda.
V. "Periodi plerumque conftant duobus verficulis, fæpe tribus quatuorve, aliquando plu-
"ribus.
VI. "Verficuli ejufdem Periodi, exceptis perpaucis, funt ejufdem genera.
VII. "Verfus Trochaici plerumque pedum numero conveniunt, fed fæpe etiam difcrepant.
VIII. "Verfus Iambici plerumque difcrepant, fed fæpe etiam conveniunt.
IX. "Singuli verficuli fingulos fenfus non exponunt.
Vide HARII Prolegom. pag. 27, &c.

IV. Ver-

· iv. Verficuli ejufdem Periodi funt diverfi generis, Period, iii, iv, vi; viii, ix, x, xi; paucis exceptis, Period. i, ii, v, vii : et qui ge_ nere conveniunt, raro conveniunt numero fyllabarum et pedum; nimi_ rum in Periodo ii, et v, primus verfus eft Trochaicus Dimeter Cata_ lecticus, fecundus vero Trochaicus Dimeter Acatalecticus; in Periodo vii, primus eft Iambicus Dimeter Hypercatalecticus, fecundus vero Iambicus Dimeter Catalecticus: unicum datur exemplum, ubi verfus genere convenientes fyllabarum etiam et pedum numero conveniunt, in Periodo i; iique funt Iambici: contra vi, vii, viii.

v. Periodi omnes duobus tantum verficulis conftant : nam rectius *koph* et *refh* penultimam, *fhin* et *tau* ultimam, Periodum conftituunt; quod vidit Doctiffimus Cappellus: i contra v.

vi. Singuli verficuli fingulos fenfus femper exponunt: contra ix.

" Hæc autem quæ dixi vera effe, ut funt veriffima, conftat exem_ " plis hic adductis, et cuivis Pfalmos infpicienti facile liquebit, cum " quavis fere pagina exempla legenti in oculos incurrent." 2

Quæ cum ita fint; cum reconditas Metricæ Hebrææ regulas ex hoc Pfalmo feliciter eruerim, vel potius ultro fefe offerentes luculenter ex- pofuerim, eafque ad Artem facilem, perfectam, fibique conftantem re- degerim; principiis æque claris et certis innixus, fed minime mihi eam licentiam permittens, quam fibi prolixe indulget Harius, ut unam ean- demque vocem nunc Trochæum, nunc Iambum, nunc diffyllabam, nunc triffyllabam, faciat; id jam meo jure ab æquo lectore poftulatu- rus videor, ut meam Hypothefin Harianæ præferat; hoc certe me fa_ cile impetraturum confido, ut utramque eodem in loco habeat, utrique parem tribuat auctoritatem; hoc eft, omnino Nullam.

Simili quodam modo omnem, quæcunque ea fuerit, Hypothefin, quæ Metricæ Hebrææ leges tradere, et Verfuum numeros, pedes, et

---

1 Vide CAPPELLI Crit. Sacr. Lib. i. Cap. xii. ii.
2 Vide HARII Prolegom. pag. 31. Animadvertit proculdubio Lector, ad conftituendos duos ultimos Canones noftros, ut et reliquos fortaffe plerofque, Propofitionem Univerfalem ex Particulari deduci: nimirum, fic fe res habet in hoc Pfalmo, ergo fic habet in omnibus Hebrai- cis Carminibus quibufcunque: in quo Harium fequor; nam ut quod res eft plane dicam, ex hac argumentandi ratione, fimulque ex Petitione Principii, tota pendet illius Hypothefis.

fcanfionem

fcanfionem definire, aggredietur, facile everti poffe exiftimo : nam ei Hypothefi aliam contrariam et omnino repugnantem, fed æque validis argumentis confirmatam, opponi poffe perfuafum habeo.

Quod ad eorum attinet fententiam, qui Hebraici Carminis artificium in ομοιοτελδτοις unice ponunt, five in verfuum claufulis fimiliter definentibus; eam, quanquam multos habuerit fautores, et eruditos propugnatores, Clericum, Garofalum, Fourmontium, multo tamen effe arbitror omnium vaniffimam, quippe cujus vanitas tam manifefto deprehenditur. Nam cum in Carminibus Alphabeticis nonnullis certo definiuntur verfuum claufulæ, cumque in iis plane apparet verfuum claufulas non effe fimiliter definentes, nullam adhibitam fuiffe circa ομοιοτελδτα curam aut cogitationem; clare id vincitur, Hebraici Carminis artificium in ομοιοτελδτοις pofitum non effe.

ORATIO ANNIVERSARIA

IN MEMORIAM PUBLICORUM BENEFACTORUM

ACADEMIÆ OXONIENSIS,

EX INSTITUTO

HONORATISSIMI DOMINI

ET PATRIS ADMODUM REVERENDI

NATHANIELIS DOMINI CREWE,

NUPER BARONIS DE STENE

ET EPISCOPI DUNELMENSIS,

HABITA IN THEATRO SHELDONIANO

VI. NONAS JULII A.D. MDCCLI.

A ROBERTO LOWTH A.M. E COLL. NOV.

POETICÆ EXPRÆLECTORE,

ARCHIDIACONO WINTONIENSI.

ORATIO CREWIANA.

QUOD pie ac prudenter a majoribus noſtris olim proviſum eſt, Academici, ut in ſingulis Collegiis Virorum de unoquoque privatim bene meritorum annua fieret recordatio, id jam tandem Viri Illuſtriſſimi Sanctiſſimique Præſulis auctoritate atque inſtituto in Academia pariter obtinet, ut eorum omnium, quorum munificentia res noſtra communis in hunc amplitudinis gradum pervenit, grata ac ſolennis commemoratio communiter et publice concelebretur. Senſit profecto Vir ille ſapientiſſimus, noſtrique tum commodi tum dignitatis ſtudioſiſſimus, non modo ad Academiæ pietatem imprimis pertinere, ut officii hujuſce religioni quoad poſſet ſancte auguſteque ſatisfaceret, ſed et ejuſdem plurimum intereſſe, ut per quos potiſſimum profecerit quaſi præconis alicujus voce palam teſtaretur ; neque plus gloriæ in illuſtriſſimos hujus Academiæ Patronos ex ipſorum liberalitate, quam honoris in ipſam Academiam ex tot tantorumque Virorum patrocinio, redundaturum. Hoc vero Illum vel præcipue in animo habuiſſe arbitror, quod Vos ut ex animis veſtris excidat nunquam commiſſuros eſſe confido ; nimirum omnem magni alicujus beneficii commemorationem ſimul in ſe continere admonitionem officii, acerrimoſque ingenuorum hominum mentibus admovere laboris, induſtriæ, virtutis ſtimulos : ita fore, ut quoties fieret tot tantorumque ∙ erga vos meritorum enumeratio, toties attentius cogitaretis, quid horum auctoribus, quid Academiæ, quid patriæ, quid humano denique generi, eo nomine debeatis ; ∙toties animi veſtri gratiæ non verbis, ſed re factiſque, referendæ flagrantiore quadam cupiditate ac deſiderio incenderentur.

∙Cujus ego ut pareant voluntati auctoritate veſtra ex ipſo diſceſſu huc revocatus, poſt miſſionem, quam mihi lætiorem dubito an acerbiorem reddiderit veſtra, Academici, erga me perſpecta benevolentia, etſi nihil aliud, hoc certe, quod non ultimum eſt in hoc negotio, et in quo ne-

mini

mini facile concefferim, affero, animum huic Academiæ longo ufu, fuaviffimo commercio, fanctiffima neceffitudine, multis magnifque beneficiis cum privatim tum publice acceptis, meritiffimo devinctum atque
deditum; ejufque falutis, exiftimationis, famæ, confervandæ, tuendæ,
propagandæ, incredibili quodam ftudio ardentem. Neque porro defu-
turam mihi in hoc argumento orationem vererer, fi rei ipfius amplitudinem ac dignitatem, quantam mente et cogitatione complector, tantam verbis exprimere et dicendo confequi poffem.

Equidem cum ex ultima memoria Academiæ noftræ origines atque
incrementa repeto, video ejus initia ipfis hujufce nationis primordiis æ-
tate finitima; res ejus cum ipfius reipublicæ fortunis fere conjunctas:
in difficillimis temporibus maximifque rerum converfionibus, hanc fummis hominibus atque potentiffimis non parvi æftimatam, hanc optimis
præcipuæ curæ habitam; hanc femper primarios in Ecclefia et in Republica viros, hanc Præfules, Optimates, Principes, Reges, ut quifque
de patria bene mereri voluit, ita Academiam propenfiffimo quemque a-
nimo amplexum fuiffe, eique fervandæ, augendæ, amplificandæ, confilia, officia, operas, liberalitatem, promptiffime ftudiofiffimeque con-
tuliffe. Hanc enim ftudiorum fuiffe domicilium, hanc literarum fedem, hanc fontem fcientiæ atque virtutis; hujus præcipue falute totius
regni falutem contineri, unde artes atque difciplinæ, unde humanitas,
doctrina, religio, in omnes reipublicæ partes derivarentur.

Quod fi ufque a magno illo ALFREDO, Academiæ noftræ vel con-
ditore vel certe inftauratore, initium ducamus, quod fuiffe unquam
tempus reperiemus, quo non REGUM potiffimum noftrorum in eadem vel fublevanda, vel tutanda, vel ornanda, eximiam quandam curam ac folicitudinem, favorem etiam et propenfiffimam voluntatem,
teftatam fuiffe videbimus? Hi Academiam barbarorum populorum in-
curfionibus afflictam erexerunt; hi civilibus difcordiis concuffam ftabi-
liverunt; hi inteftinis diffidiis diftractam atque dilaceratam auctoritate,
confilio, interceffione, præfentia, compofuerunt: ab his conceffæ im-
munitates, leges conftitutæ, præmia propofita, factæ donationes: hi
Collegio-

Collegiorum partim conditóribus præſidio fuerunt, partim ipſi condide-
runt. Quid dicam, qui diſciplinas novas conſtituere, conſtitutas am-
plioribus ſtipendiis augere; qui exercitationibus noſtris coram intereſſe,
et labores noſtros atque diligentiam monitis, hortationibus, præmiis,
multoque magis oculis atque aſpectu ipſo, incitare dignati ſunt: quid,
qui literis ipſis favendo, noſtræ ſimul induſtriæ et honori veriſſime fa-
verunt? Quos omnes ſi ſingulatim recenſere vellem, annales noſtros
ab ultima memoria ad hunc uſque diem percurrere, faſtorumque codicillos ordinatim vobis recitare, neceſſe haberem. Hæc autem quorſum
pertinent, niſi ut cogitemus, iſthæc omnia, quæ videmus quibuſque
fruimur, ex eodem ſancto auguſtoque fonte et manaſſe primum, et
perpetuo profluxiſſe: hanc Academiam Regiæ auctoritatis veluti fundamento conditam eſſe, ejuſque præſidio etiamnum niti atque conſiſte-
re; Regii favoris aura ad hunc dignitatis atque opulentiæ portum perveniſſe, ejuſdemque cuſtodia tutam et ſecuram ſtationem obtinere: his'
non modo ejus decus, exiſtimationem, felicitatem, ſed ſalutem, ſed vitam ipſam atque ſpiritum contineri? Neque immerito majores noſtri
hanc ſibi primam laudem et quaſi propriam vendicaverunt, ut ſingulari
pietate tantis beneficiis reſponderent; utque erga Regiam Majeſtatem
fidei, honoris, obſervantiæ gloria, cæteris omnibus antecellerent, ſuæ-
que nationi perfectum quoddam proponerent documentum atque exemplar. Tuemini itaque, Academici, per famam atque ſortunas veſ-
tras vos óbteſtor, tuemini hanc laudem illibatam atque illæſam; atque
providete, ne ulla unquam hac in parte labes, quam ab animis veſtris'
longiſſime abeſſe certo ſcio, ne vel tenuiſſima ſuſpicionis macula, nomini veſtro inhæreſcat.

Proxime ab Regibus noſtris COLLEGIORUM FUNDATORIBUS,
inter quos ſunt et Regii nominis, Academiæ grates debentur; qui beneficiis privatim collatis, incredibile dictu eſt, quantum rem ejus communem atque dignitatem publicam amplificaverunt. Revocate enim
animos veſtros, Academici, ad illorum temporum memoriam, cum ſine certa ſede, ſine laribus propriis, homines hic loci literis operam dan-

tes fufi per urbem ac difperfi licenter vagabantur; tabernarum potius ac popinarum inquilini, quam Mufarum hofpites aut Academiæ cives. Ut commorandi, perinde erat vivendi ratio; neque habitatio, quam mores, folutior. Piget pudetque referre, quæ tum fæpe dominabatur in hoc difciplinæ atque humanitatis domicilio libido atque immanitas; quæ factionum barbaries, qui difcordiarum furor, quæ pugnarum atque etiam cædum rabies et licentia; cum in confufa et infinita multitudine, nec fatis noti, neque in certos ordines defcripti, neque ulli regimini domeftico obnoxii effrenate paffim graffarentur. Jam fi temporum notis inftiterimus, reperiemus hanc feritatem tum demum mitefeere atque obfolefcere cœpiffe, cum magni illi literarum patroni vel potius parentes, quorum laudes ad fempiternam memoriam ipforum in patriam merita propagaverunt, ædes hic complures condidiffent ac fodalitia conftituiffent, ubi doctrinarum ftudiis dediti, non modo fumptibus neceffariis atque etiam honeftis fuftentarentur, fed publicis Academiæ inftitutis non minus utentes, privata tamen et fua interea difciplinæ defcriptione et certa vivendi ratione continerentur; atque in fui Moderatoris quafi patrisfamilias tutelam traditi, propriofque habentes artium non magis quam morum Præceptores, ad omnem humanitatem, virtutem, et pietatem attentius fanctiufque informarentur. His itaque Viris non modo debemus magna ex parte Academiæ noftræ amplitudinem et fplendorem, fed quæ Academiam multo magis decorant, vitæ civilioris atque humanioris cultum, tranquillitatem, concordiam, ordinem, moderationem, totiufque inftitutionis liberalis accuratiorem normam: his debemus peculiarem illam Academicæ Reipublicæ formam, quæ ad gentis etiam Anglicanæ gloriam pertinet, quamque cum una florentiffima Academia Cantabrigienfi, dilectiffima noftra Socia atque Compare, communem habemus. Utramque fane Academiam Anglicanam intuens, quot video Collegia, tot numero juftas et perfectas Academias, quafi plures civitates uno communis fœderis et focietatis vinculo conjunctas; quarum plurimæ multis non minimi nominis apud exteras nationes integris Academiis, ædificiorum fplendore, poffeffionum amplitudine, literariæ fupellectilis copia, et, quod maximum eft,

graviter

graviter_fancteque conftituta inftitutionis difciplina, fingulæ antecedunt. Cogitate modo, Academici, quos ex tot tantifque, quibus præter cæteros fruimini, commodis et facultatibus, induftriæ, honeftatis, atque virtutis fructus, non modo patria veftra, fed univerfus etiam orbis expectat atque efflagitat. Animadvertite autem atque tenete eam potiffimum boni regiminis rationem et viam, quam vobis aperit ipfa reipublicæ veftræ forma, vobifque præcipue facilem et proclivem reddit. Inde nimirum repetenda eft, vel confervatio, vel fi qua eft opus, emendatio difciplinæ, unde primum inftituendæ data eft facultas; a fingulis in univerfos, ex familiis in civitatem, ex Collegiis in Academiam, neceffe eft emanent boni mores. In Vos itaque, Viri Venerabiles, Collegiorum — Præfecti, quibus eo nomine primæ etiam regiminis publici partes dantur, in Vos omnium converfi funt oculi, in Vos ipfa fpectat Academia: Vobis fe fuam integritatem et falutem imprimis debere profitetur; malevolorum convitiis vexata ad veftram fidem et vigilantiam confugit: cum Academiæ fama veftra conjuncta eft exiftimatio; ad Vos præcipue pertinet difciplinæ Academicæ bene adminiftratæ gloria, neglectæ atque jacentis in Vos potiffimum redundabit dedecus.

Plurimis jam conftitutis ampliffimeque conftructis Collegiis, atque hoc modo a privatis mœnibus in publicum inducta faniore difciplina, privatam etiam magnificentiam fimiliter confecutus eft PUBLICORUM ÆDIFICIORUM fplendor. Qui quidem inde primum, unde decuit maxime, initium habuit, atque a rebus facris et ad religionem pertinentibus quafi aufpicato incepit. Primum enim ædificium quod fumptuofius et auguftius molita eft Academia, Schola erat Theologica; in quo opere egregiam experta eft munificentiam fingularis fui patroni, Celfiffimi Principis HUMFREDI DUCIS GLOCESTRIÆ, Regis Henrici Quinti Fratris, cui a moribus et naturæ benignitate cognomen Bono vulgo erat inditum. In eodem poftea perficiendo larga ufa eft liberalitate Utriufque KEMPII, alterius Archiepifcopi Cantuarienfis, alterius Londinenfis Epifcopi. Ad Scholam facta eft acceffio Bibliothecæ, quæ ejufdem optimi Principis beneficio fuperftructa eft, et libris

pro

pro ea ætate magnifice ornata; accepit enim codices manu exaratos fex- centos, quos ipfe in hunc ufum ex diverfis orbis partibus conquifiverat, ingenti pecunia, uti facile computare poffitis ex eo, quod ex illorum numero foli Centum viginti novem, quos primos donaverat, mille li. brarum pretio æftimarentur. Eidem Bibliothecæ haud multo poftea Codices plus centum manu fcriptos contulit R I C H A R D U S L I T C H. F I E L D U S Archidiaconus Midlefexiæ: præterea autem idem grandem nummorum fummam dedit reparando atque ornando Beatæ Mariæ Templo, uti honeftius et pro fua proque rei dignitate rem divinam fa. ceret Academia.

Hæc initià optimis aufpiciis facta magnis poftea incrementis aucta funt. Nam occafione Reformatæ Religionis cum Bibliothecam Hum. fredinam qui vehementiore, uti fit, ftudio purgare aggreffi funt, vaf- taffent potius, fuoque inftrumento prope omni orbatam reliquiffent, huic tandem reficiendæ intentus Illuftriffimus B O D L E I U S ea iniit con- filia, quæ exitus habuerunt fupra quam ipfe fibi primo propofuerat, vel quifquam tum fperare aufus effet, felices. Inftaurata enim fuis impen- fis antiqua Bibliotheca, librifque impreffis per totam Europam coem- ptis abunde inftructa, fuadere cœpit Bodleius multis Viris primariis, li- teratis et literarum fautoribus, uti, fi quos haberent libros rariores et Codices manu exaratos, huc eos in publicam utilitatem et fidelem cuf- todiam reponerent. Tantum effecit cum apud amicos fuos viri aucto- ritas, tum ipfius perpetua in conquirendis libris diligentia, in donandis liberalitas, ut brevi opus effet novis ad vetus ædificium acceffionibus. Quas cum ipfe ample fieri curaffet, ejufdem porro confiliis, præfidio, benignitate adjuta Academia magnum infuper molita eft opus: inchoa- tæ funt Scholæ Publicæ; pecuniæ a Præfulibus et Optimatibus large collatæ. Bodleius interea moriens hæredem teftamento inftituit Acade- miam, operique faftigium impofuit; nam tertiam contignationem adji- ciendam curavit in perpetuam crefcentis Bibliothecæ fuæ acceffionem. Ita Unius Viri ftudio, auctoritate, confiliis, eximia liberalitate, para- tum eft Academiæ noftræ domicilium, ædefque inftructæ, quibus com- moditatum amplitudine, ædificiorum magnificentia, literarii inftrumen-

ti

ti copia, vix alia habet, aut fane unquam habuit, pares. Neque immerito is Bodleio proprius ac fingularis honos tribuitur, ut illius egregia erga Academiam merita anniverfaria oratione celebrentur; utque
eos 1 potiffi·· habeat laudum fuarum præcones, qui ingenio, eruditione, copia, ufu, facultate, ei officio ornatiffime cumulatiffimeque fatisfacere poffint.

Quid ego vobis fingula enumerem fplendoris incrementa, quæ plurima ex illo tempore Academia accepit; quæ vobis ante oculos verfantur, quæque ipfa, me tacente, et loci majeftatem prædicant, et patro-
norum noftrorum munificentiam veluti clariffima voce teftantur? Quid
vobis Mufæum Afhmolianum commemorem, ipfius Academiæ impen-
fis pulcherrime ædificatum, Scientiæ Phyficæ promovendæ commode
adornatum, ampliffima Officina Chymica inftructum, ingentique copia
rerum rariorum ad Naturalem Hiftoriam pertinentium a Viro clariffimo ELIA ASHMOLIO potiffimum dotatum? Quid Hortum Bota-
nicum Illuftriffimi HENRICI COMITIS DANBIENSIS fumptibus
extructum, Clariffimi SHERRARDI beneficio, atque ipfius Academiæ
larga liberalitate, haud ita pridem eoufque auctum, ut celeberrimorum
hortorum Leydenfis atque Patavini cæterorumque omnium plane ob-
fcuret fplendorem, utque nulla in toto orbe Academia quidquam habeat in eo genere fimile aut fecundum? Quid Typographeum Claren-
donianum, a Magno CLARENDONIO confcriptæ, emiffæque in publicum Academiæ cura, immortalis Hiftoriæ, fructum; ab Academia
Illuftriffimo HYDIORUM nomini merito dicatum; ex qua familia nec
adhuc defuerunt Viri fpectatiffimi, quos fibi inter præcipuos Patronos
femper adoptaret, neque, uti augurari libet, unquam defuturi funt,
quos porro adoptabit? Quid fplendidiffimam Bibliothecam RADCLI-
VIANAM, quam, nequid aliud jam dicam, Vos ipfi nuperrime fumma
ma hominum celebritate, fumma ampliffimorum Virorum frequentia,
apparatu in omni genere eleganti atque magnifico, hoc ipfo in loco de-
dicaviftis? Quid denique hoc ipfum Theatrum, Viri graviffimi atque

---

1 Ædis Chrifti Alumnos.

fanctiffi-

sanctissimi GILBERTI SHELDONI Cantuarienfis Archiepifcopi fingulari conftructum munificentia? munus dignum Auctore, dignum
his comitiis celebrioribus, hac ipfa folennitate, hac ampliffima atque
ornatiffima fpectantium corona; dignum his auditoribus, alio dicente :
quod cum intueor et circumfpicio, videor mihi in ipfa Roma, vel in
mediis Athenis, antiquis illis et cum maxime florentibus, verfari; nifi
quod, fidenter hoc dico, neque Roma neque Athenæ tale tantumque
Gymnafium Mufis et Apollini fuo confecratum unquam habuerunt.

Quibus etfi diutius libuiffet immorari, alio tamen me revocaret illorum eximia liberalitas, qui LECTIONES PUBLICAS inftituendo, ftudentium commodis ipfarumque literarum faluti confuluerunt atque in-
cremento. Quod ne altius repetam, neve ab Alfredo deducam, aut a
Lectionibus Linguarum Orientalium Clementis Quinti Romani Pontificis auctoritate fancitis; aut Artium Scientiarumque univerfarum ab Illuftriffimo Principe Johanne Bedfordiæ Duce, Humfredi illius Glocef-
trienfis, et natura et animo in literas benevolo, germano Fratre, aut
Sacræ Theologiæ ab Edvardo Quarto Rege, conftitutis: quæ omnes
jampridem ætate obfoleverunt atque perierunt: primum fane quod extat hujufmodi inftitutum debemus pietati Illuftriffimæ Fœminæ, MAR-
GARETÆ RICHMONDIÆ COMITISSÆ, Regis Henrici Septimi
Matris, quæ in utraque fuæ nationis Academia Lectionem Theolo-
gicam dotavit; munus pro illis quidem temporibus fatis amplum, fed
poftea CAROLI I. REGIS pientiffimi benignitate auctius redditum, et
cum in fe, tum exemplo fuo utiliffimum; cujus forte imitatione Præ-
lectiones fuas publicas feptem inftituit poftea WOLSEIUS: elati Vir
animi fummeque excelfi, nihil non magnificum cogitantis; quod cogi-
taverat, nihil non exequi audentis; cujus infra gloriam confiftere vel
Reges, qui maxime æmulari vellent, facile patiebantur. Verum hac
quidem ex parte HENRICUS VIII. REX, cum Wolfeii omnia fifco ad-
dicerentur, caducam laudis hæreditatem et libenter adiit, et procurando
auxit: nam etfi ex eo numero quinque tantum Cathedras hic loci in-
ftituerit, totidem tamen alteri Academiæ dedit; omnibufque honoraria

pro

pro ea ætate ampla affignavit, quanquam poftea earum plerafque Reges
JACOBUS et CAROLUS I. pro fua in literas benevolentia liberalius et
honorificentius dotandas cenfuerunt. Quæ deinde ampliffimorum Virorum in promovendis Scientiis æmulatio et pene certamen? cum prope uno atque eodem tempore Philofophiam Naturalem educandam atque alendam fufciperet SEDLEIUS, Moralem WHITUS: cum CAM-
DENUS Hiftoriam, quam ipfe immortalibus fcriptis illuftraverat, præ-
diis perpetuis donaret; cumque SAVILIUS, quam ipfe Geometriæ
Cathedram magna cum laude impleverat, eandem cum altera Aftrono-
miæ fummis viris in pofterum implendam curaret. Qui Viri, Academici! quanta in Mathefi nomina! Savilio debemus Briggium, Walli-
fium, Halleium; eidem Savilio, Greavium, Wardum, Wrennum, Gre-
gorium, Keilum; ne nominem, quem pofteri nunquam tacebunt. Nec
multo poft Lectionem Arabicam fundavit LAUDUS, nunquam hoc in
loco fine eximio præconio memorandus: magnus Vir, ad literas ornan-
das et propagandas natus; omnique invidia major, fi ex civilibus tur-
bis, ad quas minus erat a natura comparatus, et ex iftis infeliciffimo-
rum temporum procellis in otium et tranquillitatem Academicam veluti in portum confugiffet: ad Academiæ falutem promovendam unice
compofitus, ftudiorum fautor, difciplinæ ftator, legum et lator et vindex; qui ita Cancellariatum geffit, ut fimul graviffimi Cenforis feveritatem, Parentis amantiffimi pietatem, præftaret. Quæ et quanta erat
perpetua ejus erga eandem munificentia, teftantur infuper Mille trecenti
Codices manu exarati, variis Linguis, fed præfertim Arabica, Perfica,
cæterifque Orientalibus confcripti, ingenti ftudio et pretio undique con-
quifiti, et Bibliothecæ Bodleianæ donati: quo in genere nulla alia Bibliotheca Europæa parem thefaurum jactat.

Magna equidem funt hæc, fed alterius fæculi; —verum bonas literas
etiamnum fummis uti fautoribus, neque res noftras Auguftiffimo Patrocinio carere, nuper indicavit ampliffimum in eodem liberalitatis genere
GEORGII I. REGIS munus; honorarium Hiftoriæ Recentiori ex fifco affignatum. Neque mihi fane hoc in loco prætereundum eft, Illuf-
triffimum CREWIUM, in diftribuendis, uti maxime opus effe exifti-

mavit,

mavit, legatis, quibus fuam in Academiam voluntatem teftatam fecit, aliquos ex Publicis Lectoribus fuæ munificentiæ magna ex parte participes effe voluiffe.

Quod 'fi rem recte æftimemus, cur alio jamdudum fere deflexit beneficiorum in nos collatorum curfus, hæc maxime in caufa fuiffe reperiemus; partim Scientiarum docendarum præmia fatis ample antehac conftituta, partim ipfius Academicæ difciplinæ conditio, ftudiorumque ratio (dicam quod verum eft) in melius mutata. Nam cum primum inftitui cœperunt hæ ipfæ quas memoravi Lectiones Publicæ, non erat, uti bene noftis, adeo communis & pervulgata Scientiarum interior & perfectior cognitio, neque ubivis occurrebat qui Artium elementa paulo fubtilius & copiofius explicare poffet: accedebat bonorum librorum magna paucitas: cogebantur igitur foris quærere quod non habebant domi. Itaque boni adolefcentes turmatim itabant ad Scholas; Publicum Profefforem quafi oraculum quoddam audiebant, "intentique ora "tenebant:" elapfa propemodum hora, ad alium ac deinde alium furfum deorfum protinus curfitandum erat, hunc e Dialecticæ fpinetis fefe explicantem, illum fortaffe Rhetoricæ flofculos legentem: tandem aliquando domum fe conferebant plenos reportantes codicillos, unde, nefeio quomodo, magno certe cum labore ex magna rerum farragine, pauxillum tamen quiddam extricabant, quod effet ex ufu. Alia autem hodie rerum eft facies, longe major ftudiorum commoditas: vigent literæ variæ, multiplices, pervagatiores, latiufque diffufæ; fuppetit in omni genere librorum copia, cum in Collegiorum Bibliothecis, tum in privatis ftudentium fcriniis; non defunt multi in fingulis Collegiis Præceptores omni eruditione laude florentes, quibus juvenes domi commodius, conftantius, diligentius, ordinatius, multo majore denique cum fructu, operam dant: ita ut jamdudum Publici Profefforis munus merito plerumque habeatur eximiæ potius eruditionis infigniumque in literas meritorum præmium, quam magni aut affidui laboris merces. Faciunt itaque perverfe et inique, qui ab illis veteres iftas elementarias et pene quotidianas præceptiunculas repofcunt; cum nos in ftudiorum rationem et viam minus utilem minufque expeditam revocatum eunt, vel

id

id ab iis poftulant, quod, cum revera 'maxime volunt, non tamen poffunt, non datur exequi. Id potius agant Viri omni ingenii et doctrinæ
gloria cumulatiffimi, nec fuorum Antecefforum vel clariffimis quie-
quam inferiores, id curent, quod nunquam definunt curare : teneant in
literis principatum; ftudiis noftris præfint; juventuti Academicæ exemplo, auctoritate, hortatu, monitis, ad omnem eruditionis laudem fefe
duces præbeant; fi quibus major quædam atque eminentior ineffe videatur ingenii et virtutis indoles, hos alant, foveant, incitent, præceptis
atque inftitutis, cum publice tum præcipue privatim, adjuvent; edant
in publicum egregia fuorum ftudiorum monumenta; proferant interdum in fcholas pro fua quifque difciplina aliquid de meliore nota, accuratius et perfectius elaboratum, quod fine graduum ac togulæ diferi-
mine communiter omnes audiamus. Iftud quidem ordinare et lege conftituere haud fcio an Vobis, Academici, ufquequaque fit liberum; in
eorum certe fitum eft poteftate, qui, fi ipfi velitis, neque vobis defue-
ritis, omni modo huic Academiæ benefacere, cum poffunt, tum maxime etiam volunt.

Hæc idcirco liberius et fidentius dixi, quia, cum Vos omnes eadem
mecum privatim fentire perfuafum habeo, tum video idem effe Academiæ ipfius de hac re judicium non obfcure fignificatum. Nam cum
haud ita pridem Vir Ornatiffimus HENRICUS BIRKHEADUS, quem
honoris caufa nomino, prædia quædam Lectioni Poeticæ hic loci inftituendæ liberaliter affignaviffet, cumque ea de re legem ferret Academia,
totumque hujus inftitutionis negotium ordinaret, quid quæfo fecit? Num
ita tulit, uti more illo antiquo atque obfoleto, altero quoque die, Prælec-
tor Poetam aliquem, Ovidium puta aut Phædrum, fumeret tyronibus
infimæ claffis in fcholis prælegendum atque interpretandum; quem fingulos verficulos grammatice refolventem, et digitis dimetientem, circu-
lus omnis, fiquem forte convocare unquam potuiffet, e veftigio reliquif-
fet? Minime : fed cavit, uti commodis intervallis folenniores quafdam
haberet Lectiones; et relicto argumenti delectu libero, libera tractandi
ratione, fatis ei fuum officium commendavit, monuitque, fedulo daret
operam, ut quoad poffet aliquod veftris omnium auribus dignum pro-
meret.

meret.· Quod cum Vir fummo ingenio et doctrina præditus, qui primus ei muneri præpofitus eft, ¹ ita exequutus effet, ut omnium votis faceret fatis,' neque vel ab adolefcentium utilitate, vel ab eruditiffimorum hominum judicio et comprobatione abhorrerent ejus præceptiones; id, credo, advertens Nobiliffimus c R E w I u s, inftitutionis hujufce opportunitatem, quique inde in literas fructus redire poffet, experimento e-doctus, inter cætera, quæ multis Academiæ munia obeuntibus confilio fumme prudenti præmia diftribuit, huic quoque negotio ampliorem mercedem proponendam cenfuit.

Ea profecto Summi Viri graviffimique Præfulis in Academiam noftram fupremis tabulis teftata benignitas fpectatæ ejus per omnem vitam munificentiæ, perpetuoque in literas favori, omnino confentiebat. Erat illi animus excelfus, liberalis, et imprimis beneficus, cum generis nobilitate, munerumque, quæ in Republica et in Ecclefia fuftinuit, dignitate, præclare congruens. Politiorem omnem humanitatem artefque elegantiores, quibus ipfe abunde inftructus erat, præcipue diligebat; feveriorum literarum, quas interea diligentiffime coluit, non minus fautor: cujus rei indicio. funt multæ atque honeftæ penfiones ftudentibus in Collegio Lincolnienfi, quod ipfe aliquando rexerat, olim ab eo affignatæ. Domus ejus antiqua erat hofpitalitate, omnibus patens, egentibus juxta atque illuftriffimis hofpitibus referta: oderat privatam luxuriam, publicam magnificentiam unice amabat, non levitate atque inani oftentatione, fed generofa quadam animi elatione atque inftinctu. Bene itaque et ad illius mentem et confilium valde accommodate facitis, Academici, qui hac frequentia, his lætitiæ gratæque voluntatis fignificationibus, hoc apparatus fplendore et magnificentia, hunc ornatis atque celebratis diem: in quo honoris et gratiarum præcipua quædam pars Illi merito debetur, qui inter alia multa, quibus Academiæ profpexit, beneficia, hoc etiam providit, uti cæteris omnibus ejufdem munificentiffimis Patronis debiti honores gratefque perfolverentur.

---

1 Vir Clariffimus J O S E P H U S T R A P P S. T. P.

De

De me, poft tantorum Virorum recordationem nihil fane dicerem, nifi turpe et indignum effet, qui publica gratiarum actione fungatur, eum fuo nomine ingratum videri. Ego vero, Academici, importunus haberi in hoc officio malim, quam negligens; neque facile ullum unquam aut locum aut tempus alienum putabo, quo teftari poffim, quantum Vobis atque huic Academiæ debeam. Nunc certe cum Vos poftremum publice alloquor, non poffum facere, quin pro veftra perpetua erga me humanitate atque benevolentia, pro favore etiam et ftudio veftro, quod fæpius compertum habui, gratias quas poffum maximas agam, majores etiam habiturus; meque huic Academiæ fanctiffimis fidei, amoris, obfervantiæ, pietatis vinculis, magnorumque beneficiorum gratiffima memoria, obftrictum effe fuprema voce palám profitear. Hanc ex animo meo religionem nulla unquam delebit oblivio; et quanquam inter vos verfari, veftrumque numero adfcribi definam, non minus tamen voluntate atque animo et Vefter ero et Academicus. Vos itaque, Academici, valere, plurimumque falvere jubeo, vobifque omnibus faufta omnia et felicia comprecor; Deumque Optimum, Maximum, fanctiffime veneror, ut hanc Academiam falvam, florentem, perpetuam præftare velit; utque ita ei bene profpereque omnia eveniant, uti ea de literis, de religione, de Republica, de Ecclefia, de patria, deque humano genere, et merita eft, et meretur.

PRÆLECTIONUM ARGUMENTA.

PRÆLECTIO I.

DE POETICÆ FINE ET UTILITATE.

Poeticæ Propositum, Prodesse Delectando; ut Finis sit Utilitas, Medium Delectatio. Quod illustratur exemplis petitis ex diversis Poeseos generibus; Didactica, Epopœia, Tragœdia, Oda, Elegia; ex Poesi leviore, quæ vel ad otii oblectamentum, vel ad literarum ornamentum, comparata est. Attingitur Poesis Sacra; unde ad Argumentum speciatim tractandum aditus aperitur.

Pag. 1, — 17.

PRÆLECTIO II.

ARGUMENTI PROPOSITIO ET DISTRIBUTIO.

Argumenti dignitas, utilitas, et cum Instituti ratione convenientia. Poesin divinitus inspiratam non positam esse extra provinciam Criticæ. Hinc petendam esse Artis ipsius originem; hinc æstimandam ejus dignitatem; hinc ortum duxisse, quæ apud Græcos de Poeseos divinitate opinio percrebuit. Critice agendum: vitandæ disquisitiones Theologicæ. Argumenti Distributio generalis in Tres partes, ratione Metrorum, Styli, et Dispositionis. Pag. 19, — 24.

PARS PRIMA.

מזמור

SIVE DE METRIS HEBRÆIS.

PRÆLECTIO III.

POESIN HEBRÆAM METRICAM ESSE.

De natura Hebræi Carminis disquirendi necessitas. Poesis Hebræa Metrica esse probatur, ex Carminibus Alphabeticis, versuumque hoc modo definitorum æqualitate et congruentia: ex Dialecto Poetica. Horum versuum proprietates quædam maxime obviæ. Rhythmus autem

A a a

et

et Scanfio omnino ignota penitufque deperdita : quod ex rei natura e-
vincitur.   Poetica Sententiarum conformatio.   Græca et Latina Poëfis
hac in parte ab Hebræa multum difcrepat, ex linguarum natura.   Hinc
oritur peculiaris conditio. Verfionum ex Hebræo Carmine oratione foluta quaeunque, vel Græcis Latinifque verfibus, expreffarum.

Pag. 25, — 33.

PARS SECUNDA.

SIVE DE STYLO PARABOLICO.

PRÆLECTIO IV.

STYLI PARABOLICI

ORIGO, USUS, CHARACTERES;

AC DE SENTENTIOSO GENERE.

Stylus Poeticus Hebræis משׁל, five Parabola, dicitur.   Ejus partes,
Sententiofum, Figuratum, et Sublime.   Styli Parabolici origo, ufufque
primævus : apud exteros ; apud Hebræos.   Ejus exempla quædam antiquiffima in Mofis fcriptis confervata.   I. Genus Sententiofum ; ejufque ratio et effectus.

Pag. 34, — 43.

PRÆLECTIO V.

DE GENERE FIGURATO;

EJUSQUE PARTITIO.

II. Genus Figuratum : ejus tractandi ratio, ad mentem Hebræorum
potius quam ad Rhetorum formulas accommodata.   Ejus Definitio :
præcipuæ partes, Metaphora, Allegoria, Comparatio, Profopopœia.
Hujus tractationis confilium : Hebræorum poëfin legentibus quæ ex
hac parte incommoda obveniunt ; quomodo tollenda.   1. De Metaphora agetur generali difquifitione de Poeticis Imaginibus : quarum natura explicatur ; et Quatuor præcipui fontes ftatuuntur : Natura, Vita
Communis, Religio, Hiftoria.

Pag. 44, — 49.

P R Æ-

PRÆLECTIO · VI.

DE IMAGINIBUS POETICIS,

EX REBUS NATURALIBUS.

Frequens ufus Metaphoræ dictionem grandem reddit, fed fæpe obfcuram : Hebræi Vates frequenti ejus ufu fublimitati confulunt fine imminutione perfpicuitatis. ′ Cujus rei Tres caufæ ftatuuntur : primo, Imagines transferunt notiffimas; tum in earum accommodatione confuetudinem et analogiam fequuntur; poftremo iis præcipue licentius utuntur, quæ maxime funt familiares, et notiffimæ poteftatis. Confirmantur hæc exemplis Imaginum (1.) ex Rebus Naturalibus : quæ funt omnibus hominibus communes; quæ funt Hebræis magis quam cæteris familiares; quæque funt iifdem propriæ.   Pag. 50, — 57.

PRÆLECTIO VII.

DE IMAGINIBUS EX COMMUNI VITA.

Eadem illuftrantur exemplis Imaginum (2.) ex Communi Vita. Ea apud Hebræos admodum fimplex erat, qui in agricultura et pecuaria potiffimum occupabantur. Harum Artium dignitas; et Imaginum exinde defumptarum fplendor : Tritura, Torcular. Imaginum maxime vulgarium ex ipfa proprietate fublimitas. Explicatur Hebræorum Infernum Poeticum, cujus Imaginem ex Conditoriis five Cryptis fepulchralibus, quarum aliquæ in Oriente adhuc vifuntur, petitam fuiffe, offenditur.   Pag. 58, — 67.

PRÆLECTIO VIII.

DE IMAGINIBUS EX REBUS SACRIS.

Imagines (3.) ex Religione offenfioni et obfcuritati præcipue obnoxiæ. Exempla quarundam, quæ valde deformes haberi poffent, tum ꞇ aliarum, quarum præcipua lateret elegantia, nifi ex fuis Sacris illuftrarentur. Exponitur PSALMI CIV. Exordium. Interpretationibus vel accuratiffimis parum fidendum : ipfi funt fontes adeundi.   Pag. 68, — 74.

PRÆLECTIO IX.

DE IMAGINIBUS EX HISTORIA SACRA.

Imagines (4.) ex Hiftoria Sacra funt plerumque omnium maxime perfpicuæ et illuftres. Hujufmodi tranflationum ratio exponitur; quæ Hebræis Vatibus eft propria. Quocirca earum loci præcipui ordine re- cenfentur: Chaos et Creatio; Diluvium; Sodomorum Excidium; Exi- tus Ifraelitarum ex Ægypto; Dei in Sinam Defcenfus. Hoc genus tranflationis Poefi Sacræ, maximeque Propheticæ, fua natura præcipue accommodatum effe; Poefi Profanæ haud facile competere.

Pag. 75, — 86.

PRÆLECTIO X.

DE ALLEGORIA.

11. Allegoriæ Tres formæ: (1.) Continuata Metaphora; quam vix eft operæ pretium a fimplici Metaphora fejungere. Sed notatur licentia Hebræorum in mifcendis inter fe Metaphoræ, Allegoriæ, et Compara- tionis formis: item hujufmodi Allegoriæ forma quædam perfectior uno alteroque exemplo proponitur. 2. Parabola: ejus præcipuæ conditio- nes: ut fiat ex Imagine nota, apta, et apertæ definitæque fignificatio- nis; ut ex Imagine eleganti et venufta; ut ejus partes omnes et adjunc- ta perfpicua fint et propofito conducant; ut fibi conftet, nec tranflatis propria admifceat. Parabolæ Prophetarum, maximeque Ezekielis, ad has leges exiguntur.

Pag. 87, — 95.

PRÆLECTIO XI.

DE ALLEGORIA MYSTICA.

3. Allegoriæ Myfticæ Definitio. Ejus fundamentum; in Allegoria Judaicæ Religionis pofitum. Quid inter hanc et duas priores Allegoriæ formas intereft; ratione materiæ: illæ quovis Imaginum genere utun- tur, hæc unice locum habet in iis, quæ Hebræorum Sacris aut con- juncta funt, aut oppofita: in illis Imago Proxima nullam per fe habet veritatem; in hac et Proximæ et Remotiori æque competit veritas. In modo tractandi quid intereft. Pulcherrimus tractandi modus, cum ge- minæ

minæ Imagines per totum Poema deducùntur, fibi invicem perpetuo
refpondentes, et fefe mutuo illuftrantes. Cujus generis exempla funt
PSALMI II, et LXXII. Styli Parabolici natura huic generi Allegoriæ
valde accommodata : hujus Allegoriæ ratio enuntiandis Vaticiniis aptif-
fima. In fe valde obfcuram effe; fed rerum prædictarum eventu, et
uberiore Divinæ Revelationis luce inducta, temporis longinquitate femper clariorem effici.   Pag. 96, — 101.

PRÆLECTIO XII.

DE COMPARATIONE.

III. Comparationum Tres caufæ : Illuftratio, Amplificatio, Varietas.
Prima poftulat 'Imaginem notam, perfpicuam, accurate congruentem ;
an grandis fit aut venufta, parum follicita : hinc Comparationibus humilibus et fordidis parata defenfio.   Altera Imaginem grandem aut venuf-
tam, etfi minus accurate congruat : unde ab aliis obfcuritatis et diffimilitudinis crimen amovetur.   Tertia fectatur Imaginem fplendidam, ve-
nuftam, elegantem, cum re cui componitur apte congruentem in Adjunctis, Genere autem ipfo ab eadem plane diverfam.   Perfectiffimum
Comparationis genus in quo harum Trium permifta eft virtus.   Comparationum forma peculiaris apud Hebræos Vates ; ex natura Styli Sententiofi.   Sunt frequentes, breves, fimplices, in uno plerumque adjuncto infiftentes.   Diverfæ Imagines parallelis fententiis expofitæ plura
Comparationum paria fimul efficiunt : vel diverfa ejufdem Imaginis adjuncta in una Comparatione per plura fententiarum paria diftribuuntur.
                                            Pag. 102, — 113.

PRÆLECTIO XIII.

DE PROSOPOPOEIA.

IV. Profopopœiæ duo genera : cum rebus inanimis vel fictis Perfona
datur ; cum veræ Perfonæ probabilis Oratio tribuitur. De Perfonis fictis et inanimis : de veris Perfonis. Explicatur Profopopœia Matris Siferæ ex Deboræ Cantico : item, Ifraelitarum Επινικιον in occafum Regis
Babylonii, apud Ifaiam, Profopopœiis unice conftans, et omnia Perfonarum exempla exhibens.   Pag. 114, — 122'

P R Æ-

PRÆLECTIO XIV.

DE SUBLIMI GENERE;

AC DE SUBLIMITATE DICTIONIS.

III. Quomodo משׁל continet in se notionem Sublimitatis. Sublimitas Dictionis et Conceptuum. Quid habet Dictio Poetica apud Hebræos, cum in se spectata, tum cum soluta oratione collata, quo mereatur nomen a Sublimitate impositum. Sublimitas Dictionis Poeticæ oritur ex Affectibus. Quantum discrepet Dictio Poetica a soluta oratione apud Hebræos. Singulares quædam Poeticæ Dictionis ac Constructionis formæ ex JOBI Cap. III. exhibentur. Pag. 123, — 132.

PRÆLECTIO XV.

DE SUBLIMITATE DICTIONIS.

Poeticæ Dictionis Character porro illustratus diversi generis exemplis petitis ex Cantico Mosis DEUT. XXXII. Personarum frequens et subita mutatio; ejusque causa et effectus. Temporum ratio a vulgari usu sæpe abhorrens: ejus finis Evidentia. Linguæ Hebrææ in hac parte natura quædam peculiaris. Futura sæpe efferuntur in tempore Præsenti Perfecto; et Præterita in Futuro: quorum alterum facile explicatur; alterius magna est difficultas, quam nec Interpretes, nec Grammatici expediunt. Ejus rei exempla quædam proferuntur, et tentatur explicatio. Hujusce Constructionis frequens usus pro certa Poeticæ Dictionis nota haberi potest. Pag. 133, — 142.

PRÆLECTIO XVI.

DE SUBLIMITATE CONCEPTUUM.

Sublimitas Conceptuum oritur, vel ex animi elatione, vel ex vehementi affectu; utroque, sive naturali, sive divinitus infuso. Animi elatio cernitur in Rerum, Adjunctorum, Imaginum, magnificentia. Exempla proferuntur ex Descriptionibus Divinæ Majestatis; Operum et

Attributo-

Attributorum Dei; cum Dei Potentia per Interrogationem et Ironiam exprimitur. Anthropopatheia ab Hebræis Vatibus ita tractata, ut fit plerumque valde fublimis; ac tum maxime, cum Imagines in fe fpectatæ a Dei majeftate alieniffimæ videri poffint: ejus rei caufa inveftigatur. . Pag. 143, — 153.

PRÆLECTIO XVII.

DE SUBLIMITATE AFFECTUUM.

Conceptuum Sublimitas ex vehementi Affectu. Quod vulgo dicitur Enthufiafmus, eft motus Affectuum naturalis: verus Enthufiafmus eft ex impulfu Divino, et Vatum Sacrorum proprius. In Affectibus exprimendis maxime cernitur Poefeos vis: Affectus concitando Poefis finem fuum optime confequitur; five is fit Utilitas, five Delectatio. Quomodo fit utilis Affectuum Concitatio; quomodo jucunda, etiam eorum, qui dolorem fecum habent conjunctum. Sublimis et Pathetici differentia et cognatio. Sacræ Poefeos Sublimitas orta ex Imitatione Affectuum, Admirationis, Gaudii, Indignationis, Mœroris, Terroris, exemplis illuftratur. Pag. 154, — 165.

PARS TERTIA.

POEMATUM HEBRÆORUM VARIÆ SPECIES.

נבואה

SIVE POESIS PROPHETICA.

PRÆLECTIO XVIII.

PROPHETARUM SCRIPTA PLERAQUE

ESSE POETICA.

Hebræorum Poemata, argumenti accuratius tractandi caufa, in fuas Species tribuenda funt; ex rei potius ratione, quam ex ipforum Hebræorum fenfu. Poefis Prophetica. Prophetarum fcripta pleraque vere poetica effe et metrica. Judæorum recentiorum et Hieronymi in hac quæftione auctoritas elevatur. In Prophetarum Vaticiniis eadem cernuntur metrorum indicia, quæ in Libris Poeticis: Dialectus, Stylus, Conftructio Poetica. Quorum fatis apparent duo priores; pofterior fufius.

fius explicanda, et exemplis illuftranda. Præmittitur Poefeos et Prophetiæ cognatio. · Prophetarum Collegia; quorum ex difciplina erat
Hymnos canere cum fidium fymphonia; quod Vaticinari dicitur: adeoque eadem vox Prophetam et Poetam five Muficum æque denotat.
Elifæus oraculum editurus fidicinem fibi adduci poftulat. Poefis ad
ufum Prophetiæ valde accommodata. Recenfentur Oracula antiquiora
in Libris Hiftoricis extantia, quæ vere effe poetica oftenduntur.

Pag. 166, — 176.

PRÆLECTIO XIX.

POESIN PROPHETICAM

ESSE SENTENTIOSAM.

Hebræorum Hymnodia. Hymnos alternis choris canendi ratio: unde deducitur origo Poeticæ Conftructionis; qua Hebræorum Carmina
formam Amœbæam fere induunt, in difticha et verficulos parallelos
plerumque diftributa. Explicatur Sententiarum Parallelifmus: cujus
Tres ftatuuntur Species; Parallela Synonyma, Antitheta, Synthetica:
quorum exempla proferuntur, primum ex Libris qui Poetici habentur,
deinde fimilia et paria ex fcriptis Prophetarum. Azariæ Judæi fententia proponitur et expenditur: menfuras fcilicet Canticorum Hebraicorum non fyllabis aut pedibus conftare, fed partibus propofitionis et fenfuum. Magni momenti effe accuratam Poeticæ Sententiarum Compofitionis obfervationem.

Pag. 177, — 196.

PRÆLECTIO XX.

POESEOS PROPHETARUM

GENERALIS CHARACTER.

Ex Vaticiniis Poeticis excipiuntur Libri integri Danielis et Jonæ; et
in cæteris Prophetarum fcriptis partes quædam Hiftoricæ; et quæ ibidem occurrunt Poemata nonnulla diverfi generis. Reliqua conftituunt
corpus quoddam Poefeos Propheticæ. Hujus fpeciei Character ex ipfius Prophetiæ natura et fine inveftigatur. Jufti Poematis Prophetici
exemplum ex Ifaia profertur et explicatur: item aliud ex Balaami Vaticiniis Latino Carmine converfum exhibetur.

Pag. 197, — 206.

PRÆ-

PRÆLECTIO XXI.

PROPHETARUM SINGULORUM
PROPRII CHARACTERES.

Singulorum Prophetarum peculiaris Character et Stylus notatur: quæque eorum partes Poeticæ fint, quæ fecus. Græcorum Poefin in hoc genere nihil habere dignum mentione. Apud Latinos valde notabilis eft Virgilii Ecloga IV; quæ multo obfcurior eft quam vulgo habetur, et a nemine hactenus fatis intellecta. Pag. 207, — 215.

קינה

SIVE ELEGIA.

PRÆLECTIO XXII.

DE ELEGIÆ HEBRÆÆ ORIGINE ET FORMA;

AC DE THRENIS JEREMIÆ.

Elegiæ Hebrææ origo et ratio inveftigatur ex folennibus luctus fignificationibus in exequiis defunctorum, cum naturalibus, tum artificiofis. Præficæ in funeribus mercede conductæ: earum Næniæ breves, numerofæ, fingulis fententiis enuntiatæ; in quarum imitationem confictæ Lamentationes, quæ apud Prophetas fæpe eduntur. Jeremiæ Threni ad eandem formam compofiti. De ejus Poematis univerfa natura et forma; de metrorum ratione; deque argumento et ftylo.
Pag. 216, — 224.

PRÆLECTIO XXIII.

DE RELIQUIS HEBRÆORUM ELEGIIS.

Multa adhuc fupereffe in hoc genere Hebræorum Carmina. Threnorum Sylloge quædam deperdita. Elegiæ apud Ezekielem. Multi ex Jobi fermonibus pro Elegiis haberi poffent. Pfalmorum pars circiter feptima Elegiis conftat. Profertur perfectum Elegiæ exemplum ex

B b b   Pfalmis.

PRÆLECTIONUM

Pſalmis. Exponitur Davidis in Saulum et Jonathanum Threnus: qui item verſibus Elegiacis Latine exprimitur.   Pag. 225, — 233.

PRÆLECTIO XXIV.

מִשְׁלִים

SIVE CARMINA DIDACTICA.

Antiquiſſimum docendi genus per Parabolas.   Parabolæ Salomonis: duæ ejus Libri partes; prima, Novem Capita continens, vere poetica, et in eo genere elegantiſſima: altera, inde ad finem Voluminis, ſingulis tantum ſententiis conſtans.   Parabolæ præcipui Charaĉteres; Breve, Subobſcurum, Elegans.   Eccleſiaſtes: ejus Libri Argumentum, Diſpoſitio, et Stylus.   Ex eodem ſunt genere Pſalmi Alphabetici omnes; allique nonnulli.   Sirachidis Sapientia; in imitationem Parabolarum Salomonis Hebraice ſcripta.   Græci Interpretis fides; et Libri ipſius elegantia.   Sapientia Salomonis; in imitationem item Salomonis Græce ſcripta: ejus Libri Stylus, et Oeconomia.   Eccleſiaſtici Caput XXIV Hebraice redditum.   Pag. 234, — 244.

שִׁיר

SIVE ODE.

PRÆLECTIO XXV.

ODÆ HEBRÆÆ PRIMUS CHARACTER.

Odæ origo ex lætiſſimis animæ affeĉtionibus.   Antiquiſſima Poeſeos Species, et humano generi coæva.   Hebræis præcipue exculta.   Odarum canendarum apparatus a Davide magnifice inſtitutus.   Hujuſce Poematis Idea generalis: præcipui Charaĉteres, et communes affeĉtiones.   Primus Odæ Charaĉter, Suavitas.   Quibus affeĉtibus exprimendis accommodatus: ejus exempla ex Pſalmis varia indicantur.   PSALMUS CXXXIII. metris Latinis adumbratus.   Pag. 245, — 251.

PRÆ-

PRÆLECTIO XXVI.

ODÆ HEBRÆÆ MEDIUS CHARACTER.

Odæ Medius Charaƈter, ex Suavitate et Sublimitate temperatus; eaſque vel inter ſe miſcens, vel ſimul conneƈtens. Illuſtrantur PSALMI
XCI, et LXXXI. De Vatum Hebræorum deque Pindari Digreſſionibus; earumque ratione diſſimili. Exponitur PSALMUS LXXVII.
PSALMUS XIX metris Latinis converſus exhibetur.

PRÆLECTIO XXVII.

ODÆ HEBRÆÆ TERTIUS CHARACTER.

Tertius Odæ Charaƈter, Sublimitas. Ejus ratio triplex. Ex ipſa
Poematis forma et diſpoſitione. Illuſtratur PSALMUS L; item PSAL-
MUS XXIV. Ex Conceptuum magnitudine et vi diƈtionis. Exponitur
Moſis Ode poſt Tranſitum Maris Rubri. Hebræorum Brevitas. PSAL-
MUS XXIX Latinis verſibus exprimitur.

PRÆLECTIO XXVIII.

ODÆ HEBRÆÆ TERTIUS CHARACTER.

Odæ Sublimitas ſumma ex omnibus cauſis conſurgens. Proponitur
Moſis Ode Prophetica DEUT: XXXII: Deboræ Επινιχιον: Habbaccuchi
Oratio: et Iſaiæ Επινιχιον in occaſum Babylonis Latine tentatur.

PRÆLECTIO XXIX.

שיר

SIVE HYMNUS.

DE IDYLLIO HEBRÆO.

Præter Odas, ſub communi vocabulo, quo apud Hebræos Cantica
appellantur, continetur alia Species, ſimilis Græcorum Idyllio. Ejus -
nominis

nominis ratio, et Speciei deſcriptio. Pſalmi Hiſtorici omnes in hanc
claſſem referuntur; mirifice congruunt cum Hymnis Græcorum, qui
ipſi ſunt Idyllia. Verſus Intercalaris, ejuſque ratio; hujuſce Poematis
pene proprius. PSALMI CVII elegantiſſima diſpoſitio explicatur: item
ISAIÆ Cap. IX. 8, — X. 4. Hæc formam Idyllii perfectam exhibent:
proferuntur alia quoad ſtylum et characterem non minus abſoluta Idyllii
exempla. Cleanthis Stoici Hymnus laudatur. PSALMUS CXXXIX verſibus Hexametris Latine exprimitur.   Pag. 281, — 289.

POEMATA DRAMATICA.

שיר השירים

CANTICUM CANTICORUM.

PRÆLECTIO XXX.

CANTICUM SALOMONIS

NON ESSE JUSTUM DRAMA.

Poeſeos diſtributio Platonica in narrativam, dramaticam, et mixtam,
non magnæ utilitatis; ſed hoc loco notanda, ut Dramatica Poeſeos ratio accuratius definiatur, et appellationis ambiguitas a recentioribus inducta tollatur. Conſtituuntur duæ ejus Species: una minor, quæ formam tantum habet imitativam, et in qua perſonæ loquentes inducuntur ſine poetæ interlocutione; altera major, quæ Fabulam inſuper continet. Prioris exempla quædam apud Hebræos: ad poſteriorem nulla
Hebræorum poemata aſpirare poſſunt, niſi fortaſſe duo; Canticum Salomonis, et Poema Jobi. Quæritur, an Canticum Salomonis Fabulam
in ſe contineat. Eſt Epithalamium: ejus Perſonæ: fundamentum Poematis poſitum in Hebræorum ritibus nuptialibus. Proponitur et explicatur Boſſueti ſententia: Poematis nimirum Conſtitutionem ſumptam
eſſe ex Hebræorum Nuptiali Convivio per ſeptem dies celebrato, totumque in totidem partes ſeu dies diſtribuendum. Hæc ſententia maxime omnium iis favet, qui hoc Poema pro juſto Dramate habent:
nec tamen inde ſequitur, eo contineri Fabulam. Fabulæ Definitio.
Nihil juſtæ Fabulæ ſimile in Cantico Salomonis; non eſt itaque legitimum Drama, ſed ad minorem Dramaticæ Poeſeos Speciem referen-
                                                                    dum.

dum. Chorus Puellarum cum Græcorum Choro Tragico valde congruit: cui tamen originem præbere nullo modo potuit.

Pag. 290, — 298.

PRÆLECTIO XXXI.

DE CANTICI SALOMONIS

ARGUMENTO ET STYLO.

De Cantico Salomonis dubitatur, ex fenfu Proprio an Allegorico intelligi debeat: defenditur Senfus Allegoricus ex Analogia Parabolicæ
Dictionis. Fundamentum et ratio hujus Allegoriæ explicatur. Diluun-
tur offenfiones ex Imaginis indignitate exortæ, auctoritate facrorum
Scriptorum ferme omnium cum Veteris tum Novi Teftamenti. Interpretatio Allegorica fatis confirmatur Analogiæ argumento: ex interna
operis ftructura haud æque facile probatur. Allegoriam hanc Tertiæ
effe Speciei, nimirum Myfticam; deque veris Salomonis nuptiis agi.
Eam explicantibus duæ adhibendæ cautiones. Stylus Poematis eft Paftoralis: Perfonæ Paftores effe finguntur; quam accommodate ad fenfum Hebræorum. Locorum elegantium, Defcriptionum, Comparationum exempla quædam proferuntur. Pag. 299, — 308.

איוב

POEMA JOBI.

PRÆLECTIO XXXII.

DE POEMATIS JOBI

ARGUMENTO ET FINE.

Ut de natura hujus Poematis fatis clare difputare quifpiam poffit,
inter tot difcrepantes fententias quænam fit fua de univerfo opere opinio exponenda eft. Librum Jobi inter facra monumenta fingularem
effe, neque ullam habere cum Hebræorum rebus neceffitudinem. Hiftoriæ fedem effe Idumæam; qui loquuntur plerofque effe Idumæos ex
Abrahami familia; Auctorem Idumæum effe videri, cui vernaculus
fermo

~ fermo Hebræus. Nec Elihuum fuiffe, nec Mofem; fed Jobum ip-
~ fum, vel aliquem ei ætate fupparem. Omnium Librorum qui extant
hinc effe antiquiffimum: in vera Hiftoria fundari, neque ullam in fe
Hiftoriam continere. Quanquam fit valde obfcurus, tamen univerfi
Poematis Argumentum et Finis fatis clare percipi poteft. Exponitur
Totius brevis quædam Analyfis; in qua, quantum fieri poteft, loca
obfcuriora minime urgentur. Unde deducitur, 1. Argumentum controverfiæ inter Jobum et Amicos. 2. Argumentum univerfi Poematis fimul fumpti. 3. Ejufdem confilium et finis. Vitantur aliæ quæf-
tiones quæ ad hanc rem neceffario non pertinent. Pag. 309, — 319.

PRÆLECTIO XXXIII.

POEMA JOBI

NON ESSE JUSTUM DRAMA.

Poema Jobi vulgo appellatur Dramaticum; et multis cenfetur ejufdem effe generis cum Græcorum Tragœdia: quæ fententia expenditur.
Fabula five Aftio ex effentia legitimi Dramatis: ejus Definitio et conditiones neceffariæ ex mente Ariftotelis. Demonftratur Poema Jobi
nullam in fe continere Fabulam: ejufque Conftitutio et Finis amplius
explicatur. Comparatur cum Oedipo Tyranno Sophoclis; item cum
ejufdem Oedipo Coloneo: a quibus ratione Conftitutionis omnino dif-
crepare oftenditur. Eft tamen in fuo genere pulcherrimum et perfectiffimum: prope accedit ad formam et naturam legitimi Dramatis; et
difpofitionis nomine inter Hebræorum Poemata principem et fingularem locum obtinet. Pag. 320, — 327.

PRÆLECTIO XXXIV.

DE POEMATIS JOBI

MORIBUS, CONCEPTIBUS, ET STYLO.

Quanquam Poema Jobi Fabulam in fe non continet, alia tamen aliqua habet fibi cum jufto Dramate communia. Mores. Jobi Mores;
ab Affeftuum motibus diftinguendi. Expenditur et explicatur Ariftotelis

telis fententia; viri egregie probi perfonam Tragœdiæ minime convenire: quod nec in Jobo locum habere, neque de Tragœdia in univerfum verum effe, oftenditur. Finis Poematis. Trium Amicorum Mores: affectuum gradationi quam Morum diverfitati magis ftudetur.
lihuus. Dei Sermo. Senfus: in Moribus et Rebus exprimendis verfantur; quorum de altero jam actum eft; alterum continet in fe Affectus et Defcriptiones. Vehementiorum Affectuum exempla in hoc
Poemate fuperius prolata: Affectuum leniorum unum atque alterum
exemplum exhibetur: uti et Defcriptionum. Stylus hujus Poematis
fumme elegans et fublimis; et Poetica Conftructio accuratiffima. Per-
oratio: Juventuti Academicæ literarum Hebraicarum ftudium commendatur.   Pag. 328, — 343.

INDEX LOCORUM VETERIS TESTAMENTI,

qui in Prælectionibus citantur, explicantur, illuftrantur.

Litera n. numero Paginæ præfixa Notas fignificat. Sicubi variatur in Capitum aut Verficulorum diftributione, adeundus eft Codex Hebræus.

C c c

XXIII.

INDEX LOCORUM

VETERIS TESTAMENTI.

VETERIS TESTAMENTI.

INDEX LOCORUM

CANTI-

D d d

ECCLE-

SAPIE

F I N I S.

EMENDANDA.

Lege,

Pag. 63. lin. 30. recepto. p. 74. l. 22. repræfentet. p. 93. l. 26. continuo. p. 110. l. 20. efflorefcit. p. 138. l. 29. abjecit. p. 146. l. 25. לכלם. p. 160. l. 25. infperatæ. p. 163. l. 25. רשעים. p. 168. l. 1. illos. p. 215. l. 3. dicam, . p. 256. l. 10. illa et. p. 262. l. 7. fuis, . p. 362. l. 2. *poft* Auctore, *infere*, dignum Academia ; . p. 366. l. 5. *lege*, et inftitutionis. p. 376. l. 24. PROPHETICÆ.